DIE BIBEL
elementar

erzählt und erklärt von Michael Landgraf

Calwer Verlag

Deutsche Bibelgesellschaft

Diesterweg

Autor und Verlage danken Professor Dr. Peter Busch, Dr. Paul Metzger, Professor Dr. Peter Müller, Professor Dr. Jürgen Zangenberg und Professor Dr. Wolfgang Zwickel für ihren fachlichen Rat. Für Hinweise und Vorschläge danken wir Mitgliedern der EKD-weiten Arbeitsgemeinschaft religionspädagogischer Institute (ALPIKA) sowie allen Lehrerinnen und Lehrern, die das Manuskript zu diesem Buch in ihrem Unterricht erprobt haben.

Bibelzitate aus:
Lutherbibel, revidiert 2017, © 2016 Deutsche Bibelgesellschaft, Stuttgart.

Redaktion: Dr. Berthold Brohm, Dr. Hannelore Jahr, Eva Mündlein und Stephanie Schönhof
Illustrationen: Joachim Krause, Jever
Umschlaggestaltung, Layout, Satz, Reproduktion: Rainer E. Rühl, Alsheim
Herstellung: Corinna Herrmann, Frankfurt am Main
Druck: Firmengruppe APPL, aprinta druck, Wemding

ISBN 978-3-7668-4123-0 (Calwer)
ISBN 978-3-438-03998-9 (Deutsche Bibelgesellschaft)
ISBN 978-3-425-07683-6 (Diesterweg)

Vorwort

Die Bibel wird auch das »Buch der Bücher« genannt. Das hat zwei Gründe:

1. Die Bibel ist für Christen das wichtigste aller Bücher. Sie ist Gottes Wort – seine gute Botschaft für die ganze Welt. In ihr geht es um Gott und sein Verhältnis zur Welt – und um Menschen, die ihre Erfahrungen mit Gott gemacht haben.

2. Die Bibel ist kein einheitliches Buch, das man wie einen Roman von vorne bis hinten durchlesen kann. Sie besteht aus mehr als 60 einzelnen Büchern. Diese sind zu ganz unterschiedlichen Zeiten und an unterschiedlichen Orten entstanden. Mehr als 1000 Jahre hat diese Entstehungsgeschichte gedauert (von etwa 1000 v.Chr. bis etwa 100 n.Chr.). Es gibt große Erzählungen, z.B. von Mose oder Jesus. Es gibt aber auch Gedichte und Lieder, Zusammenstellungen von Lebensregeln, Briefe oder Texte von Propheten, die eine Botschaft von Gott auszurichten hatten. Nicht immer ist uns die Sprache der Bibel vertraut. So werden manchmal Bilder verwendet, die uns heute eher fremd sind. Man muss also einiges über die Menschen von damals wissen, wenn man die Bibel richtig lesen und verstehen will.

Die **Bibel** *elementar* eröffnet einen Zugang zum »Buch der Bücher«. Sie besteht aus verschiedenen Elementen, die dabei helfen, die biblischen Texte zu verstehen:

◎ **Nacherzählungen** biblischer Geschichten.

◎ **Zitaten** oder ganzen Passagen wichtiger Bibelstellen **aus der Lutherbibel**.

◎ **Einführungen** zu den biblischen Büchern, die einen Überblick verschaffen.

◎ In den Einführungen finden sich **Grundfragen** der Menschen von damals, die zeigen, worauf die biblischen Texte Antworten geben wollten.

◎ **Themenseiten**, die helfen, ein biblisches Thema besser zu verstehen.

◎ **Erklärungen** am Rand, die einen Begriff kurz erläutern.

◎ **Verweise**, wo man noch etwas dazu lesen kann.

In der **Bibel** *elementar* gibt es **unterschiedliche Bilder**:

◎ **Farbillustrationen**, die Szenen einer Geschichte darstellen oder ein wichtiges Symbol daraus hervorheben.

◎ **Bilder aus der Kunst**, die zeigen, wie Künstler zu unterschiedlichen Zeiten den Bibeltext interpretierten.

◎ **Sachillustrationen und Fotos** von Landschaften, Pflanzen oder Gegenständen, die das Land der Bibel und die biblische Zeit anschaulich machen.

Im **Anhang** gibt es noch Übersichten und Hinweise, wie man mit der Bibel umgehen kann. Es folgen Karten, die das Land der Bibel zeigen und auf denen die erwähnten biblischen Orte eingezeichnet sind.

Das Alte Testament

Höre, Israel,
der Herr ist unser Gott,
der Herr ist einer.
Und du sollst den Herrn, deinen Gott,
lieb haben von ganzem Herzen,
von ganzer Seele und mit all deiner Kraft.

5. Mose 6,4-5

Torarolle mit Torazeiger

Das **Alte Testament** ist der erste Teil der Bibel. Im Judentum ist dies die ganze Heilige Schrift. Das »Höre Israel« ist für Juden sehr wichtig. Es zeigt: Im Zentrum des Alten Testaments steht der Glaube an den einen Gott. Dieser Gott, so erzählt das Alte Testament, begleitet und beschützt diejenigen, die zu ihm halten. Für Christen bilden Altes und Neues Testament zusammen die Heilige Schrift.

Die Bücher des Alten Testaments

Das Alte Testament wird traditionell in vier große Gruppen von Büchern eingeteilt:

- ◎ Die **fünf Bücher Mose** berichten vom Anfang der Welt und von der Zeit der Nomaden. Sie erzählen von der Befreiung der Israeliten aus Ägypten und der langen Wanderung des Volkes durch die Wüste, wo es Gottes Gebote erhält (siehe ab Seite 43). Im Judentum heißen diese fünf Bücher *Tora* (= Weisung). Sie werden bis heute mit der Hand auf große Rollen geschrieben, aus denen jeden Sabbat (siehe S. 52) im jüdischen Gottesdienst vorgelesen wird (siehe Foto Torarolle S. 7).

- ◎ Die **Geschichtsbücher** (Josua – Ester) erzählen aus der Geschichte Israels: Von der Einnahme des Landes Kanaan, von den Königen Saul, David und Salomo bis zur Zerstörung Jerusalems und seinem Wiederaufbau. In diesen Geschichten erfährt man viel über Kriege und Unrecht. Sie berichten aber auch davon, dass Gott sein Volk immer wieder beschützt (siehe ab S. 64).

- ◎ Die **Lehrbücher und Psalmen** (Hiob – Hoheslied), auch »Poetische Bücher« genannt, enthalten Lieder und Gedichte, Sprichwörter und Geschichten aus verschiedenen Zeiten. Die Psalmen wurden ursprünglich im Gottesdienst in Israel gesungen. Sie zeigen, wie Menschen in ganz unterschiedlichen Lebenssituationen zu Gott gebetet haben (siehe ab S. 99).

- ◎ Die **Prophetenbücher** (Jesaja – Maleachi) enthalten Geschichten und Worte von Propheten vom 8. bis zum 5. Jahrhundert v. Chr. Die Propheten teilen den Menschen mit, was Gott in einer bestimmten Situation zu sagen hat, und erinnern sie an die Gebote Gottes. Oft kündigen sie an, dass Gott sein Volk bestrafen wird, weil es seine Gebote missachtet. Aber sie sprechen auch von der Hoffnung auf eine neue, bessere Zukunft, die Gott bringen wird (siehe ab S. 126).

Außerdem gibt es eine weitere Gruppe von Schriften:

- ◎ Die **Apokryphen** (= »verborgene Schriften«) entstanden zwischen 300 v. Chr. bis 70 n. Chr.; das war die Zeit zwischen der Entstehung des Alten und des Neuen Testaments (siehe ab S. 145). Im Unterschied zu den anderen Gruppen von Büchern, die auf Hebräisch abgefasst waren, lagen die Apokryphen in griechischer Übersetzung vor. Deshalb wurden sie von Luther nicht in das Alte Testament aufgenommen. Dennoch ist es gut, sie zu kennen. Man findet die Apokryphen nicht in allen evangelischen Bibelausgaben. In katholischen Bibelausgaben gehören sie zum Grundbestand. Dort sind sie meistens zwischen dem Alten und dem Neuen Testament eingeordnet.

Geschichten vom Anfang der Welt

Seit vielen tausend Jahren fragen sich
die Menschen:

◎ **Was ist der Sinn meines Lebens?**
◎ **Wozu bin ich hier?**

Sie staunen über die Schönheit und die
Ordnung der Welt und fragen weiter:

◎ **Wie ist das alles entstanden?**
◎ **Gibt es eine ordnende Hand?**
◎ **Welche Aufgabe haben wir Menschen
   in der Welt?**

Die ersten Geschichten der Bibel geben
Antworten auf diese Fragen. Sie kleiden ihre
Antwort in das Wissen ihrer Zeit. Gott hat die
Welt aus dem Chaos geschaffen. Das Leben ist
nicht zufällig entstanden, sondern nach Gottes
Plan. Die Menschen sind als Gottes Gegenüber
gemacht worden und sie haben eine Aufgabe in
der Welt: Sie sollen sich um alles Lebendige
kümmern und die Erde »bebauen und bewahren« (zum Thema Schöpfung siehe S. 12).

Aber die Menschen in biblischer Zeit wussten
auch: Die Welt, wie wir sie kennen, ist nicht
mehr in Ordnung. Sie ist nicht mehr so, wie
Gott sie ursprünglich gedacht und gemacht hat.
Sie fragten sich:

◎ **Warum gibt es so viel Leid in der Welt?**
◎ **Steht Gott zu uns, wenn wir schlimme
   Dinge tun?**
◎ **Wieso verstehen sich die Menschen
   so oft nicht?**

Lucas Cranach, Schöpfung der Welt, Lutherbibel 1534

Die Geschichten vom Garten in Eden, von Kain
und Abel, von Noah und der Arche und vom
Turmbau in Babel geben Antworten auf diese
Fragen. Sie wurden erzählt, um zu zeigen: Gott
hat alles gut geschaffen, auch die Menschen.
Aber diese sind frei. Dazu gehört auch, dass sie
schlimme Dinge tun und Gott vergessen können.
Trotzdem steht Gott zu seiner Schöpfung und
hält an ihr fest.

Das Lied vom Anfang (1. Mose 1–2)

wüst und leer: heißt im Hebräischen »Tohuwabohu«, also »Durcheinander«. Als Gott die Welt schafft, bringt er Ordnung in dieses Chaos. So wird Leben möglich.

Geist Gottes: Das hebräische Wort für »Geist« bedeutet auch »Wind« und »Atem«. Gemeint ist Gottes Schöpferkraft. Sie ermöglicht Leben.

Tag: meint hier nicht einen Tag mit vierundzwanzig Stunden, sondern einen bestimmten Zeitabschnitt. Die Reihe der Tage steht also für einen Zeitraum.

Am Anfang schuf Gott Himmel und Erde.
Und die Erde war wüst und leer*,
und Finsternis lag auf der Tiefe;
und der Geist Gottes* schwebte über dem Wasser.
Und Gott sprach: Es werde Licht! Und es ward Licht.
Und Gott sah, dass das Licht gut war.
Er trennte das Licht von der Dunkelheit.
Das Licht nannte er »Tag« und die Dunkelheit »Nacht«.
Es wurde Abend und wieder Morgen. Das war der erste Tag*.

Dann sagte Gott: »Im Wasser soll sich ein Dach* wölben. Es soll das Wasser oben vom Wasser unten trennen.« So geschah es.
Das Wasser über dem Dach nannte Gott »Himmel«.
Es wurde Abend und wieder Morgen. Das war der zweite Tag.

Dach: Die Menschen damals stellten sich die Welt als Scheibe vor, über der ein Gewölbe ausgespannt war. An diesem Gewölbe waren Sonne, Mond und Sterne als Lichter angebracht.

Dann sagte Gott: »Das Wasser soll sich an einer Stelle sammeln, sodass trockenes Land hervorkommt.« So geschah es. Gott nannte das Land »Erde«, das Wasser nannte er »Meer«. Und er sah, dass es gut war.
Dann sagte Gott: »Die Erde soll grün werden! Gräser, Kräuter, Blumen und Bäume aller Art sollen auf ihr wachsen. Sie sollen Früchte und Samen tragen.« So geschah es. Und Gott sah, dass es gut war. Es wurde Abend und wieder Morgen. Das war der dritte Tag.

Dann sagte Gott: »Am Himmel sollen Lichter* leuchten, am Tag und in der Nacht. An ihnen kann man die Tage, die Jahre und die Feste ablesen.« So geschah es. Er machte die Sonne für den Tag, den Mond und die Sterne für die Nacht. Und Gott sah, dass es gut war. Es wurde Abend und wieder Morgen. Das war der vierte Tag.

Dann sagte Gott: »Im Wasser sollen sich Fische tummeln und Vögel in der Luft.« Er macht alle Tiere im Wasser, von den größten bis zu den kleinsten Lebewesen. Auch die Vögel am Himmel schuf er. Und Gott sah, dass es gut war. Er segnete die Fische und Vögel und sagte: »Vermehrt euch und füllt das Meer und die Luft!« Es wurde Abend und wieder Morgen. Das war der fünfte Tag.

Dann sagte Gott: »Auch auf dem Land soll es Leben geben. Viele verschiedene Tiere sollen hier zu Hause sein.« So geschah es. Gott machte Löwen, Kühe und Schafe, Mäuse und Regenwürmer und alle anderen Tiere, die es gibt. Und er sah, dass es gut war. Schließlich sprach Gott: »Lasset uns Menschen machen, ein Bild*, das uns gleich sei, die da herrschen* über die Fische im Meer und über die Vögel unter dem Himmel und über das Vieh und über die ganze Erde und über alles Gewürm, das auf Erden kriecht.« So schuf Gott die Menschen als sein Ebenbild. Er machte sie als Paar*, als Mann und Frau. Er segnete sie und sprach: »Vermehrt euch und breitet euch über die ganze Erde aus. Gebt auf alles Acht, was ich gemacht habe. Ich vertraue es euch an, damit ihr euch darum kümmert.«
Gott schaute alles an, was er gemacht hatte: Es war sehr gut.
Es wurde Abend und wieder Morgen. Das war der sechste Tag.

Am siebten* Tag beendete Gott seine Arbeit und ruhte sich aus. Er segnete* diesen Tag und nannte ihn heilig. Er sagte: »Auch die Menschen sollen einen solchen Ruhetag haben, an dem sie an mich denken und mich loben.«
So hat Gott Himmel und Erde gemacht und alles, was lebt.

Lichter: Viele Völker beteten Sonne, Mond und Sterne als Götter an. Hier wird dagegen gesagt: Sie sind nur Lichter am Himmel. Gott hat sie gemacht.

Bild: Ein Bild steht in einer engen Beziehung zu dem, was es abbildet. Das heißt, die Menschen als Bild sind Gott in vielem ähnlich.

herrschen: Es ist die Aufgabe eines Herrschers, für das Wohl seiner Untertanen zu sorgen.

als Paar: Der Mensch ist so geschaffen, dass er die Gemeinschaft mit anderen Menschen braucht.

sieben: Mit dieser Zahl verbindet die Bibel die Vorstellung von Vollkommenheit und Vollendung.

segnen: Gott stellt den Tag unter seinen Schutz.

Schöpfung

Wie spricht die Bibel über den Anfang der Welt?

Gleich zweimal erzählt die Bibel, wie Gott die Welt gemacht hat.

◎ Die **erste Schöpfungsgeschichte** (siehe S. 10–11) ist eigentlich ein Gedicht oder ein Lied über die Erschaffung der Welt. Sie ist jünger als die zweite Erzählung. Sie entstand, als die Israeliten ab 587 v. Chr. in Babylon gefangen waren (siehe ab S. 93). Dort hörten sie, wie sich die babylonischen Weisen den Anfang der Welt vorstellten. Die Israeliten nahmen deren Vorstellungen auf, machten aber zugleich deutlich: Es war unser Gott, der die Welt erschaffen hat. Er hat Ordnung in das Chaos gebracht und dem Wasser seine Grenzen gesetzt. Im Unterschied zu den Babyloniern waren für die Israeliten Sonne, Mond und Sterne keine Götter, sondern Lichter, die Gott an den Himmel gesetzt hat. Wichtig war für sie, dass Gott den siebten Tag als Ruhetag (Sabbat) gemacht hat. Dieser Ruhetag unterschied die Israeliten von allen anderen Völkern (siehe S. 52).

◎ Die **Erzählung vom Garten Eden** (siehe ab Seite 13) ist die ältere der beiden Schöpfungsgeschichten. Wir wissen nicht genau, wann sie aufgeschrieben wurde, vermutlich in der Zeit König Salomos (um 950 v. Chr., siehe S. 83). In dieser Erzählung steht die Erschaffung des Menschen im Mittelpunkt. Gott brachte den Menschen in einen wunderbaren, wasserreichen Garten, den Garten Eden (siehe S. 15).

Wie sind die Schöpfungsgeschichten zu verstehen?

Die Geschichten sind zu unterschiedlichen Zeiten entstanden, aber sie sagen beide aus: Es ist kein Zufall, sondern Gottes Plan, dass es die Welt gibt. Beide Texte sind also keine wissenschaftlichen Berichte, sondern sie bringen das Lob und den Dank der Menschen über Gottes Schöpferhandeln zum Ausdruck. Auch an anderen Stellen spricht die Bibel in ähnlicher Weise über die Schöpfung, besonders in den Psalmen (siehe ab S. 104, besonders Psalm 104). Doch die Schöpfung ist mit der Entstehung der Welt nicht zu Ende. Gott bewahrt seine Schöpfung. Er begleitet die Menschen, behütet sie und führt Mensch und Welt am Ende der Zeit zu einem guten Ziel (siehe Offenbarung S. 261–266).

Dieses Bild aus einer der ersten deutschen Bibeln zeigt, wie man sich vor 500 Jahren die Erschaffung der Frau aus der Rippe des Mannes vorstellte (Koberger Bibel von 1483).

Im Garten Eden *(1. Mose 2)*

Als Gott Himmel und Erde machte, gab es zunächst noch keine
Pflanzen und keine Menschen. Da nahm Gott Erde und machte
daraus den Menschen. Er blies ihm den Lebensatem* in die Nase
und der Mensch wurde lebendig.
Dann pflanzte Gott einen Garten in Eden* mit vielen prächtigen
Bäumen. Sie trugen köstliche Früchte. Dorthin brachte Gott den
Menschen.

In der Mitte des Gartens wuchsen zwei besondere Bäume: Der
Baum des Lebens* und der Baum der Erkenntnis* von Gut und
Böse. Und Gott der HERR nahm den Menschen und setzte ihn in
den Garten Eden, dass er ihn bebaute und bewahrte.
Gott sagte zum Menschen: »Du sollst dich um meinen Garten
kümmern. Alle Früchte darfst du essen, nur nicht die vom Baum
der Erkenntnis von Gut und Böse. Sie bringen dir den Tod.«

Der Mensch war sehr einsam. Da dachte Gott: »Es ist nicht gut,
dass der Mensch allein sei. Er soll ein Lebewesen bei sich haben,
das zu ihm passt.« Deshalb machte Gott die Tiere auf dem Feld
und die Vögel am Himmel. Der Mensch durfte ihnen Namen
geben. Aber keines der Tiere passte zu ihm. Schließlich ließ
Gott ihn in einen tiefen Schlaf fallen. Er nahm eine Rippe aus
seiner Brust und machte daraus einen anderen Menschen – eine
Frau. Als der Mensch die Frau sah, freute er sich und rief: »Sie
ist wie ich! Endlich habe ich jemanden, der zu mir passt! Wir
gehören zusammen.« Die beiden waren nackt, aber sie schämten
sich nicht voreinander.

Die Vertreibung aus dem Garten Eden

(1. Mose 3)

Im Garten Eden lebte auch die Schlange. Sie war klüger als alle
anderen Tiere. Als die Frau eines Tages durch den Garten ging, hörte
sie die Stimme der Schlange: »Ist es wahr? Ihr dürft nicht von allen
Bäumen im Garten essen?«, zischelte sie. »Wir dürfen alle Früchte
essen«, antwortete die Frau, »nur nicht die vom Baum der Erkenntnis. Gott sagte uns: Wenn ihr davon esst, dann werdet ihr sterben.«

Lebensatem: Lebenskraft, die
Gott dem Menschen einhaucht.

Eden: bedeutet im Hebräischen
»Freude«.

Baum des Lebens:
Die Bibel sagt:
Wer seine Früchte isst,
wird ewig leben
(siehe S. 122 und S. 266).

Baum der Erkenntnis:
Wenn der Mensch von ihm isst,
kann er Gutes und Böses
unterscheiden. Er kann dann
selbstständig urteilen und ein
Leben ohne Gott führen.

Karte aus einer Bibel von 1665,
die den Garten Eden, das
»Paradys«, zeigt. Die Stadt Babel
(Babylon) soll in der Nähe
gelegen haben.

Schlange: wurde in der Auslegung dieser Geschichte oft mit dem Teufel identifiziert. Sie ist aber wie alle anderen Tiere Gottes Geschöpf. Für die Menschen jedoch ist sie eine Gefahr. Bei den Nachbarn Israels galt die Schlange als ein heiliges Tier, das für Weisheit und Heilkraft stand. Weil sie im Frühjahr ihre Haut abstreift, galt sie als Verkörperung des sich erneuernden Lebens.

Der Paradiesbrunnen in Neustadt/Weinstraße. Er stellt die Schlange als Frau dar.

Staub: Der Mensch wird daran erinnert, wie er erschaffen wurde. Das hebräische Wort für »Staub« ist »Adama«. Der Name »Adam« (s. u.) ist davon abgeleitet.

Adam: bedeutet übersetzt »Mensch«.

Eva: eigentlich »Chawwa«, bedeutet »Leben«. Die Namen Adam und Eva zeigen, dass die beiden hier für die gesamte Menschheit stehen.

Wächter: hebräisch »Cherubim«. Das sind himmlische Wesen, die in der Bibel öfter erwähnt werden. Sie tragen Flügel und vereinen Elemente aus Tier und Mensch (siehe S. 149).

»Das stimmt nicht!«, erwiderte die Schlange*. »Ihr werdet keineswegs sterben. Gott will nur nicht, dass ihr klug werdet. Wenn ihr von diesen Früchten esst, dann werdet ihr nämlich so klug wie er. Der Baum öffnet euch die Augen. Ihr wisst dann, was gut und was böse ist.«

Da bekam die Frau Lust, von dem Baum zu essen. Sie nahm eine Frucht. Auch dem Mann gab sie eine und sie aßen beide davon. Doch da erschraken sie, denn plötzlich sah die Welt für sie ganz anders aus.

»Wir sind ja nackt!«, riefen sie und schämten sich. Deshalb banden sie sich einen Schurz aus Blättern um die Hüften. Als es Abend wurde, hörten sie, dass Gott durch den Garten ging. Da versteckten sie sich. Gott rief: »Wo seid ihr? Warum versteckt ihr euch?« Verschämt kam der Mann aus seinem Versteck und antwortete: »Ich hatte Angst, dass du mich so siehst. Ich bin doch nackt.« »Woher weißt du denn, dass du nackt bist?«, fragte Gott. »Hast du etwa vom Baum der Erkenntnis gegessen?«

Da sagte der Mann: »Die Frau hat mir eine Frucht gegeben. Deshalb habe ich davon gegessen.« »Die Schlange hat mich dazu verführt. Sie ist schuld!«, rief die Frau schnell.

Da verfluchte Gott die Schlange und sprach: »Deine Nachkommen und die Nachkommen der Menschen sollen für immer Feinde sein.« Zur Frau sagte er: »Wenn du Kinder bekommst, wirst du große Schmerzen haben.« Schließlich sagte er zum Mann: »Weil du von den verbotenen Früchten gegessen hast, musst du hart arbeiten für dein Brot. Auf deinem Acker wird viel Unkraut wachsen und du wirst dich mühen und plagen. Und am Ende musst du sterben: Denn Staub* bist du und zum Staub kehrst du zurück.«

Adam*, der Mann, gab seiner Frau den Namen Eva*. Sie wurde die Mutter aller Menschen. Gott machte Kleider aus Fellen für Adam und Eva und zog sie ihnen an. Dann sagte er: »Nun sind die Menschen fast so wie ich. Sie sollen nicht auch noch vom Baum des Lebens essen und ewig leben. Deshalb müssen sie den Garten Eden verlassen.«

So wurden die Menschen aus dem Garten Eden vertrieben. Gott setzte Wächter* mit flammenden Schwertern vor den Eingang des Gartens, um den Baum des Lebens zu bewachen.

Paradies

Die Bibel erzählt, dass Gott am Anfang der Zeit einen wasserreichen Garten anlegte, den Garten Eden (S. 13). Die griechische Übersetzung des Alten Testaments bezeichnet diesen Garten als »Paradies«. Gemeint ist ein Ort, an dem alle Geschöpfe in Einklang und Harmonie miteinander und mit Gott leben. Gott sorgt für sie und gibt ihnen, was sie brauchen.

Die Vorfahren der Israeliten waren Nomaden, die im heißen und zum Teil wüstenartigen Land umherzogen. Kein Wunder, dass sie sich einen solchen Ort als einen grünen Garten vorstellten.

Die Menschen sollten Gottes Garten pflegen und schützen. Doch weil sie sich nicht an Gottes Anweisung hielten, mussten sie das Paradies verlassen. Für diesen Verlust sind die Menschen also selbst verantwortlich. Es blieb die Sehnsucht und die Hoffnung, nach dem Tod in das Paradies zurückzukehren und dort bei Gott geborgen zu sein. Bis in das 18. Jahrhundert waren der Garten Eden und das Paradies für Menschen hierzulande ein realer Ort. Daher bildete man diese auf Karten zur Bibel ab (siehe S. 13).

Michelangelo Buonarroti, Vertreibung aus dem Paradies, 1509

Kain und Abel (1. Mose 4)

Kain: bedeutet »Erwerben«.

Abel: bedeutet »Windhauch« oder »Flüchtigkeit«.

Ackerbauer/Viehhirte: Zwischen beiden Berufsgruppen konnte es gerade in einer kargen Gegend zum Streit kommen – wenn zum Beispiel das Vieh in die Felder der Bauern geriet. Vermutlich hat die Geschichte eine tiefere Bedeutung, die mit dieser Auseinandersetzung zu tun hat.

Adam und Eva bekamen zwei Söhne: Kain* und Abel*. Als sie erwachsen waren, wurde Kain ein Ackerbauer* und Abel ein Viehhirte*.

Eines Tages wollte Kain Gott danken und ihm ein Opfer* bringen. Er nahm dafür von den besten Früchten seines Feldes. Auch Abel wollte Gott ein Opfer bringen und suchte dafür ein kräftiges, junges Schaf aus seiner Herde aus.

Doch Gott sah nur das Opfer von Abel an. Das ärgerte Kain sehr. Gott sah dies und sagte: »Warum bist du so wütend? Beherrsche deinen Zorn und schaue deinen Bruder an!« Doch Kain ging mit Abel auf das Feld. Dort erschlug er seinen Bruder mit einem Stein.

Opfer: Damals war es üblich, Gott ein Opfer zu bringen, wenn man ihm danken und ihn um seinen Segen bitten wollte. Dass Gott sein Opfer nicht ansieht, erkennt Kain daran, dass dieser Segen ausbleibt: Seine Felder vertrocknen und die Ernte fällt aus. Abels Herden dagegen wachsen; auf ihnen liegt Gottes Segen.

Bald darauf rief ihn Gott: »Kain, wo ist dein Bruder?« Kain antwortete mürrisch: »Ich weiß nicht; soll ich meines Bruders Hüter sein?«

Aber Gott fragte weiter: »Kain, was hast du getan? Die Erde, auf der Abel liegt, schreit zu mir. Du hast deinen Bruder umgebracht! Deshalb sollst du von nun an als Heimatloser umherziehen und nicht mehr ernten können, wenn du etwas gesät hast.«

Da bekam Kain große Angst und rief: »Ach Herr, das ist eine zu schwere Strafe. Du vertreibst mich von meinem Land. Überall werde ich fremd sein. Und jeder, dem ich begegne, kann mich totschlagen!« Da machte Gott ihm ein Zeichen auf die Stirn und sagte: »An diesem Zeichen werden alle sehen, dass ich dich beschütze.«

Noah und seine Arche (1. Mose 6–9)

Bald gab es viele Menschen auf der Welt. Doch kaum einer dachte noch an Gott. Sie logen, betrogen und stritten sich, ja sie brachten sich sogar gegenseitig um. »Warum habe ich die Menschen nur gemacht?«, sagte Gott.

Nur ein Einziger war anders und machte Gott Freude. Er hieß Noah*. Gott sagte zu ihm: »Ich will die Menschen vernichten, denn ich ertrage ihre Bosheit nicht mehr. Deshalb wird eine große Flut kommen, die Sintflut*. Aber dich und deine Familie will ich retten. Baue dir einen riesigen Kasten, drei Stockwerke hoch und oben mit Fenstern. Dichte ihn außen und innen mit Pech* ab, damit kein Wasser hineinkommen kann. Gehe mit deiner Familie hinein und nimm von allen Tieren ein Paar mit. Vergiss nicht, Nahrung für alle zu besorgen. So werdet ihr die furchtbare Flut überleben.«

Noah machte sich mit seinen Söhnen Sem, Ham und Jafet sofort an die Arbeit. Als der große Kasten fertig war, nannten sie ihn Arche*. Bald darauf sagte Gott zu Noah: »Geht jetzt hinein, denn bald kommt die Sintflut.« Noah holte alle Tiere an Bord, ein Männchen und ein Weibchen von jeder Art. Dann ging er selbst mit seiner Familie in die Arche und Gott schloss die Tür hinter ihnen zu.

Es begann zu regnen. Vierzig* Tage und Nächte lang strömte das Wasser vom Himmel. Das Land wurde überflutet und die Brunnen quollen über. Bald waren selbst die hohen Berge nicht mehr zu sehen. Alles, was auf der Erde lebte, ertrank. Nur die Arche schwamm sicher auf dem Wasser.

Noah: bedeutet »Trost«.

Sintflut: bedeutet »große Flut«. Auch auf Keilschrifttafeln aus dem Zweistromland (siehe Karte S. 284) wird die Geschichte einer großen Flut erzählt. Götter sollen sie geschickt haben, weil die Menschen so viel Lärm machten.

Babylonische Keilschrifttafel aus dem 13. Jahrhundert v. Chr.

Pech: in der Natur entstandener Asphalt, den man zum Abdichten verwendete.

Arche: hebräisches Wort für »Behälter«. Dasselbe Wort wird auch für den Korb verwendet, in dem der kleine Mose versteckt wurde (siehe 2. Mose 2, S. 44).

Vierzig: Die Zahl wird in der Bibel mit einer Zeit in Verbindung gebracht, in der sich die Menschen im Glauben bewähren müssen, ehe Gott sie rettet (siehe S. 59 und 139).

Ararat: liegt in der heutigen Türkei (siehe Karte S. 284).

Raben: dienen Gott oft als Helfer (siehe Elia, S. 88).

Taube: zeigt in der Bibel oft Gottes Gegenwart an, so z.B. bei der Taufe Jesu (siehe S. 156). Die Taube aus der Flutgeschichte, die einen Olivenzweig im Schnabel trägt, ist heute zu einem Friedenszeichen geworden.

Bund: Das hebräische Wort bedeutet »Verpflichtung«: Gott sagt Heil und Segen zu und verpflichtet die Menschen, ihm treu zu sein (zu »Bund« siehe S. 19).

Nach hundertfünfzig Tagen dachte Gott voll Mitgefühl an die Menschen und Tiere in der Arche und ließ das Wasser langsam ablaufen. Die Arche setzte auf dem Gebirge Ararat* auf. Ringsum stand noch alles unter Wasser. Da sandte Noah einen Raben* und eine Taube* aus. Doch sie kamen wieder zurück, denn sie fanden kein trockenes Land, auf dem sie sich ausruhen konnten. Als er nach einer Weile wieder eine Taube schickte, kam sie mit einem Olivenzweig im Schnabel zurück. Nach einer weiteren Woche ließ er die Taube noch einmal fliegen. Diesmal kam sie nicht mehr wieder. Da wusste Noah, dass es trockenes Land gab. Noah öffnete das Dach der Arche. Sie waren gerettet! Alle Menschen und Tiere konnten endlich hinaus ins Freie.

Noah baute Gott einen Altar. Er brachte ihm ein Opfer dar und dankte für die Rettung. Da sagte Gott zu sich: »Ich weiß zwar, dass die Menschen schlecht sein können. Aber ich will das Leben nicht noch einmal vernichten. Solange die Erde steht, soll nicht aufhören Saat und Ernte, Frost und Hitze, Sommer und Winter, Tag und Nacht.«

Dann sagte er Noah und seinen Söhnen: »Ich will mit euch und euren Nachkommen einen Bund* schließen und auch mit den Tieren, die mit euch in der Arche waren. Ich verspreche euch, dass ich das Leben nicht noch einmal vernichten werde. Es soll keine Flut mehr kommen. Seht ihr den Bogen am Himmel? Er wird immer das Zeichen meines Bundes mit euch sein.«

Bund

An vielen Stellen berichtet das Alte Testament, dass Gott einen Bund mit den Menschen schließt. Dabei meint »Bund« allerdings nicht eine Vereinbarung zwischen gleichberechtigten Partnern. Das hebräische Wort bedeutet eigentlich »Verpflichtung/Bestimmung«. Gott macht dabei den Anfang: Er sagt Heil und Segen zu, verpflichtet die Menschen aber, sich an seine Weisungen zu halten.

◎ **Gottes Bund mit Noah:** Noah und seine Familie sind die Ersten, mit denen Gott seinen Bund schließt (siehe S. 18). Nach der Sintflut verspricht er ihnen, die Schöpfung nie mehr zu vernichten. Als sichtbares Zeichen für dieses Versprechen soll der Regenbogen am Himmel stehen.

◎ **Gottes Bund mit Abraham:** Gott verspricht Abraham eine große Nachkommenschaft und ein blühendes Land (siehe S. 22). Zugleich erwählt er Abrahams Nachkommen zu seinem Volk. Das Zeichen dieses Bundes ist die Beschneidung (siehe S. 23). Sie soll das Gottesvolk Israel von den anderen Völkern unterscheiden.

◎ **Gottes Bund mit dem Volk Israel:** Am Berg Sinai schließt Gott mit dem Volk Israel einen weiteren Bund (siehe S. 54). Nachdem Gott das Volk aus Ägypten befreit und durch die Wüste geleitet hat, soll Israel nun sein Leben auf dieser Grundlage gestalten und sich ganz an Gottes Geboten ausrichten. Bei diesem Bund geht es um die Gemeinschaft zwischen Gott und den Menschen durch seine Wegweiser – die Gebote (siehe S. 56f.).

◎ **Der neue Bund:** Die Propheten mahnten das Volk Israel immer wieder, sich an Gottes Bund zu erinnern und sich ihm entsprechend zu verhalten. Zugleich sprachen sie auch von einem »neuen Bund«. Bei diesem wird Gott seinem Volk die Gebote direkt ins Herz und ins Gewissen schreiben, sodass sie diese nicht mehr vergessen können (siehe S. 126).
Die ersten Christen sehen diese Erwartung in Jesus Christus erfüllt. Durch seinen Tod am Kreuz begründet er den neuen Bund. Der Bund gilt nicht mehr nur dem Volk Israel, sondern allen Menschen. Gott spricht ihnen dabei die Vergebung der Sünden zu (siehe S. 219–221).

Sieger Köder, Abraham, 1992

Der Turm von Babel (1. Mose 11,1-9)

Zweistromland (= Mesopotamien): liegt zwischen den Flüssen Euphrat und Tigris und ist deshalb besonders fruchtbar (siehe Karte S. 284).

Babel (meint wohl Babylon): Hier gab es hohe Tempeltürme (»Zikkurat«). So wollten die Priester den Göttern im Himmel nahe sein. In Babel lebten Menschen aus vielen verschiedenen Ländern. Das hebräische Wort »Babel« heißt »Verwirrung«.

Modell des fünfstöckigen Turms in Babylon aus dem 6. Jahrhundert v. Chr. Für die Menschen damals reichte das ca. 90 m hohe Bauwerk bis in den Himmel.

Pieter Bruegel d. Ä., Turmbau zu Babel, 1563

Bald lebten wieder viele Menschen auf der Erde. Noch sprachen sie alle dieselbe Sprache. Die Menschen gingen ins Zweistromland[*]. »Das Land ist gut und fruchtbar«, sagten sie zueinander. »Hier bleiben wir!« Als sie an den Ufern der Flüsse Lehm fanden, hatten sie eine Idee: »Wir könnten den Lehm formen und brennen!« Das taten sie und erhielten so harte Ziegelsteine, mit denen sie Häuser bauen konnten. Bald entstand die große Stadt Babel[*]. Aber das war den Menschen noch nicht genug. Sie sagten: »Das ist erst der Anfang. Wir können noch viel mehr. Lasst uns einen großen Turm bauen! Bis zum Himmel soll er reichen. Dann sehen die anderen, wie groß und mächtig wir sind.«

Alle waren begeistert. Bald überragte der Turm alle Häuser. Ungeduldig riefen die Leute: »Höher! Höher! Der Turm soll bis zum Himmel wachsen.«

Da kam Gott vom Himmel herunter, um sich den Turm und das Treiben der Menschen anzusehen. »Wohin wird das führen?«, sagte er. »Sie sind ein einziges Volk und sprechen eine gemeinsame Sprache. Sie werden alles tun, was ihnen in den Sinn kommt! Ich will jedem eine andere Sprache geben, sodass keiner mehr den anderen versteht.«

So geschah es. Kein Mensch verstand mehr den anderen, weil jeder in seiner eigenen Sprache redete. Sie mussten aufhören, an dem Turm zu bauen, und zerstreuten sich in alle Länder.

Geschichten aus der Zeit der Nomaden

Die Geschichte des Volkes Israel beginnt mit Abraham und Sara. Sie wurden von Gott aufgefordert, die schützende Heimat und ihre Familie zu verlassen und in das ferne Land Kanaan zu ziehen. So wurde Kanaan zum »Gelobten (= versprochenen) Land«, denn Gott hatte es Abraham zugesagt. Gott versprach Abraham und Sara auch, dass sie zu einem großen Volk werden, also viele Nachkommen haben sollten.

Die Väter und Mütter der Israeliten waren Nomaden und blieben es auch noch, als sie bereits im Land Kanaan lebten. Sie hatten keinen festen Wohnsitz, sondern lebten in Zelten und zogen mit ihren Schaf- und Ziegenherden umher. Immer waren sie auf der Suche nach Wasser und Weideland für ihre Tiere. So kamen sie auch in die großen Städte des Zweistromlandes und nach Ägypten. Aus Ägypten stammt das Wandgemälde unten, das Einblick in das Leben der Nomaden gibt.

Die Väter und Mütter Israels machten in dieser Zeit Erfahrungen mit Gott, die für das Volk grundlegend wurden. Deshalb erinnerte man sich an diese Geschichten, erzählte sie weiter, sammelte sie und schrieb sie schließlich auf. Sie gaben Antwort auf die Fragen:

- **Ist Gott bei mir, egal wohin ich gehe?**
- **Wo ist unsere Heimat?**
- **Was ist wohl für Gott alles möglich?**

Diese ägyptische Grabmalerei aus dem 18. Jahrhundert v. Chr. zeigt Nomaden.

Abram und Sarai folgen Gottes Ruf

(1. Mose 12–13)

Haran: damals eine wichtige Handelsstadt im Zweistromland, in der heutigen Türkei gelegen (siehe Karte S. 284).

Abram: bedeutet »Der/mein Vater ist erhaben«. Später erhält er von Gott den Namen »Abraham« (siehe S. 23).

Vaters Haus: meint die Familie oder »Sippe«. Der Aufbruch war für Abram und Sarai ein großes Wagnis, denn sie verließen den Schutz der Familie, die damals lebenswichtig war.

einen großen Namen machen: meint, dass Gott Abram überall bekannt machen wird.

Segen: Leben spendende Kraft, die von Gott ausgeht. Dieser Segen soll von Abram auf andere Menschen ausstrahlen.

Sarai: bedeutet »Fürstin«.

Kanaan: siehe Karte S. 284.

Sichem: siehe Karte S. 285.

Altar: Ein Altar war in der Antike ein Tisch oder Podest, an dem einer Gottheit Gaben dargebracht bzw. verbrannt wurden. Aus der Stadt Meggido (siehe Karte S. 284) stammt dieser Altar aus dem 9. Jahrhundert v. Chr.

In der Stadt Haran* lebten Abram* und seine Familie. Sie lebten gern hier, denn sie besaßen viele Schafe und Ziegen, die hier gute Weiden fanden. Doch dann geschah etwas Überraschendes. Eines Tages sagte Gott zu Abram: »Geh aus deinem Vaterland und von deiner Verwandtschaft und aus deines Vaters Hause* in ein Land, das ich dir zeigen will. Und ich will dich zum großen Volk machen und will dich segnen und dir einen großen Namen machen*, und du sollst ein Segen* sein.«

Abram und seine Frau Sarai* vertrauten Gott. Sie riefen alle Hirten und Knechte zusammen und sammelten ihren Besitz und ihr Vieh. Dann zogen sie los, ohne zu wissen, wohin es gehen würde. Abrams Neffe Lot ging mit ihnen, um sie in das Land zu begleiten, das Gott ihnen versprochen hatte. Der Rest ihrer Familie blieb in Haran.

Nach einem langen Weg erreichten sie endlich das Land Kanaan*. Dort wohnten damals noch die Kanaaniter. Abram, Sarai und Lot durchzogen das ganze Land und kamen schließlich nach Sichem*. Hier sagte Gott zu Abram: »Dieses Land will ich deinen Nachkommen geben!« Da errichtete Abram ihm dort einen Altar*. Das Land reichte aber nicht aus für die großen Herden von Abram und Lot. Immer wieder gab es Streit zwischen ihren Hirten. Daher sagte Abram zu Lot: »Lass keinen Streit zwischen uns sein. Suche dir aus, wo du mit deinen Leuten leben willst.«

Lot sagte: »Ich gehe mit meinen Leuten nach Osten, zum Jordan*. Da ist gutes Land.«

Abram hingegen zog in die Nähe von Hebron*. Dort schlug er im Hain Mamre* seine Zelte auf.

Jordan: größter Fluss in Israel (siehe Karte S. 285).
Hebron: Stadt im Süden Israels (siehe Karte S. 285).

Hain Mamre: Gruppe von Bäumen, die als heiliger Ort galt.

Gottes Bund mit Abraham *(1. Mose 15–17 und 21)*

Abram und Sarai lebten im Land Kanaan. Dort hatte Gott sie hingeführt. Die Zeit verging und sie hatten noch kein Kind, obwohl Gott Abram doch versprochen hatte, dass er der Vater eines großen Volkes werden sollte. Hatte Gott sie vergessen?

Eines Nachts hörte Abram wieder Gottes Stimme: »Fürchte dich nicht! Bald wirst du für dein Vertrauen belohnt werden.«
»Mein Gott, was willst du mir geben?«, fragte Abram. »Ich habe keine Kinder, denen ich etwas weitergeben könnte. Ich bin alt, und wenn ich sterbe, dann wird einer meiner Knechte meinen gesamten Besitz erben.«
Da antwortete ihm Gott: »Du wirst einen Erben bekommen. Sieh gen Himmel und zähle die Sterne; kannst du sie zählen? So zahlreich sollen deine Nachkommen sein!«
Abram glaubte dem HERRN, und das rechnete er ihm zur Gerechtigkeit*.

Noch einmal kam Gott zu Abram und sagte: »Ich bin der Herr, der dich in dieses Land geführt hat. Ich schließe einen Bund* mit dir. Dieses Land will ich dir und deinen Nachkommen geben. Sie sollen es besitzen.«

Weiter sagte Gott: »Du sollst von nun an nicht mehr Abram, sondern Abraham* heißen, weil du der Vater vieler Völker sein wirst. Und Sarai, deine Frau, sollst du Sara* nennen. Ich will sie segnen und ihr einen Sohn geben. Zum Zeichen des Bundes sollen alle deine männlichen Nachkommen beschnitten* sein.«

Aber Sara wurde immer noch nicht schwanger. Da sagte sie zu ihrem Mann: »Geh zu meiner Magd* Hagar. Durch sie werden wir ein Kind bekommen.«

Gerechtigkeit: meint in der Bibel die rechte (= richtige) Beziehung zwischen Menschen oder zwischen Gott und Mensch, in der jede Seite zu ihrem Recht kommt. Ein Mensch ist gerecht, wenn er von Gott angenommen wird.

Bund: Wie mit Noah schließt Gott auch mit Abraham seinen Bund (siehe S. 19).

Abraham: bedeutet »Vater einer großen Menge«.

Sara: bedeutet wie Sarai »Fürstin«. Die Umbenennung beider Namen zeigt: der Bund gilt für beide, Mann und Frau.

beschnitten: Die Vorhaut am Glied eines Jungen wird acht Tage nach der Geburt beschnitten. Jungen bekommen beim Fest der Beschneidung ihren Namen.

Magd: In der Zeit, in der die Geschichte spielt, konnte eine Frau ihrer Dienerin befehlen, ein Kind mit dem Herrn des Hauses zu bekommen. Das Kind galt dann als ihr eigenes Kind.

Ismael: bedeutet »Gott hört«.
Er gilt als Stammvater der
Araber.

Abraham ging zu Hagar und sie wurde schwanger. Sie bekam
einen Sohn, und Abraham nannte ihn Ismael*.
Bald hatte Hagar keine Achtung mehr vor ihrer Herrin. Deshalb
mussten sie und ihr Sohn Ismael das Lager Abrahams verlassen.

Abraham und Sara bekommen Isaak
(1. Mose 18 und 21)

Zelt: Ein Nomadenzelt war aus
Ziegenhaar gefertigt und mit
Pflöcken und Seilen am Boden
festgemacht.

An einem heißen Tag saß Abraham am Eingang seines Zeltes*.
Da sah er drei Männer auf sich zukommen. Abraham stand auf
und ging den Männern entgegen.
»Seid willkommen!«, rief er. »Ihr sollt meine Gäste sein! Ich lasse
euch Wasser bringen, damit ihr eure Füße waschen könnt. Setzt
euch unter den Baum. Da ist es schön schattig. Ich will euch gleich
etwas zu essen bringen.«
Abraham sagte zu Sara: »Backe einen schönen Kuchen.«
Dann ließ er ein Kalb schlachten und zubereiten und brachte
es seinen Gästen.
Als sie miteinander aßen, fragte einer der Männer: »Wo ist Sara,
deine Frau?« Abraham antwortete: »Drinnen im Zelt.« Da sagte
der Mann: »In einem Jahr werde ich wiederkommen. Dann wird
Sara einen Sohn haben.«
Das hörte Sara, denn sie stand am Zelteingang und lauschte.
Sie lachte laut und sagte zu sich: »Wie soll das denn gehen?
Wir beide sind doch schon so alt!« Aber der Mann sagte:
»Warum lacht Sara? Sollte dem HERRN etwas unmöglich sein?«
Bald darauf wurde Sara schwanger und brachte einen Sohn zur
Welt. Abraham und Sara freuten sich sehr.
Sie nannten ihr Kind Isaak*.

Isaak: bedeutet auf Hebräisch
»Gott ließ mich lachen«.

Der »Heilige Fels« im Felsendom.
In der Grotte darunter soll
die Bindung Isaaks stattgefunden
haben.

Morija: Auf dem Tempelberg
in Jerusalem wird von Juden
und Muslimen bis heute der Ort
verehrt, an dem die Geschichte
gespielt haben soll.
Im 7. Jahrhundert n. Chr.
wurde dort der muslimische
Felsendom gebaut.

Isaaks Bindung *(1. Mose 22)*

Isaak wuchs heran und seine Eltern liebten ihn sehr. Doch eines
Tages wurde Abrahams Vertrauen zu Gott auf eine schwere Probe
gestellt.
»Abraham!«, hörte er die Stimme Gottes, die ihm bereits so viel
Gutes gesagt hatte. »Nimm deinen Sohn Isaak und gehe mit ihm
nach Morija*. Dort sollst du ihn auf einem Berg für mich opfern*.«

Abraham konnte es nicht fassen. Gott hatte ihm das Kind doch geschenkt! Aber er widersprach nicht. Früh am nächsten Morgen packte er Feuerholz und ein Messer auf seinen Esel und sagte zu Isaak: »Komm, mein Sohn. Wir müssen Gott ein Opfer bringen.« Beide zogen los und nach drei Tagen kamen sie nach Morija. Isaak war nachdenklich geworden. »Vater! Wir haben gar kein Opfertier dabei«, sagte er zu Abraham.

Traurig schaute Abraham seinen Sohn an. »Gott wird schon für das Opfertier sorgen«, erwiderte er. Er baute einen Altar, legte Feuerholz darauf und nahm einen Strick. Dann fesselte er Isaak, wie man dies bei einem Opfertier tut.

Doch plötzlich hörte er eine Stimme: »Abraham! Abraham!« Es war ein Engel* Gottes.

»Hier bin ich«, antwortete Abraham und schaute zum Himmel. Der Engel sagte: »Tu dem Jungen nichts! Gott sieht, dass du ihm gehorchst.«

Da fiel eine schwere Last von Abraham. Er band Isaak los und umarmte ihn. Als er sich umdrehte, sah er, dass sich in einer Hecke ein Widder mit seinen Hörnern* verfangen hatte. Den nahm er und opferte ihn.

Wieder hörte Abraham die Stimme: »Du hast großes Vertrauen zu Gott und hättest ihm sogar deinen einzigen Sohn geopfert. Deshalb wird Gott immer zu dir und deinen Nachkommen halten. Sie werden so zahlreich sein wie die Sterne am Himmel und wie die Sandkörner am Meer.«

Abraham dachte: »Mein Sohn ist mir heute zum zweiten Mal geschenkt worden.« Er kehrte mit Isaak wieder nach Hause zurück, wo Sara schon sehnsüchtig auf sie wartete.

Isaak und Rebekka (1. Mose 24–25)

Abraham war sehr alt geworden. Gott hatte ihn gesegnet und ihm großen Reichtum geschenkt. Seine Schaf- und Ziegenherden waren stetig gewachsen. Nun war es Zeit, dass sein Sohn Isaak heiratete und eine Familie gründete. Also sagte Abraham zu seinem Knecht: »Isaak soll eine Frau bekommen. Aber ich will nicht, dass er eine aus dem Volk der Kanaaniter heiratet! Deshalb sollst du in meine Heimat ziehen und dort in meiner Verwandtschaft eine Frau für Isaak suchen.«

opfern: Bei den Völkern um Israel herum kam es damals durchaus vor, dass Menschen geopfert wurden, um einen Gott gnädig zu stimmen. Diese Geschichte sagt dagegen: Der Gott Israels möchte keine Menschenopfer. Damit unterscheidet er sich von den anderen Göttern.

Engel: Bote Gottes (siehe S. 148–149).

Hörner: Juden erinnern sich an Neujahr (»Rosch ha Schana«) und am Versöhnungstag an diese Geschichte (siehe S. 52). Dabei bläst man ein Widderhorn, das »Schofar« genannt wird.

Muslime erinnern sich an diese Geschichte, wenn sie das Opferfest feiern. Nach ihrer Tradition war es jedoch Ismael, der geopfert werden sollte.

Zur Vertiefung: Lies in der Bibel die Geschichte, in der Abraham für andere eintritt (1. Mose 18,16–33).

Haran: siehe Karte S. 284

kostbare Geschenke:
Zur Brautwerbung gehörten
kostbare Geschenke für die
Familie der Braut.

Brunnen: Das Wasserholen am
Brunnen war immer auch eine
Gelegenheit, sich zu treffen und
Informationen auszutauschen.

Brunnen mit Verschlussstein

Rebekka: bedeutet »Kuh«. Das
war kein Schimpfwort, sondern
bedeutet, dass die Person andere
gut versorgt.

Wenig später machte Abrahams Knecht sich auf den Weg nach
Haran*. Er hatte zehn Kamele dabei, die mit kostbaren Geschenken* beladen waren. Als er endlich dort angekommen war, schlug
er am Brunnen* vor der Stadt sein Lager auf.
Er wusste: Hier irgendwo lebte Abrahams Bruder Nahor.
Am Abend kamen die Frauen aus der Stadt, um Wasser zu holen.
Der Mann betete zu Gott und sagte: »Gib mir ein Zeichen,
an dem ich das Mädchen erkenne, das Isaaks Braut werden soll:
Diejenige, die mir und meinen Kamelen zu trinken gibt, wird
die Richtige sein.«
Da kam Rebekka*, die Enkeltochter von Nahor. Sie war jung und
schön und noch nicht verheiratet. Sie nahm einen Krug von ihrer
Schulter und füllte ihn. Der Knecht ging auf sie zu und bat:
»Lass mich ein wenig Wasser aus deinem Krug trinken.«

Rebekka gab ihm den Krug. »Ich will auch deinen Kamelen zu
trinken geben«, sagte sie lächelnd. Immer wieder lief sie zum
Brunnen und goss Wasser in die Tränke. Der Knecht beobachtete
sie zufrieden. Als alle Kamele getrunken hatten, gab er ihr einen
goldenen Stirnreif und zwei Armreife und sagte: »Wie heißt du?
Wer ist dein Vater? Gibt es bei euch zu Hause einen Platz, wo ich
mit meinen Tieren übernachten kann?«
»Mein Name ist Rebekka«, antwortete das Mädchen, und der
Knecht erfuhr, dass sie aus der Familie Abrahams stammte.
»Du kannst mit zu uns kommen«, sagte sie weiter. »Wir haben

genug Platz für dich und deine Kamele*.« Da erkannte der Diener,
dass Gott ihn direkt zum Ziel geführt hatte.

Rebekkas Vater freute sich sehr über den Besuch und ließ dem
Mann etwas zu essen bringen. Doch der Diener sagte: »Erst
muss ich etwas berichten. Abraham, euer Verwandter, schickt
mich. Gott hat meinen Herrn reich gemacht und ihm einen Sohn
geschenkt, der Isaak heißt. Für ihn soll ich hier eine Frau finden.
Ich glaube, Rebekka ist die Richtige.« Und er erzählte ihnen, wie
er Rebekka getroffen und wie Gott ihm ein Zeichen gegeben hatte.
Rebekkas Vater war einverstanden, dass seine Tochter Isaaks
Frau werden sollte. Da holte der Fremde den Schmuck und die
schönen Kleider hervor, die er mitgebracht hatte. Jeder in der
Familie bekam ein Geschenk.

Schon am nächsten Tag wollte der Knecht sich auf den Heimweg
machen. Rebekkas Mutter und ihr Bruder fragten: »Rebekka,
willst du wirklich mit diesem Mann fortgehen in ein fremdes
Land?«

»Ja, ich will es!«, antwortete sie.

Viele Tage später kamen Rebekka und der Knecht in Kanaan an.
Es war bereits Abend, und Isaak war auf das Feld gegangen,
um zu beten. Von Weitem sah er die Kamele der beiden
Reisenden und lief auf sie zu.

»Wer ist dieser Mann?«, fragte Rebekka.

»Das ist Isaak, mein Herr«, antwortete ihr Begleiter. Da verhüllte
sie ihr Gesicht mit einem Schleier*.

Der Knecht erzählte Isaak alles, was unterwegs geschehen war.
Dann brachte Isaak seine Braut ins Zelt seiner Mutter*. Bald
darauf wurde die Hochzeit gefeiert. Isaak und Rebekka gewannen
sich sehr lieb.

Esau und Jakob *(1. Mose 25 und 27)*

Rebekka wurde schwanger. Sie spürte, dass sie Zwillinge bekommen würde: Die Kinder stießen sich gegenseitig in ihrem Bauch.
Rebekka hatte Angst, die Kinder zu verlieren. Sie betete zu Gott,
und er sagte zu ihr: »Zwei Völker sind in deinem Leib. Der Ältere
wird dem Jüngeren dienen*.«

Die Zwillinge kamen gesund zur Welt. Ihre Eltern nannten sie
Esau und Jakob. Der Erstgeborene, Esau, hatte rötliche Haare und

Kamele: Seit etwa 1500 v. Chr.
war das Kamel in Wüstengegenden ein beliebtes Transporttier.
In seinen drei Mägen kann es
bis zu siebzig Liter Wasser
aufnehmen und in seinen Höckern
Fett speichern. Lange Wimpern
schützen seine Augen vor Sand.
Ein arabisches Kamel (Dromedar) kann hundert Kilometer am
Tag zurücklegen.

Schleier: In Wüstenländern
schützt man sich damit vor Sand.
Vor der Hochzeit verhüllte sich
die Frau in der Gegenwart ihres
zukünftigen Mannes.

Verschleierte Nomadenfrau

Zelt seiner Mutter: Männer und
Frauen hatten ihre eigenen,
getrennten Zelte.

dienen: Der Streit
im Bauch der Mutter
spiegelt den späteren Streit
zwischen den Völkern Israel und
Edom wider. Jakob gilt als
Stammvater der Israeliten, Esau
als Stammvater der Edomiter.

seine Haut war rau wie ein Fell. Der zweite Sohn hieß Jakob.
Als die beiden größer wurden, streifte Esau oft als Jäger umher.
Jakob dagegen blieb lieber zu Hause bei den Zelten. Isaak hatte
Esau besonders gern, doch Jakob war Rebekkas Liebling.
Eines Tages kochte Jakob einen Eintopf mit Linsen. Da kam Esau
vom Feld und sagte: »Jakob, gib mir etwas von deinem Essen! Ich
bin sehr müde.« Aber Jakob erwiderte: »Ich gebe dir erst etwas,
wenn du mir dein Erstgeburtsrecht* verkaufst. Schwöre, dass ich
es bekomme.«
Esau war zu hungrig, um nachzudenken. Er schwor und bekam
dafür von den Linsen. Er aß und trank, dann stand er auf und
ging fort.

Erstgeburtsrecht:
Der zuerst geborene Sohn hatte
eine besondere Stellung in der
Familie. Ihm stand der größte
Teil des Erbes zu.

Als Isaak alt geworden war und seine Augen kaum noch etwas
sehen konnten, rief er Esau zu sich. Er sagte zu ihm: »Mein Sohn,
ich bin alt und werde bald sterben. Jage mir ein Wild und mache
mir ein Essen, wie ich es gern habe. Dann will ich dir meinen
Segen* geben.«
Aber Rebekka hatte die beiden belauscht. Sie erinnerte sich an das,
was Gott ihr während der Schwangerschaft über ihre Kinder
gesagt hatte. So rief sie Jakob und sagte zu ihm: »Dein Vater will
Esau seinen Segen geben. Tu deshalb genau, was ich dir sage: Geh
zur Herde und bring mir zwei junge Böcke. Ich will sie zubereiten,
wie es dein Vater gerne hat. Dann bringst du ihm den Braten.
So wird er dir den Segen geben.«

Segen: Der Segen auf dem
Sterbebett ist die Weitergabe der
von Gott geschenkten Lebenskraft an die nächste Generation.
Sie verleiht dem Erstgeborenen
ein Vorrecht gegenüber den
anderen Brüdern.

Jakob* schüttelte den Kopf: »Esau sieht doch ganz anders aus als ich. Seine Haut ist rau und haarig, meine dagegen glatt. Wenn Vater mich anfasst, merkt er, dass ich nicht Esau* bin. Sicher wird er mich dann verfluchen.« Rebekka beruhigte ihn: »Lass das nur meine Sorge sein!«

Jakob tat, wie seine Mutter ihm aufgetragen hatte. Er holte die Böcke, und Rebekka bereitete das Fleisch zu. Dann zog sie Jakob ein Kleid von Esau an. Die Felle der Böcke band Rebekka um seine Arme und um seinen Hals. Sie gab Jakob den Braten. Der ging damit zu Isaak und grüßte seinen Vater. Da fragte Isaak: »Welcher von meinen Söhnen bist du?« Jakob antwortete: »Ich bin es, Esau. Ich habe ein Wild gejagt und es dir zubereitet, wie du mich gebeten hast. Komm, setze dich und iss.«
Isaak war verwundert. »Wie hast du so schnell ein Wild gefunden? Komm her, ich will fühlen, ob du wirklich mein Sohn Esau bist.« Jakob trat näher, und Isaak betastete ihn.
»Merkwürdig«, sagte der alte Mann. »Ich höre die Stimme von Jakob, aber fühle die Arme von Esau. Ich werde jetzt deinen Braten essen, und dann will ich dich segnen.«
Als Isaak fertig war, sagte er: »Komm her und gib mir einen Kuss.« Als Jakob ihn küsste, roch Isaak an ihm. Esaus Kleider hatten den Geruch von dem Land, durch das Esau gestreift war. Nun war sich Isaak sicher, dass Esau vor ihm stand. Er gab Jakob seinen Segen*:

»Gott gebe dir vom Tau des Himmels
und vom Fett der Erde
und Korn und Wein die Fülle.
Völker sollen dir dienen,
und Stämme sollen dir zu Füßen fallen.
Sei ein Herr über deine Brüder,
und deiner Mutter Söhne
sollen dir zu Füßen fallen.
Verflucht sei, wer dir flucht;
gesegnet sei, wer dich segnet!«

Jakob war gerade aus dem Zelt gegangen, als Esau von der Jagd nach Hause kam. Er bereitete einen Braten für seinen Vater zu, trug ihn zu Isaak und sagte:
»Richte dich auf, Vater, und iss von meinem Braten.«
Erstaunt fragte Isaak: »Wer bist du?«

Jakob: bedeutet »Gott beschützt«.

Esau: bedeutet »haarig«.

Beduine beim Kochen

Segen: siehe Seite 28.

Eingang eines Nomadenzeltes

29

Joch: Holzbalken, mit dem die Tiere vor den Pflug gespannt wurden.

Joch vom Hals reißen: spielt an auf die spätere Befreiung der Edomiter (= Nachkommen Esaus) von der Herrschaft der Israeliten (= Nachkommen Jakobs). Davon berichtet 2. Könige 8,20-22.

»Ich bin es doch, Esau, dein erstgeborener Sohn.«

Isaak erschrak: »Wer? Wo ist denn der Jäger, der mir eben sein Stück Wild gebracht hat, bevor du kamst? Ihm habe ich meinen Segen gegeben! Ich kann es nicht rückgängig machen: Er wird gesegnet bleiben.«

Als Esau das hörte, rief er verzweifelt: »Vater, bitte, segne mich auch!« Doch Isaak antwortete: »Dein Bruder hat dir durch seine List den Segen weggenommen. Ich habe ihn zum Herrn über dich und über alle seine anderen Brüder gemacht. Alle Früchte meiner Felder und meinen ganzen Wein habe ich ihm vermacht. Was soll ich dir also noch geben?«

»Und was wird jetzt aus mir?«, fragte Esau und brach in Tränen aus. Da sagte Isaak zu seinem älteren Sohn:

»Siehe, du wirst wohnen fern vom Fett der Erde und fern vom Tau, der vom Himmel kommt.

Von deinem Schwerte wirst du dich nähren, und deinem Bruder sollst du dienen. Aber es wird geschehen, dass du einmal sein Joch* von deinem Halse reißen* wirst.«

Jakob in Haran (1. Mose 27–30)

Esau war wütend auf Jakob. Er fühlte sich von ihm betrogen. »Wenn mein Vater gestorben ist, werde ich ihn umbringen!«, schwor er sich.

Doch Rebekka erfuhr von den finsteren Plänen Esaus und warnte
Jakob: »Esau will sich an dir rächen und dich umbringen.
Geh besser fort von hier! Du kannst zu meinem Bruder Laban
nach Haran ziehen. Bleibe eine Weile dort, bis sich der Zorn
deines Bruders gelegt hat. Dann sage ich dir Bescheid, und du
kannst sicher zurückkehren.«

So machte Jakob sich auf den weiten Weg nach Haran* zu seinem
Onkel. Als es Nacht wurde und kein Dorf und keine Stadt in der
Nähe waren, legte sich Jakob auf den harten Boden. Als Kopfkis-
sen benutzte er einen Stein. Als er eingeschlafen war, hatte er
einen Traum: Er sah eine Leiter*, die von der Erde bis zum
Himmel reichte. Engel stiegen auf ihr hinauf und hinunter.
Gott stand oben an der Leiter und sagte: »Ich bin der HERR, der
Gott deines Vaters Abraham, und Isaaks Gott; das Land, darauf du
liegst, will ich dir und deinen Nachkommen geben. Sie sollen sich
wie Staub über die ganze Erde ausbreiten. Ich werde mit dir sein,
dich behüten und dich wieder herbringen in dieses Land.«

Als Jakob aufwachte, sagte er: »Gott ist hier und ich wusste es
nicht! Dies ist ein heiliger Ort: das Tor zum Himmel!« Er stand
auf, nahm den Stein, auf dem er geschlafen hatte, und errichtete
ein Steinmal*. Den Ort nannte er Bethel*.
Dann versprach Jakob: »Wenn Gott mich auf meiner Reise
behütet und mich wieder gesund zurückbringt, dann soll aus
diesem Stein ein Gotteshaus gebaut werden. Und von allem, was
Gott mir schenkt, will ich ihm den zehnten Teil* geben.«

Jakob setzte seine Reise nach Haran fort. Nach vielen Tagen kam
er an einen Brunnen. Dort waren viele Hirten versammelt, die
ihre Schafe tränkten. Jakob fragte sie: »Woher kommt ihr?«
Sie antworteten: »Aus Haran.« »Kennt ihr Laban?«, fragte Jakob
aufgeregt. »Ja, wir kennen ihn«, erwiderten die Hirten und zeigten
auf ein Mädchen: »Dort kommt Labans Tochter Rahel.«
Rahel kam mit den Schafen ihres Vaters, um ihnen Wasser zu
geben. Jakob half ihr dabei. Dann küsste er Rahel und sagte unter
Tränen: »Ich bin der Sohn Rebekkas, der Schwester deines
Vaters!«
Rahel lief zu ihrem Vater und berichtete ihm von Jakob. Laban
freute sich und lud Jakob in sein Haus ein. Jakob erzählte seinem
Onkel alles, was geschehen war. Dann sagte Laban: »Du bist
tatsächlich mein Neffe, der Sohn Rebekkas!«

Haran: siehe S. 26
und Karte S. 284.

Leiter: Das hebräische Wort
meint »Treppe« oder »Rampe«,
wie man sie von den Türmen
im Zweistromland kennt
(siehe Turmbau zu Babel, S. 20).
Die Treppe verbindet Himmel und
Erde. Der Ort, an dem Jakob
liegt, ist also ein heiliger Ort.

Steinmal: Der Stein ist ein
Zeichen zur Erinnerung, dass
Jakob an diesem Ort Gott
begegnet ist und dass er hier ein
Heiligtum bauen wird.

Bethel: heißt »Haus Gottes«.
Der Ort spielte lange Zeit eine
wichtige Rolle in Israel
(siehe Karte S. 285).

Steinmauer in der Gegend des
biblischen Bethel

zehnter Teil: Der zehnte Teil
der Ernte und des Viehs war
für Gott bestimmt. Er wurde an
das Heiligtum abgeliefert,
an dem Gott verehrt wurde.

In einem Nomadenzelt
unserer Zeit

erkannte sie nicht:
Wie damals üblich, wurde Lea
verschleiert zu ihrem zukünftigen
Mann gebracht. So konnte Jakob
sie nicht erkennen
(siehe Rebekka, S. 27).

Ein Nomade macht Musik auf
einer Rababa

Magd: siehe Seite 23.

zwölf Söhne: Die zwölf Söhne
Jakobs werden später die
Stammväter der zwölf Stämme
Israels. Die Stammesgebiete
sind nach ihnen benannt
(siehe Karte S. 285).

Als Jakob einen Monat bei Laban gewohnt hatte, sagte der zu ihm: »Du bist zwar mein Verwandter, aber trotzdem sollst du nicht umsonst für mich arbeiten. Welchen Lohn soll ich dir geben?« Jakobs Onkel hatte zwei Töchter. Lea, die ältere, war nicht sehr hübsch. Rahel dagegen, seine jüngere Tochter, war eine Schönheit. Jakob hatte sich in sie verliebt. Deshalb sagte er zu Laban: »Ich will dir sieben Jahre dienen, damit du mir deine Tochter Rahel zur Frau gibst.«
»Ich gebe sie lieber dir als einem anderen«, erwiderte Laban.
So blieb Jakob in Haran und arbeitete für Laban.

Nach den sieben Jahren ging Jakob zu Laban und sagte: »Die Zeit ist um. Gib mir nun Rahel zur Frau, so wie wir es abgemacht hatten.«
Laban bereitete das Hochzeitsfest vor und lud dazu alle Leute aus dem Ort ein. Aber am Abend der Hochzeit schickte er nicht Rahel, sondern Lea in das Hochzeitszelt. Jakob erkannte sie nicht[*]. Aber am Morgen nach der Hochzeitsnacht entdeckte er, dass Lea neben ihm lag. Wütend ging er zu Laban: »Warum hast du mir das angetan? Habe ich dir nicht all die Jahre wegen Rahel gedient? Warum hast du mich betrogen?«
»Bei uns ist es nicht üblich, dass die jüngere vor der älteren Schwester heiratet«, erwiderte Laban. »Aber ich will dir auch Rahel zur Frau geben. Allerdings musst du dann noch einmal sieben Jahre für mich arbeiten.« Jakob willigte ein und so bekam er beide Schwestern zur Frau. Er liebte Rahel mehr als Lea. Doch Gott hatte Mitleid mit Lea und schenkte ihr viele Söhne, während Rahel lange Zeit keine Kinder bekommen konnte. Der erste Sohn von Lea und Jakob erhielt den Namen Ruben. Es folgten Simeon, Levi und Juda. Aus Verzweiflung gab Rahel Jakob schließlich ihre Magd[*] Bilha. Von ihr bekam er die Söhne Dan und Naftali. Von Leas Magd Silpa bekam er Gad und Asser. Dann endlich wurde auch Rahel schwanger und brachte einen Sohn zur Welt. Sie nannte ihn Josef. Viele Jahre später bekam sie noch einen zweiten Sohn, Benjamin. Bei seiner Geburt starb Rahel.

Mit seinen Frauen hatte Jakob insgesamt zwölf Söhne[*]. Auch sein Besitz vermehrte sich ständig und er war überaus reich. Gottes Segen lag auf ihm. Deshalb wollte sein Schwiegervater nicht, dass Jakob wieder in seine Heimat zurückkehrte.

Die Versöhnung der Brüder *(1. Mose 31–33)*

Laban hatte Jakob einige Schafe und Ziegen aus seinen eigenen Herden geschenkt. Da Gottes Segen auf Jakob lag, waren aus den wenigen Tieren große Herden geworden. Laban schaute voller Neid auf Jakobs Erfolg und fühlte sich betrogen.

Eines Tages sagte Gott zu Jakob: »Kehre wieder in das Land deines Vaters zurück. Ich werde dir beistehen.« Da trieb Jakob heimlich sein Vieh zusammen, setzte seine Frauen und Söhne auf die Kamele und zog los ins Land Kanaan, seine Heimat. Boten sollten seinem Bruder Esau ankündigen, dass Jakob auf dem Weg nach Hause war.

Als die Boten zurückkamen, berichteten sie: »Esau zieht dir mit vierhundert Männern entgegen.« Da erschrak Jakob und fürchtete sich sehr. Er nahm einen Teil seiner Tiere und sandte sie Esau als Geschenk.

In der Nacht führte Jakob seine Frauen und Kinder durch den Fluss Jabbok*. Er selbst blieb allein am anderen Ufer zurück. Da kam ein Mann und kämpfte mit ihm, bis der Morgen dämmerte. Als der Mann sah, dass er Jakob nicht besiegen konnte, schlug er ihm so heftig auf das Hüftgelenk, dass es sich verrenkte. Aber Jakob gab nicht auf. Da sagte der Mann: »Lass mich los! Es dämmert schon.«

»Erst, wenn du mich segnest«, rief Jakob. Da fragte der Mann: »Wie heißt du?« Jakob nannte ihm seinen Namen. Der Mann sagte daraufhin: »Von nun an sollst du nicht mehr Jakob heißen. Dein Name soll Israel* sein.« Und er segnete ihn.

Danach zog Jakob weiter. Bald sah er seinen Bruder mit den vierhundert Männern kommen. Jakob trat vor seine Frauen und Kinder und verneigte sich siebenmal vor Esau. Doch sein Bruder lief ihm entgegen und nahm ihn in die Arme. Die beiden Brüder weinten vor Freude.

Esau zeigte auf die Frauen und Kinder und fragte: »Wer ist das?« »Das sind die Kinder, die mir Gott geschenkt hat«, antwortete Jakob. Die Frauen und Kinder verneigten sich ebenfalls vor Esau. Schließlich sagte Esau: »Was ist mit all den Tieren, die du mir geschickt hast? Ich habe doch selber genug. Behalte, was du hast!« Doch Jakob erwiderte: »Ach nein! Ich freue mich doch so, dass du nun nicht mehr böse auf mich bist. Gott hat mich gesegnet, und

Jabbok: kleiner Nebenfluss des Jordan (siehe Karte S. 285).

Israel: bedeutet »Gott möge herrschen«. Deshalb werden die Nachkommen Jakobs »Israeliten« genannt.

ישראל

»Israel«, im Hebräischen von rechts nach links gelesen.

Die Geschichte ist schwer zu deuten. Jakob besteht den Kampf gegen eine übermenschliche Macht. Der Segen bedeutet: Jakob und seine Nachkommen erhalten die Lebenskraft dieser Macht.

ich habe mehr als genug. Bitte nimm mein Geschenk an!« Da brachen sie auf und kehrten in ihre Heimat zurück.

Josef und seine Brüder (1. Mose 37–50)

Kleid: Es handelte sich wohl um ein langes, farbiges Gewand mit Ärmeln. Das war die Kleidung eines Prinzen.

Josef: bedeutet »Gott fügt hinzu«.

Garben: zusammengebundene Bündel von Getreidehalmen.

Kornfeld, ägyptisches Relief, um 1340 v. Chr.

»Was für ein schönes Kleid*!«, strahlte Josef*. Sein Vater Jakob hatte es ihm geschenkt, denn er liebte Josef über alles. Doch Josef hatte noch elf Brüder. Die ärgerten sich sehr darüber, dass der Vater Josef so bevorzugte. Deshalb sprachen sie kein freundliches Wort mehr mit ihrem Bruder.

Eines Tages sagte Josef zu seinen Brüdern: »Hört, was ich geträumt habe! Wir haben Getreide geschnitten und zu Garben* zusammengebunden. Meine Garbe stellte sich auf, doch eure Garben standen im Kreis um meine herum und verneigten sich vor ihr.« Da riefen die Brüder zornig: »Du willst wohl unser König werden und über uns herrschen!«

Josef hatte noch einen zweiten Traum. Auch den erzählte er seinen Brüdern und seinen Eltern: »Ich habe gesehen, dass die Sonne und der Mond und elf Sterne sich vor mir verneigten.« Nun war sogar der Vater böse auf Josef und sagte: »Was ist das denn für ein Traum? Sollen wir etwa alle vor dir niederfallen?«

Bald darauf ging Josef zu seinen Brüdern aufs Feld. Sie sahen ihn schon von Weitem und schimpften: »Seht, da kommt der Träumer. Am besten, wir bringen ihn um! Unserem Vater sagen wir: Ein böses Tier hat ihn gefressen.« »Das dürfen wir nicht tun«, mahnte

Ruben, der älteste der Brüder. »Wir dürfen ihn nicht töten. Werft ihn lieber in die Grube*.« Er hatte nämlich vor, Josef heimlich zu retten.

Grube: Wasserbehälter, auch »Zisterne« genannt. Man legte sie an, damit sich Regenwasser darin sammeln konnte. So hatte man in der Trockenzeit genügend Wasser für die Tiere. Wasserlose Zisternen wurden gelegentlich als Gefängnis genutzt.

Als Josef zu seinen Brüdern kam, packten sie ihn. Sie zogen ihm das schöne Kleid aus und warfen ihn in die Grube. Bald darauf kam eine Karawane von Händlern* vorbei, die auf dem Weg nach Ägypten waren. Da machte Juda seinen Brüdern den Vorschlag: »Lasst uns Josef doch einfach an diese Leute verkaufen.« Die Brüder willigten ein und verkauften Josef für zwanzig Silberstücke an die Händler. Die brachten ihn nach Ägypten.

Josefs Brüder schlachteten einen Ziegenbock und tauchten sein schöne Kleid in das Blut. Dann brachten sie es zu ihrem Vater. Als Jakob den blutigen Stoff sah, rief er: »Das ist Josefs Kleid. Ein wildes Tier hat ihn getötet!« Er fing an, bitterlich zu weinen, zerriss seine Kleider und zog sich Trauerkleider* an. Alle versuchten, ihn zu trösten, aber er wollte sich nicht trösten lassen. Lange trauerte er um seinen Sohn.

In Ägypten verkauften die Händler Josef an Potifar, den Schatzmeister* des Pharao*. Josef wurde Diener in Potifars Haus. Alles, was er anpackte, glückte ihm. »Gott ist bei mir«, dachte Josef.
Potifar sah, wie gut Josef alles gelang. Er setzte ihn als seinen obersten Diener und Verwalter über alle seine Güter ein. Und Gott segnete das Haus Potifars, weil Josef dort lebte und arbeitete.

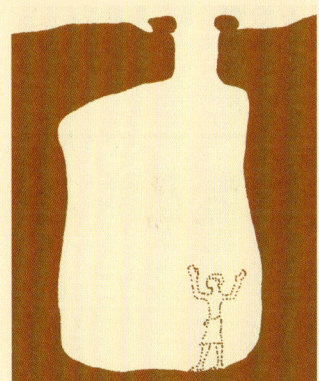

Mit »Grube« war eine Zisterne gemeint. In diesen unterirdischen Löchern wurde Regenwasser für die Trockenheit gesammelt.

Händler: Arabische Händler brachten meist Gewürze und Weihrauch nach Ägypten. Manchmal verkauften sie auch Menschen als Sklaven.

Trauerkleider: grobe Gewänder aus Ziegen- oder Kamelhaaren. Als Zeichen der Trauer zerriss man die Kleider und rieb sich Asche in das Gesicht und das Haar. Außerdem fastete man (siehe Totenklage und Bestattung, S. 80).

Schatzmeister: verwaltet das Geld seines Herrn.

Pharao: König von Ägypten.

Josef war nicht nur geschickt, er sah auch gut aus. So verliebte sich die Frau seines Herrn in ihn. Eines Tages sagte sie: »Komm, lege dich zu mir.« Aber Josef wollte nicht. Doch sie bedrängte ihn immer wieder.

Einmal war niemand im Haus außer Josef und Potifars Frau. Da kam sie und hielt ihn an seinem Kleid fest. Doch Josef riss sich los und rannte davon. Da hatte die Frau nur noch sein Kleid in der Hand.

»Hilfe! Seht her, was mir angetan wurde!«, schrie sie laut. »Der Hebräer kam zu mir und wollte sich zu mir legen. Aber ich wehrte mich! So ließ er sein Kleid bei mir liegen.« Das erzählte sie auch ihrem Mann Potifar. Der ließ Josef sofort ins Gefängnis werfen.

Auch im Gefängnis ließ Gott Josef nicht im Stich. So kam es, dass er bald zum Gehilfen des Gefängnisaufsehers aufstieg.

Im Gefängnis saßen auch der Mundschenk* und der Bäcker* des Pharao*. Sie waren beim Pharao in Ungnade gefallen.

Beide hatten in derselben Nacht einen Traum*. Doch sie wussten nicht, was die Träume bedeuten sollten. Als Josef davon hörte, sagte er: »Allein Gott kann Träume auslegen. Erzählt sie mir! Mit Gottes Hilfe kann ich euch sagen, was die Träume bedeuten.«

Der Mundschenk fing an: »Ich sah einen Weinstock, der drei Reben hatte. Er wuchs und seine Trauben wurden reif. Ich nahm sie und zerdrückte sie in den Becher des Pharao. Dann gab ich ihn dem Pharao.«

»Das ist Gottes Deutung deines Traums«, sagte Josef. »Die drei Reben meinen drei Tage. Nach drei Tagen wird dich der Pharao wieder zu sich holen und dich in dein Amt einsetzen. Aber denk an mich, wenn es dir wieder gut geht! Ich habe nichts getan, weshalb ich im Gefängnis sitzen müsste.«

Auch der oberste Bäcker erzählte nun, was er geträumt hatte: »Ich trug drei Körbe mit feinem Backwerk* auf meinem Kopf, im obersten Korb das für den Pharao. Da kamen Vögel und fraßen es auf.«

Josef sagte: »Drei Körbe sind drei Tage. Nach drei Tagen wird der Pharao dich hinrichten.«

Es kam genau so, wie Josef gesagt hatte. Aber der Mundschenk vergaß Josef, als er wieder beim Pharao Dienst tat.

Zwei Jahre später hatte auch der Pharao seltsame Träume*. Er träumte: Aus dem Fluss Nil stiegen sieben fette Kühe und

Mundschenk: versorgte den König mit Getränken, die er in der Regel auch vorkostete. Damit sollte verhindert werden, dass der Pharao vergiftet wurde.

Bäcker: lieferte Brot und Backwaren für den königlichen Hof. Brot war im alten Ägypten das wichtigste Nahrungsmittel.

Pharao: König von Ägypten.

Darstellung des Pharaos Merenptah

Traum: Die beiden Träumer erhoffen sich von ihrem Traum Aufschluss über ihr weiteres Schicksal. Im Altertum nahm man an, dass die Götter den Menschen solche Träume schickten.

feines Backwerk: Brot aus fein gemahlenem Weizen, das sich nur Reiche leisten konnten.

Träume: Im Altertum glaubte man, dass die Träume eines Königs wichtig für das ganze Volk waren.

gingen auf die Weide. Danach stiegen sieben magere Kühe aus
dem Wasser. Die fraßen die fetten Kühe auf.

Der Pharao hatte noch einen zweiten Traum. Diesmal sah er
sieben Ähren aus einem Halm wachsen. Die waren voll und dick.
Danach sah er sieben dünne Ähren aufgehen, die die sieben vollen
Ähren verschlangen.

Schweißgebadet wachte der Pharao auf. Er ließ seine Ratgeber und
Wahrsager* holen und erzählte ihnen von den Träumen. Doch
keiner konnte ihm sagen, was sie bedeuteten.

Da erinnerte sich der Mundschenk* an Josef und sagte: »Als ich
im Gefängnis war, gab es dort einen hebräischen Mann, der hieß
Josef. Er hat unsere Träume gedeutet und alles ist eingetroffen.«
Der Pharao rief: »Holt diesen Josef aus dem Gefängnis und bringt
ihn zu mir.«

Bevor Josef zum Pharao gebracht wurde, ließ man ihm die Haare*
schneiden und zog ihm neue Kleider an. Als er schließlich vor
dem Pharao stand, sagte dieser: »Ich hatte zwei seltsame Träume.
Aber niemand weiß, was sie bedeuten. Ich habe gehört, dass du
Träume deuten kannst.« Josef antwortete: »Nicht ich, sondern
allein Gott kann das. Er meint es gut mit dir und deinem Land,
wenn er dir solche Träume schickt.« Da erzählte der Pharao Josef,
was er geträumt hatte.

Ein Mundschenk übergibt dem
König ein Getränk (assyrisches
Relief).

Wahrsager: Das waren
berufsmäßige Traumdeuter –
ein im alten Ägypten verbreiteter
Beruf. Es gab auch Traumbücher,
in denen die Bedeutung einzelner
Traummotive erklärt wurde.

Haare: Die Ägypter waren
rasiert, Priester hatten sogar
eine Glatze. Die Israeliten
dagegen trugen einen Bart.

Als der Pharao fertig war, erklärte Josef: »Beide Träume bedeuten
das Gleiche. Die sieben fetten Kühe und die sieben vollen Ähren
sind sieben Jahre mit einer guten Ernte. Die sieben mageren Kühe
und die sieben mageren Ähren sind sieben Jahre mit einer

Hungersnot: In Ägypten kam es immer dann zu Hungersnöten, wenn die Niederschläge ausblieben und der Nil zu wenig Wasser führte.

Verwalter: Stellvertreter des Königs. Seine Stellung konnte man an der Kleidung, der Kette und dem Siegelring erkennen.

Siegelring: Zeichen der Vollmacht, für den Herrscher Geschäfte abwickeln zu dürfen. Mit einem Siegelring wurden wichtige Dokumente gestempelt.

Siegelringe aus dem 8. Jahrhundert v. Chr.

Kette: Amtskette, an der Josefs besondere Stellung sichtbar wird.

Zafenat-Paneach: bedeutet »Gott spricht und er lebt«. Josef erhält einen ägyptischen Namen, denn von nun an gehört er zum ägyptischen Volk.

Modell einer ägyptischen Getreide-speicheranlage. Zum Schutz vor Mäusen und Ratten waren die Wände der Speicher sehr steil; sie konnten nur von oben befüllt werden.

Benjamin: bedeutet »Glückskind«, der zweite Sohn von Jakobs Lieblingsfrau Rahel (siehe S. 32).

schlechten Ernte. Dann wird es überall eine Hungersnot* geben. Beides wird über Ägypten kommen: die sieben guten und die sieben schlechten Jahre. Weil du es zweimal geträumt hast, wird es bald eintreffen. Du musst dir also schnell einen Verwalter suchen, der in den guten Jahren genügend Vorräte sammelt. So könnt ihr die sieben Hungerjahre überstehen.«

Dem Pharao gefiel, was Josef sagte. Deshalb machte er ihn zu seinem Verwalter*. Er gab ihm kostbare Kleider, einen Siegelring* und eine goldene Kette* um den Hals. Er gab ihm auch einen ägyptischen Namen: Zafenat-Paneach*.

Sieben Jahre lang sammelte Josef nun Vorräte für ganz Ägypten. In dieser Zeit heiratete er Asenat, die Tochter eines ägyptischen Priesters. Mit ihr bekam er zwei Söhne: Manasse und Ephraim. Als die sieben guten Jahre vorüber waren, kamen die sieben Jahre mit schlechter Ernte. Überall hungerten die Menschen, auch im Land Kanaan. Nur in Ägypten hatte man genug Getreide. Viele kamen nun von weit her, denn sie hatten gehört, dass es in Ägypten noch etwas zu essen gab.

Auch Jakob und seine Söhne litten unter der schlechten Ernte. »Verzweifelt nicht! Zieht nach Ägypten und kauft dort Getreide!«, trug Jakob seinen Söhnen auf. Auch er hatte davon gehört, dass es in Ägypten ausreichend Vorräte gab. So zogen zehn seiner Söhne los. Nur Josefs jüngster Bruder Benjamin* blieb zu Hause beim Vater. Jakob hatte Angst, dass ihm unterwegs etwas passieren könnte.

In Ägypten mussten die Brüder zum obersten Verwalter. Nur von ihm konnte man Getreide kaufen. Als sie zu ihm kamen, fielen sie vor ihm nieder.

Josef erkannte seine Brüder sofort, doch sie wussten nicht, wen sie vor sich hatten. Streng fragte er: »Woher kommt ihr?« »Aus dem Land Kanaan. Wir wollen Getreide kaufen«, antworteten die Brüder.

Als seine Brüder so vor ihm lagen, dachte Josef an seine Träume von damals. Mit harter Stimme sagte er: »Ich glaube euch nicht! Ihr seid nur gekommen, um uns auszuspionieren.«

»Nein, Herr!«, riefen die Brüder ängstlich. »Wir wollen wirklich nur Getreide kaufen. Wir sind zwölf Brüder. Unser jüngster Bruder ist noch bei unserem Vater. Einen Bruder haben wir vor langer Zeit verloren.«

Josef ließ sie drei Tage ins Gefängnis werfen und dann wieder zu sich bringen. »Ihr habt mich nicht überzeugt, dass ihr keine Kundschafter seid«, sagte er streng. »Geht nach Hause und holt euren Bruder. Bringt ihn her zu mir. Einer von euch muss solange hierbleiben. Erst wenn ihr wiederkommt, glaube ich, dass ihr keine Spione seid.«

Die Brüder erschraken. Ruben*, der Älteste, sagte: »Seht ihr! Jetzt rächt es sich, wie wir mit Josef umgegangen sind.« Als Josef das hörte, musste er sich umdrehen, denn er hatte Tränen in den Augen.

Er ließ Simeon* fesseln und gab den Befehl, die Säcke seiner Brüder mit Getreide zu füllen. Heimlich ließ er das Geld, das ihm die Brüder für das Getreide gegeben hatten, in die Säcke legen. Dann gab er ihnen auch Verpflegung für die Reise. So brachen die Brüder auf.

Als sie am Abend Rast machten, öffnete einer der Brüder einen Sack, um etwas Korn herauszuholen. Da sah er das Geld auf dem Getreide liegen. Überrascht rief er: »Seht her, da ist unser Geld!« Alle erschraken. Würden sie nun auch noch als Diebe dastehen?

Als sie zu ihrem Vater zurückgekehrt waren, entdeckten sie auch in den anderen Säcken Geld. Die Brüder erzählten Jakob, was sie erlebt hatten. Als Jakob erfuhr, dass Simeon in Ägypten bleiben musste, fing er an, laut zu klagen: »Was macht ihr nur! Ihr nehmt mir meine Kinder weg! Josef ist nicht mehr da. Simeon ist nicht mehr da. Und meinen Benjamin wollt ihr mir auch noch wegnehmen?«

Ruben: bedeutet »Seht her, ein Sohn!«

Simeon: bedeutet »Der, der hört«.

Ausgrabung der Fundamente eines Getreidespeichers in Jordanien

Juda: bedeutet »Gott loben«.

Balsam: Harz des Balsamstrauchs. Aus ihm wurde Parfüm hergestellt. Es diente auch als Medizin.

Balsamstrauch mit Früchten

Myrrhe: aromareiches Harz, aus dem Parfüm, Salböle und Gewürze hergestellt wurden. In den Wein gemischt, hatte es betäubende Wirkung.

Blühender Myrrhestrauch

Ruben versprach: »Ich will alles tun, damit Benjamin wieder heil zurückkommt.« Aber Jakob klagte weiter: »Wenn er nicht zurückkommt, sterbe ich vor Schmerz.«

Nach einiger Zeit war das ganze Getreide verbraucht, das sie gekauft hatten. Da sagte Jakob zu seinen Söhnen: »Zieht wieder nach Ägypten und kauft neues Getreide.« Doch Juda* erinnerte ihn an die Worte des ägyptischen Verwalters: »Weißt du es nicht mehr? Ohne Benjamin brauchen wir gar nicht wiederzukommen. Wenn er nicht mit uns ziehen darf, dann gehen wir auch nicht.« Jakob fragte vorwurfsvoll: »Wieso habt ihr dem Mann denn überhaupt von Benjamin erzählt?« »Wir konnten gar nichts tun«, antworteten die Söhne. »Er hat uns verhört. Da mussten wir ihm doch ehrlich antworten.« Schließlich sagte Juda: »Lass Benjamin mit mir ziehen. Ich passe auf ihn auf! Wenn ich ihn dir nicht wiederbringe, so will ich mein Leben lang dafür büßen.« Da gab Jakob nach: »Ihr könnt ihn mitnehmen. Bringt dem Ägypter aber auch Geschenke mit: Balsam* und Honig, Harz und Myrrhe*, Nüsse und Mandeln. Und vergesst das Geld aus den Säcken nicht. Vielleicht war es ja ein Versehen. Gott gebe, dass der Mann barmherzig ist!« Voller Sorge ließ Jakob seine Söhne ziehen.

In Ägypten mussten die Brüder wieder zu Josef. Als der seine Brüder sah, lud er sie zu sich nach Hause ein. Die Brüder kamen, aber sie fürchteten sich sehr und riefen aufgeregt: »Herr, wir haben dir dein Geld zurückgebracht. Es lag in den Säcken mit Getreide. Wir haben auch Geld für neues Getreide dabei.« Josef sagte: »Macht euch keine Sorgen. Gott hat euch beschenkt. Euer Geld habe ich erhalten.« Dann brachte er Simeon zu ihnen. Die Brüder übergaben Josef die Geschenke, die sie mitgebracht hatten. Freundlich fragte er: »Wie geht es eurem alten Vater?« Sie antworteten: »Es geht ihm gut.« Als Josef seinen Bruder Benjamin sah, konnte er sich kaum noch beherrschen. Er ging in seine Kammer und weinte. Als er sich das Gesicht gewaschen hatte, kam er wieder zu seinen Brüdern und sie aßen miteinander. Heimlich befahl Josef seinem Haushalter: »Fülle die Säcke der Männer mit Getreide und lege das Geld oben in die Säcke hinein. Und meinen silbernen Becher legst du in den Sack des Jüngsten.« Der Haushalter tat genau, was Josef ihm befohlen hatte.

Am nächsten Morgen zogen die Brüder mit ihren Eseln los.
Sie waren noch nicht weit gekommen, da befahl Josef seinem
Haushalter*: »Los, jage den Männern nach und öffne den Sack des
Jüngsten.«
Bald hatte der Haushalter die Brüder eingeholt. Er rief: »Warum
habt ihr Gutes mit Bösem vergolten? Ihr habt den silbernen
Becher meines Herrn gestohlen!«
Die Brüder waren verwirrt: »So etwas würde uns nie einfallen!
Wir haben doch das Geld wiedergebracht. Wieso sollen wir da
etwas gestohlen haben? Wenn der Becher tatsächlich bei einem
von uns gefunden wird, soll derjenige sterben, und die anderen
werden deine Diener sein.«
»Gut, wie ihr wollt«, sagte der Haushalter. Er ließ der Reihe nach
jeden ihrer Säcke öffnen. Schließlich entdeckte er den Becher bei
Benjamin. Entsetzt zerrissen die Brüder ihre Kleider*. Sie beluden
ihre Esel und kehrten in die Stadt zurück.
Als sie zu Josef kamen, fielen sie vor ihm nieder. »Wie konntet ihr
das nur tun?«, fragte Josef streng. »Benjamin wird mein Diener
sein. Ihr anderen dürft nach Hause.« Da trat Juda vor und sagte:
»Mein Herr! Unser Vater hängt sehr an seinem jüngsten Sohn und
wird den Schmerz nicht überleben. Darum will ich an seiner Stelle
hierbleiben.«
In diesem Moment fing Josef an, laut zu schluchzen: »Erkennt ihr
mich denn immer noch nicht? Ich bin es, Josef, euer Bruder!«
Die Brüder erschraken. Aber Josef rief: »Kommt her und hört auf,
euch Sorgen zu machen. Ich bin nicht wütend auf euch. Gott hat
mich hierher gebracht, damit ich Verwalter werde und euer Leben
rette. Er hat aus euren bösen Plänen etwas Gutes werden lassen.

Krug und silberner Becher aus
dem antiken Ägypten

Haushalter: ein Diener, dem der
Herr besonders vertraut und
besondere Aufgaben und den
Haushalt anvertraut.

zerrissen ihre Kleider: Zeichen
der Trauer und des Schmerzes
(siehe S. 80).

Geht nun schnell zu unserem Vater. Sagt ihm, dass er mit allem, was er hat, nach Ägypten kommen soll. Die Hungersnot wird noch weitere fünf Jahre dauern. Hier kann ich euch versorgen.« Dann fiel Josef seinem Bruder Benjamin um den Hals, und die Brüder weinten vor Glück.

Als der Pharao hörte, dass Josefs Brüder im Land waren, sagte er zu ihm: »Deine Verwandten sind herzlich willkommen. Sie dürfen im fruchtbarsten Gebiet Ägyptens, in Goschen*, wohnen.«
Die Brüder kehrten zu ihrem Vater zurück. Als Jakob vom Schicksal seines Sohnes Josef erfuhr, war er überglücklich. »Josef lebt!«, rief er voller Freude. »Ich will ihn unbedingt noch einmal sehen, bevor ich sterbe!« Mit seiner ganzen Familie und allem Besitz brach er nach Ägypten auf. In der Nacht sagte Gott zu ihm: »Fürchte dich nicht! Ich bin der Gott deiner Väter. Ich werde mit dir nach Ägypten ziehen. Dort will ich deine Nachkommen zu einem großen Volk machen.«
Als sie das Land Goschen* erreichten, kam Josef ihnen entgegen. Vater und Sohn fielen sich um den Hals. Josef sagte: »Der Pharao erlaubt euch, hier zu wohnen. Ihr sollt euch um sein Vieh kümmern.«

Jakob lebte noch viele Jahre und wurde von Josef versorgt.
Als er spürte, dass er sterben würde, bat er Josef: »Ich will nicht in Ägypten begraben werden, sondern da, wo Abraham und Sara, Isaak und Rebekka und meine Frau Lea liegen.«
Dann segnete er alle seine Söhne und auch die Söhne von Josef.
Wenig später starb er und wurde in Kanaan begraben, so wie er es sich gewünscht hatte.
Nach dem Tod ihres Vaters bekamen die Brüder Angst.
Sie dachten: »Josef hat uns nur verschont, weil unser Vater noch lebte. Hoffentlich zahlt er uns jetzt nicht alles heim, was wir ihm angetan haben.«
Sie gingen zu Josef, warfen sich vor ihm nieder und sagten:
»Wir sind deine Sklaven!« Aber Josef beruhigte sie: »Fürchtet euch nicht. Ihr gedachtet es böse mit mir zu machen, aber Gott gedachte es gut zu machen. Er hat uns so vor der Hungersnot bewahrt. Wir dürfen dankbar sein.«
Josef blieb mit allen Nachkommen Jakobs in Ägypten, und es ging ihnen gut dort.

Goschen: Gebiet im Norden Ägyptens (siehe Karte S. 284). Es lag im Delta des Flusses Nil und war sehr fruchtbar.

Geschichten von Mose und der Befreiung aus Ägypten

Die Erinnerung an die Zeit der Sklaverei in Ägypten spielt im Judentum bis heute eine wichtige Rolle. Die Erfahrung, unterdrückt und ausgebeutet gewesen zu sein, steht hinter den Vorschriften aus dem Alten Testament, die besondere Rücksichtnahme gegenüber den Fremden fordern, zum Beispiel:

Einen Fremdling sollst du nicht bedrücken und bedrängen; denn ihr seid auch Fremdlinge in Ägyptenland gewesen. (2. Mose 22,20)

Was war geschehen?

Die Vorfahren der Israeliten heißen in der Bibel auch »Aramäer« (5. Mose 26,5). Sie waren **Nomaden**, die in das Land Ägypten gekommen waren und sich dort angesiedelt hatten. In der Bibel wird berichtet, dass sie als Sklaven für die Ägypter Städte aus Lehmziegeln bauen mussten. In Ägypten gibt es Wandbilder, die diese Arbeit zeigen. Die Geschichte von Mose und der Befreiung aus Ägypten erinnert an diese Zeit. Sie gibt Antwort auf die Frage:

◎ **Auf welche Weise steht Gott uns bei, wenn wir in Not sind?**

Gott lässt sein Volk nicht im Stich, als es in Ägypten unterdrückt und versklavt wird. Er befreit es und führt es in das Land, das er ihm versprochen hat. Dieses Befreiungserlebnis wurde zur grundlegenden Erfahrung für das Volk Israel. Die ganze weitere Geschichte Gottes mit seinem Volk ist davon geprägt. Immer wieder wird im Alten Testament an die Befreiung aus Ägypten erinnert. Auf dem Weg in die Freiheit erhält das Volk in der Wüste die **Zehn Gebote** (siehe S. 54). Sie begleiten Israel durch die Zeiten hindurch und geben Antwort auf die Fragen:

◎ **Was will Gott für mein Leben?**
◎ **Woran kann ich mich orientieren?**

Auch später erinnerten sich Menschen an die Geschichte von Mose und der Befreiung aus Ägypten. So sangen die schwarzen Sklaven in Amerika **Gospels** wie »When Israel was in Egypt's Land«, in denen sie die Hoffnung auf ihre eigene Befreiung ausdrückten. Heute erinnert besonders das jüdische **Passafest** (siehe S. 49 und 52) jedes Jahr aufs Neue an die damalige Befreiung durch Gott.

Ziegelherstellung und Ziegelbau durch Sklaven in Ägypten (Grabmalerei aus dem 15. Jahrhundert v. Chr.)

Fronarbeiten: vom Pharao erzwungene Mitarbeit an öffentlichen Bauvorhaben.

Ziegel: wurden in Ägypten für den Bau von Gebäuden verwendet. Dafür wurde Schlamm aus dem Nil mit gehacktem Stroh und Sand in eine hölzerne Form gegeben und in der Sonne getrocknet.

Formen zur Herstellung von Ziegeln

Pitom und Ramses: Die Arbeiten stehen offenbar im Zusammenhang mit dem Ausbau der Residenz, die Pharao Ramses II. (1279-1213 v.Chr.) im östlichen Nildelta errichten ließ.

Levi: einer der Söhne Jakobs (siehe S. 32). Seine Nachkommen arbeiteten später im Tempel (Leviten).

Mose wird gerettet (2. Mose 1–2)

Viele Jahre waren vergangen, seit Josef Ägypten vor der Hungersnot bewahrt hatte. Die Israeliten wuchsen zu einem großen Volk heran. Doch dann bestieg in Ägypten ein neuer Pharao den Thron, der von Josef nichts mehr wusste. Dass die Israeliten so viele waren, machte dem Pharao Sorgen. Er ließ sie zu Fronarbeiten* heranziehen. Sie mussten Ziegel* herstellen und die Städte Pitom und Ramses* bauen. Aber trotz aller Unterdrückung wurden die Israeliten immer mehr. Da sagte der Pharao zu seinen Leuten: »Die vielen Männer könnten einen Aufstand gegen uns machen. Wir müssen etwas dagegen tun!«
Zunächst befahl er den Hebammen, alle neu geborenen israelitischen Jungen zu töten. Aber die führten den Befehl nicht aus, weil sie Gott gehorchten. Da rief der Pharao das ganze Volk der Ägypter dazu auf.

In dieser Zeit brachte eine Frau aus der Familie Levis* einen Sohn zur Welt. Weil sie ihr Kind retten wollte, verbarg sie es drei Monate lang. Als sie es nicht länger verstecken konnte, legte sie ihr Kind in ein Kästchen* aus Binsen, das mit Pech und Teer abgedichtet war. Dann setzte sie es am Ufer des Nils* ins Schilf. Zu ihrer Tochter Mirjam sagte sie: »Bleib in der Nähe und pass auf das Kind auf!«

An diesem Tag wollte die Tochter des Pharao im Nil* baden. Dabei entdeckte sie das Kästchen*. »Bringt es zu mir!«, befahl sie ihren Dienerinnen.

In dem Kästchen lag ein Kind, das vor Hunger schrie. Die Prinzessin hatte Mitleid mit ihm und sagte: »Es ist eines von den israelitischen Kindern. Ich will es behalten.«

Da kam Mirjam aus dem Schilf und sagte. »Braucht ihr eine Amme* für das Kind? Ich kenne eine. Soll ich sie holen?«

Die Tochter des Pharao war damit einverstanden. Da rief Mirjam ihre Mutter, die nun ihr eigenes Kind großziehen konnte.

Als der Junge größer geworden war, brachte ihn die Mutter zur Tochter des Pharao in den Palast. Die nahm ihn als ihren Sohn an und sagte zu ihm: »Ich habe dich aus dem Wasser gezogen. Darum sollst du Mose* heißen.«

Flucht und Auftrag *(2. Mose 2–4)*

Mose wuchs im Palast auf *und hatte ein gutes Leben. Aber seinem Volk ging es schlecht. Als der Junge erwachsen war, ging er eines Tages zu den Israeliten hinaus. Er sah, wie schwer sie arbeiten mussten. Dabei wurde er Zeuge, wie ein Aufseher einen Israeliten erschlug. Mose ging auf den Aufseher los und tötete ihn. »Hoffentlich hat mich niemand gesehen!«, dachte er und vergrub den Mann.

Am nächsten Tag ging er wieder hinaus. Da sah er zwei Israeliten, die sich stritten. Mose versuchte, den Streit zu schlichten. Doch einer der beiden sagte: »Was mischst du dich ein? Willst du vielleicht unser Richter sein? Oder bringst du mich jetzt auch um wie gestern den Ägypter?« Mose wurde blass und rannte davon. Bald kam es ihm zu Ohren: Der Pharao hatte von seiner Tat erfahren und wollte ihn töten lassen.

Mose wusste keinen anderen Ausweg als zu fliehen. Er machte sich auf den Weg – immer weiter in Richtung Osten. Dabei durchwanderte er eine steinige Wüste und kam schließlich in das Land Midian*. An einem Brunnen machte er Rast. Da kamen sieben Mädchen, um ihre Tiere zu tränken. Es waren die Töchter von Jithro, dem Priester von Midian. Die Mädchen schöpften Wasser aus dem Brunnen und schütteten es in die Tränke. Doch andere Hirten* wollten die Mädchen und ihre Schafe beiseite

Nil: einer der größten Flüsse der Welt. Bei den regelmäßigen Überschwemmungen, die er verursacht, kommt sein Schlamm auf die Felder und macht sie fruchtbar.

Kästchen: im Hebräischen dasselbe Wort, das für die Arche Noahs verwendet wird (siehe S. 17).

Amme: Frau, die ein fremdes Kind stillt und es versorgt.

Mose: typisch ägyptischer Name, der »Sohn« bedeutet. Im Hebräischen erinnert er an das Wort für »herausziehen«.

wuchs im Palast auf: Wer im Palast aufwuchs, bekam eine Ausbildung, bei der er lesen und schreiben lernte.

Ägyptische Palastsäulen

Midian: liegt in der arabischen Wüste. Die Midianiter sind Nachkommen von Abraham und seiner zweiten Frau Ketura. Später führen die Israeliten gegen die Midianiter Krieg (siehe Gideon S. 66).

Hirten: Die wenigen Wasserstellen in der kargen Gegend waren unter den Hirten oft hart umkämpft.

Der »Mosebrunnen« am Sinai.
Hier soll Mose seine Frau
getroffen haben.

Horeb: bedeutet »Trockenheit«
oder »Dürre«. Man weiß nicht
genau, wo der Berg Horeb liegt.
Möglicherweise ist es ein Berg
auf der Halbinsel Sinai, der über
2200 Meter hoch ist (siehe Karte
S. 284). In der Bibel wird der
Berg auch »Sinai« genannt. Hier
erhält Mose später die Zehn
Gebote (siehe S. 54).

Flammen: Feuer
gilt in der Bibel oft als Zeichen
für Gottes Gegenwart.

Schuhe: wurden in Heiligtümern
früher ausgezogen. Dies macht
man auch heute noch in einer
Moschee oder in den Tempeln
Asiens.

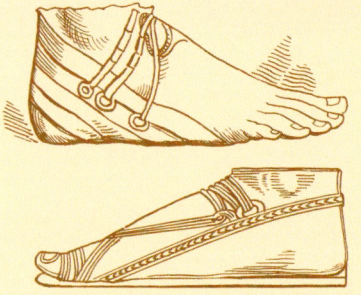

Wenn die Bibel von Schuhen
spricht, sind in der Regel
Sandalen gemeint.

drängen. Als Mose dies sah, rief er: »Macht, dass ihr fortkommt!
Lasst die Mädchen in Ruhe!« Verdutzt ließen die Hirten ihnen den
Vortritt.

Die Mädchen waren froh und bedankten sich herzlich. Mose half
ihnen auch beim Tränken der Tiere. So kamen sie früher als sonst
zu ihrem Vater zurück. Der Vater wunderte sich und fragte:
»Wieso seid ihr heute so früh zurück?« Die Mädchen strahlten ihn
an: »Ein Ägypter hat die Hirten vertrieben und uns geholfen, die
Schafe zu tränken.« »Und wo ist er jetzt?«, fragte Jithro. »Habt ihr
ihn etwa draußen stehen lassen? Holt ihn herein und gebt ihm zu
essen und zu trinken!«
Mose wurde ins Zelt geführt und setzte sich. »Willst du nicht bei
uns bleiben?«, fragte ihn der alte Mann. »Ich könnte jemand wie
dich gut gebrauchen.« Mose freute sich über diese Einladung und
sagte: »Ich bleibe gerne bei euch.«
Bald heiratete er Zippora, die Älteste der Schwestern, und bekam
mit ihr einen Sohn.
Währenddessen ging es den Israeliten in Ägypten immer schlechter. Sie stöhnten unter der schweren Zwangsarbeit und schrien zu
Gott um Hilfe. Gott hörte ihr Schreien. Er erinnerte sich an das
Versprechen, das er Abraham einst gegeben hatte, und beschloss,
ihnen zu helfen.

Mose hütete die Schafe seines Schwiegervaters. Eines Tages kam er
mit ihnen zum Berg Horeb*. Da sah er, wie aus einem Dornbusch
Flammen* schlugen. Aber der Dornbusch verbrannte dabei nicht.
»Das ist doch seltsam«, murmelte Mose. »Der Busch brennt, aber
er verbrennt nicht. Das will ich mir genauer ansehen!« Da hörte er
plötzlich aus dem Dornbusch eine Stimme rufen: »Mose! Mose!«
»Hier bin ich«, antwortete Mose. »Komm nicht näher«, sagte die
Stimme. »Zieh deine Schuhe* aus, denn du stehst auf heiligem
Boden. Ich bin der Gott deines Vaters und der Gott Abrahams,
Isaaks und Jakobs.«
Da verhüllte Mose sein Gesicht, denn er fürchtete sich, Gott
anzusehen.
Gott sagte: »Ich habe das Elend meines Volkes gesehen. Ich will sie
aus der Unterdrückung befreien und sie in ein gutes Land bringen
– ein Land, das von Milch und Honig überfließt. Deshalb schicke
ich dich zum Pharao, damit du mein Volk aus Ägypten heraus-
führst.«

Mose erschrak und rief: »Warum gerade ich? Wer bin ich denn, dass ich zum Pharao gehen und die Israeliten aus Ägypten herausführen könnte? Was soll ich denn sagen, wenn sie mich fragen, wer mich schickt?«

Gott antwortete: »Ich werde sein*, der ich sein werde.

Sag ihnen: ›Ich werde sein, der ich sein werde‹ hat mich geschickt, der Gott eurer Väter Abraham, Isaak und Jakob. Er hat euer Elend gesehen und will euch aus Ägypten herausführen in ein gutes Land. Die Israeliten werden auf dich hören. Danach sollst du mit den Ältesten* der Israeliten zum Pharao gehen.«

»Bestimmt werden die Israeliten nicht auf mich hören und mir nicht glauben«, widersprach Mose verzweifelt.

Gott beruhigte ihn: »Ich gebe dir ein Zeichen. An dem sollen sie erkennen, dass du wirklich von mir gesandt bist. Nimm den Stab, den du in der Hand hast. Wenn du ihn hinwirfst, wird er zu einer Schlange. Oder nimm einen Krug voll Wasser aus dem Nil. Ich werde es in Blut verwandeln.« Doch Mose erwiderte: »Aber ich habe noch nie gut reden können. Was ist, wenn ich das nicht schaffe?« Da sagte Gott: »Ich werde dich lehren, was du sagen sollst.« Aber Mose weigerte sich immer noch: »Ach Herr, bitte schick doch einen anderen.« Schließlich rief Gott: »Dein Bruder Aaron soll dich begleiten. Er ist Levit* und kann gut reden. Er wird für dich zum Volk sprechen.«

Mose ging zu seinem Schwiegervater und bat, nach Ägypten ziehen zu dürfen. Jithro ließ ihn gehen und so setzte Mose seine Frau und seinen Sohn auf einen Esel und zog mit ihnen nach Ägypten. Den Stab hatte er in seiner Hand.

Auf dem Weg kam ihnen Aaron entgegen und die Brüder fielen sich in die Arme. Gemeinsam machten sie sich auf den Weg nach Ägypten. Dort versammelten sie die Israeliten. Aaron erzählte ihnen, welchen Auftrag Mose von Gott erhalten hatte. Dann tat Mose die Zeichen, die Gott ihm befohlen hatte. Da glaubten ihm die Israeliten und dankten Gott.

Bedrückung und Plagen *(2. Mose 5–12)*

Mose und Aaron gingen zum Pharao und sagten zu ihm: »So spricht der HERR*, der Gott Israels: Lass mein Volk ziehen! Gott will, dass wir in der Wüste ein Fest für ihn feiern.«

»Ich werde sein...«: ist wohl die Übersetzung des Namens Gottes, der im Judentum nicht ausgesprochen werden darf. Einfach übersetzt kann dies auch »Ich bin bei dir« bedeuten. Im Hebräischen wird der Gottesname mit vier Buchstaben geschrieben: JHWH. Die Lutherbibel gibt diesen Namen in Großschrift mit »HERR« wieder.

יהוה

JHWH wird im Hebräischen von rechts nach links gelesen.

Älteste: Familienoberhäupter der Israeliten.

Levit: Nachkomme von Levi (siehe S. 32). Die Leviten waren später Tempeldiener in Jerusalem.

Wüste auf dem Sinai

HERR: So wird in der Lutherbibel der hebräische Name Gottes (JHWH) wiedergegeben.

gehorchen: Der Pharao sah sich selbst als Gott.

Stroh: zur Ziegelherstellung siehe S. 44.

Älteste: Familienoberhäupter der Israeliten.

Schlange: war auch das Zeichen der Macht des Pharao. In der Krone des Pharao befindet sich eine goldene Kobra-Schlange. In der biblischen Paradieserzählung hingegen verführt die Schlange den Menschen zum Bösen (siehe S. 14).

Plagen: Katastrophen oder Krankheiten, die für die Menschen großes Leid brachten.

Aber der Pharao lehnte ab: »Wer ist dieser Gott, dass ich ihm gehorchen* müsste? Warum soll das Volk nicht mehr für mich arbeiten? Ich will nicht, dass die Israeliten fortziehen. Los, kehrt an eure Arbeit zurück!«
Seinen Leuten befahl er: »Macht den Israeliten die Arbeit schwerer, denn sie sind faul und kommen auf dumme Gedanken. Lasst sie selbst das Stroh* für die Ziegel besorgen. Aber sie sollen genauso viele abliefern wie bisher.« So geschah es.

Die Ältesten* des Volkes beklagten sich bei Mose und Aaron: »Ihr habt alles viel schlimmer gemacht!« Mose sagte zu Gott: »Ach Herr, warum hast du mich nur hierher geschickt? Den Leuten geht es schlechter als je zuvor.«
Gott schickte Mose und Aaron ein zweites Mal zum Pharao. Diesmal nahm Aaron seinen Stab und warf ihn vor den König. Da wurde er zu einer Schlange*. Der Pharao ließ seine Zauberer holen. Die taten das Gleiche. Aber Aarons Schlange verschlang die Stäbe der Zauberer.
Finster schaute der Pharao die beiden an. Er war nicht bereit nachzugeben.

Da schickte Gott Plagen* über das Land. Das Nilwasser und alle Gewässer in Ägypten verwandelten sich in Blut. Selbst in den Töpfen war nur noch Blut zu finden.
Dann kam eine zweite Plage: Frösche. Sie waren überall, sogar im Schlafzimmer des Pharao. Als die Frösche starben, stank es im ganzen Land.

Weitere Plagen folgten. Stechmücken quälten die Menschen. Nur in der Region Goschen, wo die Israeliten wohnten, gab es keine Mücken. Bei einer Viehpest starben alle Tiere der Ägypter, und die Menschen bekamen Blattern*. Keiner wagte sich mehr auf die Straße.

Dann kam ein Unwetter, wie es die Ägypter noch nie gesehen hatten. Hagel zerschlug alle Pflanzen und Bäume. Was noch übrig war, wurde von Heuschrecken* vertilgt, die alles kahl fraßen. Als neunte Plage überzog eine große Finsternis* das Land. Schon wollte der Pharao die Israeliten ziehen lassen. Er sagte: »Ihr könnt gehen. Nur eure Tiere müsst ihr hier lassen.« Doch Mose wollte alles mitnehmen – bis auf das kleinste Schaf. Da weigerte sich der Pharao wieder. So kam die letzte und schlimmste Plage.

Gott sagte zu Mose: »Noch eine letzte Plage will ich über Ägypten schicken. Dann wird der Pharao euch ziehen lassen. Heute Nacht werden alle erstgeborenen Söhne der Ägypter sterben, auch der Sohn des Pharao. Sag den Israeliten, sie sollen ein Lamm schlachten und das Blut an die Türpfosten und die Türschwelle streichen. Das Lamm sollen sie über dem Feuer braten und mit bitteren Kräutern und Brot essen, das ohne Sauerteig* gebacken wird. Beim Essen sollt ihr schon zum Aufbruch bereit sein. An den Häusern, an denen ich das Blut sehe, will ich vorübergehen. So wird die Plage nicht euch treffen, sondern nur die Ägypter. In Zukunft sollt ihr jedes Jahr Feiertage* halten und euch daran erinnern, was heute geschehen wird. Ihr sollt dann sieben Tage lang kein gesäuertes Brot essen und nicht arbeiten.«

Blattern: alte Bezeichnung für Pocken (eine schwere ansteckende Krankheit, die oft tödlich verlief).

Heuschrecken: treten in riesigen Schwärmen auf und vernichten in manchen Ländern bis heute alle Nutzpflanzen.

Finsternis: Der wichtigste Gott der Ägypter war Ra, der Sonnengott. Diese Plage zeigte, dass gerade dieser höchste Gott keine Macht mehr über das Land hatte.

Sauerteig: Dafür mischt man Wasser und Mehl zusammen. Den dünnflüssigen Brei lässt man mehrere Tage im Warmen stehen. Durch die Einwirkung von Bakterien beginnt der Teig dann zu gären und Hefe zu bilden.

Feiertage: Damit ist das jüdische Passa- oder Pessachfest gemeint. Pessach heißt »vorübergehen«. An dem Fest wird die Mosegeschichte nacherzählt. Man isst ungesäuertes Brot (= Matzen), bittere Kräuter (wie z. B. Petersilie) und andere Speisen, die an die Geschichte erinnern (siehe S. 52).

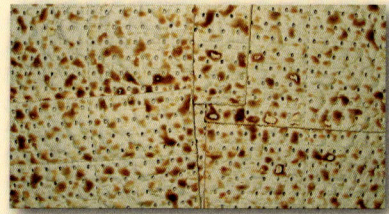

Matzen, wie sie heute gebräuchlich sind

Mose rief die Ältesten des Volkes zusammen und sagte ihnen, was sie tun sollten. In der Nacht kam alles so, wie es Gott angekündigt hatte. Da endlich ließ der Pharao die Israeliten ziehen.

Auszug aus Ägypten (2. Mose 12–15)

Die Ägypter gaben den Israeliten Schafe, Rinder, Schmuck und schöne Kleider und drängten sie, fortzugehen. So zogen sie nach Osten. Dabei nahmen sie den ungesäuerten Brotteig in den Backschüsseln mit, wie Gott es ihnen gesagt hatte.

Gott führte die Israeliten nicht auf dem kürzesten Weg ins Gelobte Land*. Sie machten Halt in Sukkot* und zogen dann durch die Wüste zum Schilfmeer. Gott ging vor ihnen her, am Tage in einer Wolkensäule* und bei Nacht in einer Feuersäule. So zeigte er ihnen den Weg.

Doch dann änderte der Pharao noch einmal seinen Entschluss. »Warum haben wir unsere Diener eigentlich ziehen lassen?«, fragte er seine Berater. »Holen wir sie uns zurück!« So schickte er sechshundert schnelle Streitwagen hinter ihnen her. Als die Israeliten die Verfolger kommen sahen, riefen sie ängstlich: »Wir sind verloren! Mose, warum hast du uns das angetan? Es wäre besser gewesen, den Ägyptern zu dienen, als in der Wüste zu sterben.«
Mose beruhigte das Volk: »Fürchtet euch nicht! Vertraut auf Gott. Der HERR wird für euch streiten, und ihr werdet stille sein.«

Gott sagte zu Mose: »Die Israeliten sollen weiterziehen. Aber du sollst deinen Stab über das Meer halten. Dann wird es sich teilen und die Israeliten können auf dem Trockenen mitten hindurch gehen. Die Ägypter werden euch folgen und ich werde ihnen zeigen, wie mächtig ich bin.«
Die Wolkensäule, die vor den Israeliten hergezogen war, stellte sich jetzt hinter sie und gab ihnen Schutz vor den Ägyptern. Mose hielt seinen Stab über das Meer und Gott ließ es durch einen starken Wind zurückgehen. Das Wasser teilte sich. Die Israeliten gingen mitten durch das Meer und das Wasser stand wie eine Mauer zu beiden Seiten.

Gelobtes Land: meint »versprochenes Land«. Damit ist Kanaan (das später Israel genannt wird) gemeint. Gott hat es Abraham und seinen Nachkommen versprochen (siehe S. 22).

Sukkot: Ort östlich des Nildeltas und Name des Laubhüttenfestes (siehe Karte S. 284; siehe jüdische Feste, S. 52)

Moderne Laubhütte

Wolkensäule: kleiner Wirbelsturm in der Wüste.

Ägyptischer Streitwagen

Als die Ägypter das sahen, folgten sie ihnen. Aber ihre Wagen kamen nur schwer voran. Nachdem die Israeliten endlich durch das Meer gezogen waren, sagte Gott zu Mose: »Strecke deine Hand noch einmal über das Meer!«

Da kam das Wasser wieder zurück und das Heer der Ägypter mit allen Kriegern, Wagen und Pferden versank.

Die Israeliten standen am Ufer und starrten auf das Meer. Leise begann Mose, ein Lied zu singen, in das alle einstimmten. Mirjam, die Schwester von Mose und Aaron, nahm eine Pauke und schlug den Rhythmus für einen Tanz. Die anderen Frauen schlossen sich ihr an. Sie schlugen ihre Handpauken und tanzten im Kreis. Dazu sang Mirjam ein Lied*:

»Lasst uns dem HERRN singen,
denn er ist hoch erhaben;
Ross und Reiter hat er ins Meer gestürzt.«

Lied Mirjams: Dieses Lied gilt als einer der ältesten Texte der Bibel.

Frauenfigur mit Handpauke

Jüdische Feste

Die wichtigsten Feste in Israel waren ursprünglich Hirten- und Bauernfeste. Später wurden sie der feierlichen Erinnerung an das rettende Handeln Gottes gewidmet. Die großen Feste waren mit einer **Wallfahrt nach Jerusalem** verbunden. Auch Jesus und die Jünger nahmen daran teil (siehe S. 171).

◎ **Das Passafest** im Frühjahr (Juden nennen es »Pessach«) erinnert an den Auszug aus Ägypten. In biblischer Zeit opferten die Familien am Vorabend des Festes ein Lamm. Zu Beginn der Feier wird die Auszugs-Geschichte erzählt. Die Speisen, die beim Passamahl in den Familien gereicht werden, sollen an das damalige Geschehen erinnern.
Ursprünglich waren das Passafest und das siebentägige **Fest der Ungesäuerten Brote** zwei Feste. Heute feiern Juden das Fest **Pessach**, an dem acht Tage lang Matzen (= Brote ohne Sauerteig) gegessen werden. Es erinnert symbolisch an Gottes Befehl, zum Auszug bereit zu sein (siehe S. 50).

◎ **Das Wochenfest (Schawuot)** im Frühsommer folgt dem Abschluss der Weizenernte. Weil es am fünfzigsten Tag nach dem Passafest gefeiert wird, erhielt es nach dem griechischen Wort für fünfzig den Namen Pfingsten (pentekoste hemera = 50. Tag). Später gedachte man an diesem Tag der Ankunft der Israeliten am Sinai und der Verkündigung der Gebote (siehe S. 54). Aus Freude tanzen die Menschen bei diesem Fest mit der Torarolle in der Synagoge.

◎ **Das Laubhüttenfest (Sukkot)** ist das abschließende Erntefest im Jahreslauf. Es findet im Herbst zur Zeit der Weinernte statt. Man feierte es mit einer Wallfahrt nach Jerusalem. Für die Dauer dieses Festes zogen die Menschen in kleine Laubhütten (siehe S. 50). Wahrscheinlich wohnte man so ursprünglich zur Zeit der Weinlese in den Weinbergen. Später dient dieser Brauch zur Erinnerung an das Leben in Zelten zur Zeit der Wüstenwanderung.

Weitere jüdische Feste:
◎ **Neujahr (Rosch ha Schana)** wird im Herbst gefeiert. Zur Feier des Tages wird ein Widderhorn geblasen (siehe S. 25 und 65).
◎ Am **Versöhnungstag (Jom Kippur)** bekennt das Volk seine Sünden und bittet Gott um Vergebung. Früher trieb man einen Ziegenbock (= »Sündenbock«) in die Wüste, dem die Sünden des Volkes aufgeladen wurden (siehe 3. Mose 16).
◎ **Chanukka** erinnert an die Wiedereinweihung des Tempels durch Judas Makkabäus. Diese Geschichte findet sich in den Apokryphen der Bibel (siehe S. 145).
◎ **Purim** erinnert an die Rettung der Juden durch Ester, die jüdische Frau des persischen Königs Ahasveros (siehe S. 96).

Neben den besonderen Festzeiten, die jährlich wiederkehren, gibt es den wöchentlichen Ruhetag, der in besonderer Weise Gott gewidmet ist: den **Sabbat**. In der Schöpfungserzählung (siehe S. 11) und in den Zehn Geboten (siehe S. 54 und 56) wird betont: Gott selbst hat den Ruhetag geschaffen. Er soll in Ehren gehalten werden.

Rettung in der Wüste (2. Mose 16–17)

Vom Schilfmeer zogen die Israeliten weiter in die Wüste Zin⁕.
Dort gab es nichts zu essen und zu trinken. Da fingen sie wieder
an, sich zu beklagen: »Ach, wären wir doch in Ägypten geblieben!
Dort hatten wir genug zu essen. Warum habt ihr uns in die Wüste
geführt? Wir werden hier noch sterben!«

Gott hörte diese Klagen und sagte zu Mose: »Ich will dem Volk zu
essen geben.« Am Abend kam ein großer Schwarm von Wachteln⁕
geflogen. Es waren so viele, dass alle Israeliten davon satt wurden.
Am nächsten Morgen sahen die Israeliten, dass überall auf dem
Boden kleine Kügelchen lagen. Sie sahen aus wie Tau. »Man hu?«,
fragten die Israeliten, das heißt: »Was ist das?« Mose erklärte
ihnen: »Das ist Brot, das Gott euch zu essen gibt.« Alle sammelten,
jeder so viel, wie er für einen Tag brauchte.
Gott sagte: »Sechs Tage dürft ihr sammeln. Der siebte Tag soll der
Sabbat⁕, der Ruhetag, sein. Deshalb müsst ihr am sechsten Tag
doppelt so viel sammeln. So reicht es auch für den Sabbat.«
Die Israeliten nannten das Brot Manna⁕. Es schmeckte wie
Honigbrot. Vierzig Jahre waren die Israeliten in der Wüste.
Und so lange hatten sie Manna zu essen.

Die Israeliten zogen weiter. Doch sie hatten kein Wasser zu
trinken und litten großen Durst. »Warum hast du uns aus Ägypten geholt«, beklagten sie sich wieder bei Mose. »Sollen wir hier
alle verdursten?«
Verzweifelt rief Mose zu Gott: »Was soll ich bloß mit dem Volk
tun? Wenn das so weitergeht, dann werden sie mich noch umbringen.«
Gott sagte: »Geh mit den Ältesten des Volkes zum Berg Horeb⁕.
Schlage mit deinem Stab an einen Felsen, den ich dir zeigen
werde. Dann wird Wasser aus ihm hervorsprudeln und das Volk
kann trinken.«
So geschah es. Die Israeliten nannten den Ort Massa und Meriba⁕,
weil sie dort die Fürsorge Gottes auf die Probe gestellt und mit
ihm gestritten hatten.
Eines Tages gerieten die Israeliten in der Wüste in Streit mit den
Amalekitern⁕. Die israelitischen Männer wurden von Josua⁕ in
den Kampf geführt. Mose schaute von einem Berg auf den Kampf-
platz hinunter. Seinen Stab hielt er in der Hand. Solange Mose den

Zin: Gegend auf der Halbinsel
Sinai (siehe Karte S. 284).

Wachteln: Zugvögel, die
die Sinai-Halbinsel jedes Jahr in
großen Schwärmen überqueren.

Sabbat: Name des Ruhetags
(siehe S. 52).

Manna: vermutlich süßes,
klebriges Harz des Hammada-
Strauches. Es wird von Beduinen
als Süßstoff verwendet.

Hammada-Strauch

Horeb: siehe S. 46.

Massa und Meriba: heißt
übersetzt »Erprobung« und
»Streit«.

Amalekiter: Amalek war Esaus
Enkel. Die Amalekiter wohnten
auf der Sinai-Halbinsel. Sie
galten als Feinde Israels.

Josua: Diener und späterer
Nachfolger von Mose, der das
Volk beim Einzug in das Land
Kanaan anführte.

Blick auf den Gipfel des Sinai

Sinai: siehe Erklärung zu »Horeb«, S. 46.

Bund: siehe S. 19.

diese Worte: sind die Zehn Gebote, die nun das Leben des Volkes in der Freiheit regeln sollen. Sie werden eingeteilt in Verpflichtungen gegenüber Gott und gegenüber den Mitmenschen.

»Ich bin der HERR, dein Gott«: Die Gebote fangen so an wie damals ein königlicher Vertrag: Der König stellt sich vor und sagt dann, was er Gutes für das Volk getan hat.

Du sollst: kann auch mit »du wirst …« übersetzt werden. Die Gebote sind also nicht als Vorschriften, sondern als Wegweiser zu verstehen. Sie zeigen, wie das Leben der Menschen gelingen kann.

Bildnis (= Gottesbild): Die Israeliten sollen sich kein Bild von Gott machen (siehe die Geschichte vom Goldenen Kalb, S. 58). Dadurch unterscheiden sie sich von allen anderen Völkern der damaligen Zeit. Diese verehrten ihre Götter in Bildern und Statuen (siehe S. 61).

Stab hochhielt, siegten die Israeliten. Doch bald wurde er müde und ließ den Stab sinken. Da waren die Amalekiter stärker. Schließlich stützten zwei Männer die Arme von Mose und die Israeliten konnten die Amalekiter besiegen.

Am Sinai *(2. Mose 19–20 und 24)*

Die Israeliten zogen weiter und kamen an den Berg Sinai*.
Am Fuß des Berges schlugen sie ihre Zelte auf. Mose stieg auf den Berg. Dort sagte Gott zu ihm: »Ich habe euch aus Ägypten gerettet und hierher geführt. Ihr seid das Volk, das ich auserwählt habe und mit dem ich einen Bund* schließen will. Haltet euch an meine Worte und lebt so, dass es mir gefällt. Das alles sollst du den Israeliten sagen.«
Mose stieg wieder vom Berg hinab und verkündete den Israeliten die Worte Gottes. Das Volk antwortete: »Alles, was Gott sagt, wollen wir tun.« Da sagte Gott: »Drei Tage sollt ihr euch vorbereiten. Dann will ich wieder zu dir reden.« Am dritten Tag kam Gott auf den Berg herab. Es war, als ob ein Gewitter dort tobte. Der Berg bebte und es erklang der Ton einer Posaune. Und Gott sprach mit Mose und redete alle diese Worte*:

»Ich bin der HERR, dein Gott*, der ich dich aus Ägyptenland, aus der Knechtschaft, geführt habe.

Du sollst* keine anderen Götter haben neben mir.

Du sollst dir kein Bildnis* noch irgendein Gleichnis machen, weder von dem, was oben im Himmel, noch von dem, was unten auf Erden, noch von dem, was im Wasser unter der Erde ist: Bete sie nicht an und diene ihnen nicht.

Du sollst den Namen des HERRN, deines Gottes, nicht missbrauchen; denn der HERR wird den nicht ungestraft lassen, der seinen Namen missbraucht.

Gedenke des Sabbattages, dass du ihn heiligst. Sechs Tage sollst du arbeiten und alle deine Werke tun. Aber am siebenten Tage ist der Sabbat des HERRN, deines Gottes. Da sollst du keine Arbeit tun, auch nicht dein Sohn, deine Tochter, dein Knecht, deine Magd, dein Vieh, auch nicht dein Fremdling, der in deiner Stadt lebt. Denn in sechs Tagen hat der HERR Himmel und Erde gemacht und das Meer und alles, was darinnen ist, und ruhte am siebenten Tage. Darum segnete der HERR den Sabbattag und heiligte ihn.

Du sollst deinen Vater und deine Mutter ehren, auf dass du lange lebest in dem Lande, das dir der HERR, dein Gott, geben wird.

Du sollst nicht töten.
Du sollst nicht ehebrechen.
Du sollst nicht stehlen.
Du sollst nicht falsch Zeugnis reden wider deinen Nächsten.
Du sollst nicht begehren deines Nächsten Haus.
Du sollst nicht begehren deines Nächsten Frau, Knecht, Magd, Rind, Esel noch alles, was dein Nächster hat.

Mose erzählte dem Volk, was Gott gesagt hatte. Da riefen sie wie aus einem Munde: »Alles, was Gott gesagt hat, wollen wir tun.« Noch einmal rief Gott Mose zu sich auf den Berg Sinai und gab ihm Steintafeln*, auf denen die Gebote aufgeschrieben waren. Vierzig* Tage blieb Mose auf dem Berg. Und Gott beschrieb ihm auch das Heiligtum, das sein Volk für ihn bauen sollte.

Steintafeln: Ein Vertrag zwischen einem König und dem Volk wurde damals auf Steintafeln gemeißelt.
Eine Tafel blieb beim König, eine erhielten die Untertanen.

Vierzig: siehe S. 17, S. 59 und S. 139.

Die Zehn Gebote

Wie zählt man die Zehn Gebote, und was bedeuten sie?

Es gibt zwei unterschiedliche Zählungen der Zehn Gebote. Die **erste Zahl** entspricht der Einteilung, wie sie im Judentum sowie in den orthodoxen und reformierten Kirchen üblich ist. Die **zweite Zahl** zeigt die Zählung der lutherischen und katholischen Kirchen.

1./1. **Ich bin der Herr, dein Gott. Ich habe dich aus der Sklaverei in Ägypten befreit. Du sollst keine anderen Götter neben mir haben:** Martin Luther sagte: »Woran du dein Herz hängst, das ist dein Gott.« Menschen stehen immer in der Gefahr, etwas Irdisches (z. B. Geld, Macht, Gesundheit) über alles zu stellen und sich davon abhängig zu machen.

2./1. **Du sollst dir kein Gottesbild machen:** Bilder von Gott werden untersagt, weil sie ihn für den Menschen verfügbar zu machen scheinen.

3./2. **Du sollst den Namen Gottes nicht missbrauchen:** Gottes Name darf nicht zu eigennützigen und betrügerischen Zwecken ausgesprochen werden (falscher Schwur, Zaubersprüche, Flüche).

4./3. **Du sollst den Sabbat heiligen:** Der Sabbat ist der von Gott geschenkte Ruhetag. An ihm darf der Mensch von der Last des Alltags aufatmen. In der Ruhe erfährt er körperlich und geistig die Güte Gottes.

5./4. **Du sollst deinen Vater und deine Mutter ehren:** Dabei geht es um die Achtung vor der Lebenserfahrung der Alten und um die Fürsorge für sie, wenn sie sich nicht mehr selbst versorgen können.

6./5. **Du sollst nicht töten:** Es geht um vorsätzlichen Mord und um den Schutz des Lebens. Nicht im Blick ist die Tötung von Tieren, die Todesstrafe oder der Krieg.

7./6. **Du sollst nicht ehebrechen:** Die Beziehung zwischen zwei Menschen steht unter Gottes besonderem Schutz.

8./7. **Du sollst nicht (einen Menschen) stehlen:** Gedacht war ursprünglich an Menschenraub, z. B. um einen Menschen als Sklaven ins Ausland zu verkaufen. Später war auch jeder andere Diebstahl damit gemeint.

9./8. **Du sollst nicht gegen deinen Nächsten als Zeuge falsch aussagen:** Falsche Zeugenaussagen konnten für einen Unschuldigen zum Todesurteil führen.

10./9. **Du sollst nicht begehren deines Nächsten Haus:** Der Besitz soll vor dem Zugriff eines andern geschützt sein, genauso wie ...

10./10. **Du sollst nicht begehren deines Nächsten Frau, Knecht, Magd, Vieh oder alles, was sein ist:** ... alles, was einem Mann gehört (bewegliche Güter).

Die Bibel gibt Orientierung für das Leben

In der Bibel gibt es Texte, die bei der Gestaltung des Lebens helfen können.

◉ An erster Stelle sind hier die **Zehn Gebote** (2. Mose 20,1-17 / 5. Mose 5,1-21) zu nennen. Sie zeigen dem Einzelnen und der Gemeinschaft, wie das Leben gelingen kann. Sie sind daher nicht Einschränkung der menschlichen Freiheit, sondern Ausdruck von Gottes Zuwendung zu den Menschen. Mit den Geboten gibt er ihnen Wegweiser für ihr Leben. Sie sollen helfen, miteinander und mit Gott auszukommen.

◉ In der Bibel gibt es allerdings auch viele **Anweisungen**, die heute nur noch schwer zu verstehen sind. So findet man in 3. Mose 11 Speisevorschriften, die nur im Judentum beachtet werden. In 5. Mose 24,6 steht: Bei einer Pfändung darf man einem Menschen seinen Mühlstein nicht wegnehmen. Den Mühlstein brauchte man, um Mehl für Brot zu mahlen. Diese Anweisung bedeutet also: Gott will nicht, dass man Menschen die Grundlagen für ihren Lebensunterhalt wegnimmt.

◉ Oft zeigen auch **Geschichten**, wie man miteinander umgehen soll. Ein Beispiel: Nathan erzählt König David die Geschichte von einem reichen Mann. Dieser Mann nimmt einem Armen das Einzige, was er besitzt. Als David sein Urteil über diesen Reichen spricht, erkennt er, dass er selbst so gehandelt hat (siehe S. 82).

◉ **Lebensweisheiten** wie »Wer anderen eine Grube gräbt, fällt selbst hinein« finden sich in den Sprüchen Salomos (siehe S. 122).

◉ Schließlich hat **Jesus** auf vielfache Weise Orientierung für das Leben gegeben. Zentral ist hier die Bergpredigt (Matthäus 5–7; siehe S. 185). Als Jesus gefragt wird, welches das wichtigste Gebot sei, zitiert er 5. Mose 6,5: »Du sollst den Herrn, deinen Gott, lieben von ganzem Herzen, von ganzer Seele, von allen Kräften und von ganzem Gemüt, und deinen Nächsten wie dich selbst.« Dann erzählt er das Gleichnis vom barmherzigen Samariter (Lukas 10,25-37; siehe S. 207). Jesus lehrt auch, auf Mitmenschen zu achten, die leiden oder ausgestoßen sind (Markus 10,46-52; Lukas 19,1-19; siehe S. 161, 167 und 212). Schließlich soll man Christen an ihrer Liebe und Fürsorge erkennen können (Johannes 13,34-35; siehe S. 218).

Illustration aus der Koberger Bibel von 1483, Mose empfängt die Tafeln mit den Geboten

Das Goldene Kalb (2. Mose 32, 34 und 40)

Mose war immer noch auf dem Berg Sinai. Ungeduldig wartete das Volk auf seine Rückkehr. »Der kommt bestimmt nicht wieder!«, riefen einige. Zu Aaron sagten sie: »Mach uns einen Gott, den wir sehen und mitnehmen können! So einen, wie ihn die anderen Völker haben.« Aaron war einverstanden und sagte: »Ich mache euch einen Gott. Holt mir den goldenen Schmuck, den euch die Ägypter gegeben haben.«
Er schmolz den Schmuck ein und machte ein Kalb* daraus. Als er fertig war, riefen die Leute: »Seht, das ist der Gott, der uns aus Ägypten geführt hat!«
Aaron baute einen Altar für das Kalb und ließ ausrufen: »Morgen soll es ein Fest zu Ehren Gottes geben.«
Am nächsten Tag feierten die Israeliten. Sie aßen, tranken und tanzten übermütig.
Als Gott dies sah, sagte er zu Mose: »Geh zu deinem Volk, denn es wendet sich von mir ab.«
Schnell stieg Mose hinunter. Er hatte die beiden Tafeln bei sich, auf denen Gottes Gebote geschrieben waren. Schon von Weitem hörte er das Lachen und Schreien der Israeliten. Als Mose im Lager ankam, sah er das Kalb und das ausgelassene Tanzen. Da wurde er sehr zornig. Er schmetterte die Tafeln auf den Boden, sodass sie zerbrachen. Dann nahm er das goldene Kalb und warf es ins Feuer.
Am nächsten Morgen rief Mose dem Volk zu: »Ihr habt große Schuld auf euch geladen. Ich werde wieder zu Gott auf den Berg hinaufsteigen und ihn um Vergebung bitten.« Bald gab Gott Mose erneut den Auftrag, Tafeln mit den Geboten anzufertigen. Sie sollten die Israeliten für immer an Gottes Worte erinnern.

Gott gab Mose den Auftrag, ein Heiligtum zu errichten. Es sollte ein Zelt sein, dessen Wände aus kostbaren Teppichen bestanden. Dort wollte Gott bei seinem Volk sein. In dieses Zelt stellten die Israeliten einen Kasten aus Akazienholz und Gold, auf dem zwei Figuren angebracht waren. In diesen Kasten legten sie die Tafeln mit den Geboten und nannten ihn die Bundeslade. Schließlich sagte Gott zu Mose: »Aaron soll die Kleider eines Priesters anziehen und du sollst ihn segnen. Von nun an sollen die Nachkommen Aarons* die Priester der Israeliten sein.« Dann hüllte eine Wolke das Heiligtum ein. Da wussten die Israeliten: Gott ist bei uns.

Kalb: Der Jungstier ist ein Symbol für Kraft und Stärke. Bei vielen Völkern in der Umgebung Israels verehrte man damals Stiergötter als Statuen. In Ägypten stand der Stiergott Apis für Fruchtbarkeit. Die Bibel gebraucht mit dem Begriff »Kalb« bewusst ein abwertendes Wort für das Bild des Stiergottes, das Aaron anfertigte.

17 cm lange Stierfigur aus Bronze aus dem 12. Jahrhundert v.Chr. In dieser Größe kann man sich auch das »Goldene Kalb« vorstellen.

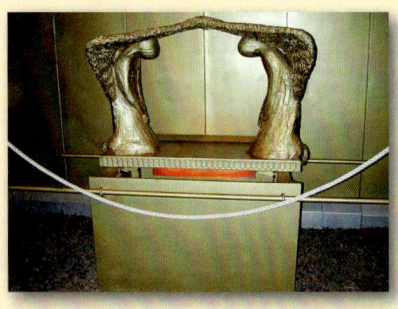

Modell der Bundeslade (siehe auch S. 85)

Nachkommen Aarons: Aaron gilt als der erste Hohepriester, von dem die gesamte jüdische Priesterschaft abstammt.

Die Kundschafter *(4. Mose 13–14)*

Vierzig Jahre mussten die Israeliten in der Wüste bleiben.
Dann kamen sie endlich an die Grenze des Landes Kanaan*.
»Sende Männer aus, die das Land erkunden!«, sagte Gott zu Mose.
Da wählte er zwölf Männer als Kundschafter aus.
»Seht euch das Volk, das im Land wohnt, genau an«, sagte Mose
zu ihnen. »Findet heraus, ob es stark ist und wie viele Menschen
dort leben. Erkundet, ob sie in Städten oder in Zelten wohnen, ob
das Land gut ist und ob die Bäume viele Früchte tragen. Bringt
auch Früchte aus dem Land mit zurück.«

Die Männer erkundeten das Land und kamen bis nach Hebron*.
An einem Bach schnitten sie eine Weintraube ab. Sie war so groß,
dass sie mit zwei Stangen getragen werden musste. Dann sammelten sie Granatäpfel und Feigen. Vierzig Tage durchzogen sie das
Land. Dann kehrten sie zu den anderen zurück. Alle staunten, als
sie die riesigen Früchte sahen, die die Kundschafter mitgebracht
hatten.

Die Männer sagten: »Es ist wirklich ein Land, in dem Milch und
Honig fließen. Aber die Leute, die dort wohnen, sind stark und die
Städte sind mit Mauern befestigt.«

Kanaan: das von Gott
versprochene (= »gelobte«) Land
(siehe Karte S. 284).

Hebron: Dort lag auch
die Grabstätte von Abraham,
Isaak und Jakob
(siehe Karte S. 285).

Da beklagte sich das Volk wieder bei Mose. Kaleb, einer der
Kundschafter, versuchte, die Leute zu beruhigen und sagte: »Lasst
uns in das Land ziehen. Wir können die Einwohner besiegen.«

Andere aber verbreiteten das Gerücht: »In dem Land wohnen Riesen!« Die Israeliten glaubten ihnen und fürchteten sich davor, dorthin zu ziehen. Da sagte Gott zu Mose: »Ich habe diesem Volk immer wieder geholfen. Trotzdem wollen sie mir nicht vertrauen. Deshalb soll keiner von ihnen das Land betreten dürfen, das ich Abraham versprochen habe.« So musste das Volk noch vierzig Jahre* lang in der Wüste bleiben.

Vierzig: siehe S. 17, 59 und 139. Die Aussage weist darauf hin, dass die Einwanderung nicht sofort erfolgte.

Bileam (4. Mose 22–24)

Auf ihrem Weg kamen die Israeliten in das Gebiet der Moabiter*. Der Moabiterkönig Balak hatte Angst vor ihnen, denn sie waren ein großes und starkes Volk. Deshalb sandte er Boten zu einem Mann mit Namen Bileam. Er wohnte in einem fernen Land und galt als mächtiger Wahrsager. Balak ließ ihm ausrichten: »Komm her und verfluche dieses Volk! Vielleicht kann ich dann mit ihm kämpfen und es besiegen. Ich weiß: Wen du segnest*, der ist gesegnet, wen du verfluchst, der ist verflucht.«
Da sagte Gott zu Bileam: »Ziehe nicht zum König der Moabiter. Verfluche das Volk Israel nicht, denn ich habe es gesegnet.«
So zog Bileam nicht zu Balak.
Bald darauf sandte der König wieder nach ihm. Da setzte sich Bileam nun doch auf seinen Esel und brach auf. Doch ein Engel* Gottes stellte sich ihm in den Weg. Er hatte ein Schwert in der Hand. Aber nur Bileams Esel konnte ihn sehen und wich ihm aus. Bileam versuchte immer wieder, seinen Esel auf den Weg zurückzubringen. Doch der wollte nicht gehorchen, nicht einmal als Bileam auf ihn einschlug. Da schenkte Gott dem Tier die Fähigkeit zu sprechen, und es sagte: »Was habe ich dir getan, dass du mich schlägst?«
»Du hältst mich zum Narren! Wenn ich ein Schwert hätte, würde ich dich töten!«, antwortete Bileam wütend.
Der Esel widersprach: »Du bist so oft auf mir geritten. Habe ich dich jemals zum Narren gehalten?«
Da öffnete Gott Bileam die Augen und er sah den Engel Gottes, der im Weg stand. Bileam fiel auf die Knie.
Der Engel sagte zu ihm: »Warum hast du deinen Esel geschlagen? Er hat erkannt, dass du auf einem falschen Weg bist. Geh jetzt zum König Balak. Dort sage nur das, was ich dir mitteilen werde.«
Als Bileam bei Balak ankam, ließ dieser sieben Altäre errichten.

Moabiter: Nachbarvolk im Osten Israels (siehe Karte S. 285). Auch Rut (siehe S. 70) war eine Moabiterin.

Berglandschaft im Land Moab

segnen: siehe S. 28. Das meint, unter dem besonderen Schutz Gottes stehen.

Engel: Bote Gottes (siehe S. 148–149).

Darauf wurden Stiere und Widder für den Gott Baal* geopfert.
Doch als Bileam Israel verfluchen sollte, hörte er die Stimme
Gottes. Sie befahl ihm, das Volk Israel zu segnen und zu weissa-
gen: »Alle Feinde werden Israel unterliegen. Israel wird mächtig
und stark werden.«
»Was soll das? Was tust du da?«, rief König Balak entsetzt. Doch
Bileam antwortete: »Selbst wenn du mir ein Haus voll Gold und
Silber gibst – ich muss Gottes Wort gehorchen.«

Josua wird Nachfolger von Mose
(5. Mose 31 und 34)

Mose war alt geworden. Er fühlte, dass er bald sterben würde.
Deshalb rief er die Israeliten zusammen und sagte: »Gott will
nicht, dass ich mit euch über den Fluss Jordan gehe. Josua soll
euch in das Land Kanaan führen.«
Zu Josua sagte er: »Fürchte dich nicht! Gott wird dich nicht
verlassen. Er wird dich in das Land bringen, das er uns verspro-
chen hat. Du wirst es unter den Israeliten aufteilen.«
Schließlich schärfte er den Israeliten ein: »Nehmt euch die Gebote
Gottes zu Herzen: Nie dürft ihr sie vergessen. Gebt sie an eure
Kinder weiter!«

Baal: der am häufigsten verehrte
Gott bei den anderen Völkern
in Kanaan. Er galt als Gott
des Gewitters und des Regens,
der das Land fruchtbar macht
(siehe S. 87–90).
In dem Namen Balak ist dieser
Gottesname enthalten.

Darstellung des Gottes Baal
aus der Stadt Ugarit, 15.–13. Jh.
v. Chr. (siehe Karte S. 284)

Blick vom Nebo nach Israel

Berg Nebo: liegt im Osten, jenseits des Flusses Jordan (siehe Karte S. 285).

weinten: siehe »Totenklage und Bestattung in Israel« (S. 80).

Versöhnungstag: siehe S. 52.

Nächster: siehe das Gleichnis vom barmherzigen Samariter, S. 207.

fürchten: Ehrfurcht haben.

aaronitischer Segen: Der Name kommt von Aaron, dem Bruder des Mose und ersten Hohepriester Israels (siehe S. 58). Der Segen wird heute noch im Gottesdienst gesprochen.

Dann stieg Mose auf den Berg Nebo* im Land Moab. Von hier aus konnte er Kanaan sehen. Er erblickte ein weites Land mit fruchtbaren Tälern und sonnigen Hängen. Gott sagte zu ihm: »Das ist das Land, das ich Abraham, Isaak und Jakob versprochen habe. Du hast es nun mit deinen eigenen Augen gesehen.«
Dann starb Mose und Gott selbst begrub ihn. Die Israeliten weinten* dreißig Tage lang um ihn. Josua wurde sein Nachfolger.

Worte aus den Mosebüchern

Wie man sich verhalten soll:

Von den Fremden (3. Mose 24,22 und 3. Mose 19,34):
Es soll ein und dasselbe Recht unter euch sein für den Fremdling wie für den Einheimischen; ich bin der HERR, euer Gott.
Er soll bei euch wohnen wie ein Einheimischer unter euch, und du sollst ihn lieben wie dich selbst; denn ihr seid auch Fremdlinge gewesen in Ägyptenland. Ich bin der HERR, euer Gott.

Vom Versöhnungstag* (3. Mose 16,29):
Auch soll euch dies eine ewige Ordnung sein: Am zehnten Tage des siebenten Monats sollt ihr fasten und keine Arbeit tun, weder ein Einheimischer noch ein Fremdling unter euch.

Von der Nächstenliebe (3. Mose 19,18):
Du sollst dich nicht rächen noch Zorn bewahren gegen die Kinder deines Volks. Du sollst deinen Nächsten* lieben wie dich selbst; ich bin der HERR.

Von den Alten (3. Mose 19,32):
Vor einem grauen Haupt sollst du aufstehen und die Alten ehren und sollst dich fürchten* vor deinem Gott; ich bin der HERR.

Der priesterliche (aaronitische) Segen* (4. Mose 6,22-26):
Und der HERR redete mit Mose und sprach:
Sage Aaron und seinen Söhnen und sprich: So sollt ihr sagen zu den Israeliten, wenn ihr sie segnet:

Der HERR segne dich und behüte dich;
der HERR lasse sein Angesicht leuchten über dir und sei dir
gnädig;
der HERR hebe sein Angesicht über dich und gebe dir Frieden.

»Höre Israel« (»Schma Israel[*]«, 5. Mose 6,4-9)
Höre, Israel,
der HERR ist unser Gott,
der HERR ist einer.
Und du sollst den HERRN, deinen Gott,
lieb haben von ganzem Herzen,
von ganzer Seele und mit all deiner Kraft.
Und diese Worte, die ich dir heute gebiete,
sollst du zu Herzen nehmen
und sollst sie deinen Kindern einschärfen
und davon reden, wenn du in deinem Hause sitzt
oder unterwegs bist,
wenn du dich niederlegst oder aufstehst.
Und du sollst sie binden zum Zeichen auf deine Hand,
und sie sollen dir ein Merkzeichen
zwischen deinen Augen sein,
und du sollst sie schreiben
auf die Pfosten deines Hauses und an die Tore.

Schma Israel: Schma ist hebräisch und bedeutet »Höre«. Das »Schma Israel« ist das wichtigste Gebet für Juden; in ihm bezeugen sie ihren Glauben.

Wie das »Schma Israel« es vorsieht, tragen die Juden beim Gebet an der Hand und auf der Stirn Lederriemen mit einer Kapsel (Tefillin). In ihnen ist der Text des Schma Israel zu finden. Dazu tragen sie einen Gebetsschal, den Tallit.

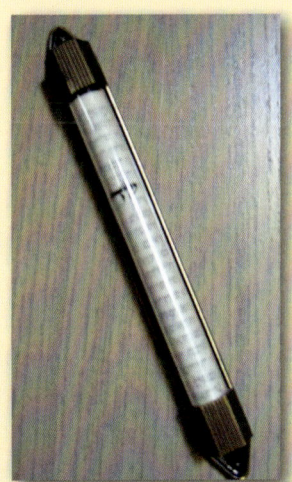

An den Türpfosten jüdischer Häuser hängt heute noch eine Mesusa. Die Kapsel enthält den Text des »Schma Israel« (»Höre Israel«).

Geschichten von den Anfängen Israels

Die Geschichtsbücher (1. Teil)

Die Geschichtsbücher erzählen davon, wie die Israeliten nach und nach die Vorherrschaft im Lande Kanaan übernahmen. Vor den Israeliten lebten hier die Kanaaniter. Sie wohnten in befestigten Städten mit umliegenden Dörfern. Die Israeliten siedelten zunächst als **Stämme** (= Großfamilien) im Bergland. Archäologen fanden heraus, dass es dort ab 1200 v. Chr. viele kleine Siedlungen gab. Einzelne Stämme waren aus Ägypten gekommen. Andere hatten wohl bereits im Land gelebt. Im Laufe der Zeit übernahmen die Israeliten die Herrschaft über das ganze Land. Jeder Stamm siedelte in einem eigenen Gebiet. Die Bibel berichtet, dass diese Stämme und ihre Gebiete die Namen der zwölf Söhne Jakobs trugen.

Die Stämme lebten zunächst in lockerer Verbindung nebeneinander. Nur in Ausnahmefällen gab es gemeinsame Aktionen des gesamten Zwölf-Stämme-Verbands. Bei Angriffen von außen berief Gott »Retter«, die das Volk beim Kampf gegen die Feinde anführten. Sie werden die »großen« **Richter** genannt. Die bekanntesten sind Debora, Gideon und Simson. Daneben gab es sogenannte »kleine« Richter, die im eigentlichen Sinn das Richteramt ausübten, also Recht sprachen. Als der wahre Herrscher über Israel aber galt Gott selbst.

Im Lauf der Zeit kam der Wunsch nach einem **König** auf, wie ihn die Nachbarvölker hatten. Unter ihm sollte das Volk dauerhaft geeint und besser in der Lage sein, sich vor feindlichen Angriffen zu schützen. Saul wurde der erste König der Israeliten, doch erst David konnte die Feinde seines Volks endgültig besiegen. Er vereinte die Stämme und machte Jerusalem zu seiner Hauptstadt.

Julius Schnorr von Carolsfeld, Die Eroberung Jerichos, 1860

Die Geschichtsbücher geben Antwort auf die Frage:

◉ **Wie lenkt Gott die Geschicke seines Volkes?**

Welche Bücher handeln von dieser Zeit?

◉ Das Buch **Josua** beschreibt die Zeit, als die Israeliten unter ihrem Heerführer Josua das Land Kanaan einnahmen.

◉ Das **Richterbuch** erzählt von den Richtern und Richterinnen Israels und dem Kampf gegen die Feinde der Israeliten.

◉ Das Buch **Rut** erzählt von der Urgroßmutter König Davids, die als Ausländerin in Israel eine Heimat fand.

◉ Die Bücher **Samuel** berichten vom Propheten Samuel und den Königen David und Saul. Sie schildern, wie David alle Feinde besiegt und Jerusalem zu seiner Hauptstadt macht.

Die Eroberung Jerichos *(Josua 2–6)*

»Findet heraus, wie wir Jericho* erobern können!«, sagte Josua zu seinen Kundschaftern, als er sie über den Fluss Jordan* nach Jericho schickte.

Doch der König von Jericho erfuhr, dass Spione in seiner Stadt waren und ließ sie suchen. Eine Frau mit Namen Rahab versteckte die Israeliten bei sich. Sie wusste, dass Gott Jericho in die Hände der Israeliten geben würde. Die Männer versprachen der Frau: »Du und deine Familie sollen verschont werden, wenn wir die Stadt einnehmen.«

Rahabs Haus stand direkt an der Stadtmauer. Sie ließ aus einem Fenster ein Seil herab, an dem die Männer hinunterkletterten. Dann kehrten sie zu Josua zurück und berichteten ihm, was sie über die Stadt in Erfahrung gebracht hatten. Josua gab dem Volk den Befehl, den Jordan zu überqueren. Gott hielt das Wasser des Flusses auf, sodass die Israeliten trockenen Fußes das Flussbett durchqueren konnten. Zur Erinnerung ließ Josua zwölf große Steine aus dem Fluss am Ufer aufstellen. Endlich standen die Israeliten vor den hohen und starken Mauern der Stadt Jericho. Gott sagte zu Josua: »Zieht sieben* Tage um die Stadt. Am siebten Tag blast eure Widderhörner* und stimmt das Kriegsgeschrei an. Dann werden die Mauern einstürzen.«

Josua tat, wie Gott es ihm gesagt hatte. Als am siebten Tag die Widderhörner und das Kriegsgeschrei ertönten, fielen die Mauern ein und die Israeliten konnten die Stadt erobern. Rahab und ihre Familie wurden verschont, wie die Männer es ihr versprochen hatten.

Debora *(Richter 4)*

Im Land Kanaan gab es viele mächtige Städte. Eine davon war die Stadt Hazor.* Hier regierte König Jabin, und Sisera war sein oberster Heerführer.

Zu dieser Zeit war Debora Richterin* in Israel. Eines Tages gab Gott ihr den Auftrag: »Lass den Israeliten Barak zu dir rufen und richte ihm aus, dass er gegen die Kanaaniter in den Krieg ziehen soll. Dann werde ich ihm den Sieg über Sisera schenken.«

Jericho: eine der ältesten Städte der Welt. Aufgrund ihrer Lage im Jordantal hatte Jericho eine wichtige strategische Bedeutung. Allerdings war die Stadt wohl schon vor dem Einzug der Israeliten zerstört worden. Die Geschichte deutet also die Zerstörung (siehe Karte S. 285).

Reste des ca. 9800 Jahre alten Wachturmes von Jericho

Jordan: größter Fluss in Israel (siehe Karte S. 285).

sieben: siehe S. 11.

Widderhorn (hebräisch »Schofar«): wurde als Musik- und Signalinstrument verwendet. Da es einen lauten, durchdringenden Klang hat, setzte man es oft bei kriegerischen Aktionen ein. Im Judentum wird es heute noch zu Jahresbeginn (Rosch ha Schana, siehe S. 52) geblasen.

Hazor: war seit ca. 2700 v. Chr. besiedelt (siehe Karte S. 285).

Überreste von Lagergebäuden in Hazor

Richterin: siehe Einleitung S. 64.

Debora: bedeutet »Biene«.

Debora* ließ Barak rufen und teilte ihm mit, was Gott zu ihr gesagt hatte. Da erwiderte Barak: »Ich gehe nur, wenn du mich begleitest.« »Dann wird Gott Sisera in die Hand einer Frau geben«, rief die Richterin. Doch Barak bestand darauf, dass Debora mit ihm zog.

Es kam, wie Debora gesagt hatte: Trotz der Streitwagen und der Übermacht der Feinde konnten die Israeliten das schwer bewaffnete Heer Siseras besiegen. Als der Heerführer sah, dass alles verloren war, sprang er vom Wagen und floh zu Fuß. So kam er zum Zelt einer Frau mit Namen Jaël*. Er wollte sich bei ihr

Jaël: bedeutet »Bergziege«.

verstecken. »Wenn jemand kommt, sag einfach: Es ist niemand da!«, sagte er und legte sich erschöpft schlafen. Doch Jaël schlich sich heimlich an den Schlafenden heran und erschlug ihn.

Barak war Sisera nachgejagt. Als er zu dem Zelt kam, sah er: Es war geschehen, wie Debora es vorhergesagt hatte. Gott hatte Sisera in die Hand einer Frau gegeben.

Diese Geschichte zeigt, dass Frauen in Israel eine besondere Rolle spielen.

König Jabin erholte sich nie mehr von dieser Niederlage. So siegten die Israeliten über die Kanaaniter. Von nun an nannten sie das Land Kanaan »Israel*«.

Israel: zum Namen »Israel« siehe S. 33.

Gideon *(Richter 6–8)*

Midianiter: zu Midian siehe S. 45 und Karte S. 284.

Propheten: siehe S. 126.

Jedes Jahr drangen die Midianiter* aus dem Osten in Israel ein. Kaum war die Erntezeit angebrochen, überfielen sie das Land. Sie raubten die ganze Ernte und alles Vieh der Israeliten. Da riefen diese Gott um Hilfe, und er sandte einen Propheten*. Der sagte zu dem Volk: »Gott hat euch den Midianitern ausgeliefert, weil ihr andere Götter verehrt habt. Aber er wird euch Hilfe schicken.«

Wüste im Land Midian

Eines Tages ging ein israelitischer Mann namens Gideon hinaus, um Weizen zu dreschen. Da sah er unter einem Baum einen Mann sitzen. »Gott sei mit dir!«, sagte der Mann. Doch Gideon erwiderte verärgert: »Gott soll mit uns sein? Ich glaube, er hat uns allein gelassen und uns den Midianitern ausgeliefert.«
»Du sollst deinem Volk helfen!«, sagte der Mann. »Du wirst seine Feinde vertreiben.« »Ich? Ohne Waffen? Auf mich hört doch keiner«, antwortete Gideon verwirrt. Doch der Mann erwiderte: »Gott wird mit dir sein. Du wirst die Midianiter besiegen!« Da merkte Gideon: Es war ein Engel*, der zu ihm gesprochen hatte.

Engel: Bote Gottes (siehe S. 148–149).

In der Nacht hörte Gideon die Stimme Gottes: »Zerstöre den Altar des Baal und das Bild der Aschera* und baue mir einen Altar!« Gideon nahm zehn Männer und tat, was Gott ihm befohlen hatte. Am nächsten Morgen liefen die Leute herbei und riefen wütend: »Wer hat die Götterbilder zerstört?« Da trat Gideons Vater vor sie und sagte: »Wer diese Götterbilder verteidigt, wird sterben. Sollen sich die Götterbilder doch selbst helfen!« Da gingen alle betreten davon.

Altar des Baal und Bild der Aschera: Der Gott Baal (siehe S. 61) und die Göttin Aschera (siehe S. 87 und 89) wurden zu dieser Zeit in Israel verehrt. Im Alten Testament wird die Verehrung von fremden Göttern scharf verurteilt, denn dies verstößt gegen das erste Gebot (siehe S. 56).

Bald darauf erschienen die Krieger der Midianiter, um Israel erneut zu überfallen. Aus Angst flohen die Israeliten in die Berge. Doch Gideon sammelte ein paar mutige Männer um sich. Da hörte er die Stimme Gottes: »Du hast zu viele Männer gesammelt. Führe sie zu einer Quelle. Beobachte genau, wie sie trinken. Wer wie ein Hund* das Wasser leckt, den nimm mit.« Nur dreihundert Männer knieten sich auf den Boden, um das Wasser auf diese Art zu trinken. Da bekam Gideon Angst. Mit so wenigen Männern wollte er die Übermacht der Midianiter nicht angreifen. Doch Gott sagte: »Ich werde euch vor den Midianitern retten.«

wie ein Hund: Das Kriterium, nach dem Gideon die Männer auswählen soll, ist so ungewöhnlich, dass nur wenige übrigbleiben. Die meisten Männer schöpften das Wasser vermutlich mit der Hand in den Mund. Es geht darum, deutlich zu machen, dass der Sieg über die Feinde nicht durch menschliche, sondern durch Gottes Macht errungen wurde.

Darstellung eines Philisters mit der für sie typischen Federkrone.

Philister: Seefahrervolk, das über Griechenland in den Vorderen Orient kam. Die Philister hatten bessere Waffen als die Israeliten und galten lange Zeit als deren gefährlichste Feinde. Sie herrschten in fünf Städten im Süden Israels (siehe Karte S. 285). Von den Philistern erhielt die Landschaft »Palästina« (= Philisterland) ihren Namen.

Dan: Siedlungsgebiet des Stammes Dan (siehe Karte S. 285).

Stadttor aus der Mitte des 2. Jahrhunderts v. Chr. in Dan

von Gott geweihter Mensch: (= Nasiräer). Er durfte keinen Alkohol trinken und musste viele Vorschriften einhalten. Seine Haare galten als Quelle der Kraft, die er von Gott erhalten hatte. Deshalb durften sie nicht geschnitten werden.

Simson: bedeutet »kleine Sonne«.

In der Nacht nahmen die Männer Posaunen, Tonkrüge und Fackeln und schlichen sich von drei Seiten an die Feinde heran. »Für Gott und Gideon!«, riefen sie laut und zerschmetterten die Tonkrüge. Sie machten so viel Lärm wie Tausende von Kriegern. Die Midianiter wachten auf und schlugen schlaftrunken mit ihren Schwertern um sich. Aber sie trafen nur ihre eigenen Leute. Schließlich flohen sie Hals über Kopf.

Als die Männer Gideons nach Hause kamen, riefen sie: »Gideon, du sollst unser König sein!« Doch Gideon antwortete: »Ich will nicht König sein. Gott allein ist unser König*.«

Von diesem Tag an wurden die Israeliten nicht mehr von den Midianitern überfallen.

Simson *(Richter 13–16)*

Neue Feinde überfielen das Land: die Philister*. Zu dieser Zeit kam ein Engel zu einem kinderlosen Ehepaar aus dem Stamm Dan* und kündigte ihm an: »Bald werdet ihr einen Sohn bekommen. Er wird ein von Gott geweihter Mensch* sein und seine Haare sollen nicht geschnitten werden. Er wird Israel von den Philistern befreien.« Als das Kind zur Welt kam, nannten seine Eltern es Simson*.

Der Junge wurde groß und mit seinen Haaren wuchs die Kraft, die Gott ihm gab. Eines Tages stellte sich ihm ein junger Löwe in den Weg. Simson tötete ihn mit bloßen Händen.

Als die Philister die Israeliten wieder einmal sehr bedrängten, zog Simson gegen sie in den Krieg. Schnell lernten die Philister seine Kraft zu fürchten. Keiner konnte ihn besiegen.

Eines Tages verliebte sich Simson in eine Frau namens Delila. Die Fürsten der Philister kamen heimlich zu ihr und sagten: »Finde heraus, woher er seine Kraft hat! Wir werden dich reich belohnen, wenn wir ihn fangen können.«

Jeden Abend kam Simson zu Delila. Jedes Mal versuchte sie, ihm sein Geheimnis zu entlocken. Doch Simson erfand immer wieder neue Gründe für seine Kraft. Wenn die Philister dann versuchten, ihn mit diesem Wissen zu überwältigen, gelang es ihnen nicht.

Schließlich bedrängte Delila ihn so sehr, dass er ihr sein Geheimnis verriet. Da ließ Delila die Fürsten der Philister holen, die ihr die versprochene Belohnung brachten. Delila wartete, bis Simson auf ihrem Schoß eingeschlafen war. Dann rief sie einen der Philister. Der schnitt Simson die Locken ab und fesselte ihn. Als er aufwachte, hatte Simson seine ganze Kraft verloren.
Die Philister stachen Simson die Augen aus und brachten ihn nach Gaza*. Dort musste er im Gefängnis einen Mühlstein* drehen. Weil die Philister immer noch Angst vor Simson hatten, fesselten sie ihn mit Ketten. Aber mit der Zeit wuchs sein Haar wieder nach, und Simson bekam seine alte Kraft zurück.

Eines Tages trafen sich die Fürsten der Philister, um im Tempel für ihren Gott Dagon* ein Opferfest zu feiern. Sie riefen »Holt Simson her! Wir wollen Spaß mit ihm treiben.« Simson wurde aus dem Gefängnis geführt und zwischen die Säulen des Tempels gestellt. Er fühlte die kalten Säulen und rief zu Gott: »Herr, gib mir dieses eine Mal meine alte Kraft zurück!« Dann stemmte er sich gegen die Säulen, und der Tempel stürzte ein. Alle Fürsten und die Philister, die im Tempel waren, und auch Simson kamen ums Leben. Bald darauf holte die Familie Simsons seinen Leichnam und begrub ihn in seiner Heimat.

Gaza: eine der fünf Städte der Philister (siehe Karte S. 285).

Mühlstein: wurde von Hand oder mithilfe von Tieren gedreht. Einen Mühlstein zu drehen war Sklavenarbeit.

Ölmühle zur Herstellung von (Oliven-)Öl

Dagon: einer der höchsten Götter der Philister.

Rut

Noomi: bedeutet »die Liebliche«.

Bethlehem: bedeutet »Haus des Brotes« (siehe Karte S. 285).

Moab: siehe Karte S. 285.

Moabiterinnen: hatten bei den Israeliten einen schlechten Ruf.

Rut: bedeutet »Freundin« oder »Gefährtin«.

Noomi*, ihr Mann und ihre beiden Söhne lebten in Bethlehem*. Da brach in Israel eine große Hungersnot aus. Noomis Familie zog in das Land Moab*, wo es genug zu essen gab. Dort lebten sie viele Jahre.

Als ihr Mann starb, hatte Noomi nur noch ihre Söhne. Diese heirateten die Moabiterinnen* Rut* und Orpa. Doch dann starben auch Noomis Söhne und sie blieb mit ihren Schwiegertöchtern allein.

Noomi dachte viel über ihr Schicksal nach. Schließlich sagte sie: »Warum soll ich ohne Mann und Söhne in diesem fremden Land bleiben? Ich will in meine Heimat zurückkehren – nach Israel.« So machte sie sich auf den Weg, und ihre Schwiegertöchter begleiteten sie. Doch unterwegs sagte Noomi zu den beiden Frauen: »Es ist besser, wenn ich allein gehe. In Israel seid ihr genauso fremd wie ich es in eurem Land war. Bleibt lieber hier und heiratet wieder.«
Da verabschiedete sich Orpa und kehrte nach Hause zurück.
Rut aber blieb bei Noomi und sagte: »Ich komme mit dir. Wo du hingehst, da will ich auch hingehen; wo du bleibst, da bleibe ich auch. Dein Volk ist mein Volk, und dein Gott ist mein Gott. Wo du stirbst, da sterbe ich auch, da will ich auch begraben werden. Der HERR tue mir dies und das, nur der Tod wird mich und dich scheiden.«

Dieser Spruch wird häufig als Trauspruch verwendet.

Noomi freute sich über Ruts Worte und so zogen die beiden Frauen nach Bethlehem. Die Leute dort hatten Mitleid mit Noomi, als sie von ihrem Schicksal erfuhren.

Es war Erntezeit* und überall auf den Feldern schnitt man die Ähren. Es war damals Brauch, die Ähren, die auf den Boden fielen, für die Armen liegen zu lassen. Rut sagte zu Noomi: »Wir haben nichts zu essen. Ich will morgen aufs Feld gehen und für uns Ähren auflesen.« »Geh nur«, sagte Noomi.

Am nächsten Morgen ging Rut aufs Feld. Fleißig sammelte sie Ähren in ihr Tuch. Gegen Mittag kam Boas*, der Besitzer des Feldes. Er zeigte auf die fremde Frau und fragte einen Knecht: »Sag, wer ist das?« »Das ist Rut, die Schwiegertochter von Noomi«, antwortete der Knecht. Boas freute sich, denn er war mit Noomi verwandt. Er ging zu Rut und sagte zu ihr: »Wenn du willst, kannst du auch morgen wieder bei mir Ähren auflesen. Meine Knechte passen auf dich auf. Du kannst auch von unserem Essen haben.« »Danke, dass du so freundlich zu mir bist!«, sagte Rut. Boas gab sogar seinen Knechten Anweisung, reichlich Ähren für sie liegen zu lassen.

Am Abend, als Rut nach Hause kam, fragte Noomi: »Wo hast du gesammelt, dass du so viel mitbringen konntest?« »Auf dem Feld von Boas!«, antwortete Rut. Da hatte die alte Frau eine Idee: »Boas ist mit mir verwandt. Er ist also ein Löser*. Wasche und salbe dich, damit du gut riechst. Heute Abend worfelt* Boas das Getreide. Gehe zu ihm, wenn er schläft, und lege dich zu seinen Füßen.«

Rut tat, wie es ihre Schwiegermutter gesagt hatte. In der Nacht wachte Boas auf und erschrak. »Wer bist du?«, fragte er. »Ich bin es, Rut. Du bist mit meinem verstorbenen Mann verwandt. Du bist mein Löser!«, antwortete Rut. Boas sagte: »Ich würde dich gerne heiraten. Aber da gibt es noch einen anderen Verwandten, den ich fragen muss.«

Am nächsten Morgen traf er den anderen Verwandten im Tor*. Boas rief zehn Männer von den Ältesten* der Stadt zusammen, damit die Angelegenheit rechtmäßig entschieden werden konnte.

Erntezeit: Gersten- und Weizenernte ist in Israel im Frühjahr.

Boas: bedeutet »in ihm ist die Kraft«.

Löser: Wenn eine Frau verwitwet war, trat der nächste Verwandte des Mannes als Löser auf. Er hatte das Recht und die Pflicht, die Frau zu heiraten und so den Bestand der Großfamilie zu sichern.

worfeln: Verfahren, mit dem man bei der Ernte die Spreu von den Körnern trennt. Mit einer Worfschaufel wird das gedroschene Getreide in die Luft geworfen. Der Wind weht dann die leichtere Spreu weg, und die schwereren Körner fallen zu Boden.

Tor (= Stadttor): Mittelpunkt des öffentlichen Lebens. Hier traf man sich zum Gespräch und zur Regelung von rechtlichen Angelegenheiten.

Rekonstruktion eines Baldachins über einem Richterstuhl, dessen Teile man am Stadttor von Tel Dan gefunden hat

Älteste: Familienoberhäupter der Israeliten.

Nach einigem Hin und Her verzichtete der andere Verwandte auf sein Recht, Rut zur Frau zu nehmen. So konnten Rut und Boas heiraten.

Sie bekamen einen Sohn, den sie Obed nannten. Später wurde Obed der Großvater von König David. Rut und Boas kümmerten sich um Noomi, solange sie lebte.

Eli und Samuel (1. Samuel 1–3)

Eli: bedeutet »Mein Gott«.

Richter: siehe S. 64.

Silo: damals ein wichtiges Heiligtum in Israel. Dort stand die Bundeslade (siehe S. 58 und Karte S. 285).

Samuel: heißt »von Gott erhört«.

Eli* war Priester und Richter* im Heiligtum in Silo*. Eines Tages kam eine Frau namens Hanna ins Heiligtum. Sie war verzweifelt, weil sie kein Kind bekommen konnte. Deshalb betete sie: »Gott, wenn du meine Bitte erhörst und mir einen Sohn schenkst, dann soll er dir gehören und dir sein Leben lang dienen.«
Eli, der Hannas Gebet beobachtet hatte, sagte zu ihr: »Gott wird deine Bitte erfüllen!«
Bald darauf wurde Hanna schwanger. Sie brachte einen Jungen zur Welt und nannte ihn Samuel*.

Als Samuel alt genug war, ging Hanna mit ihm zu Eli. Sie sagte: »Ich bin die Frau, die damals im Heiligtum gebetet hat. Gott hat mich erhört und mir einen Sohn geschenkt. Heute bringe ich ihn zu dir, damit er Gott dient.« So ließ sie Samuel bei Eli zurück.

Samuel wuchs heran und wurde Elis Schüler. Eines Nachts hörte er eine Stimme: »Samuel, Samuel!« Er dachte, Eli hätte ihn gerufen und antwortete: »Hier bin ich, Herr. Was willst du von mir?«

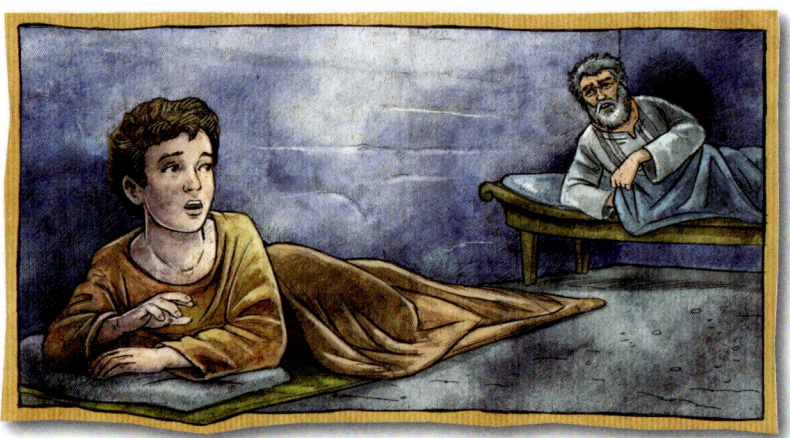

Eli fragte verwundert: »Was meinst du? Ich habe dich nicht gerufen.« Noch zwei Mal hörte Samuel die Stimme. Da erkannte Eli, dass Gott zu seinem Schüler gesprochen hatte.
»Wenn du noch einmal gerufen wirst, dann antworte: ›Rede, Herr, dein Diener hört!‹, sagte Eli zu Samuel. Samuel tat, wie Eli ihm geraten hatte. Da redete Gott zu ihm.

Als Samuel erwachsen war, wurde er ein Prophet*. Er sagte den Menschen weiter, was Gott ihm mitteilte. Er erinnerte sie an Gott, wenn sie ihn vergaßen, und sagte ihnen, wie sie leben sollten. Als Eli starb, wurde Samuel sein Nachfolger am Heiligtum in Silo.

Prophet: verkündet, was Gott in einer bestimmten Situation zu sagen hat (siehe S. 126).

Saul wird König *(1. Samuel 8–11)*

Die Jahre vergingen. Samuel war alt geworden. Da kamen die Ältesten* Israels zu ihm und sagten: »Wir wollen einen König*, wie die anderen Völker ihn haben.«
Das gefiel Samuel nicht. Denn Gott selbst war der König Israels. Und nun vertraute das Volk ihm nicht mehr.
Deshalb betete Samuel zu Gott, aber der sagte zu ihm: »Höre auf die Stimme des Volkes. Sie sind ja nicht mit dir unzufrieden, sondern mit mir. Sie sollen ihren König bekommen. Aber warne sie vorher und erkläre ihnen, was es bedeutet, einen König zu haben.«

Da ging Samuel zu den Ältesten des Volkes und sagte zu ihnen: »Ihr müsst wissen, welche Rechte ein König hat. Er wird eure Söhne für sein Heer einziehen und eure Töchter müssen für ihn kochen. Eure besten Äcker, Weinberge und Olivenbäume wird er sich nehmen. Er hat auch das Recht, jedes Jahr den zehnten Teil von eurer Ernte und von euren Herden zu behalten. Wenn ihr euch dann darüber beklagt, wird Gott euch nicht hören.«
Aber die Leute blieben dabei: »Wir wollen trotzdem einen König haben!«

Damals lebte in Benjamin* ein Mann mit Namen Kisch. Sein Sohn Saul* war schöner und größer als alle anderen Israeliten. Eines Tages war er mit einem Knecht auf der Suche nach einigen Eselinnen seines Vaters, die sich verlaufen hatten. Als sie die Tiere nicht finden konnten, sagte der Knecht: »Lass uns in die nächste

Älteste: Oberhäupter und Sprecher der Stämme Israels.

König: siehe Erklärung S. 64, 68 und 74.

Olivenbäume galten wegen des Öls, das man aus ihren Früchten gewinnen kann, als Symbol für Reichtum

Benjamin: kleinster Stamm der Israeliten und Name von dessen Siedlungsgebiet (siehe Karte S. 285).

Saul: bedeutet »der Erbetene« oder »der Erhabene«.

Stadt gehen. Dort wohnt ein berühmter Mann, ein Prophet. Vielleicht kann er uns helfen.« So kamen sie zu Samuel.

Am Tag zuvor hatte Gott zu Samuel gesagt: »Morgen um diese Zeit will ich einen Mann aus dem Stamm Benjamin zu dir senden. Den sollst du zum König über mein Volk salben[*].«
Als Samuel dann Saul sah, hörte dieser noch einmal Gottes Stimme: »Der ist es. Er soll über mein Volk herrschen.« Da lud Samuel Saul und den Knecht zu einem Festessen ein. Am nächsten Tag nahm er einen Krug mit Öl und goss es über Sauls Kopf. Dabei sagte er: »Gott hat dich zum Fürsten[*] über sein Volk gesalbt.«

salben: Menschen und Gegenstände wurden mit Olivenöl gesalbt, um sie für den Dienst Gottes zu weihen. Die Könige wurden deshalb auch als »Gesalbte des Herrn« bezeichnet.

Fürst: Samuel verwendet hier absichtlich nicht das Wort König. Denn er lehnt es ab, dass das Volk sich einen König wünscht.

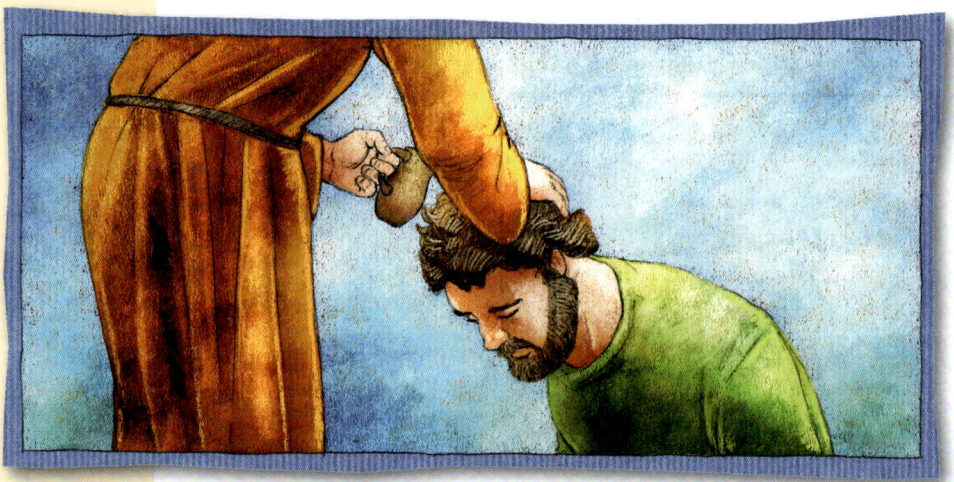

Dann versammelte Samuel das Volk und ließ das Los[*] werfen. Das Los fiel auf Saul. Da jubelte die Menge und rief: »Es lebe Saul! Es lebe unser König!«

Los: Um das Los zu werfen, verwendete man unterschiedlich markierte Steinchen oder Stäbe. Sie wurden benutzt, um bei schwierigen Entscheidungen Gottes Willen zu erfahren.

David (1. Samuel 13 und 16)

Nachdem Saul König geworden war, begann er, die Philister im Land anzugreifen. Daraufhin sammelten die Philister ein großes Heer mit vielen Streitwagen.
Samuel hatte Saul versprochen: »Wartet auf mich! In sieben Tagen werde ich Gott ein Opfer darbringen, und er wird euch beistehen.« Doch Sauls Männer hatten Angst vor der großen Streitmacht der Philister und begannen davonzulaufen. Da wollte Saul

nicht länger warten und brachte selbst das Opfer dar. Als Samuel eintraf und sah, was geschehen war, rief er zornig: »Was hast du getan? Ich hätte dieses Opfer* verrichten müssen, nicht du! Wenn du auf mich gehört hättest, wärst du ewig König geblieben. Nun aber wirst du deine Macht verlieren.«

Doch Saul missachtete weiterhin Gottes Befehle. Da wandte sich Gott von ihm ab. Er sagte zu Samuel: »Fülle ein Horn mit Öl* und gehe nach Bethlehem*. Dort wohnt Isai*. Einer seiner Söhne wird der neue König werden.«
So ging Samuel nach Bethlehem. Er ließ die Söhne Isais rufen. Es waren gutaussehende junge Männer und bei jedem dachte Samuel: »Das ist der von Gott Erwählte.« Aber Gott sagte zu ihm: »Achte nicht auf das Aussehen. Ein Mensch sieht, was vor Augen ist; der HERR aber sieht das Herz an.«
»Sind das alle deine Söhne?«, fragte er Isai. Der antwortete: »Mein Jüngster fehlt. Er hütet die Schafe*.« »Lass ihn holen!«, bat Samuel.

Schnell wurde der Junge herbeigeholt. Er hieß David*, war schlank, mit einer braunen Haut und schönen Augen. Nun sagte Gott zu Samuel: »Das ist der, den ich ausgesucht habe. Salbe ihn zum König!« Samuel nahm sein Ölhorn und salbte David. Von diesem Tag an war Gottes Geist bei dem Jungen.

Einige Jahre später kam David an den Hof von König Saul. Dem König ging es nicht gut. Er spürte, dass Gott nicht länger mit ihm war. Angst und Trauer beherrschten ihn. Deshalb suchte man jemanden, der Harfe für ihn spielen konnte. Die Musik beruhigte den König.
Einer von Sauls Männern erinnerte sich an David und sagte: »Ich kenne einen tüchtigen jungen Mann aus Bethlehem. Er ist ein guter Harfenspieler*.«
Saul ließ David holen. Er mochte ihn, und bald wurde David zum Waffenträger* des Königs. Immer, wenn Saul traurig wurde, nahm David die Harfe und spielte. Dann wurde es Saul leichter ums Herz.

Opfer: Die Ungeduld Sauls ist ein Zeichen dafür, dass er Gott nicht vertraut.

Öl: Salböl wurde aus Olivenöl hergestellt, das man mit verschiedenen aromatischen Gewürzen wie Zimt und Myrrhe würzte.

Salbölfläschchen. Durch den engen Ausguss ließ sich das kostbare Öl gut dosieren.

Bethlehem: siehe Karte S. 285; siehe auch Micha S. 140 und die Weihnachtsgeschichten S. 202.

Isai: Enkel von Rut (siehe S. 72). Er gehörte zum Stamm Juda.

hütet Schafe: Dies war eine verantwortungsvolle und gefährliche Aufgabe. Der Hirte musste die Herde vor Räubern und wilden Tieren schützen.

David: der Name bedeutet »Liebling (Gottes)«.

guter Harfenspieler: siehe S. 77 und S. 114; auch die Psalmen stellen David als Musiker vor (siehe Psalmen S. 104–121).

Waffenträger: Begleiter und Vertrauensperson eines Kriegers.

David und Goliat *(1. Samuel 17)*

Die Philister versammelten ihr Heer, und Saul zog ihnen mit seinen Männern entgegen. Die Heere standen sich auf zwei Bergen gegenüber. Zwischen ihnen lag ein Tal.

Da trat aus den Reihen der Philister ein riesengroßer Kämpfer* hervor. Es war Goliat aus Gat*. Er trug einen Helm, einen Schuppenpanzer und an seinen Beinen hatte er eiserne Schienen. Sein Speer war so groß wie ein schwerer Balken.
Goliat stellte sich vor das Heer der Israeliten und rief: »Warum sollen unsere beiden Heere gegeneinander kämpfen? Wählt einen von euch aus, der alleine gegen mich kämpft! Wenn er mich besiegt, wollen wir alle eure Knechte sein. Aber wenn ich ihn besiege, so sollt ihr uns dienen.«
Als die Israeliten das hörten, fürchteten sie sich sehr. Unter ihnen waren auch drei der Brüder Davids.

David hütete währenddessen die Schafe seines Vaters. Eines Tages kam dieser zu dem Jungen, gab ihm Brot und Käse und sagte: »Geh ins Heerlager und bringe deinen Brüdern das Essen.«
David lief zum Heer und suchte seine Brüder. Als er hörte, was Goliat gesagt hatte, ging er zum König.
»Ich bin bereit, gegen diesen Goliat zu kämpfen!«, rief er. Doch Saul lachte: »Du? Du bist doch viel zu jung! Geh besser wieder nach Hause!«
Doch David antwortete: »Zu Hause habe ich die Schafe meines Vaters gehütet. Wenn ein Bär oder ein Löwe kam, um sie zu holen, schlug ich ihn tot. Gott hat mich vor den Raubtieren geschützt; er wird mir auch gegen den Philister helfen.«

Saul hatte Respekt vor dem Jungen und ließ ihm seine eigene Rüstung anziehen. Doch David zog sie wieder aus, denn sie war viel zu schwer für ihn. Nur mit seinem Hirtenstab und seiner Schleuder* bewaffnet zog er los. An einem Bach suchte er fünf glatte Steine, die er in seine Tasche steckte. Dann ging er auf Goliat zu.

Als dieser den Jungen sah, lachte er laut und rief: »Bin ich denn ein Hund, dass du mit einem Stecken zu mir kommst?«

Kämpfer: In der damaligen Zeit konnte es vorkommen, dass zwei Heere jeweils ihre besten Krieger gegeneinander antreten ließen, um die Schlacht zu entscheiden. So wurde ein größeres Blutvergießen vermieden.

Gat: eine der fünf Philisterstädte. (siehe Karte S. 285).

Schleuder: wurde von Hirten, aber auch von Soldaten als Kriegswaffe eingesetzt. Sie bestand aus einem Lederstück, auf das ein Stein gelegt wurde, und zwei Lederschnüren. Die Geschosse konnten eine Geschwindigkeit von über 100 Stundenkilometern erreichen.

Syrischer Kämpfer, der eine Steinschleuder schwingt

David antwortete ebenso laut: »Du kommst mit Schwert, Lanze und Spieß. Ich aber komme zu dir im Namen Gottes, den du verhöhnt hast.«

Voller Wut kam Goliat heran, um David anzugreifen. Doch dieser nahm einen Stein aus seiner Tasche und schleuderte ihn gegen den Angreifer. Der Stein traf den Philister an der Stirn, und der Riese fiel mit einem Schlag zu Boden.

David lief zu Goliat, nahm dessen Schwert und tötete ihn. Als die Philister sahen, dass ihr stärkster Krieger tot war, flohen sie, so schnell sie konnten. Die Israeliten aber jubelten über den Sieg, den David für sie errungen hatte.

David und Saul *(1. Samuel 18 – 2. Samuel 1)*

David lebte nun am Königshof. Jonatan*, der Sohn Sauls, wurde sein bester Freund. Jonatan behandelte David wie einen Bruder. Er schenkte ihm seinen Mantel*, seine Rüstung, sein Schwert, seinen Bogen und seinen Gürtel.

Saul machte David zu seinem Heerführer. David kämpfte erfolgreich gegen die Philister. Immer, wenn er siegreich nach Hause kam, empfingen ihn die Frauen schon auf den Straßen. Sie tanzten und sangen: »Saul hat tausend erschlagen, aber David zehntausend.«

Als Saul merkte, wie beliebt David inzwischen war, wurde er eifersüchtig. Eines Tages spielte David wieder auf seiner Harfe*.

Jonatan: bedeutet »Gottes Geschenk«.

Mantel: Die aufgezählte Kleidung ist Zeichen für den hohen Rang: Der Hirtenjunge wird dem Königssohn gleichgestellt.

Harfe: Zur Zeit Davids war die Nevel (siehe S. 114) die typische Harfe für Hirten.

Da ergriff Saul seinen Speer und schleuderte ihn gegen David. Der konnte gerade noch ausweichen, und der Speer blieb neben ihm in der Wand stecken.

Saul hatte eine Tochter, die Michal hieß. Michal verliebte sich in David. Beide wollten heiraten. Da dachte sich der König eine List aus. Er ließ David ausrichten: »Erst wenn du hundert Feinde getötet hast, kannst du meine Tochter haben.«
Er hoffte, dass David im Kampf umkommen würde. Doch David tötete sogar zweihundert Feinde. So musste Saul ihm seine Tochter zur Frau geben. Von da an fürchtete sich Saul vor David und schmiedete Pläne, wie er ihn umbringen könnte.

Als Jonatan von den Plänen seines Vaters erfuhr, verriet er sie seinem Freund und sagte: »Verstecke dich! Ich will herausfinden, was mein Vater vorhat.«
Noch in der Nacht floh David heimlich. Seine Frau Michal legte eine große Figur in Davids Bett und band ihr ein Ziegenfell um, sodass es wie Haare aussah. Dann deckte sie die Figur mit einem Kleidungsstück von David zu. Als Sauls Leute kamen, sagte sie: »Mein Mann ist krank!« Als der König das hörte, rief er: »Dann bringt ihn eben mitsamt seinem Bett.« So trugen sie das ganze Bett in den Palast. Erst dort bemerkte Saul den Betrug und tobte vor Zorn.

Währenddessen hatte Jonatan mit David einen Bund geschlossen. Jonatan versprach, David zu warnen, wenn ihm von Saul Gefahr drohte.

Saul hörte nicht auf, David zu verfolgen, aber dieser konnte ihm immer wieder entkommen. Nach und nach sammelte David Freunde um sich, die mit ihm zogen. Eines Tages hörte Saul: »David versteckt sich in En-Gedi*.« Mit dreitausend Kriegern zog er los, um David dort zu suchen.

Das Heer Sauls lagerte in einer Schlucht bei En-Gedi. Als Saul einmal musste, sah er eine Höhle und ging hinein. Ausgerechnet in dieser Höhle versteckten sich David und seine Freunde. David schlich sich leise von hinten an den König heran und schnitt ein Stück von seinem Gewand ab. Saul bemerkte es nicht. Als der König die Höhle verlassen hatte, ging David ihm nach und rief ihm zu: »Saul, warum verfolgst du mich? Ich will dir doch nicht schaden. Hier sieh – ein Stück von deinem Gewand! Das habe ich dir gerade abgeschnitten, als du in der Höhle warst.«

Saul wurde blass und dachte: »So nah war er mir? Er hätte mich töten können, aber er hat mich verschont.« Von da an verfolgte er David nicht mehr.

Einige Zeit später kam es zu einem großen Kampf zwischen Saul und den Philistern in den Bergen von Gilboa*. Inzwischen war Samuel gestorben, und die Israeliten hatten die Totenklage* gehalten. Nun war keiner mehr da, der Saul beraten konnte. Saul hatte Angst, denn er wusste, dass Gott ihm nicht mehr zur Seite stand.

Als es dann zum Kampf kam, wurden die Israeliten geschlagen. Saul und alle seine Söhne kamen um. Auch Davids Freund Jonatan starb. Als David von Sauls und Jonatans Tod hörte, zerriss er seine Kleider und trauerte sehr um den König und um seinen Freund.

En-Gedi: liegt am Toten Meer (siehe Karte S. 285).

Der Davidsbach von En-Gedi

Gilboa: siehe Karte S. 285.

Die Berge von Gilboa

Totenklage: siehe S. 80.

Totenklage und Bestattung in Israel

Grabkammer in alttestamentlicher Zeit

Für die Bibel ist Gott der Herr über Leben und Tod: Der HERR tötet und macht lebendig, führt ins Totenreich und wieder herauf.
(1. Samuel 2,6)
Wenn ein Mensch starb, wurde er meistens noch am selben Tag beerdigt. Das heiße Klima in Israel machte eine schnelle Bestattung des Leichnams notwendig. Deshalb spielte die länger dauernde Totenklage eine große Rolle. Sie begann sofort, nachdem der Mensch gestorben war. Auch nach der Bestattung ging die Totenklage noch einige Tage weiter.

Die Menschen zur Zeit der Bibel zeigten ihre Trauer auf unterschiedliche Weise:

- Man zerriss sich die Kleider (siehe Jakob, S. 35).
- Man streute sich Asche auf den Kopf (siehe Hiob, S. 101).
- Man zog sich ein Trauerkleid, z. B. einen Sack, an (siehe Jona, S. 139).
- Man stieß Klagerufe (»Ach«!) aus und sang Klagelieder.
- »Klageweiber«, häufig Witwen (siehe Petrus, S. 234), unterstützten die Trauernden durch lautes Schreien.

Bei der Beerdigung wurde der Leichnam in ein Leintuch gewickelt und in eine Grabkammer gelegt. Die Trauernden mussten sich danach mit Wasser reinigen. Man glaubte, dass die Berührung eines Toten »unrein« mache.
Bei großen Führern des Volkes trauerten die Menschen viele Tage (siehe Mose, S. 62).

Zur Zeit Jesu gab es darüber hinaus eine zweite Bestattung. Die Knochen wurden etwa ein Jahr nach dem Tod in ein besonderes Gefäß gelegt (Ossuar).

Ossuar

Grabkammer in neutestamentlicher Zeit

David wird König *(2. Samuel 5–7)*

Bald nach Sauls Tod kamen die Ältesten* der Stämme* Israels zu
David. Sie sagten: »Schon früher hast du für uns Krieg geführt.
Gott selbst hat zu dir gesagt: »Du sollst mein Volk Israel weiden
und sollst Fürst sein über Israel.« Da schlossen sie einen Bund mit
David und salbten ihn zum König.
David eroberte Jerusalem, die Stadt der Jebusiter*, und ihre Burg,
die auf dem Berg Zion lag. Er machte Jerusalem zu seiner Haupt-
stadt.
Ein letztes Mal zogen die Philister gegen Israel in den Krieg, und
David konnte sie endgültig besiegen. Da war der Jubel im Land
groß.

Schon bald wollte David in seiner neuen Hauptstadt einen Palast
bauen. Deshalb schickte ihm Hiram, der König von Tyrus, alles,
was er dazu brauchte: Zedernholz, Zimmerleute und Steinmetze.
Schließlich brachte David auch die Bundeslade* nach Jerusalem.
Die Menschen jubelten und bliesen in ihre Widderhörner*. David
tanzte vor der Lade her, als sie in die Stadt gebracht wurde, und
verteilte Geschenke an die Israeliten. Er ließ die Lade in ein Zelt
bringen, das er für sie errichtet hatte.
Eines Tages sagte David zu dem Propheten* Nathan: »Ich wohne
in einem Palast, aber die Lade steht in einem Zelt. Ich will ein
Haus für sie bauen.«

In der Nacht redete Gott mit Nathan: »Richte David aus, dass
die Lade noch in dem Zelt bleiben soll – so wie damals, als das
Volk Israel durch die Wüste zog*. Aber David wird einen Sohn
haben, der soll mir ein Haus bauen. Und für immer* wird ein
Nachkomme Davids der König in Israel sein.«

Berg Zion in Jerusalem heute

Älteste: Oberhäupter und
Sprecher der Stämme.

Stämme: waren nach den
Söhnen Jakobs benannt
(siehe S. 32 und Karte S. 285).

Jebusiter: Kanaaniter,
denen Jerusalem
(ursprünglich »Jebus«) gehörte.

Bundeslade: siehe S. 58.

Widderhörner: siehe S. 25
und S. 65.

Prophet: verkündet,
was Gott in einer bestimmten
Situation zu sagen hat
(siehe S. 126).

durch die Wüste zog:
siehe S. 58.

für immer: Die Israeliten
erwarteten später, dass der
ersehnte Retter (Messias,
siehe S. 219) ein Nachkomme
Davids sein werde.

David und Batseba *(2. Samuel 11–18)*

Eines Tages ging David auf dem Dach seines Palastes spazieren und schaute über Jerusalem. Da sah er eine schöne Frau, die gerade badete.

»Wer ist das?«, fragte er seine Diener. Die fanden heraus: Die Frau hieß Batseba. Sie war mit dem Hetiter Uria* verheiratet, der sich gerade mit dem Heer Davids auf einem Feldzug befand.

David ließ Batseba zu sich rufen und schlief mit ihr. Als sie schwanger wurde, ließ David Uria kommen. Er lud ihn zu sich ein, bewirtete ihn reichlich und schickte ihn dann nach Hause. Uria sollte bei seiner Frau schlafen, damit das Kind als sein Kind galt. Aber Uria wollte nicht in seinem Haus übernachten, während das Heer im Krieg war. Da gab David schließlich seinem Feldherren Joab den Befehl: »Stellt Uria im Kampf ganz nach vorne.« So wurde er getötet.

Batseba trauerte um ihren Mann. Als die Trauerzeit vorbei war, holte David sie in seinen Palast. Sie wurde seine Frau und gebar einen Sohn. Doch Gott gefiel nicht, was David getan hatte.

Bald darauf kam der Prophet* Nathan zu David. Er erzählte ihm eine Geschichte: »Ein reicher Mann bekam Besuch. Er hatte viele Schafe und Rinder. Doch er wollte keines von seinen eigenen Tieren schlachten. Deshalb ging er zu einem armen Mann, der nur ein einziges Schaf besaß. Er nahm ihm das Schaf weg, schlachtete es und bereitete seinen Gästen ein Festmahl daraus. Was, denkst du, soll mit einem Mann geschehen, der so etwas tut?«

David antwortete erbost: »Er hat den Tod verdient! Er soll dem armen Mann vierfach zurückzahlen, was er ihm genommen hat.«

»Du bist der Mann!«, entgegnete ihm Nathan. »Du hast großes

Hetiter Uria: Die Hetiter waren ein Volk, das nördlich von Israel lebte. Uria ist ein hebräischer Name und bedeutet »Der Herr ist mein Licht«.

Prophet: Bote Gottes, der von Gott einen Auftrag erhielt (siehe S. 126).

Unrecht getan. Deshalb lässt Gott dir sagen: Aus deiner eigenen
Familie wird großes Unheil über dich kommen.«
Da bereute David zutiefst, was er getan hatte. Nathan sagte:
»Gott wird dir vergeben. Aber das Kind, das Batseba dir geboren
hat, wird nicht mehr lange leben.«

So geschah es. Das Kind wurde krank und starb. David und
Batseba waren sehr traurig. Doch bald wurde Batseba wieder
schwanger und brachte noch einen Sohn zur Welt. Sie nannten
ihn Salomo*.

Im Lauf seines Lebens erlebte David tatsächlich viel Unheil von
seiner Familie. Sein eigener Sohn Absalom machte sich zum
Anführer eines Aufstandes gegen ihn. Er zwang David, aus
Jerusalem zu fliehen. Schließlich besiegte Davids Heer die Auf-
ständischen und Absalom kam bei den Kämpfen ums Leben.
Das stürzte David in tiefe Trauer.

König Salomo (1. Könige 1–8)

David war alt geworden. Da rief er den Priester Zadok und den
Propheten Nathan und sagte zu ihnen: »Salbt meinen Sohn
Salomo zum König. Er soll mein Nachfolger sein.« So geschah es.
Bald darauf starb David.

Als Salomo König geworden war, erschien Gott ihm eines Nachts
im Traum und sagte: »Ich will dir geben, worum du mich bittest.«
Da sagte Salomo: »Ich will ein weiser König werden, der sein Volk
gerecht regiert.« Und Gott schenkte ihm Weisheit*, für die Salomo
überall bekannt wurde.

Einmal kamen zwei Huren zu ihm. Eine der Frauen klagte: »Ach,
mein Herr! Diese Frau und ich wohnten in einem Haus. Ich
bekam ein Kind. Drei Tage später brachte auch sie eines zur Welt.
Der Sohn dieser Frau aber starb, denn sie erdrückte ihn im Schlaf.
Da nahm sie heimlich mein Kind und legte mir ihren toten Sohn
in den Arm. Am Morgen merkte ich sofort: Das ist nicht mein
Sohn!«
Die andere Frau schrie: »Es stimmt nicht, was diese Frau erzählt.
Mein Sohn lebt!« So gerieten die Frauen vor dem König in Streit.

Speerspitze aus der Zeit Davids

Salomo: bedeutet
»der Friedfertige«.

Absaloms Grab

Weisheit: siehe auch die Sprüche
Salomos, S. 122–123.
König Salomo werden 1000
Spruchweisheiten zugeschrieben.

»Holt ein Schwert!«, sagte Salomo ruhig zu seinen Dienern.
»Teilt das Kind in zwei Hälften und gebt jeder Frau eine davon.«
Da rief die erste: »Ach, mein Herr! Gebt doch der anderen das
Kind lebendig und tötet es nicht!« Die andere aber sagte: »Es soll
weder mein noch ihr Kind sein. Lasst es teilen!«
Der König deutete auf die Frau, die das Kind am Leben lassen
wollte, und befahl: »Gebt dieser das Kind. Sie ist seine Mutter.«
Die Israeliten hörten von dem Urteil und achteten den König sehr.
Sie merkten, dass Gott ihm große Weisheit geschenkt hatte.

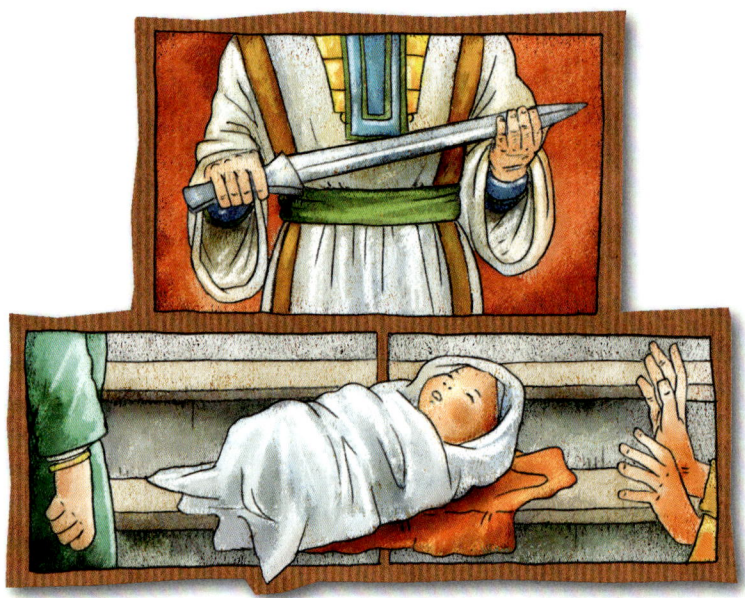

Tempel: Der Tempel
in Jerusalem war das wichtigste
Heiligtum Israels
(siehe S. 85–86).

Tyrus: Hafenstadt
am Mittelmeer. Die
Einwohner waren Phönizier
(siehe Karte S. 284 und 285).

Tyrus: Torbogen und Straße mit
Gräbern aus spätrömischer Zeit

Cherubim: himmlische Wesen
mit Flügeln. Sie bewachen den
Garten Eden (siehe S. 14).

Bundeslade: siehe S. 58.

Salomo erfüllte den Wunsch seines Vaters David und baute einen
Tempel* für Gott. Er bat Hiram von Tyrus*, für den Bau Zedern-
holz aus dem Libanon zu schicken. Hiram sandte auch Handwer-
ker und Baumaterial. Das Innere des Tempels ließ Salomo mit
Gold auskleiden und die Wände mit Cherubim* und Blütenran-
ken verzieren.
Nach zehn Jahren war der Tempel fertig. Die Priester trugen die
Bundeslade* hinein und brachten Gott Opfergaben dar.

Das Volk Israels erlebte eine glückliche Zeit. Es gab keine Kriege
und viele Menschen kamen von weit her, um den weisen König
Salomo zu sehen. Selbst die Königin von Saba* reiste nach Jerusa-
lem, um Salomo zu besuchen. Sie brachte ihm Balsam, Gold und
Edelsteine mit.
Salomo regierte vierzig Jahre. Als er starb, wurde sein Sohn
Rehabeam sein Nachfolger.

Saba: reiches Land, das im
heutigen Jemen (im Süden der
arabischen Halbinsel) lag.

Der Tempel von Jerusalem

Modell des salomonischen Tempels (an der linken Seite aufgeschnitten)

Der Tempel von Jerusalem war rund 1000 Jahre lang der Mittelpunkt der jüdischen Welt. Um 966 v.Chr. errichtete Salomo den ersten Tempel als »Wohnung« für Gott. Deswegen wurde der Tempel auch »Haus Gottes« genannt. Der riesige Bau muss auf die Menschen damals einen großen Eindruck gemacht haben: Mit seiner Länge von 30 Metern, seiner Breite von 25 Metern und seiner Höhe von 15 Metern war er zu der Zeit der größte Tempel in Palästina. Dadurch sollte er die unvergleichliche Stellung des Gottes Israels zum Ausdruck bringen. Der salomonische Tempel hatte eine Vorhalle und war von einer Mauer umgeben. Der Innenraum wurde durch einen Vorhang geteilt. Im vorderen Bereich standen der siebenarmige Leuchter, der Tisch mit den Schaubroten und der Räucheraltar. Die Schaubrote waren zwölf Brotfladen (entsprechend den zwölf Stämmen Israels), die im Tempel vor Gott niedergelegt wurden. Man erneuerte sie jeden Sabbat, wobei die Priester die alten Brote verspeisten. Im hinteren Teil, dem »Allerheiligsten«, befanden sich die Bundeslade (siehe S. 58) und zwei Cherubim, die den Thron Gottes bildeten (zu Cherubim siehe S. 14 und 84).

Ihre äußeren Flügel dienten als Seitenflächen, die inneren als Sitzflächen dieses Throns. Sie waren so groß, dass sie die ganze Breite des Innenraums ausfüllten. Die Lade wurde unter diesen Cherubenthron geschoben.
Das Allerheiligste durfte nur einmal im Jahr, am großen Versöhnungstag (Jom Kippur, siehe S. 52), vom Hohepriester betreten werden. Sonst hatte niemand Zutritt.

587 v.Chr. zerstörten die Babylonier den Tempel und verschleppten einen Teil der Israeliten nach Babylon (siehe S. 93). Erst viele Jahre später (um 515 v.Chr.) durften sie ihren Tempel wieder aufbauen.

169 v.Chr. drang der griechische König Antiochus, ein Heide, in das Allerheiligste ein und entweihte damit den Tempel. Durch diese Tat kam es zum Krieg zwischen Juden und Griechen. Die Israeliten siegten unter der Führung von Judas Makkabäus. 164 v.Chr. wurde der Tempel wieder eingeweiht (siehe S. 52, Chanukka-Fest).

Der Innenraum des salomonischen Tempels

Etwa ab 21 v.Chr. ließ König Herodes der Große den Tempel nach griechischem Vorbild umgestalten. Auf einer künstlich aufgeschütteten riesigen Plattform errichtete man einen ganzen Tempelbezirk. Um den Tempel herum entstanden Vorhöfe und Hallen. Der Tempel selbst war von einer Mauer umgeben. Nur Juden durften diese Mauer passieren. Es wurde ein Schild angebracht: »Kein Fremder darf den Bereich innerhalb der Brüstung um den Tempel betreten. Wer erfasst wird, ist für seinen Tod selbst verantwortlich« (siehe Paulus, S. 242).

Der Vorhof des Tempels war wie ein Marktplatz. Er wurde »Vorhof der Heiden« genannt und war von einer offenen Säulenhalle umgeben. Dort gab es Opfertiere zu kaufen, und Geldwechsler tauschten Geld in die Währung um, in der das Opfergeld bezahlt wurde.

Im Jahre 70 n.Chr. eroberten die Römer Jerusalem. Dabei zerstörten sie auch den Tempel und vertrieben dann die Juden aus Jerusalem. Anstelle des alten Tempels bauten die Römer einen Tempel für ihren Gott Jupiter.

In den jüdischen Synagogen erinnert man heute noch an die Bedeutung des Tempels. An Festen, an denen man früher eine Wallfahrt nach Jerusalem machte, sagt man: »Nächstes Jahr in Jerusalem!«
Ein Teil der Stützmauer des Tempels steht heute noch. Dort beten Juden zu Gott. Die Mauer wird »Westmauer« oder »Klagemauer« genannt. Für viele Juden ist sie ein besonders heiliger Ort.

Die »Klagemauer« in Jerusalem

Modell des herodianischen Tempels

Geschichten von Königen und Propheten

Die Geschichtsbücher (2. Teil)

König David war es gelungen, Israel zu einem großen Reich zu machen. Nie wieder in seiner Geschichte ist Israel so bedeutend gewesen. Kein Wunder, dass David als der ideale Herrscher galt, der auf Gott vertraute und dessen Herrschaft unter Gottes Segen stand. Der Prophet Nathan hatte ihm zugesagt, dass immer einer seiner Nachkommen König über Israel sein würde (siehe S. 81). Daraus entwickelte sich in Israel die Hoffnung auf einen neuen Herrscher. Er sollte das Reich Davids wiederherstellen und für Frieden und Gerechtigkeit im Land sorgen (siehe Messias S. 219–220). Doch die politische Wirklichkeit sah anders aus: Nach Salomos Tod zerfiel das Reich in zwei Teile: den Norden und den Süden.

- Das Nordreich nannte sich weiterhin Israel. Seine Hauptstadt war zunächst Sichem und dann Samaria (siehe Karte S. 285). Regiert wurde es von Königen, die aus unterschiedlichen Königshäusern stammten.
- Das Südreich wurde Juda genannt. Seine Hauptstadt war Jerusalem. Hier regierten die Nachkommen Davids und Salomos.

Die beiden Königreiche wurden in den nächsten Jahrhunderten immer wieder von ihren großen Nachbarn bedroht. Sie mussten den **Ägyptern** oder den Königreichen **Assyrien** und **Babylonien** im Zweistromland (siehe Karte S. 284) Abgaben zahlen. Wenn sich ein Land gegen eine dieser Großmächte auflehnte, hatte es mit Strafen zu rechnen.

In den Nachbarländern von Juda und Israel wurden andere Götter verehrt. Bald fingen auch die Menschen in Juda und Israel an, diesen fremden Göttern anzuhängen und sich nicht mehr allein auf ihren Gott zu verlassen. Die Bibel berichtet von Königen, die Gott und seine Gebote vergaßen und fremden Göttern dienten.

- **Baal**, der Hauptgott der Kanaaniter und Phönizier, wurde als Wettergott verehrt. Er galt als Herr über Blitz und Donner, Wolken, Regen und Wind. Auch den Wechsel der Jahreszeiten brachte man mit ihm in Verbindung. Er wurde oft durch einen Stier symbolisiert (siehe S. 61 und 67).
- **Aschera** oder **Astarte** war die Göttin der Fruchtbarkeit. Sie wurde besonders von Frauen verehrt, die sie um Kinder baten und auf ihren Schutz während der Schwangerschaft und bei der Geburt hofften (siehe S. 89).

Gegen eine solche Verehrung fremder Götter traten zu ihrer Zeit die Propheten **Elia** und **Elisa** auf (zu Propheten siehe S. 126). Sie erinnerten die Herrscher und das Volk daran, dass sie sich zum Gehorsam gegenüber Gottes Geboten verpflichtet hatten und dass allein Gott die Macht hat, sein Volk zu schützen und ihm beizustehen. Die Erzählungen von Elia und Elisa geben Antwort auf die Frage:

- **Was geschieht, wenn Gottes Gebote missachtet und andere Götter verehrt werden?**

Bücher der Bibel, die diese Zeit beschreiben:

Die Bücher der **Könige** und **Chroniken** erzählen aus den 400 Jahren zwischen König David und der Eroberung des Landes durch die Babylonier im Jahre 587 v. Chr. Sie berichten von der ständigen Bedrohung Israels und Judas durch fremde Völker, von sozialen Missständen und von der Verehrung fremder Götter.

Der Prophet Elia (1. Könige 16–19)

Baal: siehe S. 61, 67 und 87.

Samaria: Hauptstadt des Nordreichs Israel (siehe Karte S. 285).

Ahab: regierte im Nordreich von 873–853 v. Chr.

Phönizien: siehe Karte S. 284.

Prophet: verkündet, was Gott in einer bestimmten Situation zu sagen hat (siehe Propheten S. 126).

Elia: bedeutet »mein Gott ist der Herr«.

Tischbe: siehe Karte S. 285.

Tau: ist in Israel wichtig für das Wachstum der Pflanzen.

Bach Krit: Flüsschen, das in den Jordan mündet.

Zarpat: liegt in der Nähe von Sidon, der Heimatstadt von Isebel (siehe Karte S. 285).

»Ein Tempel für den Gott Baal*? Hier in Samaria*?« Die Menschen in Israel staunten über das, was sie da gehört hatten. König Ahab* ließ diesen Tempel für seine Frau Isebel errichten. Sie stammte aus Phönizien* und glaubte an fremde Götter.

Von all dem hörte auch der Prophet* Elia* aus Tischbe*. Sofort machte er sich auf den Weg zu Ahab. Als er vor ihm stand, sagte er zu ihm: »Du hast dich gegen Gott gestellt. Deshalb soll es in diesem Jahr weder Tau* noch Regen geben.«

Wegen dieser Worte wollte der König Elia bestrafen. Doch Gott hatte dem Propheten befohlen zu fliehen und sich am Bach Krit* zu verstecken. Dorthin sandte Gott Raben, die Elia mit Essen versorgten. Wenn er Durst hatte, trank er aus dem Bach. Aber nach einer Weile trocknete der Bach aus, denn im Land regnete es nicht mehr. Da sagte Gott zu Elia: »Geh in die Stadt Zarpat*. Dort begegnest du einer Witwe, die dich versorgen wird.«

Als Elia am Stadttor von Zarpat angekommen war, traf er auf eine Frau, die Holz sammelte. Er fragte sie: »Kannst du mir einen Becher Wasser bringen – und auch ein wenig Brot?«
Da antwortete die Frau: »Ich habe kein Brot mehr, nur noch eine Handvoll Mehl und etwas Öl im Krug. Gerade habe ich Holz gesammelt und will meinem Sohn und mir etwas zu essen machen. Ich weiß nicht, wovon wir leben sollen.«

»Fürchte dich nicht!«, beruhigte Elia die Frau. »Geh nach Hause und mach alles so, wie du es gesagt hast. Backe ein Brot für mich und auch eines für dich und deinen Sohn. Gott wird dafür sorgen, dass dir das Mehl und das Öl nicht mehr ausgehen.«
Die Witwe tat, was Elia ihr aufgetragen hatte. Die Schüssel mit dem Mehl wurde nicht leer und auch der Ölkrug blieb gefüllt. So hatten sie immer etwas zu essen.

Kurz darauf wurde der Sohn der Witwe schwer krank und starb. In ihrer Trauer schrie die Witwe Elia an: »Was willst du hier? Du bist doch nur gekommen, um Gott an meine bösen Taten zu erinnern. Und zur Strafe ist mein Sohn jetzt tot!«
»Lass mich zu deinem Sohn«, sagte Elia. Er legte das Kind auf sein Bett und betete: »Mein Gott, lass das Leben in dieses Kind zurückkehren!« Gott erhörte Elias Gebet und das Kind erwachte wieder zum Leben. Als die Mutter dies sah, sagte sie zu Elia: »Nun erkenne ich, dass du wirklich ein Mann Gottes bist. Was du sagst, ist wahr.«

Einige Zeit später hörte Elia wieder die Stimme Gottes: »Geh zu Ahab. Ich will es wieder regnen lassen.« Weil es mehr als zwei Jahre lang nicht mehr geregnet hatte, war alles Getreide vertrocknet und eine große Hungersnot herrschte im ganzen Land.

Als Ahab hörte, dass Elia auf dem Weg zu ihm war, zog er ihm entgegen. Bei seinem Anblick rief er wütend: »Willst du Israel noch mehr ins Unglück stürzen?«
»Nicht ich stürze Israel ins Unglück, sondern du!«, entgegnete Elia. »Du läufst fremden Göttern nach und kümmerst dich nicht um Gottes Gebote! Rufe die Propheten von Baal und Aschera* und das ganze Volk zusammen. Sie sollen auf den Berg Karmel* kommen.«

Da versammelten sich vierhundertfünfzig Propheten Baals und das ganze Volk. Elia stellte sich vor die Menge und sagte: »Ich allein stehe hier als Prophet Gottes. Die Propheten von Baal sind dagegen vierhundertfünfzig Männer. Lasst uns nun zwei Opfer darbringen, eins für Gott und eins für Baal. Wir wollen sie auf trockenes Holz legen, aber kein Feuer anzünden. Dann ruft ihr zu Baal und ich zu Gott. Wir werden ja sehen, welcher Gott uns Feuer schicken wird.« Das Volk war einverstanden. Die Baalspriester tanzten wie wild, doch nichts geschah. Elia verspottete sie

Ascherafiguren (oben 12. Jh. v. Chr., unten 8./7. Jh. v. Chr.)

Baal/Aschera: siehe S. 87.

Berg Karmel: langgestreckter Bergrücken am Mittelmeer (siehe Karte S. 285).

Auf dem Karmel

89

und rief: »Schreit doch noch etwas lauter! Vielleicht ist Baal verreist oder er schläft gerade!« Dann betete er zu Gott: »Erhöre mich, Herr*, erhöre mich, dass dies Volk erkenne, dass du, Herr, Gott bist und ihr Herz wieder zu dir kehrst.« Da fiel Feuer vom Himmel herab und verbrannte das Opfer, das für Gott bestimmt war. Die Leute fielen nieder und sagten: »Der Herr ist Gott, der Herr ist Gott.« Dann ergriffen sie die Propheten des Baal und töteten sie. Kurz darauf fing es an zu regnen.

Als die Königin Isebel erfuhr, was mit ihren Priestern geschehen war, wollte sie Elia töten lassen. Deshalb floh Elia in die Wüste. Dort setzte er sich unter einen Wacholderbusch. Er war so erschöpft und verzweifelt, dass er sterben wollte. Aber Gott schickte einen Engel zu ihm, der ihn mit geröstetem Brot und Wasser versorgte. So gestärkt wanderte Elia zum Berg Horeb*. Vierzig Tage lang war er unterwegs.

Am Horeb angekommen, legte Elia sich in eine Höhle, um zu schlafen. Da sprach Gott zu ihm: »Komm heraus! Dann werde ich an dir vorübergehen.« Da kam ein mächtiger Wind, der die Felsen am Berg zerbrach. Aber Gott war nicht in dem Wind. Danach fing die Erde an zu beben. Aber Gott zeigte sich auch nicht im Erdbeben. Nach dem Erdbeben kam ein großes Feuer. Aber auch darin war Gott nicht.
Dann hörte Elia ein stilles, sanftes Sausen.
Elia trat aus der Höhle. Da sprach Gott zu ihm: »Mache dich auf und gehe nach Damaskus*. Dort wirst du Elisa* finden und ihn zu deinem Nachfolger salben. Er wird mit dir gehen.«
Elia bekam neuen Mut. Er machte sich auf und fand Elisa, so wie Gott gesagt hatte. Jetzt war er nicht mehr allein.

Nabots Weinberg (1. Könige 21)

Nabot war ein Mann aus Jesreel*. Er besaß einen Weinberg, der neben dem Palast von König Ahab lag. Der König wollte diesen Weinberg gern haben und so sagte er zu Nabot: »Überlasse mir deinen Weinberg! Ich gebe dir einen besseren dafür. Oder wenn es dir lieber ist, kaufe ich ihn dir für viel Geld ab.«
Nabot überlegte nicht lange: »Der Herr bewahre mich davor!

Wacholder

Herr: So wird in der Lutherbibel der hebräische Name Gottes (JHWH) wiedergegeben (siehe S. 47).

Horeb: Berg, an dem Gott Mose im brennenden Dornbusch begegnet (siehe S. 46).

Damaskus: siehe Karte S. 284.

Elisa: bedeutet »Gott ist unsere Rettung«.

Modell einer antiken Kelter

Jesreel: siehe Karte S. 285.

Der Weinberg ist das Erbe meiner Väter*.« Nabot verkaufte ihn daher nicht. Ahab ärgerte sich sehr, aber er konnte Nabot nicht zwingen.

Als die Königin Isebel von der Sache erfuhr, sagte sie zu ihrem Mann: »Lass mich das regeln. Du sollst deinen Weinberg haben!« Sie bestach zwei Männer* und ließ sie vor Gericht gegen Nabot aussagen: »Wir haben gehört, wie Nabot gegen Gott und gegen den König gelästert hat.«
Das galt als ein so schweres Verbrechen, dass man Nabot zu Tode steinigte. Der Besitz eines Verbrechers aber fiel an den König. So kam Ahab doch in den Besitz des Weinbergs.

Da hörte Elia wieder die Stimme Gottes: »Geh zum König. Sage ihm: ›Du hast einen Menschen ermordet und dir seinen Besitz genommen. Deshalb wirst du an derselben Stelle sterben, an der Nabot getötet wurde. Auch deine Frau Isebel wird umkommen.‹« Elia ging zum König und richtete ihm diese Botschaft aus. Da zerriss* Ahab seine Kleider, zog ein Bußgewand* an und begann zu fasten. Bald darauf sagte Gott zu Elia: »Weil Ahab seine Fehler bereut, soll das Unglück nicht sofort über ihn kommen.«

Israels Niedergang (2. Könige 17–25)

Als Hoschea König des Nordreiches* war, gelangte das Land unter die Herrschaft der Assyrer*. Jedes Jahr musste Israel eine Abgabe* an sie zahlen. Doch bald wollte Hoschea nicht mehr zahlen und schloss ein Bündnis mit den Ägyptern. Das ließ sich der König von Assyrien nicht gefallen. Er marschierte mit seinem Heer in Israel ein. Er ließ Hoschea ins Gefängnis werfen und eroberte Samaria*. Viele Einwohner des Landes wurden gefangengenommen und nach Assyrien verschleppt. Dafür wurden fremde Völker nach Israel gebracht und in der Gegend von Samaria angesiedelt. Jedes Volk hatte seine eigenen Götter.

Die Assyrer wollten auch Juda* erobern und belagerten Jerusalem. Doch Hiskia, der König von Juda, vertraute auf Gott. Er ging in den Tempel und bat Gott um Hilfe. Außerdem sandte er Boten zu dem Propheten Jesaja und fragte ihn um Rat. Da ließ Jesaja ihm ausrichten: »Fürchte dich nicht! Gott wird uns beistehen.«

Erbe meiner Väter: Der Weinberg gehörte seit der Eroberung Kanaans der Familie Nabots. Es war ihr Anteil an dem von Gott verliehenen Land und darum unverkäuflich.

zwei Männer: Nach altisraelitischem Recht genügten zwei Zeugen, um ein Todesurteil zu fällen (siehe das 9./8. Gebot auf S. 56).

zerriss: Das Zerreißen der Kleider ist ein Zeichen der Trauer (siehe S. 80).

Bußgewand: Durch das Anziehen eines Bußgewands drückte man aus, dass man seine Schuld bereute.

Nordreich (= Israel): wurde 722 v.Chr. von den Assyrern erobert (siehe Karte S. 285).

Assyrer: siehe Karte S. 284.

Der assyrische König Assurbanipal auf Löwenjagd (Wandgemälde)

Abgabe (= Tribut): Geld- oder Sachleistung, die ein besiegtes Volk an den Sieger zahlen musste.

Samaria: Hauptstadt des Nordreichs (siehe Karte S. 285).

Juda: Südreich mit der Hauptstadt Jerusalem (siehe Karte S. 285).

Anhänger mit Darstellung des assyrischen Gottes Assur

Josia: regierte von 639–609 v. Chr.

Gesetzbuch: gemeint ist das fünfte Buch Mose.

Babylon: siehe Karte S. 284.

Nachbau des Ischtartores in Babylon, Irak. Es war der Zugang zur prächtigen Prozessionsstraße, die zu Ehren der babylonischen Göttin Ischtar gebaut wurde.

Bald darauf erhielt Hiskia einen Brief von Sanherib, dem König von Assyrien. Darin stand: »Verlasse dich nicht auf deinen Gott! Er kann dir nicht helfen.« Doch Hiskia vertraute weiterhin auf Gott. Kurze Zeit später brach eine Krankheit im Lager der Assyrer aus. Viele Krieger starben, sodass das Heer der Assyrer sich zurückziehen musste.
Die Leute in Jerusalem feierten daraufhin ein großes Fest.

Doch schon bald vergaßen die Leute wieder, was Gott für sie getan hatte. Sie bauten Altäre für fremde Götter und beteten dort zu ihnen.

Viele Jahre später wurde Josia* König in Juda. Als Erstes ließ er den Tempel, an dem vieles baufällig geworden war, in seiner ganzen Pracht und Schönheit wieder herrichten. Da brachte man ihm ein Gesetzbuch*, das im Tempel gefunden worden war.
Der König ließ alle Priester aus dem Tempel und alle Einwohner Jerusalems zusammenrufen und das Gesetzbuch vorlesen. So erinnerte er sie wieder an den Bund, den Gott mit dem Volk geschlossen hatte. Die Altäre der fremden Götter ließ er vernichten und befahl, dass man Gott nur noch am Tempel in Jerusalem Opfer bringen durfte.

Doch nachdem Josia gestorben war, wendete sich das Volk erneut den fremden Göttern zu. So kam es schließlich zur Katastrophe: Nebukadnezar, der König von Babylon*, eroberte das Land und zerstörte den Tempel, den Salomo einst gebaut hatte. Die Babylonier töteten den König und seine Familie und verschleppten viele Israeliten nach Babylon.

Die Israeliten in Babylon

An den Wassern zu Babel
saßen wir und weinten,
wenn wir an Zion gedachten.
Unsere Harfen hängten wir
an die Weiden im Lande.
Denn dort hießen uns singen,
die uns gefangen hielten,
und in unserm Heulen fröhlich sein:
»Singet uns ein Lied von Zion!«
Wie könnten wir des HERRN Lied singen in
fremdem Lande? (aus Psalm 137)

Nachbildung des Ischtartors in Babylon
mit Prozessionsstraße (siehe auch S. 143)

Der Psalm aus der Zeit der Gefangenschaft in
Babylon spiegelt die Trauer und den Schmerz
der Verbannten über den Verlust der Heimat
wider. Zu dieser Zeit herrschte König Nebukadnezar über das Zweistromland. Er marschierte
in die umliegenden Länder ein, die Abgaben an
ihn zahlen mussten. Dabei wurde im Jahr 587
v. Chr. auch Jerusalem erobert und der Tempel
zerstört.

Damals war es üblich, die Oberschicht eines
besiegten Volkes in das Land zu verschleppen,
das den Krieg gewonnen hatte. So wurden die
Königsfamilie, die hohen Beamten, Priester,
Gelehrten und sogar die Handwerker aus Israel
nach Babylon gebracht.

Der Aufenthalt in Babylon, das sogenannte
»Babylonische Exil«, war für die Israeliten eine
wichtige Zeit. Weil sie keinen Tempel mehr
hatten, wurden ihre religiösen Bräuche und
Schriften für sie immer wichtiger. Es entstanden zahlreiche Bücher, die sich mit dem
Untergang Israels und dem Exil auseinander-
setzten. Sie sind heute Teil des Alten Testaments.

Verschiedene Geschichten der Bibel erinnern an
diese Zeit:

- In der **Schöpfungserzählung** am Anfang
  der Bibel (siehe S. 10–13) nehmen die
  Israeliten die babylonische Vorstellung vom
  Anfang der Welt auf und zeigen, dass Gott
  alles geschaffen hat.
- Die Geschichte vom **Turmbau von Babel**
  hat die prächtigen Türme vor Augen, die
  die Israeliten in Babylon kennenlernten
  (siehe S. 20).
- Das **Danielbuch** (siehe S. 141) zeigt, dass
  es Israeliten gab, die am babylonischen
  Königshof hohe Ämter bekleideten.
- Auch das letzte Buch der Bibel, die **Offenbarung**, erinnert an Babylon. Hier ist
  Babylon ein Symbol für die Weltmacht
  Rom, von der die Christen verfolgt wurden
  (siehe S. 261).

Die Zeit nach dem Exil

Fünfzig Jahre später wurde das babylonische Reich von den Persern erobert. Im Jahr 538 v. Chr. erließ der persische König Kyros ein Edikt (Erlass), das es den Verbannten erlaubte, nach Jerusalem zurückzukehren und den Tempel wieder aufzubauen. Noch einmal rund 80 Jahre später kam der Priester **Esra** mit einer weiteren Gruppe von Juden aus Babylon nach Jerusalem, um das Leben des Volkes auf Grundlage der Bücher Mose neu zu ordnen. Nach Esra wurde **Nehemia** als persischer Statthalter nach Jerusalem entsandt. Er sicherte die Stadt, indem er die Stadtmauer wieder aufbaute. Die Bücher Esra und Nehemia berichten über die Rückkehr aus dem Exil und den Wiederaufbau des Tempels ab 515 v.Chr.

Nur ein Teil der Juden, die in Babylon lebten, kehrte in die alte Heimat zurück. Andere blieben in Babylon oder in den Ländern, in die ihre Familien gezogen waren. Das Buch **Ester** gibt Einblick in die Situation der Juden, die durch ihr Festhalten an den eigenen religiösen Bräuchen immer wieder auch Anfeindungen von Seiten ihrer Umgebung ausgesetzt waren.

Gustave Doré, Wiederaufbau des Tempels, 1865

Rückkehr nach Israel und Wiederaufbau des Tempels (Esra und Nehemia)

Viele Jahre später eroberten die Perser das Zweistromland und besiegten die Babylonier. Damit erhielten sie auch die Macht über das Land Israel.
Der König der Perser, Kyros*, befahl: »Lasst die Israeliten wieder in ihre Heimat zurückkehren! Sie dürfen Jerusalem und ihren Tempel wieder aufbauen.« König Kyros gab auch die Gegenstände* zurück, die die Babylonier aus dem Tempel gestohlen hatten. (Esra 1)

Die Bauleute legten das Fundament für den neuen Tempel. Da kamen viele alte Priester und Leviten*, die den ersten Tempel noch gesehen hatten. Sie jubelten und weinten vor Freude. Das ganze Volk freute sich und dankte Gott. Die Menschen konnten ihr Glück nicht fassen.

Als der Tempel vollendet war, feierten die Priester und Leviten die Einweihung ihres Gotteshauses. Sie brachten Gott viele Opfer dar. Damit wollten sie zeigen, wie dankbar die Menschen für ihre Rückkehr aus dem Exil und den neuen Tempel waren. (Esra 3)

Das Grab des Perserkönigs Kyros im heutigen Iran

Kyros: regierte von 558-530 v. Chr.

Gegenstände: Die Babylonier hatten bei der Eroberung Jerusalems die kostbaren Tempelgeräte mitgenommen und nach Babylonien gebracht. Darunter befand sich vermutlich auch die Bundeslade, die seither verschollen ist (siehe S. 58 und 85).

Leviten: Nachkommen des Stammvaters Levi (siehe S. 32 und S. 44). Sie waren am Jerusalemer Tempel als Tempeldiener tätig.

Schriftgelehrte: Männer, die die Gebote Gottes studierten und lehrten.

Gesetz des Mose: meint die fünf Bücher Mose, die Tora.

Kanzel: Pult für einen Redner.

Amen: Abschluss eines Gebets. Das Wort bedeutet »So ist es«/ »So sei es«.

Ahasveros: regierte von 486-465 v. Chr. Die Geschichte spielt in der Zeit, als Israel Teil des Perserreichs war.

Ester: leitet sich vom persischen Wort »Stern« oder von der Göttin Ischtar ab. Ihr hebräischer Name war »Hadassa« (Myrte).

Persien: siehe Karte S. 284.

Eingangstor von »Persepolis«, dem antiken persischen Königspalast

Kämmerer: Diener des Königs, die im Palast arbeiteten.

Persischer Diener (Relief)

Es dauerte noch einmal eine lange Zeit, bis auch die Stadtmauer von Jerusalem wieder aufgebaut war. Danach versammelte sich das ganze Volk auf einem Platz in Jerusalem. Die Menge bat den Schriftgelehrten* Esra, ihnen das Gesetz des Mose* vorzulesen, das Gott Israel gegeben hatte. Esra las den ganzen Tag von seiner Kanzel* aus dem Buch Mose vor, und alle hörten aufmerksam zu.

Als er fertig war, pries Esra Gott und dankte ihm, und die Menschen riefen »Amen, Amen*.« Dann erklärten die Leviten dem Volk alles, was im Buch des Mose stand. So konnte das Volk verstehen, was es gehört hatte. Die Menschen gingen nach Hause, um zu essen und zu trinken, und sie feierten ein großes Fest. (Nehemia 8)

Ester *(Ester 1–9)*

Ahasveros* war König von Persien*. Einmal feierte er ein großes Fest, das sieben Tage lang dauerte. Nach damaligem Brauch feierten Männer und Frauen getrennt. Am letzten Tag des Festes wollte er den Gästen seine Frau zeigen. Aber sie weigerte sich, vor den betrunkenen Männern zu erscheinen. Da verstieß er sie und suchte eine neue Königin.

Die schönsten Mädchen im Land ließ er in seinen Palast kommen. Unter ihnen war auch Ester*. Sie lebte bei ihrem Pflegevater Mordechai und war Jüdin. Aber davon wusste der König nichts. Als er Ester sah, gewann er sie lieber als alle anderen Frauen. Er heiratete sie und machte sie zur Königin. Mordechai hatte Ester geraten: »Erzähle niemandem, welchen Glauben du hast.« Er machte sich Sorgen um seine Pflegetochter. Jeden Tag stellte er sich vor das Tor, um zu hören, ob es Ester gut ginge. Als er wieder einmal dort stand, konnte er hören, dass zwei Kämmerer* einen Anschlag auf den König planten. Er erzählte Ester von dem Plan, und die warnte ihren Mann. So rettete Mordechai dem König das Leben.

Ahasveros hatte einen Berater namens Haman, den er zum Obersten seiner Fürsten erhob. Er ordnete an, dass jeder vor Haman niederknien sollte. Alle gehorchten dem Befehl des Königs, nur Mordechai weigerte sich. Er sagte: »Gott allein verdient eine solche Ehre.«

Da wurde Haman wütend und beschloss, sich an Mordechai zu rächen. Als er erfuhr, dass Mordechai Jude war, befahl er: »Alle Juden im Land sollen getötet werden!«

Haman ließ ein Los* werfen, um zu entscheiden, an welchem Tag dies geschehen sollte. Er überredete den König, einen Erlass zu unterzeichnen. Dort war geschrieben, dass alle Juden im Land an einem bestimmten Tag getötet werden sollten.

Los: In Israel, aber auch bei anderen Völkern wie den Persern, warf man das Los, um so den göttlichen Willen zu erfragen (siehe auch S. 74).

Mordechai ließ Ester eine Abschrift zukommen und bat sie, zum König zu gehen und ihn zu bitten, ihr Volk zu verschonen. Aber Ester zögerte. Wer ungerufen vor den König trat, konnte dafür mit dem Tod bestraft werden. Doch Mordechai drängte sie und sagte: »Nur du kannst dein Volk retten!« Da fastete Ester drei Tage lang. Erst dann ging sie zu Ahasveros.
Der König streckte ihr sein Zepter entgegen. Das bedeutete, dass sie mit ihm sprechen durfte. »Ester!«, rief er. »Kann ich etwas für dich tun?« »Ja, mein König!«, antwortete sie. »Ich möchte dich und Haman gerne zum Essen in meine Gemächer einladen.« Ahasveros willigte ein.

In dieser Nacht konnte der König nicht schlafen. Da ließ er sich das Wachbuch* mit den täglichen Meldungen bringen. Dort las er, dass er der Warnung Mordechais sein Leben verdankte. Ahasveros fragte seine Diener, welche Ehrung Mordechai als Dank bekommen hätte. Aber die Diener antworteten: »Er hat nichts bekommen.«
In diesem Augenblick hörte der König jemanden durch den Hof gehen. »Wer ist da?«, fragte er. Es war Haman. Er wollte den König um Erlaubnis bitten, Mordechai an einen Galgen zu hängen. Ahasveros ließ ihn hereinrufen. »Was soll ein König tun, um einen tüchtigen Mann zu belohnen?«, fragte er ihn. »Gib ihm ein prachtvolles Gewand, ein geschmücktes Pferd und lass ihn darauf von deiner Wache durch die Stadt führen«, antwortete Haman.
Er dachte nämlich, dass der König von ihm spräche.
»Eine sehr gute Idee!«, strahlte Ahasveros. »Gib also Mordechai ein Gewand und ein Pferd. Dann soll er durch die Stadt geführt werden!«
Haman war außer sich vor Zorn, doch er musste dem Befehl des Königs gehorchen.

Wachbuch: Darin wurde alles Wichtige, das am königlichen Hof geschah, festgehalten.

Purim: An diesem Fest verkleiden sich die Kinder und spielen die Geschichte von Ester nach. Immer wenn der Name Haman fällt, darf Lärm gemacht werden (siehe S. 52).

Eine Schriftrolle des Ester-Buches aus dem 19. Jahrhundert

Am Abend saßen der König und Haman bei Ester. Nachdem sie gegessen hatten, fragte Ahasveros: »Hast du einen besonderen Wunsch?« Ester antwortete: »Ach, mein König! Alle Juden im Land sollen umgebracht werden, selbst Mordechai!« »Wer hat das befohlen?«, empörte sich der König. Ester zeigte auf Haman und sagte: »Unser Todfeind sitzt hier.«

Zornig sprang Ahasveros auf und rannte aus den Gemächern. Haman warf sich vor Ester nieder und flehte sie an, ihm zu helfen. In diesem Augenblick kam der König zurück. Als er Haman so nahe bei der Königin sah, rief er: »Willst du jetzt auch noch der Königin Gewalt antun?« Und er verurteilte Haman zum Tode.

So geschah es, dass Haman an dem Galgen aufgehängt wurde, den er selbst für Mordechai errichtet hatte. Der König schenkte Ester alles, was Haman besessen hatte. Doch ein Erlass des Königs konnte nicht aufgehoben werden. So gab er Ester die Vollmacht, in seinem Namen einen zweiten Erlass herauszugeben. Der sollte dem ersten die Wirkung nehmen. Der zweite Erlass erlaubte den Juden, sich zu verteidigen, wenn sie angegriffen würden, und den Besitz der Angreifer an sich zu nehmen. Als dann die Feinde der Juden sie töten wollten, zeigte es sich, dass die Juden ihnen überlegen waren. Sie töteten die Angreifer, aber ihren Besitz eigneten sie sich nicht an.

Zu Ehren von Ester und zur Erinnerung daran, dass sie ihr Volk gerettet hatte, feierten die Juden von nun an jedes Jahr ein Freudenfest. Um an das Los zu erinnern, das Haman damals geworfen hatte, nannten sie es Purim*, das »Losfest«.

Die Lehrbücher

Die Bücher **Hiob, Sprüche und Prediger** zählen zu einer Art von Schriften, die im Nahen Osten allgemein verbreitet war und den Namen »Weisheitsliteratur« trägt. »Weisheit« bedeutet hier, die Ordnung der Welt zu verstehen. Dabei verbinden sich Alltagserfahrungen mit dem Wissen um Gott. Solche »Weisheit« wird meist in kurzen, einprägsamen Sprüchen vom Lehrer an die Schüler weitergegeben. Deshalb werden die Weisheitsschriften auch als **»Lehrbücher«** bezeichnet.

Sie können auch in kunstvolle dichterische Sprache gefasst sein, wie etwa im Buch Hiob. Eine Sammlung von kurzen Lehren ist das Buch der Sprüche. Viele der dort behandelten Themen sind erstaunlich aktuell: Freundschaft, Arbeit, Familienleben oder das Verhalten in der Gemeinschaft.

Zwei Bücher der Bibel sind eigentlich **Sammlungen von Liedern**: Die **Psalmen** und das **Hohelied**. Auch sie werden zu den Lehrbüchern gezählt. Im Hohelied sind Liebes- und Hochzeitslieder gesammelt. Das Buch der **Psalmen** besteht aus Liedern und Gebeten.

Hiob

- ◎ **Warum muss ich leiden?**
- ◎ **Wie kann Gott dies zulassen?**
- ◎ **Womit habe ich das verdient?**

Das sind die Fragen, um die es im Buch Hiob geht. Es besteht aus zwei Teilen: einer Erzählung am Anfang und Schluss, die eine Art »Rahmen« bildet, sowie Reden im Mittelteil. Die Rahmenerzählung handelt von Hiobs Leid und Krankheit. Hiob besteht eine Prüfung, indem er Gott treu bleibt, obwohl er leidet. Im Mittelteil lehnt sich Hiob gegen sein Schicksal auf. Seine Freunde geben die damals übliche Vorstellung wieder, woher das Leid kommt. Hiob beteuert seine Unschuld und klagt Gott selbst an. Als Gott endlich antwortet, weist er Hiob zurecht: Als Mensch kann er die Welt nicht vollständig erfassen und verstehen. Er darf aber auch erfahren: Gott, der Schöpfer, wendet sich ihm zu und nimmt ihn an – so wie er ist.

Marc Chagall, Das Hohelied, 1958

Hiob

Hiob* lebte im Land Uz*. Er führte ein vorbildliches Leben, hielt sich an Gottes Gebote und war überall hoch geachtet. Mit seiner Frau hatte er sieben Söhne und drei Töchter. Weit und breit war er der reichste Mann, denn er besaß große Viehherden und war Herr über viele Diener.

Darauf trat der Satan* vor Gott. Und Gott fragte ihn: »Wo kommst du her?« Da antwortete der Satan: »Ich habe die Länder der Erde durchstreift.« »Hast du meinen Diener Hiob gesehen?«, fragte Gott weiter. »Kein anderer ist wie er, so fromm und treu.« Der Satan antwortete: »Es ist einfach, fromm zu sein, wenn man so gesegnet* ist wie Hiob. Er wird dir nicht treu bleiben, wenn ihm alles weggenommen wird, was er hat.« Da sagte Gott: »Ich erlaube dir, Hiob auf die Probe zu stellen.«

Nun verlor Hiob alles, was er hatte. Seine Herden wurden durch Unwetter und Feinde getötet und alle seine Knechte und Mägde erschlagen. Auch seine Töchter und Söhne kamen ums Leben, als das Dach des Hauses bei einem Sturm einstürzte.
Als Hiob dies alles erfuhr, zerriss* er sein Kleid und rasierte* sich den Kopf. Er fiel auf die Erde und verneigte sich tief. Trotz seiner Verzweiflung klagte er nicht, sondern sprach: »Der HERR hat's gegeben, der HERR hat's genommen; der Name des HERRN sei gelobt!«

Da trat der Satan wieder vor Gott. »Hiob ist treu geblieben!«, sagte Gott. Doch der Satan erwiderte: »Ihm selbst ist ja nichts passiert. Ob er immer noch so zu dir halten würde, wenn er selbst krank wäre?« Gott antwortete: »Ich gebe ihn in deine Hand. Aber lass ihn am Leben!«

Nun wurde Hiob sehr krank. Er bekam Geschwüre am ganzen Leib. Er sah schrecklich aus und hatte große Schmerzen. Da sagte seine Frau zu ihm: »Hältst du immer noch an deinem Glauben fest? Wende dich endlich von Gott ab!«
Hiob rief verärgert: »Was redest du, Frau! Wir haben von Gott Gutes empfangen. Wieso sollen wir nicht auch das Schlechte annehmen?« Obwohl Hiob so viel Leid ertragen musste, machte er Gott keine Vorwürfe. (Hiob 1–2)

Hiob hatte drei Freunde, die hießen Elifas, Bildad und Zofar. Als
sie hörten, was geschehen war, eilten sie zu Hiob. Sie wollten ihm
in seiner Trauer beistehen und ihn trösten. Als sie ihn sahen,
zerrissen sie ihre Kleider* und streuten Asche* auf ihre Köpfe. Sie
setzten sich zu Hiob und schwiegen mit ihm sieben Tage* und
Nächte. Dann fing Hiob an zu klagen: »Warum bin ich bei meiner
Geburt nicht gleich gestorben? Dann hätte ich jetzt meine Ruhe.
Denn was ich gefürchtet habe, ist über mich gekommen, und
wovor mir graute, hat mich getroffen.« (Hiob 2–3)

**sich Kleider zerreißen/Asche/
sieben Tage:** übliche Dauer
der Totenklage (siehe »Totenklage
und Bestattung in Israel«, S. 80).

Elifas erwiderte: »Gott schickt dir das Leid sicher nicht ohne
Grund. Er will, dass du etwas daraus lernst. Wenn du das tust,
wird er dir viel Gutes schenken und dich vor allen Gefahren
beschützen.« (Hiob 5)
Bildad sagte: »Klage Gott nicht an. Was er tut, ist immer richtig.
Wenn du nichts Falsches tust, wird er dir alles zurückgeben.«
(Hiob 8)
Schließlich sagte Zofar: »Kein Mensch ist klüger als Gott. Er kennt
die Menschen und weiß, wer Schuld auf sich geladen hat. Dabei ist
er großmütig und rechnet gar nicht alle Sünden an, die jemand
begangen hat.« (Hiob 11)

Da wurde Hiob wütend: »Das ist alles dummes Geschwätz! Ihr
seid unnütze Tröster! Ihr könnt mir ja doch nicht erklären, warum

Gott mir dieses Unglück geschickt hat. Seid endlich still und lasst mich klagen! Ich habe dieses Leiden nicht verdient. Wenn ich alles aufschreiben würde, so würden die kommenden Generationen meine Unschuld bestätigen. Aber ich weiß, dass mein Erlöser lebt. Wenn er sich doch nur zeigen und für mich eintreten würde!« (Hiob 19)

Noch lange redeten die Freunde mit Hiob. Aber sie konnten ihn nicht trösten.
Hiob fühlte sich einsam und von Gott im Stich gelassen: »Ich schreie zu dir, aber du antwortest mir nicht; ich stehe da, aber du achtest nicht auf mich. Du hast dich mir verwandelt in einen Grausamen und streitest gegen mich mit der Stärke deiner Hand. Ich wartete auf das Gute, und es kam das Böse; ich hoffte auf Licht, und es kam Finsternis.« (Hiob 30,20-21.26).

So klagte Hiob Tag für Tag. Seine Freunde merkten, dass sie ihm nicht helfen konnten, und sie verstummten.

aus dem Sturm: Nach dem Glauben Israels umgibt sich Gott mit Wolken, Sturm, Blitz und Donner, wenn er seinem Volk gegenübertritt.

Welt gemacht: Gott erinnert an die Schöpfung (1. Mose 1, siehe S. 10–13).

Da kam ein Sturm auf, und aus dem Sturm* hörte Hiob endlich die Stimme Gottes. Gott fragte ihn: »Wo warst du, als ich die Welt gemacht* habe? Wer hat das Meer vom Land getrennt? Was weißt du über die Tiefen des Meeres und die Größe der Erde? Und woher kommen wohl Licht und Finsternis? Wer lenkt das Wetter? Kannst du etwa die Tiere ernähren? – Und du willst mich also schuldig sprechen?«
Hiob antwortete: »Was soll ich hierauf antworten? Ich sehe nun, was du alles vermagst. Ich weiß, dass ich nicht alles verstehe. Manches ist zu hoch für mich. Kannst du es mir erklären? Nun, da du dich mir gezeigt hast, spreche ich mich schuldig und tue Buße.«

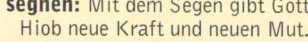

segnen: Mit dem Segen gibt Gott Hiob neue Kraft und neuen Mut.

Grabstein auf dem jüdischen Friedhof in Worms

Gott segnete* Hiob und ließ ihn wieder gesund werden. Er gab ihm doppelt so viel, wie er zuvor gehabt hatte. Alle seine Verwandten kamen und trösteten ihn. Jeder gab ihm ein Goldstück und einen Ring. Hiobs Herden wuchsen, denn Gottes Segen lag auf ihnen. Gott schenkte ihm auch wieder Kinder, sieben Söhne und drei Töchter. Keine der Frauen im Land war schöner als die Töchter Hiobs.
Hiob lebte noch viele Jahre und er konnte sehen, wie seine Familie immer weiter wuchs. Als er starb, war er uralt und lebenssatt. (Hiob 38–42)

Wie darf man sich Gott vorstellen?
Gottesbilder in der Bibel

Den Gott der Bibel kann man nicht sehen. Aber die Menschen, von denen die Bibel berichtet, haben erfahren, dass Gott sie begleitet. Wie das geschieht, dafür haben sie viele Bilder gefunden. In ihnen kommt zum Ausdruck, was Gott für die Menschen ist – Hirte, Fels, König, Schutz und Zufluchtsort, ja sogar tröstende Mutter.

HERR, mein Fels, meine Burg, mein Erretter; mein Gott, mein Hort, auf den ich traue, mein Schild und Horn meines Heils und mein Schutz!
(Psalm 18,3)

Der HERR ist mein Hirte, mir wird nichts mangeln.
(Psalm 23,1)

Machet die Tore weit und die Türen in der Welt hoch, dass der König der Ehre einziehe!
(Psalm 24,7)

Der HERR ist meine Stärke und mein Schild; auf ihn traut mein Herz und mir ist geholfen.
(Psalm 28,7a)

Neige deine Ohren zu mir, hilf mir eilends! Sei mir ein starker Fels und eine Burg, dass du mir helfest!
(Psalm 31,3)

Du bist mein Schirm, du wirst mich vor Angst behüten, dass ich errettet gar fröhlich rühmen kann.
(Psalm 32,7)

Denn der HERR, der Allerhöchste, ist zu fürchten, ein großer König über die ganze Erde.
(Psalm 47,3)

Denn Gott der HERR ist Sonne und Schild.
(Psalm 84,12a)

Wer unter dem Schirm des Höchsten sitzt und unter dem Schatten des Allmächtigen bleibt, der spricht zu dem HERRN: Meine Zuversicht und meine Burg, mein Gott, auf den ich hoffe.
(Psalm 91,1-2)

Ich will euch trösten, wie einen seine Mutter tröstet.
(Jesaja 66,13a)

Vater unser im Himmel
(Matthäus 6,9)

Georg Hüter, Der gute Hirte, 2005

Die Psalmen

König David (Chorgestühl in der Schlosskirche in Friedrichshafen)

Das Buch der **Psalmen** ist eine Sammlung von 150 Liedern und Gebeten aus verschiedenen Zeiten. Sie wurden zum größten Teil im Gottesdienst Israels gesungen oder gesprochen.
Viele der Psalmen soll David (siehe S. 74–83) gedichtet haben (Psalmen 3–41 und 51–72).

Die Psalmen wurden lange mündlich weitergegeben. Als man sie aufschrieb, entstand ein »Gesang- und Gebetbuch« für die Gemeinde. Der Legende nach soll Esra (siehe S. 94) die Psalmen zusammengestellt haben. Er hat nach der Gefangenschaft in Babylon die religiösen Bräuche der Israeliten neu geordnet.
Es gibt unterschiedliche Arten von Psalmen. Man unterscheidet sie je nachdem, wer spricht (ein Einzelner oder das Volk), wer angespro-

chen wird (Gott oder ein Mensch) und was ausgedrückt wird (z. B. Klage oder Dank).

Viele Psalmen loben und preisen Gott. Sie bringen den Dank und das Vertrauen der Betenden zu Gott zum Ausdruck. Dies sind die **Lob-, Dank- und Vertrauenspsalmen**. Beispiele dafür sind die Psalmen 23, 103, 136 und 150 (siehe ab S. 105).

In manchen Psalmen bringen einzelne Betende oder das ganze Volk ihr Leid und ihre Verzweiflung vor Gott und bitten ihn um Hilfe. Deshalb nennt man diese Psalmen **Klagepsalmen**. In anderen Psalmgebeten sprechen Menschen aus, dass sie die Fehler, die sie gemacht haben, erkennen und bereuen. Man bezeichnet diese Psalmen als **Bußpsalmen**. Bekannte Klage- oder Bußpsalmen sind die Psalmen 22, 51, 90 und 130 (siehe ab S. 113).

Einige Psalmen werden **Weisheitspsalmen** genannt. Sie stellen oft Menschen, die Gutes tun und solche, die Böses tun, einander gegenüber. Ihr Verhalten wird anhand der Gebote Gottes beurteilt. Beispiele für Weisheitspsalmen sind die Psalmen 1, 37 und 119 (siehe ab S. 118).

Zum Tempel nach Jerusalem strömten an den großen jüdischen Festen viele Pilger. Auf diesen Wallfahrten sangen die Menschen Psalmen. Diese werden zu den **Wallfahrtsliedern** gezählt. Die bekanntesten Wallfahrtslieder sind Psalm 24 und 121 (siehe ab S. 120).

Viele Verse der Psalmen finden sich in Gesangbuchliedern (siehe entsprechende Hinweise auf das Evangelische Gesangbuch in der Randspalte = Evang. Gesangbuch).

Lob-, Dank- und Vertrauenspsalmen

Aus Psalm 8

HERR*, unser Herrscher,
wie herrlich ist dein Name in allen Landen!

Wenn ich sehe die Himmel, deiner Finger Werk*,
den Mond und die Sterne, die du bereitet hast:
was ist der Mensch, dass du seiner gedenkst,
und des Menschen Kind, dass du dich seiner annimmst?
Du hast ihn wenig niedriger gemacht als Gott,
mit Ehre und Herrlichkeit hast du ihn gekrönt.
Du hast ihn zum Herrn gemacht
über deiner Hände Werk*,
alles hast du unter seine Füße getan:
Schafe und Rinder allzumal,
dazu auch die wilden Tiere,
die Vögel unter dem Himmel
und die Fische im Meer
und alles, was die Meere durchzieht.

HERR, unser Herrscher,
wie herrlich ist dein Name in allen Landen!

HERR: So wird in der Lutherbibel der hebräische Name Gottes (JHWH) wiedergegeben (siehe S. 47).

Finger Werk/ Hände Werk: Aufgrund solcher Aussagen wird Gottes Hand häufig in der Kunst dargestellt.

Rudolf Schäfer, Schöpfung, um 1930

Instrument: Horn (Schofar), die »Posaune« im alten Israel (siehe S. 25 und S. 65).

Aue:
Wiesenlandschaft

Aue östlich des Sees
Genezareth

»Finsteres Tal« in Israel

Stecken/Stab:
Typische Geräte
eines Hirten.
Mit seinem Stab
leitete er die Herde.
Sein Stock besaß
einen Knauf aus Metall.
Damit konnte
der Hirte
wilde Tiere abwehren.

mit Öl salben:
wie einen König
behandeln (siehe S. 74).

Haus des HERRN:
Damit ist der Tempel
gemeint (siehe S. 85)
oder einfach:
»bei Gott«.

Psalm 23

Ein Psalm Davids.

Der HERR ist mein Hirte,
mir wird nichts mangeln.
Er weidet mich auf einer grünen Aue*
und führet mich zum frischen Wasser.
Er erquicket meine Seele.
Er führet mich auf rechter Straße
um seines Namens willen.
Und ob ich schon wanderte im finstern Tal,
fürchte ich kein Unglück;
denn du bist bei mir,
dein Stecken* und Stab* trösten mich.

Du bereitest vor mir einen Tisch
im Angesicht meiner Feinde.
Du salbest mein Haupt mit Öl*
und schenkest mir voll ein.
Gutes und Barmherzigkeit
werden mir folgen mein Leben lang,
und ich werde bleiben
im Hause des HERRN* immerdar.

Aus Psalm 36

HERR, deine Güte reicht, so weit der Himmel ist,
und deine Wahrheit, so weit die Wolken gehen.
Deine Gerechtigkeit steht wie die Berge Gottes
und dein Recht wie die große Tiefe.
HERR, du hilfst Menschen und Tieren.
Wie köstlich ist deine Güte, Gott,
dass Menschenkinder unter dem Schatten deiner Flügel
Zuflucht haben!
Sie werden satt von den reichen Gütern deines Hauses,
und du tränkst sie mit Wonne wie mit einem Strom.
Denn bei dir ist die Quelle des Lebens,
und in deinem Lichte sehen wir das Licht.
(Psalm 36,6-10)

Aus Psalm 46

Gott ist unsre Zuversicht und Stärke,
eine Hilfe in den großen Nöten, die uns getroffen haben.
Darum fürchten wir uns nicht, wenngleich die Welt unterginge
und die Berge mitten ins Meer sänken,
wenngleich das Meer wütete und wallte
und von seinem Ungestüm die Berge einfielen.
Dennoch soll die Stadt Gottes fein lustig bleiben
mit ihren Brünnlein,
da die heiligen Wohnungen des Höchsten sind.
Gott ist bei ihr drinnen, darum wird sie fest bleiben;
Gott hilft ihr früh am Morgen.
(Psalm 46,2-6)

Aus Psalm 103

Lobe den HERRN, meine Seele,
und was in mir ist, seinen heiligen Namen!
Lobe den HERRN, meine Seele,
und vergiss nicht, was er dir Gutes getan hat!

Er vergibt mir, wenn ich Schlimmes getan habe.
Er heilt mich, wenn ich krank bin.
Er ist barmherzig und schenkt mir seine Gnade.
Er gibt mir ein fröhliches Herz,
und ich fühle mich jung und kräftig wie ein Adler.

Er sorgt für Gerechtigkeit, wo Unrecht geschieht.
Wie ein Vater ist er zu denen, die zu ihm halten.

Ein Mensch ist vergänglich wie eine Blume auf dem Feld.
Wenn der Wind darüber geht, wird sie weggeweht
und hinterlässt keine Spur.

Gott aber hält zu denen, die seine Gebote* beachten
und danach handeln.

Gebote:
siehe S. 54–55.

Der HERR hat seinen Thron im Himmel errichtet,
und sein Reich herrscht über alles.
Lobet den HERRN, alle seine Werke,
an allen Orten seiner Herrschaft!
Lobe den HERRN, meine Seele!

Aus Psalm 104

Lobe den HERRN, meine Seele!
HERR, mein Gott, du bist sehr groß.
Du breitest den Himmel aus wie ein Zelt.
Du lässest Brunnen quellen in den Tälern,
dass alle Tiere des Feldes trinken
und die Wildesel ihren Durst löschen.

Du lässest Gras wachsen für das Vieh
und Saat zu Nutz den Menschen,
dass du Brot* aus der Erde hervorbringst,
dass der Wein* erfreue des Menschen Herz.

HERR, wie sind deine Werke so groß und viel!
Du hast sie alle weise geordnet,
und die Erde ist voll deiner Güter.

Es wartet alles auf dich,
dass du ihnen Speise gebest
zu seiner Zeit.

Die Herrlichkeit des HERRN bleibe ewiglich,
der Herr freue sich seiner Werke!

Ich will dem HERRN singen mein Leben lang
und meinen Gott loben, solange ich bin.

Lobe den HERRN, meine Seele!
Halleluja!
(*Psalm 104,1a.2a.10a.11.14-15a.24.27.31.33.35b*)

Aus Psalm 136

Danket dem HERRN; denn er ist freundlich,
 denn seine Güte währet ewiglich.

Danket dem Gott aller Götter,
 denn seine Güte währet ewiglich.
Danket dem Herrn aller Herren,
 denn seine Güte währet ewiglich.

Brot/Wein:
zeigt, dass das Lied zu einem Erntefest gesungen werden konnte.

Heute wird beim Erntedankfest (siehe S. 274) der Altar mit vielen Früchten und Lebensmitteln geschmückt.

Dieser Psalm hat die Form eines Lieds, bei dem ein Vorsänger jeweils den Anfang der Zeile singt und die Gruppe den Kehrvers »denn seine Güte...« spricht.

Der allein große Wunder tut,
    denn seine Güte währet ewiglich.
Der die Himmel mit Weisheit gemacht hat,
    denn seine Güte währet ewiglich.

Der die Erde über den Wassern ausgebreitet hat,
    denn seine Güte währet ewiglich.
Der große Lichter gemacht hat,
    denn seine Güte währet ewiglich:
die Sonne, den Tag zu regieren,
    denn seine Güte währet ewiglich;
den Mond und die Sterne, die Nacht zu regieren,
    denn seine Güte währet ewiglich.

Der die Erstgeborenen schlug in Ägypten,
    denn seine Güte währet ewiglich;
und führte Israel von dort heraus,
    denn seine Güte währet ewiglich;
mit starker Hand und ausgerecktem Arm,
    denn seine Güte währet ewiglich.
Der das Schilfmeer teilte in zwei Teile,
    denn seine Güte währet ewiglich;
und ließ Israel mitten hindurchgehen,
    denn seine Güte währet ewiglich;
der den Pharao und sein Heer ins Schilfmeer stieß,
    denn seine Güte währet ewiglich.

Der sein Volk führte durch die Wüste,
    denn seine Güte währet ewiglich.
Der große Könige schlug,
    denn seine Güte währet ewiglich;
Der an uns dachte, als wir unterdrückt waren,
    denn seine Güte währet ewiglich;
und uns erlöste von unsern Feinden,
    denn seine Güte währet ewiglich.

Der Speise gibt allem Fleisch,
    denn seine Güte währet ewiglich.
Danket dem Gott des Himmels,
    denn seine Güte währet ewiglich.
(Psalm 136,1-17.23-26)

Der Psalm 136 setzt die Geschichte Israels in ein Lied um.

Wüste in Jordanien

Dank-Kanon:
»Danket, danket dem Herrn, denn er ist sehr freundlich, seine Güte und Wahrheit währet ewiglich.«
(Psalm 136,1; Evang. Gesangbuch 336)

109

Psalm 150

Halleluja!
Lobet Gott in seinem Heiligtum,
lobet ihn in der Feste* seiner Macht!
Lobet ihn für seine Taten,
lobet ihn in seiner großen Herrlichkeit!
Lobet ihn mit Posaunen*,
lobet ihn mit Psalter* und Harfen*!
Lobet ihn mit Pauken* und Reigen
lobet ihn mit Saiten* und Pfeifen!
Lobet ihn mit hellen Zimbeln*,
lobet ihn mit klingenden Zimbeln!
Alles, was Odem* hat, lobe den HERRN!
Halleluja!

Feste: meint den Himmel als Wohnsitz Gottes.

Der Psalm beschreibt auch die Musikinstrumente zur Zeit der Bibel.

Posaune: siehe S. 105.

Psalter: siehe S. 117.

Harfe: siehe S. 114.

Pauke: siehe S. 51.

Leier: siehe S. 117.

Zimbeln: siehe S. 120.

Odem: Atem.

Ägyptische Königin mit Sistrum, einem Musikinstrument, das rasselnde Geräusche hervorbringt.

Weitere Lob-, Dank- und Vertrauensworte in den Psalmen

Ich danke dem HERRN von ganzem Herzen
und erzähle alle deine Wunder.
Ich freue mich und bin fröhlich in dir
und lobe deinen Namen, du Allerhöchster.
(Psalm 9,2-3)

Denn mit dir kann ich Kriegsvolk zerschlagen
und mit meinem Gott über Mauern springen.
(Psalm 18,30)

Der HERR ist mein Licht und mein Heil;
vor wem sollte ich mich fürchten?
Der HERR ist meines Lebens Kraft;
vor wem sollte mir grauen?
(Psalm 27,1)

Sei mir ein starker Fels
und eine Burg, dass du mir helfest!
In deine Hände befehle ich meinen Geist*;
du hast mich erlöst, HERR, du treuer Gott.
Ich freue mich und bin fröhlich über deine Güte,
dass du mein Elend ansiehst
und kennst die Not meiner Seele
und übergibst mich nicht in die Hände des Feindes;
du stellst meine Füße auf weiten Raum.
Meine Zeit steht in deinen Händen.
(Psalm 31,3b.6.8-9.16a)

Ich will den HERRN loben allezeit;
sein Lob soll immerdar in meinem Munde sein.
Da ich den HERRN suchte, antwortete er mir
und errettete mich aus aller meiner Furcht.
Als einer im Elend rief, hörte der HERR
und half ihm aus allen seinen Nöten.
(Psalm 34,2.5.7)

Lied: »Ein feste Burg ist unser Gott« (Evang. Gesangbuch 362; auch Psalm 46).

Geist: dieser Spruch ist bei Lukas als letztes Wort Jesu überliefert (siehe S. 179).

Lied: »Meine Zeit steht in deinen Händen« (in manchen Regionalteilen des Evang. Gesangbuchs).

Kanon zum Lob Gottes: »Ich will den Herrn loben allezeit, sein Lob soll immerdar in meinem Munde sein« (Psalm 34,2; Evang. Gesangbuch 335).

Der Engel des HERRN lagert sich um die her,
die ihn fürchten, und hilft ihnen heraus.
Schmecket und sehet, wie freundlich der HERR ist*.
Wohl dem, der auf ihn trauet!
(Psalm 34,8-9)

Dieser Satz
wird häufig beim
Abendmahl
gesprochen.

Wie der Hirsch schreit nach frischem Wasser,
so schreit meine Seele, Gott, zu dir.
Meine Seele dürstet nach Gott,
nach dem lebendigen Gott.
Wann werde ich dahin kommen,
dass ich Gottes Angesicht schaue?
(Psalm 42,2-3)

Mein Herz ist bereit, Gott,
mein Herz ist bereit, dass ich singe und lobe.
Wach auf, meine Ehre, wach auf, Psalter und Harfe,
ich will das Morgenrot wecken!
Herr, ich will dir danken unter den Völkern,
ich will dir lobsingen unter den Leuten.
Denn deine Güte reicht, so weit der Himmel ist,
und deine Wahrheit, so weit die Wolken gehen.
(Psalm 57,8-11)

Dieser Spruch wird
häufig bei Trauerfei-
ern verwendet.

Gelobt sei der Herr täglich.
Gott legt uns eine Last auf, aber er hilft uns auch.
(Psalm 68,20)

Lied: »Danket,
danket dem Herrn«
(Evang. Gesangbuch
336).

Danket dem HERRN; denn er ist freundlich,
und seine Güte währet ewiglich.
So sollen sagen, die erlöst sind durch den HERRN,
die er aus der Not erlöst hat.
(Psalm 107,1-2)

Kanon:
»Vom Aufgang
der Sonne
bis zu ihrem
Niedergang
sei gelobet
der Name
des Herrn!«
(Psalm 113,3;
Evang. Gesangbuch
456).

Vom Aufgang der Sonne
bis zu ihrem Niedergang
sei gelobet der Name des HERRN!
(Psalm 113,3)

Dies ist der Tag, den der HERR macht;
lasst uns freuen und fröhlich an ihm sein.
O HERR, hilf! O HERR, lass wohlgelingen!
(Psalm 118,24-25)

Die mit Tränen säen,
werden mit Freuden ernten.
Sie gehen hin und weinen
und tragen guten Samen
und kommen mit Freuden
und bringen ihre Garben*.
(Psalm 126,5-6)

Garben:
zusammengebundene
Bündel von
Getreidehalmen.

Klage- und Bußpsalmen

Aus Psalm 22

Mein Gott, mein Gott, warum hast du mich verlassen?*
Ich schreie, aber meine Hilfe ist ferne.
Mein Gott, des Tages rufe ich, doch antwortest du nicht,
und des Nachts, doch finde ich keine Ruhe.
Alle, die mich sehen, verspotten mich,
sperren das Maul auf und schütteln den Kopf:
»Er klage es dem HERRN, der helfe ihm heraus
und rette ihn, hat er Gefallen an ihm.«
Du hast mich aus meiner Mutter Leibe gezogen;
du ließest mich geborgen sein an der Brust meiner Mutter.
Auf dich bin ich geworfen von Mutterleib an,
du bist mein Gott von meiner Mutter Schoß an.
Sei nicht ferne von mir, denn Angst ist nahe;
denn es ist hier kein Helfer.

Meine Kräfte sind vertrocknet wie eine Scherbe,
und meine Zunge klebt mir am Gaumen,
und du legst mich in des Todes Staub.
Denn Hunde haben mich umgeben,
und der Bösen Rotte hat mich umringt;
sie haben meine Hände und Füße durchgraben.
Ich kann alle meine Gebeine zählen;
sie aber schauen zu und weiden sich an mir.
Sie teilen meine Kleider unter sich
und werfen das Los um mein Gewand*.
(Psalm 22,2-3.8-12.16-19)

»Mein Gott«:
Diese Anfangsworte
von Psalm 22 rief Jesus
nach Markus und
Matthäus kurz vor
seinem Tod am Kreuz
(siehe S. 176 und 178).

Sie teilen ...: In den
Evangelien wird das
Losen um das »Gewand
Jesu« als Erfüllung
dieser beiden letzten
Verse gedeutet
(siehe S. 176).

Sünde:
Schlimme Taten, die den Täter von Gott entfernen.

Heiliger Geist:
Kraft Gottes, durch die er in seiner Schöpfung und bei den Menschen wirkt (siehe auch S. 10 und 224).

Instrument: Harfe. Es gab verschiedene Formen der Harfe. Die Abbildung zeigt eine Harfe, die aus Ägypten stammt. David spielte auf einer »Nevel«(Foto), die einen Resonanzkörper hat.

Aus Psalm 51

Gott, sei mir gnädig nach deiner Güte,
und tilge meine Sünden* nach deiner großen Barmherzigkeit.
Wasche mich rein von meiner Missetat,
und reinige mich von meiner Sünde;
denn ich erkenne meine Missetat,
und meine Sünde ist immer vor mir.
An dir allein habe ich gesündigt
und übel vor dir getan,
auf dass du recht behaltest in deinen Worten
und rein dastehst, wenn du richtest.
Verbirg dein Antlitz vor meinen Sünden,
und tilge alle meine Missetat.
Schaffe in mir, Gott, ein reines Herz,
und gib mir einen neuen, beständigen Geist.
Verwirf mich nicht von deinem Angesicht,
und nimm deinen heiligen Geist* nicht von mir.
Erfreue mich wieder mit deiner Hilfe,
und mit einem willigen Geist rüste mich aus.
(Psalm 51,3-6.11-14)

Aus Psalm 69

Gott, hilf mir!
Denn das Wasser geht mir bis an die Kehle*.
Ich versinke in tiefem Schlamm,
wo kein Grund ist;
ich bin in tiefe Wasser geraten,
und die Flut will mich ersäufen.
Ich habe mich müde geschrien,
mein Hals ist heiser.
Meine Augen sind trübe geworden,
weil ich so lange harren muss auf meinen Gott.
Die mich ohne Grund hassen,
sind mehr, als ich Haare auf dem Haupt habe.
Die mir ohne Ursache feind sind
und mich verderben wollen, sind mächtig.
Ich soll zurückgeben, was ich nicht geraubt habe.
Ich aber bete, HERR, zu dir zur Zeit der Gnade;
Gott, nach deiner großen Güte
erhöre mich mit deiner treuen Hilfe.
Errette mich aus dem Schlamm,
dass ich nicht versinke,
dass ich errettet werde vor denen, die mich hassen,
und aus den tiefen Wassern;
dass mich die Wasserflut nicht ersäufe
und die Tiefe nicht verschlinge
und das Loch des Brunnens sich nicht über mir schließe.
(Psalm 69,2-5.14-16)

Kehle: gemeint ist
»Das Wasser steht mir
bis zum Hals.«

Aus Psalm 88

HERR, Gott, mein Heiland,
ich schreie Tag und Nacht vor dir.
Lass mein Gebet vor dich kommen,
neige deine Ohren zu meinem Schreien.
Denn meine Seele ist übervoll an Leiden,
und mein Leben ist nahe dem Totenreich.
Ich bin denen gleich geachtet, die in die Grube* fahren,
ich bin wie ein Mann, der keine Kraft mehr hat.

Grube: hier ist ein Grab
gemeint.

Ich liege unter den Toten verlassen,
wie die Erschlagenen, die im Grabe liegen,
derer du nicht mehr gedenkst
und die von deiner Hand geschieden sind.
Du hast mich hinunter in die Grube gelegt,
in die Finsternis und in die Tiefe.
Dein Grimm drückt mich nieder,
du bedrängst mich mit allen deinen Fluten. *SELA**.
Aber ich schreie zu dir, HERR,
und mein Gebet kommt frühe vor dich:
Warum verstößt du, HERR, meine Seele
und verbirgst dein Antlitz vor mir?
(Psalm 88,2-8.14-15)

Aus Psalm 90

HERR, du bist unsere Zuflucht.
Denn noch bevor die Welt geschaffen wurde,
gab es dich schon, und du bleibst bis in Ewigkeit.
Du lässt die Menschen sterben.
Du sagst: Kommt wieder*, ihr Menschenkinder!
Tausend Jahre sind bei dir wie ein Tag.
Unser Leben dauert siebzig Jahre,
und wenn es hoch kommt, sind es achtzig,
und am Ende erscheint uns alles
nur als vergebliche Mühe.
Denn es geht schnell dahin,
als würden wir davonfliegen.

Lehre uns bedenken, dass wir sterben müssen,
auf dass wir klug werden*.

SELA:
Das Wort kommt
71 mal in den Psalmen
vor. Es ist wohl ein
Hinweis für den Vortrag
der Psalmen
im Gottesdienst. Seine
genaue Bedeutung
ist unbekannt.

Antikes Grab (»Grube«)
in Israel

Kommt wieder:
gemeint ist:
»Kommt zurück!«
Der Psalmbeter
rechnet nicht mit
einem neuen Leben
nach dem Tod,
sondern damit,
dass der Mensch wieder
»zu Staub wird«.

Dieser Satz
wird häufig bei einem
Beerdigungsgottes-
dienst gesprochen.

Psalm 130

Aus der Tiefe rufe ich, HERR, zu dir.
Herr, höre meine Stimme!
Lass deine Ohren merken auf die Stimme meines Flehens!
Wenn du, HERR, Sünden* anrechnen willst –
Herr, wer wird bestehen?
Denn bei dir ist die Vergebung,
dass man dich fürchte.

Ich harre des HERRN, meine Seele harret,
und ich hoffe auf sein Wort.
Meine Seele wartet auf den Herrn
mehr als die Wächter auf den Morgen;
mehr als die Wächter auf den Morgen
hoffe Israel auf den HERRN!
Denn bei dem HERRN ist die Gnade
und viel Erlösung bei ihm.
Und er wird Israel erlösen
aus allen seinen Sünden.

Dieser Bußpsalm wurde auch als Wallfahrtslied gesungen. Jedes Jahr gingen die Menschen auf eine Wallfahrt zum Tempel nach Jerusalem.

Sünden: siehe S. 114.

Abbildung eines Nomaden mit einer Leier. Kleine Leiern mit meist 6 Saiten wurden im Stehen gespielt, größere Leiern mit 10 oder 12 Saiten im Sitzen. Solche Leiern wurden in der Regel gezupft, manchmal auch mit einem Stäbchen geschlagen. Eine Urform der Saiteninstrumente in biblischer Zeit war der Psalter (»psallo« ist griechisch und bedeutet »eine Saite zupfen«). Er wird in den Psalmen mehrfach erwähnt und ähnelte vermutlich einer Leier (siehe S. 110).

Weitere Klageworte in den Psalmen

Heile mich, HERR,
denn meine Seele ist sehr erschrocken.
Wende dich, HERR, und errette meine Seele!
Ich bin so müde vom Seufzen;
ich schwemme mein Bett die ganze Nacht
und netze mit meinen Tränen mein Lager.
Der HERR hört mein Flehen;
mein Gebet nimmt der HERR an.
(aus Psalm 6)

HERR, wie lange willst du mich so ganz vergessen?
Wie lange verbirgst du dein Antlitz vor mir?
(Psalm 13,2)

Meine Augen sehen stets auf den HERRN;
denn er wird meinen Fuß aus dem Netze ziehen.
Wende dich zu mir und sei mir gnädig;
denn ich bin einsam und elend.
Die Angst meines Herzens ist groß;
führe mich aus meinen Nöten!
(Psalm 25,15-17)

Weisheitspsalmen

Psalm 1

Dem wird es gut gehen,
der nicht auf die Gottlosen* hört,
der nicht den Weg der Sünder geht
oder bei den Spöttern sitzt.
Dem wird es gut gehen,
der gerne hört, was Gott zu sagen hat,
und der Tag und Nacht über seine Gebote* nachdenkt.
Der ist wie ein Baum,
gepflanzt an den Wasserbächen,
der seine Frucht bringt zu seiner Zeit,
und seine Blätter verwelken nicht.
Und was er macht, das gerät wohl.

Gottloser:
Gemeint ist hier ein
Mensch, der Gott
und seine Gebote
missachtet.

Gebote:
Weisungen,
die Gott Mose
und dem Volk
gegeben hat
(siehe S. 56).

Anders dagegen ergeht es den Gottlosen.
Sie sind wie Spreu, die der Wind zerstreut.
Denn der HERR kennt den Weg der Gerechten*,
aber der Gottlosen Weg vergeht.

Aus Psalm 37

Entrüste dich nicht über die Bösen,
sei nicht neidisch auf die Übeltäter.
Denn wie das Gras werden sie bald verdorren,
und wie das grüne Kraut werden sie verwelken.
Hoffe auf den HERRN und tue Gutes,
bleibe im Lande und nähre dich redlich.
Habe deine Lust am HERRN;
der wird dir geben, was dein Herz wünscht.
Befiehl dem HERRN deine Wege
und hoffe auf ihn, er wird's wohlmachen
und wird deine Gerechtigkeit heraufführen wie das Licht
und dein Recht wie den Mittag.
(Psalm 37,1-6)

Aus Psalm 119

Wohl denen, die ohne Tadel leben,
die im Gesetz* des HERRN wandeln!

Öffne mir die Augen, dass ich sehe
die Wunder an deinem Gesetz.
Ich bin ein Gast auf Erden;
verbirg deine Gebote nicht vor mir.

Dein Wort ist meinem Munde süßer als Honig.
Dein Wort macht mich klug;
darum hasse ich alle falschen Wege.

Dein Wort ist meines Fußes Leuchte
und ein Licht auf meinem Wege*.
(Psalm 119,1.18-19.103-105)

Gerechter: Mensch, der Gott treu ist und sich an seine Gebote hält. Einem solchen Menschen gegenüber ist Gott ebenfalls treu.

Höhenweg über einen Bergrücken in Nordisrael

Lied: »Wohl denen, die da wandeln« (Evang. Gesangbuch 295).

Gesetz: Der Psalm ist ein Lob auf das Wort Gottes, das Gesetz. Mit dem Gesetz sind die fünf Bücher Mose gemeint, die Tora (siehe S. 8).

Dieser Satz wird oft im Gottesdienst nach der Verlesung des Predigttextes gesprochen.

Wallfahrtslieder*

Psalm 24
Ein Psalm Davids.

Die Erde ist des HERRN und was darinnen ist,
der Erdkreis und die darauf wohnen.
Denn er hat ihn über den Meeren gegründet
und über den Wassern bereitet.

Wer darf auf des HERRN Berg* gehen,
und wer darf stehen an seiner heiligen Stätte?
Wer unschuldige Hände hat
und reinen Herzens ist,
wer nicht bedacht ist auf Lüge
und nicht schwört zum Trug:
der wird den Segen vom HERRN empfangen
und Gerechtigkeit von dem Gott seines Heiles.
Das ist das Geschlecht, das nach ihm fragt,
das da sucht dein Antlitz, Gott Jakobs. *SELA*.

Wallfahrt:
siehe S. 52 und S. 104.

Berg:
damit ist der Berg Zion
in Jerusalem gemeint
(siehe S. 81).

SELA:
siehe S. 116.

Instrument:
Zimbeln oder
»Paarbecken«
aus Metall.

Antike Zimbel aus Bronze
(ca. 800 v.Chr.)

Machet die Tore weit und die Türen in der Welt hoch,
dass der König der Ehre einziehe!
Wer ist der König der Ehre?
Es ist der HERR, stark und mächtig,
der HERR, mächtig im Streit.
Machet die Tore weit und die Türen in der Welt hoch,
dass der König der Ehre einziehe!
Wer ist der König der Ehre?
Es ist der HERR Zebaoth*; er ist der König der Ehre. *SELA*.

Psalm 121

Ich hebe meine Augen auf zu den Bergen.
Woher kommt mir Hilfe?
Meine Hilfe kommt vom HERRN,
der Himmel und Erde gemacht hat.
Er wird deinen Fuß nicht gleiten lassen,
und der dich behütet, schläft nicht.
Siehe, der Hüter Israels
schläft noch schlummert nicht.
Der HERR behütet dich;
der HERR ist dein Schatten über deiner rechten Hand,
dass dich des Tages die Sonne nicht steche
noch der Mond des Nachts.

Der HERR behüte dich vor allem Übel,
er behüte deine Seele.
Der HERR behüte deinen Ausgang und Eingang
von nun an bis in Ewigkeit!

Dieser Text wird in der Adventszeit gesungen.

Lied: »Macht hoch die Tür« (Evang. Gesangbuch 1).

HERR Zebaoth: HERR der Heerscharen.

SELA: siehe S. 116.

Berge in Israel bei En-Gedi

Kanon: »Der Herr behüte deinen Ausgang und Eingang von nun an bis in Ewigkeit« (Psalm 121,8; Evang. Gesangbuch 173).

Die Sprüche Salomos (Sprichwörter)

In diesem Buch sind Sprüche und Sprichwörter zusammengestellt. Sie waren im alten Israel und bei seinen Nachbarvölkern in Ägypten und Mesopotamien weit verbreitet. König Salomo galt in Israel als großer Weisheitslehrer (siehe S. 83); ihm wurden viele der biblischen Sprichwörter zugeschrieben. Nach 1. Könige 5,12 soll er 1000 Sprüche und 1005 Lieder verfasst haben.

In den Sprichwörtern geht es um die alltägliche Lebenserfahrung. Sie zeigen, was man beachten muss, um ein glückliches Leben zu führen. Wer sich entsprechend verhält, der gilt als weise. Viele Sprüche sind auf das Leben heute noch genauso anwendbar wie zu ihrer Entstehungszeit. Deshalb gehören sie zum Bestand unserer Sprichwörter und Redensarten.

Baum des Lebens:
spielt auf den Baum im Garten Eden an (siehe S. 12 und S. 266).

Furcht des HERRN:
meint nicht, dass man vor Gott Angst hat, sondern dass man ihm und seinen Geboten Ehrfurcht und Respekt entgegenbringt.

Wohl dem Menschen, der Weisheit erlangt, und dem Menschen, der Einsicht gewinnt! Denn es ist besser, sie zu erwerben, als Silber, und ihr Ertrag ist besser als Gold.
Sie ist edler als Perlen, und alles, was du wünschen magst, ist ihr nicht zu vergleichen. Langes Leben ist in ihrer rechten Hand, in ihrer Linken ist Reichtum und Ehre. Ihre Wege sind liebliche Wege, und alle ihre Steige sind Frieden. Sie ist ein Baum des Lebens* allen, die sie ergreifen, und glücklich sind, die sie festhalten. (Sprüche 3,13-18)

Der Weisheit Anfang ist die Furcht des HERRN*, und den Heiligen erkennen, das ist Verstand. (Sprüche 9,10)

Einer teilt reichlich aus und hat immer mehr; ein andrer kargt, wo er nicht soll, und wird doch ärmer.
Wer reichlich gibt, wird gelabt, und wer reichlich tränkt, der wird auch getränkt werden.
Wer Korn zurückhält, dem fluchen die Leute; aber Segen kommt über den, der es verkauft. (Sprüche 11,24-26)

Des Menschen Herz erdenkt sich seinen Weg; aber der HERR allein lenkt seinen Schritt. (Sprüche 16,9)

Wer zugrunde gehen soll, der wird zuvor stolz; und Hochmut kommt vor dem Fall. (Sprüche 16,18)

Wer Geschenke verspricht und hält's nicht, der ist wie Wolken und Wind ohne Regen. (Sprüche 25,14)

Das Jabbok-Tal im Frühling (siehe Karte S. 285)

Hungert deinen Feind, so speise ihn mit Brot, dürstet ihn, so tränke ihn mit Wasser, denn du wirst feurige Kohlen auf sein Haupt häufen, und der HERR wird dir's vergelten. (Sprüche 25,21-22)

Ein Mann, der seinen Zorn nicht zurückhalten kann, ist wie eine offene Stadt ohne Mauern. (Sprüche 25,28)

Wie ein Hund wieder frisst, was er gespien hat, so ist der Tor*, der seine Torheit immer wieder treibt. (Sprüche 26,11)

Rühme dich nicht des morgigen Tages; denn du weißt nicht, was der Tag bringt.
Lass dich von einem andern loben und nicht von deinem Mund, von einem Fremden und nicht von deinen eignen Lippen.
(Sprüche 27,1-2)

Brot war Nahrungsmittel und Symbol für Nahrung. Körner mussten mühsam mit Handmühlen gemahlen werden, wie die Figur aus Ägypten zeigt.

Tor: gemeint ist hier ein Mensch, der Gott und seine Gebote nicht ernst nimmt.

Der Prediger Salomo (Kohelet)

Das Buch Prediger Salomo enthält die Lehre eines Menschen, der über das Leben und die Welt nachdenkt. Das hebräische Wort »Kohelet« ist von »versammeln« abgeleitet. Damit wird jemand bezeichnet, der Gemeindeversammlungen leitet.
Der Schreiber denkt darüber nach, worin der Sinn des Lebens liegt. Die Zeit verrinnt und alles erscheint manchmal so bedeutungslos. Er fragt: Können Menschen den Sinn des Lebens überhaupt erfassen? Er kommt zu dem Schluss: Nur Gott allein kennt den Sinn aller Dinge. Darum soll der Mensch sich nicht anmaßen, alle Rätsel der Welt lösen zu können. Er soll Gottes Entscheidungen anerkennen und voll Vertrauen und Freude alles Glück genießen, das Gott ihm schenkt. So wie das Buch der Sprüche (siehe S. 122) wird auch das Buch des Predigers dem weisen König Salomo (siehe S. 83) zugeschrieben. Es entstand aber erst lange nach Salomos Tod (im 3. Jahrhundert v. Chr.).

Ein jegliches hat seine Zeit,
und alles Vorhaben unter dem Himmel hat seine Stunde:
Geboren werden hat seine Zeit, sterben hat seine Zeit;
pflanzen hat seine Zeit, ausreißen, was gepflanzt ist, hat seine Zeit;
töten hat seine Zeit, heilen hat seine Zeit;
abbrechen hat seine Zeit, bauen hat seine Zeit;
weinen hat seine Zeit, lachen hat seine Zeit;
klagen hat seine Zeit, tanzen hat seine Zeit;
Steine wegwerfen hat seine Zeit, Steine sammeln hat seine Zeit;

herzen: meint hier herzlich umarmen.

zerreißen/zunähen: Vermutlich geht es hier um das Zerreißen der Kleidung, wenn ein Mensch gestorben ist (siehe »Totenklage und Bestattung in Israel«, S. 80). »Zunähen« bedeutet dann, dass man wieder aufhört zu trauern.

herzen* hat seine Zeit, aufhören zu herzen hat seine Zeit;
suchen hat seine Zeit, verlieren hat seine Zeit;
behalten hat seine Zeit, wegwerfen hat seine Zeit;
zerreißen* hat seine Zeit, zunähen hat seine Zeit;
schweigen hat seine Zeit, reden hat seine Zeit;
lieben hat seine Zeit, hassen hat seine Zeit;
Streit hat seine Zeit, Friede hat seine Zeit.
Man mühe sich ab, wie man will,
so hat man keinen Gewinn davon.

Ich sah die Arbeit, die Gott den Menschen gegeben hat, dass sie sich damit plagen.
Er hat alles schön gemacht zu seiner Zeit,
auch hat er die Ewigkeit in ihr Herz gelegt;
nur dass der Mensch nicht ergründen kann das Werk,
das Gott tut, weder Anfang noch Ende.
Da merkte ich, dass es nichts Besseres dabei gibt
als fröhlich sein und sich gütlich tun in seinem Leben.
Denn ein jeder Mensch, der da isst und trinkt und hat guten Mut
bei all seinem Mühen, das ist eine Gabe Gottes.

Ich merkte, dass alles, was Gott tut, das besteht für ewig; man kann nichts dazutun noch wegtun. Das alles tut Gott, dass man sich vor ihm fürchten * soll.
Was geschieht, das ist schon längst gewesen, und was sein wird, ist auch schon längst gewesen; und Gott holt wieder hervor, was vergangen ist.
(Prediger 3,1-15)

fürchten: bedeutet Ehrfurcht haben (siehe Furcht des HERRN S. 122).

Salvador Dalí, Die zerrinnende Zeit (Ausschnitt), 1931

Das Hohelied Salomos

Im Hohelied sind Liebes- und Hochzeitslieder gesammelt. Sie werden ebenfalls König Salomo (siehe S. 83) zugeschrieben. Wahrscheinlich hat sie aber ein heute unbekannter Herausgeber zusammengetragen. Die Lieder drücken in schönen poetischen Bildern die Gefühle und die Sehnsucht zweier Verliebter aus. Nach biblischem Verständnis ist die Liebe zwischen Mann und Frau zugleich auch ein Abbild der Liebe zwischen Gott und seinem Volk.

Wie schön und wie lieblich bist du, du Liebe voller Wonne!
Dein Wuchs gleicht einem Palmbaum
und deine Brüste den Trauben.
Ich sprach: Ich will auf den Palmbaum steigen
und seine Zweige ergreifen.
Lass deine Brüste sein wie Trauben am Weinstock
und den Duft deines Atems wie Äpfel
und deinen Mund wie der beste Wein,
der meinem Freunde glatt eingeht
und die Lippen der Schlafenden netzt.

Mein Freund ist mein und nach mir steht sein Verlangen.
Komm, mein Freund, lass uns aufs Feld hinausgehen
und unter Zyperblumen die Nacht verbringen,
dass wir früh aufbrechen zu den Weinbergen
und sehen, ob der Weinstock sprosst
und seine Blüten aufgehen,
ob die Granatbäume* blühen.
Da will ich dir meine Liebe schenken.
(Hoheslied 7,7-13)

Lege mich wie ein Siegel auf dein Herz*,
wie ein Siegel auf deinen Arm.
Denn Liebe ist stark wie der Tod
und Leidenschaft unwiderstehlich wie das Totenreich.
Ihre Glut ist feurig
und eine gewaltige Flamme.
Viele Wasser können die Liebe nicht auslöschen
noch die Ströme sie ertränken.
Wenn einer alles Gut in seinem Hause um die Liebe geben wollte,
würde man ihn verachten?
(Hoheslied 8,6-7)

Granatapfel

Granatbäume: Ihre Früchte, die Granatäpfel, galten als Liebesfrüchte und als Symbol der Fruchtbarkeit.

Siegel auf dein Herz: Ein Siegel trug man damals an einer Schnur um den Hals, d.h. nahe am Herzen. Es konnte auch an einem Armreif befestigt sein.

Die Propheten

Propheten waren Menschen, die von Gott einen Auftrag erhielten. Sie folgten ihm, auch wenn es ihnen schwerfiel und sie negative Folgen für sich in Kauf nehmen mussten. Propheten verkündigten den Menschen Gottes Botschaft. Dabei mussten sie ihre Zeitgenossen oft hart für ihr Verhalten kritisieren, wenn diese sich nicht mehr an Gottes Weisungen hielten. Die Propheten verurteilten die herrschenden Zustände, indem sie zum Beispiel fragten:

- ◎ **Wie lange wollt ihr die Armen und Schwachen noch unterdrücken und ausbeuten?**
- ◎ **Wie lange wollt ihr noch fremde Götter verehren?**

Die Propheten mussten den Menschen auch Strafen ankündigen. So warnten sie das Volk: Gott wird das Land in die Hände anderer Völker geben, wenn es sein Verhalten nicht ändert. Schließlich wurde das Reich Juda von den Babyloniern erobert und viele Menschen weggeführt (587 v.Chr., siehe S. 93). Darin sah man die Bestätigung dafür, dass das von den Propheten angekündigte Gericht Gottes nun tatsächlich gekommen war.

Die Propheten spielten für das Volk Israel eine wichtige Rolle. Sie traten immer dann auf, wenn die Königreiche Israel und Juda an einen Wendepunkt gekommen waren: Während der Blütezeit des assyrischen Reiches zwischen 750 und 690 v.Chr. waren es Amos, Hosea, Jesaja und Micha, die ihr Volk zur Umkehr aufforderten.
Zwischen 650 und 500 v. Chr., als das assyrische Reich wieder zerfiel, war die Wirkungszeit von Nahum, Habakuk und Zefanja.

Als die Babylonier an die Macht kamen und Israel eroberten, traten Jeremia und Hesekiel (Ezechiel) auf.
Hesekiel und Obadja wirkten auch noch vor dem Sturz Babylons durch das persische Reich. Nach der Rückkehr aus der Babylonischen Gefangenschaft musste das Leben des Volkes Israel neu geordnet werden. Zu dieser Zeit verkündeten Haggai und Sacharja die Forderungen Gottes, aber auch seinen Zuspruch.

Insgesamt gibt es **17 Prophetenbücher**. Sie enthalten die Worte und Taten der Propheten. Nicht alle wichtigen Propheten haben ein eigenes Buch. So findet man die Erzählungen über die Propheten Samuel, Nathan und Elia in den Samuel- und Königebüchern (siehe S. 64). Manche Prophetenbücher sind Sammlungen von mehreren Schriften, die zu unterschiedlichen Zeiten geschrieben wurden. Ein Beispiel dafür ist das Buch Jesaja. Hier sind neben den Worten von Jesaja selbst (siehe S. 127) auch Worte aus der Zeit der Babylonischen Gefangenschaft und danach zusammengestellt (siehe S. 130).

Wann lebten die Propheten?

Prophet	siehe S.
Samuel (etwa 1050 v. Chr)	72
Nathan (etwa 1000 v. Chr.)	81
Elia (um 870 v.Chr.)	88
Elisa (um 850 v. Chr.)	90
Amos (etwa 800-750 v. Chr.)	135
Jona (um 750 v. Chr.)	137
Jesaja (etwa 740-701 v. Chr.)	127
Micha (etwa 750-690 v. Chr.)	140
Jeremia (etwa 626-587 v. Chr.)	132
Daniel (etwa 604-535 v. Chr.)	141
Sacharja (um 520 v. Chr.)	140

Der Prophet Jesaja (Jesaja 1–39)

Der Prophet Jesaja lebte und wirkte im 8. Jahrhundert v. Chr. in Jerusalem, der Hauptstadt des Südreiches Juda. Das Land war damals durch die Assyrer bedroht, die ihre Macht immer weiter Richtung Mittelmeer und Ägypten ausdehnten (siehe Karte S. 285). Juda versuchte, sich durch Bündnisse mit Nachbarstaaten zu schützen. Doch diese wurden von Jesaja heftig kritisiert. Er sagte: Helfen kann nur das Vertrauen auf Gott.
Jesaja wandte sich auch gegen die sozialen Missstände seiner Zeit: Es genüge nicht, dafür zu sorgen, dass es einen geregelten Gottesdienst gibt, wenn gleichzeitig die Armen und Schwachen vernachlässigt werden. Jesaja sprach jedoch auch von der Hoffnung auf eine zukünftige Friedenszeit unter einem gerechten König, den Gott senden wird (siehe S. 219).

Jesaja wird zum Propheten berufen

Jesaja* erzählt: »Ich sah Gott auf einem Thron sitzen. Der Saum seines Gewandes füllte den ganzen Tempel. Über seinem Thron standen Serafim*, von denen jeder sechs Flügel hatte. Sie riefen laut: ›Heilig, heilig, heilig ist der HERR Zebaoth, alle Lande sind seiner Ehre voll!‹
Voller Angst schrie ich: ›Ich armseliger Mensch, ich bin verloren! Denn ich gehöre zu einem Volk, das schuldig geworden ist. Und nun habe ich Gott mit meinen eigenen Augen gesehen*.‹
Ein Serafim flog zu mir. Er hatte ein Stück glühender Kohle in der Hand, das er vom Altar genommen hatte. Damit berührte er meine Lippen und sagte: ›Gott hat dir vergeben.‹
Da rief Gott: ›Wen soll ich zu meinem Volk senden? Wer will mein Bote sein?‹
Ich antwortete: ›Sende mich! Ich bin bereit.‹
Da sprach Gott zu mir: ›Das Volk wird meine Worte nicht verstehen und ihre Augen werden blind sein für das, was ich ihnen zeigen will, bis das Land verwüstet ist.‹« (Jesaja 6)

Jesaja spricht von Gottes Zorn

Nachdem Jesaja Prophet geworden war, sagte Gott ihm, was er dem Volk verkünden sollte. Oft waren es Worte, die dem Volk seine Fehler vorhielten und von dem Gericht sprachen, das Gott schicken würde. Jesaja gab die Botschaft weiter: »Hört, was Gott

Jesaja: bedeutet »Gott ist Rettung«.

Serafim: himmlische Wesen, die den Thron Gottes bewachen. Wahrscheinlich stellte man sie sich als geflügelte Schlangen oder als Mischwesen mit menschlichem Gesicht, Schlangenkörper und Vogelflügeln vor.
Das hebräische Wort wird bei Jesaja manchmal auch mit »feuriger fliegender Drache« wiedergegeben.

Darstellung eines Serafim aus der Kirche Mont Saint-Odile in Ottrot (Elsass)

Gott gesehen: Zu Gottes Heiligkeit gehört, dass sein Anblick für den Menschen als tödlich gilt.

Ochse/Esel: Die Vorstellung von Ochs und Esel an der Weihnachtskrippe kommt aus diesem Text. Im Neuen Testament selbst werden sie nicht erwähnt. Für die christliche Überlieferung ist Jesus der Herr, von dem hier die Rede ist.

euch sagen lässt: Ihr seid meine Kinder, aber ihr habt euch von mir abgewendet. Ein Ochse* kennt seinen Herrn und ein Esel* die Krippe seines Herrn. Aber mein Volk kennt mich nicht mehr und hat meine Gebote vergessen. Wehe euch! Was soll ich mit den Opfern anfangen, die ihr mir bringt? Und mit den Festen, die ihr für mich feiert?

Ich will sie nicht mehr! Denn an euren Händen klebt Blut! Lernt lieber, euch richtig zu verhalten. Sprecht gerechte Urteile. Helft den Schwachen und Unterdrückten. Setzt euch für die Waisen und Witwen ein.

Was ist aus der Stadt Jerusalem geworden? Einst herrschten hier Recht und Gerechtigkeit, und jetzt wohnen Mörder darin. Die Richter sind bestechlich und die Ratsherren kümmern sich nicht um mein Wort. Darum werde ich ein Gericht über euch kommen lassen und euch bestrafen. Dann kann die Gerechtigkeit wieder bei euch einziehen.« (Jesaja 1)

Die zukünftige Friedenszeit

Zion: Hügel in Jerusalem, auf dem der Tempel steht. Der Name kann auch für ganz Jerusalem gebraucht werden.

Pflugscharen: zählten damals zu den wichtigsten Geräten für den Ackerbau. Mit ihnen pflügte man die Felder um (siehe auch S. 140).

Aber Gott gab Jesaja auch Botschaften, die bei dem Volk die Hoffnung auf eine Zukunft wecken sollten. Gott wird von Jerusalem aus Frieden in der ganzen Welt schaffen: »Es wird eine Zeit kommen am Ende aller Tage, da werden alle Völker zum Zion* kommen. Sie werden nach Gottes Geboten leben, und er selbst wird sie lehren, was ihm wichtig ist.

Da werden sie ihre Schwerter zu Pflugscharen machen und ihre Spieße zu Sicheln. Denn es wird kein Volk wider das andere das Schwert erheben, und sie werden hinfort nicht mehr lernen, Krieg zu führen.« (Jesaja 2)

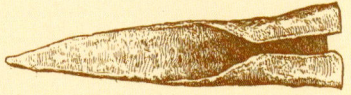

Pflugschar

Joch: Holzbalken, mit dem die Tiere vor einen Pflug gespannt wurden. Das Joch ist hier ein Zeichen der Unterdrückung durch fremde Herrscher (siehe auch Jeremia, S. 133).

Der neue König und sein Friedensreich

»Für alle, die im Finstern leben, scheint ein helles Licht auf. Gott, du lässt alle Menschen jubeln. Sie sind fröhlich wie nach einer guten Ernte. Du zerbrichst das Joch* auf ihren Schultern und den Stecken des Aufsehers.

Denn uns ist ein Kind geboren, ein Sohn ist uns gegeben, und die Herrschaft ist auf seiner Schulter;

und er heißt Wunder-Rat, Gott-Held, Ewig-Vater, Friede-Fürst;
auf dass seine Herrschaft groß werde und des Friedens kein Ende
auf dem Thron Davids und in seinem Königreich, dass er's stärke
und stütze durch Recht und Gerechtigkeit von nun an bis in
Ewigkeit.« (Jesaja 9)

»Aus dem Baumstumpf wird ein neuer Zweig herauswachsen: Ein
König wird hervorgehen aus der Familie Isais*.
Gottes Geist wird mit ihm sein und ihn weise und stark machen.
Er wird sich nach Gottes Geboten richten und die Armen gerecht
behandeln. Aber den Gewalttätigen und Gottlosen wird es
schlecht ergehen.
Wenn der neue König herrscht, werden Wölfe und Lämmer
zusammen wohnen. Dann wird ein kleiner Junge Kälber und
junge Löwen miteinander hüten können. Kühe und Bären werden
zusammen weiden und Löwen werden Stroh fressen wie die
Rinder. Überall wird Friede sein und nichts Schlimmes mehr
geschehen. Wie das Wasser das Meer bedeckt, so wird das Land
voll sein mit denen, die nach dem Willen Gottes leben.«
(Jesaja 11)

Esel mit Joch in Israel

Isai: Vater Davids (siehe S. 75).
Der neue König wird also aus der
alten Königsfamilie Davids
kommen. Das Neue Testament
sieht darin einen Hinweis auf das
Kommen Jesu.

Aus Jesaja 11 entstand das
Weihnachtslied »Es ist ein
Ros entsprungen...« (Evang.
Gesangbuch 30).

Jesaja 9 und 11 drücken die
Sehnsucht des Volkes Israel nach
dem Messias aus (siehe S. 219).

Trostworte bei Jesaja (Jesaja 40–66)

Als Jerusalem zerstört und ein Teil des Volkes in Babylon gefangen war (siehe S. 93), ließ Gott sein Volk nicht allein. Er schickte einen Propheten, der die Menschen im Exil tröstete. Er sollte ihnen zusagen, dass Gott sie in die Heimat zurückbringen wird. Ein Knecht Gottes soll die Rettung bringen, indem er die Leiden des Volkes stellvertretend auf sich nimmt.

Im Jesajabuch kommt der tröstende Prophet ab Kapitel 40 zu Wort. Seine Worte wurden Jesaja zugeordnet. Deshalb nennt man ihn den »zweiten Jesaja«.

Ab Kapitel 56 gibt es dann noch Worte eines »dritten Jesaja«. Sie gehören in die Zeit des Wiederaufbaus nach dem Babylonischen Exil. Wieder gibt es Anlass, das Volk vor der Verehrung fremder Götter zu warnen. Im Mittelpunkt aber steht die Ankündigung, dass Gott alles neu machen und die Dunkelheit in Licht verwandeln wird.

Dieser Spruch wird häufig bei einer Taufe verwendet.

Knecht: Im Neuen Testament bezieht der Evangelist Matthäus die Worte über diesen »Gottesknecht« auf Jesus.

Tröstet, tröstet mein Volk!, spricht euer Gott.

Sagt meinem Volk, dass die Zeit der Gefangenschaft vorbei ist. Ich habe ihm seine Schuld vergeben.

Alle Täler sollen erhöht werden, und alle Berge und Hügel sollen erniedrigt werden, und was uneben ist, soll gerade, und was hügelig ist, soll eben werden.

Das Gras verdorrt, die Blume verwelkt, aber das Wort unseres Gottes bleibt ewiglich. (aus Jesaja 40)

Fürchte dich nicht, denn ich habe dich erlöst; ich habe dich bei deinem Namen gerufen; du bist mein!* (Jesaja 43,1)

Siehe, das ist mein Knecht*, den ich halte, und mein Auserwählter, an dem meine Seele Wohlgefallen hat. Ich habe ihm meinen Geist gegeben; er wird das Recht unter die Heiden bringen. Er wird nicht schreien noch rufen, und seine Stimme wird man nicht hören auf den Gassen.

Das geknickte Rohr wird er nicht zerbrechen, und den glimmenden Docht wird er nicht auslöschen. In Treue trägt er das Recht hinaus.

Er selbst wird nicht verlöschen und nicht zerbrechen, bis er auf Erden das Recht aufrichte; und die Inseln warten auf seine Weisung. (Jesaja 42,1-4)

Siehe, meinem Knecht wird's gelingen, er wird erhöht und sehr hoch erhaben sein.

Er war der Allerverachtetste und Unwerteste, voller Schmerzen und Krankheit. Er war so verachtet, dass man das Angesicht vor ihm verbarg; darum haben wir ihn für nichts geachtet.

Fürwahr, er trug unsre Krankheit und lud auf sich unsre Schmerzen. Wir aber hielten ihn für den, der geplagt und von Gott geschlagen und gemartert wäre. Aber er ist um unsrer Missetat willen verwundet und um unsrer Sünde willen zerschlagen. Die Strafe liegt auf ihm, auf dass wir Frieden hätten, und durch seine Wunden sind wir geheilt.

Wir gingen alle in die Irre wie Schafe, ein jeder sah auf seinen Weg. Aber der HERR warf unser aller Sünde auf ihn. Als er gemartert ward, litt er doch willig und tat seinen Mund nicht auf wie ein Lamm*, das zur Schlachtbank geführt wird; und wie ein Schaf, das verstummt vor seinem Scherer, tat er seinen Mund nicht auf.

Weil seine Seele sich abgemüht hat, wird er das Licht schauen und die Fülle haben. Durch seine Erkenntnis wird er, mein Knecht, der Gerechte, den Vielen Gerechtigkeit schaffen; denn er trägt ihre Sünden. (Jesaja 52,13; 53,3–7.11)

Brich dem Hungrigen dein Brot, und die im Elend ohne Obdach sind, führe ins Haus! Wenn du einen nackt siehst, so kleide ihn, und entzieh dich nicht deinem Fleisch und Blut! (Jesaja 58,7)

Mache dich auf, werde licht; denn dein Licht kommt, und die Herrlichkeit des HERRN geht auf über dir! (Jesaja 60,1)

Denn siehe, ich will einen neuen Himmel und eine neue Erde* schaffen, dass man der vorigen nicht mehr gedenken und sie nicht mehr zu Herzen nehmen wird.

Freuet euch und seid fröhlich immerdar über das, was ich schaffe. Denn siehe, ich erschaffe Jerusalem zur Wonne und sein Volk zur Freude, und ich will fröhlich sein über Jerusalem und mich freuen über mein Volk.

Man soll in ihm nicht mehr hören die Stimme des Weinens noch die Stimme des Klagens. Es sollen keine Kinder mehr da sein, die nur einige Tage leben, oder Alte, die ihre Jahre nicht erfüllen, sondern als Knabe gilt, wer hundert Jahre alt stirbt, und wer die hundert Jahre nicht erreicht, gilt als verflucht. (Jesaja 65,17-20)

Lamm: Im Neuen Testament bezeichnet der Evangelist Johannes Jesus Christus als Lamm Gottes, das die Schuld der ganzen Welt wegnimmt. Auch die Offenbarung vergleicht Jesus mit einem Opferlamm (siehe S. 264).

Lied: »Brich mit dem Hungrigen dein Brot« (Evang. Gesangbuch 420).

Lied: »Mache dich auf und werde Licht« (Evang. Gesangbuch 545).

neuer Himmel und neue Erde: Davon spricht auch das Buch der Offenbarung im Neuen Testament (siehe S. 265).

Der Prophet Jeremia

Der Prophet Jeremia trat vor der Eroberung Israels durch die Babylonier (587 v. Chr.) in Jerusalem auf. Auch er verband die politische Entwicklung mit dem besonderen Verhältnis des Volkes Israel zu seinem Gott. Das kleine Königreich Juda ist eigentlich nicht von außen durch die Großmacht Babylon oder andere Nachbarvölker bedroht, sondern von innen. Es ist in Gefahr, weil das Volk und seine Herrscher die Weisungen Gottes missachten und auf politische Bündnisse mit anderen Völkern setzen. Statt auf Gott zu hören, wendet man sich fremden Göttern zu. Aber gleichzeitig wiegt man sich in Sicherheit, nur weil der Tempel in Jerusalem steht.

Jeremia muss die schmerzliche Erfahrung machen, dass man seine Warnungen und Mahnungen in den Wind schlägt. Er erlebt die Eroberung Jerusalems durch die Babylonier und bleibt in dem zerstörten Land zurück. Von dort wird er nach Ägypten verschleppt, wo sich seine Spur verliert.

Jeremia wird Prophet

Jeremia: bedeutet »Gott erhöht«.

Eines Tages hörte Jeremia* die Stimme Gottes, der zu ihm sagte: »Jeremia, schon bevor du geboren wurdest, habe ich dich ausgewählt. Du sollst mein Prophet sein!«

Doch Jeremia fühlte sich von dieser Aufgabe überfordert. »Ach, Herr!«, rief er. »Ich tauge nicht, um zu den Leuten zu sprechen. Ich bin doch noch viel zu jung.«

»Sag nicht, dass du zu jung bist!«, entgegnete Gott. »Geh dorthin, wohin ich dich sende. Verkündige den Menschen, was ich dir sage. Und fürchte dich nicht, denn ich bin bei dir!«

Weiter sagte Gott: »Jeremia, was siehst du?«

Er antwortete: »Ich sehe einen Kessel mit kochendem Wasser, der aus dem Norden auf uns zukommt.«

»Ja«, sagte Gott, »von Norden wird das Unheil kommen, das ich schicken werde, weil Israel mir nicht mehr gehorcht und fremde Götter anbetet. Geh nun zu meinem Volk und sage ihm: ›Ihr habt große Schuld auf euch geladen. Ihr habt euren Gott verlassen, der für euch wie eine Quelle ist, aus der das Wasser strömt. Stattdessen habt ihr euch fremden Göttern zugewandt, von denen ihr nicht mehr erwarten könnt als von ausgetrockneten Zisternen!*‹«
(Jeremia 1–2)

Zisterne: Wasserbehälter, den man anlegte, damit sich Regenwasser darin sammeln konnte. So hatte man in der Trockenzeit genügend Wasser für die Tiere (siehe S. 35).

Jeremia predigt im Tempel

Dann kam der Tag, an dem man im Tempel ein großes Fest feierte. Da sagte Gott zu Jeremia: »Geh zum Tempel und stell dich am Tor auf, sodass alle Leute dich hören. Sage zu ihnen: So spricht Gott: Bessert euer Leben und euer Tun, so will ich euch wohnen lassen an diesem Ort. Geht gerecht miteinander um und nehmt Rücksicht auf die Fremden, die Waisen und die Witwen. Hört auf, fremde Götter zu verehren. Ändert euer Leben und haltet euch an meine Gebote. Sonst braucht ihr nicht mehr in den Tempel zu kommen, um mit mir zu sprechen und mich anzubeten. Es wird euch nämlich nichts nützen.« (Jeremia 7)

Als die Priester im Tempel diese Rede hörten, nahmen sie Jeremia fest und stellten ihn vor Gericht. Sie forderten das Todesurteil, weil er so unerhörte Dinge gesagt hatte. Aber Jeremia verteidigte sich: »Ich rede im Auftrag Gottes. Wenn ihr mich tötet, so vergießt ihr unschuldiges Blut*.« Da sprach das Gericht Jeremia frei. (Jeremia 26)

Querschnitt durch den salomonischen Tempel (siehe S. 85f.).

unschuldiges Blut: Das Vergießen von unschuldigem Blut bringt im Glauben der Menschen damals Unheil über Stadt und Land.

Jeremia muss ein Joch tragen

Dann gab Gott Jeremia den Auftrag, mit einem Joch* auf der Schulter durch die Stadt zu laufen. Dies sollte dem König und dem Volk zeigen: »Bald werdet ihr unter eine fremde Herrschaft geraten. Nebukadnezar,* der König von Babylon, wird euer Land und die Stadt Jerusalem erobern. Es ist besser, wenn ihr euch unter sie beugt und wartet, bis Gott euer Schicksal wieder zum Guten wendet.« (Jeremia 27)

Joch: siehe auch S. 128.

Nebukadnezar: Er eroberte Jerusalem 587 v. Chr. (siehe S. 92).

Statue eines Schreibers, um 2500 v. Chr. – Schreiber war damals ein angesehener Beruf

Baruch: Jeremias Sekretär und Freund.

Schriftrolle: Zu dieser Zeit schrieb man nicht in Bücher, sondern auf Rollen aus Papyrus oder Leder.

kann nicht: Die Feindschaft der Priester hatte Jeremia schon einmal in Lebensgefahr gebracht (siehe S. 133).

Jojakim: regierte von 609-598 v. Chr. im Südreich Juda. Er war im Volk unbeliebt.

Kohlenbecken: Vertiefung oder Behälter mit glühenden Holzkohlen, der zu dieser Zeit als Heizung diente.

Schreibermesser: scharfe Klinge, mit der ein Schreiber sein Schilfrohr anspitzte. Ein Schilfrohr benutzte man damals wie eine Feder, um mit Tinte zu schreiben.

Die Schriftrolle (Jeremia 36)

Eines Tags hörte Jeremia wieder die Stimme Gottes: »Nimm eine Schriftrolle*! Schreibe alles auf, was ich dir gesagt habe. Vielleicht werden die Menschen sich doch noch ändern, wenn sie hören, was ich vorhabe.«

Sofort ließ Jeremia den Schreiber Baruch* zu sich kommen. Der schrieb alle Worte, die Gott Jeremia gesagt hatte, auf eine Schriftrolle. Als die Rolle voll war, sagte Jeremia zu Baruch: »Du weißt: Ich selbst kann nicht* in den Tempel gehen. Gehe du und lies den Leuten die Schriftrolle vor. Vielleicht erkennen sie dann, was sie alles falsch gemacht haben, und ändern ihr Leben.«

So ging Baruch in den Tempel und las den Leuten aus der Schriftrolle vor. Einer der Zuhörer – sein Name war Michaja – lief sofort zum Haus von König Jojakim*. Dort saßen gerade die Oberen des Landes zusammen. Michaja berichtete ihnen, was er im Tempel gehört hatte. Da ließen die Oberen Baruch zu sich holen und hörten sich an, was auf der Schriftrolle stand.
Als Baruch ihnen alles vorgelesen hatte, fragten sie entsetzt: »Woher kommen diese Worte?« »Sie stammen von Jeremia«, antwortete Baruch. »Ich habe nur auf diese Schriftrolle geschrieben, was er mir gesagt hat.«

Die Oberen rieten Baruch, sich zu verstecken, und gingen mit der Schriftrolle zum König. Der König ließ sich die Worte vorlesen. Vor ihm stand ein Kohlenbecken*, denn es war Winter und kalt. Immer wenn drei oder vier Spalten vorgelesen waren, schnitt er sie mit einem Schreibermesser* ab und warf sie ins Feuer des Kohlenbeckens, bis die Schriftrolle ganz verbrannt war. Er wollte sich die Worte nicht zu Herzen nehmen. Einige der Oberen baten den König, die Schriftrolle nicht zu verbrennen. Aber der König hörte nicht auf sie. Außerdem befahl er, nach Jeremia und Baruch zu suchen. Doch Gott hatte sie gut versteckt.

Wieder hörte Jeremia Gottes Stimme: »Nimm dir eine neue Schriftrolle und lasse noch einmal alles aufschreiben. Und zu König Jojakim sollst du sagen: ›Du hast diese Schriftrolle verbrannt. Darum wirst du deine Herrschaft verlieren und sterben. Keiner deiner Söhne wird auf dem Thron Davids sitzen, und großes Unheil wird über das Land kommen.‹«

Der Prophet Amos

Wie Jesaja tritt auch Amos im 8. Jahrhundert v. Chr. auf. Er stammt aus dem Südreich Juda, wirkt jedoch im Nordreich Israel. Amos trat auf, als äußerlich scheinbar alles zum Besten stand. Israel erlebte damals eine wirtschaftliche Blüte. Noch wurde das Land nicht durch die Assyrer bedroht. Allerdings war der Reichtum sehr ungleich verteilt. Es gab eine wohlhabende Oberschicht, vor allem in den Städten. Zugleich trieben hohe Abgaben für den König und seine Verwaltung viele Menschen in die Armut. Amos übte harte Kritik an diesen Zuständen, die in tiefem Widerspruch zum Gesetz Gottes stehen. Seine Kritik betraf auch den Gottesdienst. Er sei nichts wert, wenn man Gottes Forderung nach Gerechtigkeit missachtet.

Die Botschaft des Amos

Schlimme Dinge ereigneten sich im Land Israel. Die Reichen beuteten die Armen aus, und das Recht wurde missachtet. Da berief Gott Amos* aus Tekoa* zu seinem Propheten.
Amos lebte von der Schafzucht und von seinen Maulbeerfeigenbäumen*. Das ist die Botschaft, die Amos den Leuten von Israel verkündete:
»Hört, was Gott euch zu sagen hat: ›Ich habe euch aus Ägypten geholt und in dieses Land gebracht. Euch habe ich ausgewählt unter allen Völkern der Erde. Aber ihr habt meine Lebensregeln nicht beachtet. Darum habt ihr die Strafe verdient, die ich euch schicke.‹
Ich, Amos, muss euch das sagen, denn: Der Löwe* brüllt, wer sollte sich nicht fürchten? Gott der HERR redet, wer sollte nicht Prophet werden?« (Amos 3)

Weiter sagte Amos: »Gott lässt euch ausrichten: Suchet mich, so werdet ihr leben. Es ist Gott allein, der aus der Finsternis den Morgen macht und der den Starken niederwerfen kann. Er weiß, dass die Mächtigen diejenigen hassen, die die Wahrheit sagen. Doch weil ihr die Armen unterdrückt und von ihnen hohe Abgaben nehmt, sollt ihr bald nicht mehr in euren Häusern wohnen. Ihr sollt den Wein nicht mehr trinken, den ihr in euren Weinbergen gepflanzt habt. Ich kann euch nur raten: Suchet das Gute und nicht das Böse, auf dass ihr lebet.« (Amos 5)

Amos: bedeutet »Gott trägt dich«.

Tekoa: Ort im Südreich (siehe Karte S. 285).

Maulbeerfeigenbaum: Die Früchte dieses Baumes schmecken nicht so gut wie die normalen Feigen. Angepflanzt wurde er vor allem wegen seines Holzes. Es war sehr leicht und eignete sich deshalb gut für Dachkonstruktionen.

Löwe: galt im alten Israel als das gefährlichste Tier.

Die Visionen des Amos

Gott ließ Amos Visionen* sehen. Darin zeigte er ihm, was er mit dem Volk Israel vorhatte:

Zuerst sah Amos einen Schwarm von Heuschrecken, die alles Gras im Land abfraßen. Da bat er Gott um Gnade für Israel und Gott sagte: »Das soll nicht geschehen.« Dann sah Amos, wie ein großes Feuer das ganze Land verwüstete. Wieder bat er um Gnade, und wieder sagte Gott: »Das soll nicht geschehen.«

Schließlich sah Amos Gott, wie er auf einer Mauer aus Zinn* stand und Zinn in seiner Hand hielt. Und Gott sagte: »Ich werde Waffen ins Land bringen, die mit Zinn gehärtet sind. Israels König und alle Oberen im Land haben Strafe verdient für das, was sie tun. Sie werden mit dem Schwert bestraft werden.«

Einige Zeit später hatte Amos noch einmal eine Vision: Er sah einen Korb mit reifen Früchten. Gott sagte: »Das Ende ist gekommen über mein Volk Israel. Ich will nicht mehr an ihm vorübergehen.« Und Gott schickte Amos zu den Reichen im Land. Ihnen sollte er verkünden: »Ihr sagt: ›Wann ist endlich der Feiertag vorüber, dass wir den Armen wieder Getreide verkaufen können? Schlechte Ware wollen wir ihnen anbieten, die Preise erhöhen und die Gewichte fälschen!‹ Deshalb lässt Gott euch sagen: ›Ich will eure Feiertage in Trauertage verwandeln und eure Lieder in Wehklage. Denn es wird ein bitteres Ende für euch geben.‹« (Amos 8)

Dann sah Amos noch ein letztes Bild: Gott selbst stand am Altar im Tempel und sprach zu Amos: »Schlage auf die Säulen, sodass alles zusammenstürzt! So wird es auch Israel ergehen, weil sie nicht auf dich gehört haben.«

Da wurde Amos sehr traurig. Gab es für Israel denn gar keine Hoffnung mehr? (Amos 9)

Doch dann ließ Gott den Propheten Bilder sehen, die ihm neue Hoffnung gaben. Gott sagte: »Ich will das Volk Israel nicht ganz vernichten. Am Ende werden die zerfallenen Mauern wieder aufgerichtet. Gleichzeitig wird man säen und ernten können. Dann wird mein Volk die verwüsteten Städte wieder aufbauen. Sie werden Weinberge anpflanzen und den Wein davon trinken. Sie werden Gärten anlegen und die Früchte daraus essen. Das ganze Volk soll sein wie eine blühende Pflanze in dem Land, das ich ihnen gegeben habe.« (Amos 9)

Eine der beiden Säulen, die vor dem salomonischen Tempel standen.

Der Prophet Jona

Das Buch Jona handelt von einem Propheten, der im 8. Jahrhundert v. Chr. gelebt haben soll. Es wurde jedoch erst später aufgeschrieben, vielleicht im 5. oder 4. Jahrhundert v. Chr. Anders als die anderen Prophetenbücher ist es keine Sammlung von Prophetenworten, sondern eine Erzählung, die von einem besonderen Erlebnis des Propheten Jona berichtet.

Jona will vor Gott fliehen

Gott sprach zu Jona*: »Mache dich auf und geh in die Stadt Ninive*. Sage den Leuten dort: Gott hat genug von eurer Bosheit.« Als Jona das hörte, bekam er Angst. »In die große Stadt Ninive? Auf keinen Fall!«, sagte er sich. Er machte sich auf, ging aber nicht nach Ninive, sondern floh ans Meer nach Jafo*. Dort ging er zum Hafen und suchte nach einem Schiff, denn er dachte: »Ich will nach Tarsis* gehen!« Als er ein Schiff gefunden hatte, das dorthin fuhr, gab er den Seeleuten das Geld für die Überfahrt.

Weit draußen auf dem Meer ließ Gott einen schweren Sturm aufkommen. Die Wellen gingen hoch und bedrohten das Schiff. Die Seeleute fürchteten sich. Jeder betete zu seinem Gott*. Sie warfen sogar die Ladung ins Meer, damit das Schiff leichter würde. Jona war unter Deck gegangen und hatte sich schlafen gelegt. Da kam der Kapitän zu ihm und rief aufgeregt: »Wie kannst du in so einer gefährlichen Situation schlafen? Steh auf und bete zu deinem Gott wie die anderen, damit wir nicht untergehen!«
Die Seeleute glaubten, dass jemand von ihnen an dem Sturm Schuld sei. So warfen sie das Los*, um herauszufinden, wer es war. Das Los traf Jona. Die Seeleute riefen: »Sag uns: Wer bist du? Und warum bist du hier?«
»Ich bin ein Israelit«, antwortete Jona. »Ich glaube an den Gott, der Himmel und Erde gemacht hat. Doch ich bin vor seinem Auftrag geflohen.«
Da fürchteten sich die Seeleute und fragten ihn: »Wieso hast du das getan? Was sollen wir nun mit dir machen, damit sich das Meer wieder beruhigt?«
Jona antwortete: »Nehmt mich und werft mich über Bord. Dann wird das Meer still werden.«
Die Seeleute versuchten noch einmal gegen die Wellen anzurudern, um wieder an Land zu kommen. Aber das Meer tobte

Jona: bedeutet »Taube«. Die Taube galt als ängstlicher Vogel, doch symbolisiert sie auch die Nähe Gottes (siehe S. 18, 156 und 230).

Ninive: Hauptstadt des assyrischen Reichs. Die Stadt lag im Norden des Zweistromlandes und war die beherrschende Macht in der Region (vgl. S. 87; siehe Karte S. 284).

Jafo: Hafenstadt am Mittelmeer. Auch Joppe oder heute Jaffa genannt (siehe Karte S. 284 und S. 285). Jaffa gilt als ältester Hafen der Welt.

Die Bucht von Jaffa

Tarsis: lag in Spanien, also am anderen Ende der damals bekannten Welt.

seinem Gott: Die Seeleute kamen aus vielen verschiedenen Ländern. Dort wurden verschiedene Götter angebetet.

warfen sie das Los: Es war im Altertum üblich, den Schuldigen durch das Los herauszufinden.

immer ungestümer. Schließlich beteten sie zu Jonas Gott: »Herr, bestrafe uns nicht, wenn wir diesen Mann jetzt über Bord werfen!« Dann nahmen sie Jona und warfen ihn in die Fluten. Sofort beruhigten sich die Wellen. Die Seeleute erschraken sehr. Sie brachten Gott ein Opfer dar und versprachen, sich in Zukunft an ihn zu halten.

Aber Gott ließ Jona nicht ertrinken. Er schickte einen großen Fisch, der Jona verschlang.

HERR: So wird in der Lutherbibel der hebräische Name Gottes (JHWH) wiedergegeben (siehe S. 47).

Gelübde: Versprechen gegenüber Gott.

drei Tage: brauchte nach damaligem Glauben ein Verstorbener, um ins Jenseits zu gelangen. Das Neue Testament sieht in dieser Stelle einen Hinweis auf Jesu Begräbnis und seine Auferstehung am dritten Tag (siehe S. 180).

Im Bauch des Fisches betete Jona:
»Ich rief zu dem HERRN* in meiner Angst,
und er antwortete mir.
Ich schrie aus dem Rachen des Todes,
und du hörtest meine Stimme.
Du warfst mich in die Tiefe, mitten ins Meer,
dass die Fluten mich umgaben.
Alle deine Wogen und Wellen gingen über mich,
dass ich dachte, ich wäre von deinen Augen verstoßen.
Wasser umgaben mich bis an die Kehle.
Aber du hast mein Leben aus dem Verderben geführt,
HERR, mein Gott!
Ich aber will mit Dank dir Opfer bringen.
Meine Gelübde* will ich erfüllen.
Hilfe ist bei dem HERRN.

Nach drei Tagen* sprach Gott zu dem Fisch: »Bringe Jona ans Land zurück.« Da spuckte der Fisch Jona wieder aus.

Jona predigt in Ninive

Noch einmal hörte Jona Gottes Stimme: »Geh in die große Stadt Ninive und sage den Menschen, was ich dir auftrage!«
Nun endlich machte sich Jona auf und ging nach Ninive.

Ninive war eine riesige Stadt. Jona ging ein Stück hinein und sagte zu den Leuten: »In vierzig Tagen* wird Ninive untergehen.«
Die Leute glaubten dem Propheten. Alle fasteten* und zogen sich Säcke* an, sogar der König. Als Gott das sah, beschloss er, die Stadt Ninive zu verschonen. Jona gefiel das überhaupt nicht.
»Wusste ich es doch! Du bist gütig und lässt dich gnädig stimmen. Deshalb wollte ich auch nicht nach Ninive gehen. Am liebsten würde ich jetzt sterben!«, rief er zornig.
Jona setzte sich vor die Stadt, mitten in die Sonne. Da ließ Gott einen Rizinusstrauch* wachsen, der Jona Schatten gab.

Jona unter dem Rizinusstrauch

Jona freute sich sehr über die Pflanze. Aber am nächsten Morgen ließ Gott einen Wurm kommen. Der fraß die Wurzeln ab und die Staude ging ein. Als die Sonne aufgegangen war, wehte der heiße Ostwind*, und die Sonne brannte Jona auf den Kopf. Erschöpft von der Hitze rief er: »Ich möchte lieber tot sein als leben.«
Da sagte Gott: »Glaubst du, dass du zurecht wegen der Staude zornig bist? Du hast sie nicht aufgezogen. Und trotzdem tut sie dir leid. Sollten mir da nicht die hundertzwanzigtausend Menschen in Ninive leid tun?«
Nun verstand Jona: Gott meint es gut mit allen Menschen.

Die antike Stadtmauer von Ninive

vierzig Tage: Die Zahl wird in der Bibel immer wieder mit einer Zeit in Verbindung gebracht, in der sich die Menschen im Glauben bewähren müssen, ehe Gott sie rettet (siehe S. 17, S. 55, S. 59).

fasteten: Zeichen der Reue oder der Trauer (siehe S. 80).

Sack: Trauergewand, das man auch anzog, wenn man seine Taten bereute. Da man sich als Zeichen der Trauer auch Asche auf den Kopf streute, entstand der Ausdruck »in Sack und Asche gehen« (siehe S. 80).

Rizinusstrauch: große Pflanze, die sehr schnell wächst und große, schattenspendende Blätter hat.

Rizinus

Ostwind: kommt aus der Wüste und ist deshalb sehr heiß.

139

Die Propheten Micha und Sacharja

Der Prophet Micha wirkte wie Jesaja im 8. Jahrhundert v. Chr. in Jerusalem. Wie dieser kündigt auch Micha das Gericht über Jerusalem an. Aber er spricht auch von Hoffnung für die Zeit nach der Katastrophe.
Der Prophet Sacharja trat erst nach der Rückkehr der nach Babylonien Verschleppten in Jerusalem auf (um 520 v. Chr.). Im Mittelpunkt seiner Verkündigung stehen Visionen von einer Zeit des Heils. Sacharja ist überzeugt: Diese Zeit steht unmittelbar bevor.

Berg: Damit ist der Zion, der Tempelberg in Jerusalem, gemeint.

Heiden: Menschen, die nicht zum Volk Israel gehören und die nicht an Gott glauben.

Schwerter zu Pflugscharen: siehe auch Jesaja 2, S. 128.

Zeichen der Friedensbewegung vor dem UN-Gebäude in New York

Lied: »Tochter Zion« (Evang. Gesangbuch 13).

Der Evangelist Matthäus hat diese beiden letzten Prophezeiungen aufgegriffen und auf Jesus bezogen (siehe Matthäus 2, S. 184).

In den letzten Tagen aber wird der Berg*, darauf des HERRN Haus ist, fest stehen, höher als alle Berge und über alle Hügel erhaben. Und die Völker werden herzulaufen, und viele Heiden* werden hingehen und sagen: Kommt, lasst uns hinauf zum Berge des HERRN gehen und zum Hause des Gottes Jakobs, dass er uns lehre seine Wege und wir in seinen Pfaden wandeln!
(Micha 4,1-2a)

Er wird unter vielen Völkern richten und mächtige Nationen zurechtweisen in fernen Landen. Sie werden ihre Schwerter zu Pflugscharen machen und ihre Spieße zu Sicheln.
Es wird kein Volk wider das andere das Schwert erheben, und sie werden hinfort nicht mehr lernen, Krieg zu führen.
Ein jeder wird unter seinem Weinstock und Feigenbaum wohnen, und niemand wird sie schrecken. (Micha 4,3-4)

Es ist dir gesagt, Mensch, was gut ist und was der HERR von dir fordert: nichts als Gottes Wort halten und Liebe üben und demütig sein vor deinem Gott. (Micha 6,8)

Und du, Bethlehem Efrata,
die du klein bist unter den Tausenden in Juda,
aus dir soll mir der kommen,
der in Israel Herr sei,
dessen Ausgang von Anfang
und von Ewigkeit her gewesen ist.
(Micha 5,1)

Du, Tochter Zion, freue dich sehr, und du, Tochter Jerusalem, jauchze! Siehe, dein König kommt zu dir, ein Gerechter und ein Helfer, arm und reitet auf einem Esel, auf einem Füllen der Eselin. (Sacharja 9,9)

Der Prophet Daniel

Das Buch Daniel entstand wahrscheinlich im 2. Jahrhundert v. Chr. Es spielt aber sehr viel früher, zur Zeit des Babylonischen Exils (siehe S. 93). Das Buch erzählt, wie Daniel und seine Freunde sich während der Verbannung im Glauben bewähren und wie Gott sie auch in der Fremde beschützt.

Daniel am babylonischen Hof

Die Babylonier hatten Jerusalem erobert und den Tempel zerstört*. Viele Israeliten wurden nach Babylon* verschleppt. Auch der junge Daniel und seine Freunde waren unter ihnen. Daniel hielt sich an Gott und seine Gebote, obwohl man in Babylon andere Götter verehrte.

Eines Tages befahl der König seinem Kämmerer*, einige junge Männer von den Israeliten auszuwählen. Sie sollten an seinem Hof ausgebildet werden und ihm dienen.
Daniel und seine Freunde gehörten zu den Ausgewählten. Der König selbst befahl, was man den jungen Männern zu essen geben sollte. Aber Daniel sagte zu dem Kämmerer: »Wir dürfen diese Speisen nicht essen. Sie sind nicht so zubereitet*, wie Gott es für uns vorgeschrieben hat.«
Der Kämmerer antwortete: »Was soll ich tun? Wenn ihr Hunger leidet, krank und mager werdet, wird der König mich bestrafen!«
»Bring uns einfach Gemüse und Wasser«, sagte Daniel. Das dürfen wir essen.

Nach einiger Zeit stellte sich heraus, dass Daniel und seine Freunde gesünder waren als die anderen jungen Leute, die von den Speisen des Königs aßen. So durften sie sich weiter von Gemüse und Wasser ernähren. Sie erhielten ihre Ausbildung und wurden schließlich zum König gebracht. Der stellte ihnen viele Fragen, und sie konnten alle beantworten. Der König fand sie klüger als seine anderen Ratgeber und behielt sie in seinem Dienst. Doch die anderen Ratgeber waren neidisch auf Daniel und seine Freunde und versuchten ihnen zu schaden. (Daniel 1)

Königspalast in Babylon

zerstört: Dies geschah im Jahr 587 v. Chr. (siehe S. 93).

Babylon: Stadt im Zweistromland (siehe S. 93 und Karte S. 284).

Kämmerer: ein Verwalter.

zubereitet: Besonders für den Genuss von Fleisch hatten die Israeliten bestimmte Speisevorschriften, die in den fünf Büchern Mose festgelegt sind.

Daniels Freunde im Feuerofen

Eines Tages ließ der König von Babylon ein großes Götterstandbild* errichten. Der König schickte Boten ins Land und ließ überall ausrufen: »Kommt alle zur Einweihung des Standbildes und betet es an! Wer das nicht tut, soll im Feuerofen verbrannt werden.«

Als der festgesetzte Tag gekommen war, strömte das ganze Volk herbei und alle warfen sich vor dem Standbild nieder. Nur die Juden blieben fern. Da sagten die Ratgeber des Königs: »Wo sind eigentlich die Freunde von Daniel?«
Der König ließ sie rufen und fragte: »Wollt ihr mein Bild nicht anbeten?« »Nein«, antworteten sie, »wir beten nur Gott an, keine Bilder, die Menschen gemacht haben. Lass uns nur in den Feuerofen werfen. Wenn Gott will, wird er uns retten!« Der König war außer sich vor Zorn. Er ließ den Ofen siebenmal heißer machen als sonst und die Männer hineinwerfen.

Doch Gott schickte seinen Engel, der die Männer beschützte. Die Flammen konnten ihnen nichts anhaben. Der König sah, wie sie im Ofen umhergingen und rief sie wieder heraus. Unverletzt standen sie vor ihm. Da staunte der König und rief: »Gelobt sei euer Gott! Er hat euch gerettet. Von jetzt an sollen ihn alle anbeten!« (Daniel 3)

Daniel in der Löwengrube

Später übernahm ein neuer König die Herrschaft in Babylon. Er setzte viele Statthalter* und drei Fürsten ein. Daniel war einer der Fürsten. Weil er geschickt und klug war, dachte der König sogar daran, ihn über das ganze Königreich zu setzen.

Da wurden die anderen Statthalter und Fürsten neidisch und schmiedeten Pläne, wie sie Daniel schaden konnten. Sie gingen zum König und sagten: »Der König lebe ewig!* Alle deine Oberen wollen, dass du ein strenges Gebot erlässt. Jeder in deinem Reich darf in den nächsten dreißig Tagen zu keinem anderen als zu dir beten. Wer dagegen verstößt, soll zu den Löwen in die Grube geworfen werden!« Sie wussten nämlich, dass Daniel sich an Gottes Gebote hielt und nur zu ihm betete.

Das gefiel dem König, und er ließ das Schreiben aufsetzen. Als Daniel davon erfuhr, ging er in sein Haus. Dort gab es im oberen Stockwerk ein Zimmer mit einem Fenster, das nach Jerusalem zeigte. Hier betete Daniel dreimal am Tag laut zu seinem Gott. Dies tat er auch jetzt, nachdem der Erlass des Königs ergangen war. Da nutzten seine Feinde die Gelegenheit und verrieten Daniel beim König: »Daniel achtet weder dich noch dein Gebot! Dreimal am Tag betet er zu seinem Gott. Du musst ihn in die Löwengrube werfen!«
Als der König das hörte, wurde er traurig. Lange überlegte er, wie er Daniel verschonen könnte. Aber die Männer kamen wieder zu ihm und erinnerten ihn an sein Gebot. Schließlich musste der König befehlen: »Werft Daniel in die Löwengrube.« So geschah es. Daniel wurde gefangen genommen und zu den Löwen geworfen. »Möge dein Gott, dem du so treu dienst, dir helfen!«, sagte er zu Daniel.

Damit kein anderer Daniel etwas antun konnte, ließ der König den Eingang zur Grube versiegeln. Dann ging er in seinen Palast. Er konnte nicht schlafen und fastete die ganze Nacht.
Früh am Morgen stand er auf und lief zur Löwengrube. Besorgt rief er: »Daniel! Hat dich dein Gott vor den Löwen retten können?« Da hörte er Daniels Stimme: »Der König lebe ewig! Mein Gott hat seinen Engel gesandt. Der hat den Löwen den Rachen zugehalten. So konnten sie mir nichts antun. Ich bin doch unschuldig und habe dir nichts Böses getan.«

Statthalter: regiert mit der Vollmacht des Königs über einen Bezirk im Land.

Der König lebe ewig: damals gebräuchliche Grußformel.

Nachbau des Ischtar-Tores im Pergamon-Museum in Berlin (siehe auch S. 93)

Der König war sehr froh und ließ Daniel aus der Grube holen. Er war tatsächlich unverletzt. Nun ließ der König die Männer, die Daniel verraten hatten, zu den Löwen in die Grube werfen. Sie wurden nicht verschont.

Da ließ der König allen Völkern in seinem Reich verkünden: »In meinem Reich soll man den Gott Daniels verehren. Denn er ist ein lebendiger Gott, der ewig bleibt, und sein Reich ist unvergänglich, und seine Herrschaft hat kein Ende. Er ist ein Retter und Nothelfer, und er tut Zeichen und Wunder im Himmel und auf Erden.« (Daniel 6)

Die Apokryphen (Spätschriften)

In den drei Jahrhunderten vor Christi Geburt entstand eine Reihe von Schriften, die man die »Apokryphen« (wörtlich »verborgene Schriften«) nennt. Sie wurden so genannt, weil sie nicht im Gottesdienst oder für Glaubenslehren verwendet werden sollten. Das hatte folgenden Grund: Als jüdische Gesetzeslehrer im 1. Jahrhundert n. Chr. festlegten, welche Bücher zu den hebräischen heiligen Schriften gehörten, wurden diese Schriften nicht aufgenommen.

Sie sind nur in der griechischen Übersetzung des Alten Testaments überliefert, die bereits ab dem 3. Jahrhundert v. Chr. entstanden ist (genannt »Septuaginta«). Diese war die heilige Schrift der griechisch sprechenden Juden und dann auch der ersten Christen. In dieser Tradition gehören die Apokryphen für die katholische Kirche bis heute zum regulären Bestandteil der Bibel. Sie stehen in den katholischen Bibelausgaben verstreut zwischen den anderen Büchern des Alten Testaments.

Dagegen hat Martin Luther diese Schriften in einem eigenen Teil zwischen Altem und Neuem Testament zusammengestellt. Weil sie im hebräischen Alten Testament nicht enthalten sind, hielt er sie für weniger wichtig, aber für »nützlich und gut zu lesen«.

In der deutschen Übersetzung der Lutherbibel wurden einige dieser Schriften sehr beliebt, so das Buch **Jesus Sirach**, das dem biblischen Buch der Sprüche (siehe S. 122) ähnelt, oder das Buch **Tobias**, das eine dramatische Familiengeschichte erzählt.

Tobias

In Ninive* lebte ein alter Mann namens Tobit*. Er war ein frommer Israelit und hielt sich treu an Gottes Gebote. Doch eines Tages bekam er den Kot eines Vogels in die Augen und wurde blind. Da er nicht mehr arbeiten konnte, lebten er und seine Frau in bitterer Armut. Verzweifelt rief Tobit: »Oh Gott, lass mich bitte sterben! Ich möchte lieber tot sein, als so leben zu müssen.«

Zur selben Zeit betete in Medien* eine junge Frau namens Sara zu Gott. Sie hatte siebenmal Hochzeit gefeiert, und jedes Mal war ihr Bräutigam in der Hochzeitsnacht gestorben. Ein Dämon* hatte sie getötet.

Gott hörte die Gebete von Tobit und Sara und sandte seinen Engel Rafael*. Er sollte den beiden helfen.

Eines Tages erinnerte sich Tobit, dass er einmal einem Freund in Medien eine große Summe Geld geliehen hatte. Er rief seinen Sohn zu sich, der Tobias* hieß, und sagte: »Geh nach Medien und lass dir von meinem Freund das Geld wiedergeben, das ich ihm

Ninive: Hauptstadt des assyrischen Reichs (siehe S. 139 und Karte S. 284).

Tobit/Tobias: bedeutet »Gott ist gut«.

Medien: liegt im Gebiet des heutigen Persiens (siehe Karte S. 284).

Dämon: Böse Macht, die man sich als Person vorstellte. Krankheiten wurden mit Dämonen in Verbindung gebracht.

Rafael: bedeutet »Gott heilt«. Der Name bringt zum Ausdruck, dass Gott der wahre Arzt der Menschen ist. Rafael zählt zu den sieben Erzengeln (siehe S. 148–149).

Tigris: zählt zusammen mit dem Euphrat zu den beiden großen Flüssen des Zweistromlandes (Karte S. 284).

Das Nergal-Tor in Ninive (im heutigen Irak gelegen)

geliehen habe. Suche dir einen zuverlässigen Begleiter, damit dir auf der Reise nichts zustößt.«

Tobias tat, was sein Vater verlangt hatte. Er fand einen jungen Mann, der den Weg kannte und ihn nach Medien begleiten wollte. Es war Rafael, der Engel Gottes. Doch das wusste Tobias nicht. Als sie loszogen, verabschiedete sich der Vater mit den Worten: »Gott bringe euch wohlbehalten zurück und sein Engel begleite euch.«

Nach einer langen Wanderung erreichten sie den Fluss Tigris*. Als Tobias sich die Füße waschen wollte, kam ein riesiger Fisch aus dem Wasser und schnappte nach ihm. »Herr, hilf mir!«, schrie Tobias. Doch sein Begleiter rief Tobias zu: »Packe ihn und zieh ihn heraus.« Mit Mühe überwältigte Tobias den großen Fisch. Der Engel riet ihm: »Nimm den Fisch aus und hebe das Herz, die Leber und die Galle auf. Das ist gute Arznei. Du wirst sie noch brauchen können.« Tobias befolgte seinen Rat. Dann aßen sie von dem Fisch und nahmen auch noch etwas für unterwegs mit.

Bald kamen die beiden nach Medien. Dort gingen sie in das Haus von Saras Vater, der ein Verwandter von Tobias war. Der Engel gab Tobias den Rat: »Bitte Saras Vater, dass er sie dir zur Frau gibt.« Doch Tobias hatte Angst, dass es ihm so gehen könnte wie den anderen jungen Männern, die Saras Bräutigam gewesen waren. Der Engel sagte zu ihm: »Du brauchst keine Angst zu haben. Gott hat dich zum Ehemann für Sara bestimmt.« Der Vater von Sara willigte ein, und die Hochzeit wurde noch am selben Tag gefeiert. Für die Hochzeitsnacht gab der Engel Tobias die Anweisung: »Verbrenne in der Hochzeitsnacht das Herz und die Leber des Fisches. Dann wird dir nichts geschehen.« Tobias tat, was sein Begleiter ihm geraten hatte. Da verlor der Dämon, der die jungen Männer getötet hatte, seine Macht und verschwand. Tobias aber sagte zu seiner Frau: »Lass uns zu Gott beten und ihn um seinen Segen für unsere Ehe bitten.«

Am nächsten Morgen hatte der Vater Saras schon ein Grab für Tobias ausgehoben, doch das Brautpaar kam wohlbehalten ihm entgegen. Jetzt wurde ein großes Fest gefeiert. Tobias hatte seinen Begleiter zu dem Mann geschickt, dem sein Vater das Geld gelie-

hen hatte, und ihn zur Hochzeit eingeladen. Er gab Tobias alles
zurück, was er der Familie schuldete, und feierte fröhlich mit
ihnen.

Dann zogen Tobias und seine Frau Sara nach Ninive zurück. Die
Eltern warteten bereits sehnsüchtig auf ihren Sohn. Der Engel, der
mit Tobias zurückgekehrt war, gab ihm noch einmal einen Rat:
»Mache aus der Galle des Fisches eine Augensalbe für deinen
Vater.« Als sein Vater seine Augen mit der Salbe einrieb, löste sich
die Haut, die ihn blind gemacht hatte, und er konnte wieder sehen.

Da dankte er Gott und rief alle seine Nachbarn und Freunde
zusammen. Sie feierten ein großes Fest. Danach rief der alte Tobit
seinen Sohn zu sich. Sie berieten, wie sie dem Mann danken
könnten, der Tobias auf seinem Weg begleitet hatte und dem sie
alle so viel Gutes verdankten. Die Hälfte ihres Vermögens wollten
sie ihm anbieten, doch als sie mit ihm sprachen, sagte er: »Ich bin
Rafael, einer von den sieben Engeln* Gottes. Gott hat dein Gebet
erhört, Tobit, so wie er auch das Gebet Saras erhört hat. Er hat
mich zu euch gesandt, um euch beizustehen.«
Dann kehrte Rafael zu Gott zurück. Tobit und seine Familie fielen
auf die Knie und dankten Gott für alles. Überall erzählten sie von
den wunderbaren Dingen, die sich ereignet hatten.

sieben Engel: siehe S. 149.

Engel

Es wird dir kein Übel begegnen,
und keine Plage
wird sich deinem Hause nahen.
Denn er hat seinen Engeln befohlen,
dass sie dich behüten
auf allen deinen Wegen,
dass sie dich auf den Händen tragen
und du deinen Fuß
nicht an einen Stein stoßest.
(Psalm 91,10–12)

Was sind Engel?

Das Wort »Engel« kommt vom griechischen
»angelos« und bedeutet »Bote/Gesandter«.
Engel sind also Boten Gottes, von denen die
Bibel sagt:

- ◉ **Engel haben eine Botschaft:**
  Sie kommen mit einem Auftrag, hinter
  dem sie ganz zurücktreten. In einigen
  Texten ist von Engeln sogar so die Rede,
  dass man den Eindruck hat, hier zeigt sich
  Gott selbst in sichtbarer Gestalt.

- ◉ **Engel stehen vor dem Thron Gottes:**
  Die Bezeichnung »Engel« wird auch für
  die himmlischen Wesen verwendet, die zur
  Umgebung Gottes gehören und seinen
  »Hofstaat« bilden. Sie preisen die Herrlichkeit Gottes und führen seinen Willen aus
  (siehe Jesaja 6, S. 127).

- ◉ **Engel begleiten die Menschen
  in Gefahren:**
  Das Leben aller Menschen ist vielfachen
  Bedrohungen ausgesetzt. Eine Botschaft der
  Bibel ist, dass Menschen in Gefahr unter
  Gottes Schutz stehen. Engel sind ein
  Symbol und konkrete Gestalten für diesen
  Schutz (siehe Psalm 91,10–12).

- ◉ **Engel kündigen Jesus an:**
  Es ist die gute Nachricht des Neuen
  Testaments, dass in Jesus Gott selbst zu den
  Menschen kommt. Die Engel, von denen
  jetzt die Rede ist, sind – ganz wie es ihrem
  Namen entspricht – Boten Gottes. Sie
  verkünden Gottes rettendes Handeln
  in Jesus. So ist in den Evangelien von
  Engeln vor allem in der Geburts-
  (vgl. Matthäus 1–2 und Lukas 1–2) und
  Ostergeschichte (vgl. Matthäus 28,1-8)
  die Rede.

Welche Engel kennen wir?

In der Bibel werden nur drei Engel mit **Namen**
genannt. Sie zählen zu den sieben »Erzengeln«
und haben eine besondere Bedeutung, die in
ihren Namen zum Ausdruck kommt:

- ◉ **Rafael** (»Gott heilt«) ist der Reisebegleiter
  von Tobias. Er symbolisiert, dass Gott
  der wahre Arzt der Menschen ist
  (siehe S. 146).

- ◉ In der Weihnachtsgeschichte (siehe
  S. 198) tritt **Gabriel** (»Mann Gottes« oder
  »Gott ist stark«) auf. Durch ihn erfährt
  Maria, dass sie den Retter der Menschen
  zur Welt bringen wird.

- ◉ In der Offenbarung kämpft der Engel
  Michael (»Wer ist wie Gott?«) gegen den
  bösen Drachen und besiegt ihn (siehe
  Offenbarung 12; S. 264). Er ist der Schutzengel Israels.

Im Buch Tobias werden die **sieben Engel** erwähnt, die vor Gott stehen (siehe S. 147). In einem späteren Buch der jüdischen Überlieferung, dem Henochbuch, erfährt man die Namen der anderen vier Engel: Uriel, Ramiel, Raguel und Sariel. Die Silbe »El« am Ende steht für »Gott« (wie z.B. auch in Israel).

Wie sehen Engel aus?

Das Aussehen der Engel wird in der Bibel nirgendwo beschrieben. Oft treten sie als Menschen auf (vgl. die Geschichte von den Besuchern bei Abraham; S. 24). Sie tragen alltägliche Kleidung und kommen mit einem Gruß. Menschen erleben sie als Begegnung mit Gott in ihrer alltäglichen Welt. Wichtiger als ihr Aussehen ist ihre Botschaft, die sie den Menschen übermitteln.

In der Kunst stellte man Engel bis etwa 300 n. Chr. als Jünglinge ohne Flügel dar. Erst später finden wir Abbildungen mit geflügelten Engeln. Möglicherweise liegt dies daran, dass man die Engel nun mit den geflügelten Cherubim und Serafim (siehe S. 127) in Verbindung brachte. Dahinter könnte auch die Vorstellung stehen, dass Engel Flügel brauchen, um die Entfernung zwischen Gott und den Menschen zu überbrücken.

Francesco Botticini, *Die drei Engel und der junge Tobias*, um 1470

Worte des Jesus Sirach

Alle Weisheit kommt vom HERRN und ist bei ihm in Ewigkeit. Gott lieben, das ist die allerschönste Weisheit. (Sirach 1,1.10)

Höre den Armen an, und antworte ihm freundlich und sanft. Rette den, dem Gewalt geschieht, vor dem, der ihm Unrecht tut; und sei unerschrocken, wenn du urteilen sollst. Sei zu den Waisen wie ein Vater, und tritt für ihre Mutter ein, als wärst du ihr Mann. (Sirach 4,8-10)

Ein treuer Freund ist ein starker Schutz; wer den findet, der findet einen großen Schatz. Ein treuer Freund ist nicht mit Gold aufzuwiegen, und sein Wert ist nicht hoch genug zu schätzen. Ein treuer Freund ist ein Trost im Leben; ihn findet, wer den HERRN fürchtet. (Sirach 6,14-16)

Tu nichts Böses, so widerfährt dir nichts Böses. (Sirach 7,1)

Ehre deinen Vater von ganzem Herzen und vergiss nicht, welche Schmerzen deine Mutter um dich gelitten hat, und bedenke, dass du von ihnen das Leben hast; womit kannst du ihnen vergelten, was du ihnen verdankst? (Sirach 7,27-28)

Daher kommt aller Hochmut: wenn ein Mensch vom HERRN abfällt und sein Herz von seinem Schöpfer weicht. (Sirach 10,12)

Fürsten, Richter und Regenten stehen in hohem Ansehen; aber so groß sind sie doch nicht wie der, der den HERRN fürchtet. (Sirach 10,24)

Nun dankt dem Gott des Alls, der große Dinge tut an allen Enden, der unsre Tage erhöht vom Mutterleib an und an uns handelt nach seiner Barmherzigkeit. Er gebe uns ein fröhliches Herz, und es werde Friede in Israel in unseren Tagen und immerdar; sein Erbarmen bleibe stets bei uns und erlöse uns in unseren Tagen. (Sirach 50,22-24)

Siehe hierzu auch die »Goldene Regel« (S. 182 und S. 189).

Lied: »Nun danket alle Gott« (Evang. Gesangbuch 321)

Das Neue Testament

Denn ich bin gewiss, dass weder Tod noch Leben,
weder Engel noch Mächte noch Gewalten,
weder Gegenwärtiges noch Zukünftiges,
weder Hohes noch Tiefes noch irgendeine andere Kreatur
uns scheiden kann von der Liebe Gottes,
die in Christus Jesus ist, unserm Herrn.

Römer 8,38-39

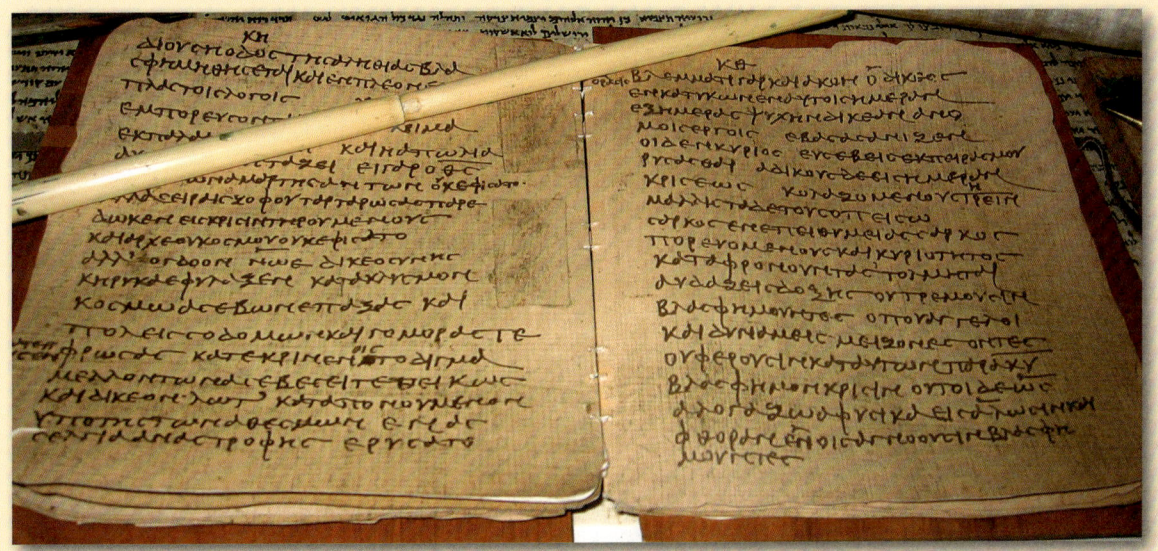

Nachbildung eines Paulusbriefes mit Rohrfeder

Das **Neue Testament** ist der zweite Teil der Bibel. Für Christen bilden das Alte und das Neue Testament zusammen die Heilige Schrift.
Die Verse oben stammen aus dem Brief des Apostels Paulus an die Römer. Sie zeigen: Im Zentrum des Neuen Testaments steht Jesus Christus. In ihm ist Gott selbst zu uns Menschen gekommen und hat uns seine ganze Liebe gezeigt. Die Bücher des Neuen Testaments erzählen von Jesu Wirken, von seinem Tod und seiner Auferstehung. Und sie schildern, wie die ersten Christen in die Welt hinausgegangen sind und ihren Glauben weitergegeben haben.

Die Bücher des Neuen Testaments

Das Neue Testament wird traditionell in drei Gruppen von Büchern eingeteilt:

◉ **Geschichtsbücher:** Die vier **Evangelien** erzählen ausführlich von Jesus Christus: von seinem Kommen in diese Welt, von seiner Lehre und seinen Taten. Und dann von seinem Tod am Kreuz, seiner Auferstehung und dem Auftrag, den er seinen Anhängern mit auf den Weg gegeben hat. Die Evangelien wollen aber keinen rein historischen Bericht geben, sondern zum Glauben an Jesus als den Retter der Menschen einladen. Das Wort »Evangelium« ist griechisch und bedeutet »Frohe Botschaft« (siehe ab S. 153). Die **Apostelgeschichte** ist die Fortsetzung des Evangeliums von Lukas. Sie berichtet von der Entstehung der ersten christlichen Gemeinden. Apostel wie Petrus und Paulus tragen die Botschaft von Jesus und der Liebe Gottes weiter; so kommt das Christentum bis nach Europa (siehe ab S. 222).

◉ **Briefe:** Die 21 **Briefe** wurden von den Aposteln selbst oder unter ihrem Namen an christliche Gemeinden oder an Einzelpersonen geschrieben. Die größte und wichtigste Sammlung bilden die Paulusbriefe. Unter anderem schrieb Paulus an die Gemeinden in Thessalonich, Korinth, Philippi und Rom (ab S. 245; siehe Karte S. 287).

◉ **Offenbarung:** Die Offenbarung des Johannes steht in der Tradition der prophetischen Bücher des Alten Testaments. In ihren Visionen schildert die Offenbarung das Ende dieser Welt, aber auch die Hoffnung auf einen neuen Himmel und eine neue Erde. Dort wird es kein Leid mehr geben. Der Verfasser des Buches lebte in der Zeit der beginnenden Christenverfolgung durch das Römische Reich. Sein Buch will die Christen trösten und ermutigen: Die Mächte der Welt werden vergehen. Zuletzt wird Christus sie besiegen und seine Herrschaft aufrichten (siehe ab S. 261).

Papyrus 52, das älteste Schriftstück des Neuen Testaments (um 125 n. Chr.). Es zeigt einen Ausschnitt aus dem Johannes-Evangelium (Joh 18).

Evangelien – Die Frohe Botschaft von Jesus Christus

Was bewegte die Menschen zu der Zeit, als Jesus lebte?

Jesus lebte in einer unruhigen Zeit. Die Römer hatten das Land besetzt, und die Menschen litten unter der fremden Herrschaft. Sie erinnerten sich an die Hoffnung auf eine bessere Zeit unter einem von Gott gesandten Friedensherrscher. So hatten die Propheten es angekündigt (siehe Jesaja S. 128–129; Micha und Sacharja S. 140).

Dieser neue König, der Messias, sollte das Land von der römischen Herrschaft befreien (siehe Messias S. 219). Die Menschen fragten sich:

- ◉ **Wann werden wir endlich frei und ohne Unterdrückung leben können?**
- ◉ **Auf wen können wir unsere Hoffnung setzen?**

Nach Jesu Tod und Auferstehung erkannten seine Anhänger: Jesus war dieser »Messias«. Daher nannten sie ihn »Christus«. Das ist das griechische Wort für Messias. Die Geschichten von Jesus wurden weitererzählt, und die christlichen Gemeinden wuchsen. Viele Jahre später schrieben Menschen in verschiedenen Gemeinden diese Geschichten auf: als »Evangelium«, das ist griechisch und bedeutet »Frohe Botschaft«.

Die Entstehung der vier Evangelien

Das Neue Testament enthält vier Evangelien: Das Matthäus-, Markus-, Lukas- und Johannes-Evangelium. Vergleicht man die Evangelien miteinander, so zeigt sich, dass die ersten drei an vielen Stellen im Wortlaut und in der Reihenfolge der Erzählungen übereinstimmen. Deswegen kann man Matthäus, Markus und Lukas in einer Zusammenschau nebeneinander betrachten. Auf Griechisch heißt Zusammenschau »Synopse«. Deshalb nennt man die drei ersten Evangelien **synoptische Evangelien**. Das besondere Interesse des jeweiligen Evangelisten kann man an den Stellen entdecken, wo sie sich unterscheiden.

Eine Theorie erklärt die Entstehung der Evangelien. Sie besagt:

- ◉ Das **Markus-Evangelium** ist zuerst entstanden (wahrscheinlich um 70 n.Chr.). Matthäus und Lukas benutzten es als Vorlage.
- ◉ Matthäus und Lukas verwendeten darüber hinaus eine zusätzliche »Quelle« mit **Worten** Jesu (griechisch »Logien«, deshalb Reden- oder Logienquelle genannt). Aus ihnen nahmen sie Texte, die man in beiden Evangelien, nicht aber bei Markus findet.

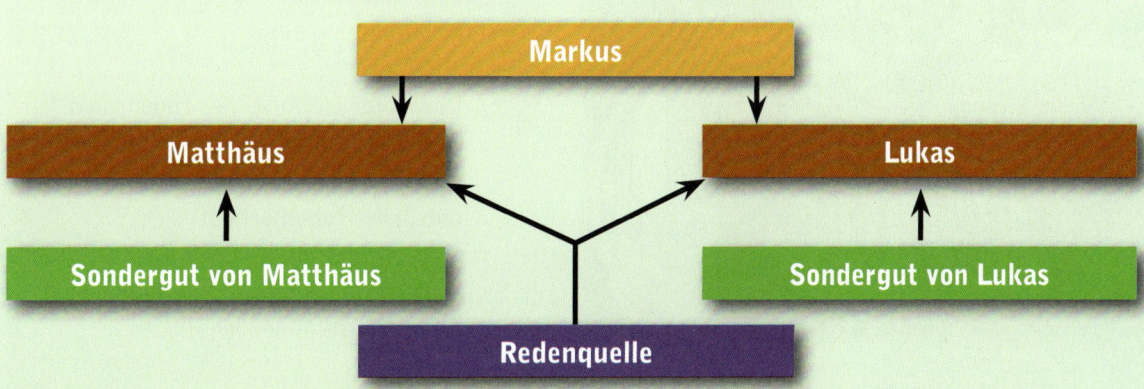

⊚ Matthäus und Lukas kannten jeweils auch Überlieferungen von Jesus, die kein anderer Evangelist kannte. Sie werden **»Sondergut«** genannt.

Das **Johannes-Evangelium** unterscheidet sich deutlich von den anderen drei Evangelien. Es hat nur wenige Geschichten mit ihnen gemeinsam. Dafür werden Jesu Reden mehr in den Mittelpunkt gestellt. Deswegen nimmt man an, dass das Johannes-Evangelium am spätesten entstanden ist.

Die Evangelien sind nicht als reine Tatsachenberichte zu verstehen. Sie erzählen so von Jesus, dass sie beim Leser den Glauben an ihn wecken. Dabei betrachten sie Jesus aus unterschiedlicher Sicht. In der Beschreibung Jesu spiegelt sich wider, dass die Evangelisten für verschiedene Gemeinden geschrieben haben.

In der Offenbarung des Johannes findet man eine Beschreibung von vier Wesen mit Flügeln, die um den Thron Gottes stehen (siehe S. 263). Das erste gleicht einem Löwen, das zweite einem Stier, das dritte einem Menschen und das vierte einem Adler. Diese vier Gestalten wurden später zu den **Symbolen für die vier Evangelisten**:

 Der Löwe steht für Markus, weil sein Evangelium mit der Predigt von Johannes dem Täufer in der Wüste beginnt. Dort leben Löwen.

 Der Stier ist das Symbol von Lukas, weil dieser am Anfang von Zacharias berichtet, der als Priester im Tempel dient. Der Stier war eines der Opfertiere.

 Der Mensch (oder Engel) wird mit Matthäus in Verbindung gebracht, weil sein Evangelium mit dem Stammbaum Jesu beginnt, der seine menschliche Abstammung zeigt.

 Der Adler ist Johannes zugeordnet, weil dieser sich mit seinem Nachdenken über den Glauben gleichsam in göttliche Höhen erhebt.

Die Symbole für die Evangelisten finden sich häufig an der Kanzel einer Kirche.

Oberrheinischer Buchdruck, Ende des 15. Jahrhunderts. Er zeigt die vier Symbole der Evangelisten.

Markus erzählt

Lucas Cranach, Markus, Luthers Neues Testament 1522

Markus erzählt nichts von der Geburt oder der Kindheit Jesu. Der Weg von Jesus beginnt mit seiner Taufe und vollendet sich am Kreuz und in der Auferweckung durch Gott. Gleich zu Beginn des Evangeliums sowie am Ende durch das Wort des römischen Hauptmanns am Kreuz (siehe S. 176) betont Markus: Jesus ist der Sohn Gottes! Mit seinem Tod und seiner Auferstehung wird sichtbar: Er ist der ersehnte Retter, durch den Gott die Welt erlöst. Gott selbst spricht und handelt durch Jesus.

Im Markus-Evangelium wird von Gottes Liebe zu den Menschen erzählt und von einer neuen Welt, die mit Jesus anbricht – dem Reich Gottes. Auf diese Welt warten alle Christen. Für Markus aber ist sie bereits da, wenn ein Mensch Jesus begegnet – wie der römische Hauptmann, der Augenzeuge der Kreuzigung ist. Man kann den Hauptmann als Stellvertreter für alle Glaubenden sehen. Losgelöst vom Kreuz ist das, was Jesus gesagt und getan hat, nicht zu verstehen. Deshalb sollen die Menschen, die er heilt, dies zunächst auch nicht weitererzählen. Erst nach seinem Tod und seiner Auferstehung ist sein Auftrag erfüllt.

Matthäus und Lukas haben sich an Markus orientiert. Daher steht das Markus-Evangelium hier am Anfang. In der Bibel steht Matthäus vor Markus, weil man das Matthäus-Evangelium in der alten Kirche besonders schätzte.

Wie bei allen Evangelien wissen wir auch beim **Markus-Evangelium** nicht, wer der Verfasser war. Im Evangelium selbst hat er keine Spuren hinterlassen, die auf seine Person hinweisen. In der frühen Kirche schrieb man das Buch einem Schüler des Apostels Petrus mit Namen Markus zu.

Das Markus-Evangelium wurde vermutlich um 70 n.Chr. verfasst und ist damit das älteste der Evangelien. Davor wurde die Geschichte von Jesus in den christlichen Gemeinden zunächst mündlich weitererzählt oder in kleineren Schriftsammlungen weitergegeben, die über die Taten und Worte Jesu berichteten. Markus hat daraus zusammen mit der Leidensgeschichte (Passion) einen Gesamtbericht über das Wirken von Jesus erstellt. Der Anfang dieses Berichts – »Evangelium von Jesus Christus« – hat den Evangelien ihren Namen gegeben.

Jordan: siehe Karte S. 286.

taufen: bedeutet vom Wortsinn her »in Wasser eintauchen«. Die Handlung steht zeichenhaft für das Abwaschen von Schuld.

An dieser Stelle in Jordanien wird seit vielen hundert Jahren an die Taufe Jesu erinnert

Messias: heißt übersetzt »der Gesalbte« (siehe S. 219, griechisch »Christos«). Es bezeichnet ursprünglich den durch Salbung im Auftrag Gottes eingesetzten König Israels. Später ist damit der von Gott versprochene Retter gemeint.

Heiliger Geist: Gottes Geist, der in der Welt und im Menschen wirkt (siehe S. 224).

Sohn Gottes: Titel, der das besondere Verhältnis eines Menschen zu Gott zum Ausdruck bringt (siehe S. 220).

Galiläa: siehe Karte S. 286.

Reich Gottes: neue Welt, die Gott für die Menschen schaffen wird (siehe S. 163).

Buße: bedeutet, dass man sein Leben ändert, d.h. von einem falschen Weg umkehrt und sich an Gott orientiert.

Evangelium: (= »Frohe Botschaft«). Gemeint ist die Botschaft von Jesus Christus, der als Retter in die Welt gekommen ist.

See Genezareth: wird auch das »Meer von Galiläa« genannt. Hier hielt sich Jesus häufig auf (siehe Karte S. 286).

Simon: wird später Petrus (= Fels) genannt (siehe S. 236).

Jesus wird getauft (Markus 1,1-15)

Dies ist der Anfang des Evangeliums von Jesus Christus, dem Sohn Gottes. Wie geschrieben steht im Propheten Jesaja: »Siehe, ich sende meinen Boten vor dir her, der deinen Weg bereiten soll.« »Es ist eine Stimme eines Predigers in der Wüste: Bereitet den Weg des Herrn, macht seine Steige eben!« (Maleachi 3,1; Jesaja 40,3) (Markus 1,1-3)

Johannes der Täufer war ein Prophet. Er lebte in der Wüste und trug ein Gewand aus Kamelhaaren und einen ledernen Gürtel. Heuschrecken und wilder Honig waren seine Nahrung. Er redete den Menschen ins Gewissen:
»Ändert euer Leben. Denkt darüber nach, wo ihr Schuld auf euch geladen habt. Dann wird Gott euch vergeben und wieder neu mit euch anfangen.«
Viele Menschen folgten dem Ruf von Johannes. Aus ganz Israel kamen sie herbei, um sich von ihm im Jordan* taufen* zu lassen. Dabei sagten sie auch, was sie im Leben alles falsch gemacht hatten. Manche dachten, Johannes sei der lang ersehnte Retter, der Messias*. Doch Johannes sagte:
»Nach mir kommt der, der stärker ist als ich. Ich habe euch mit Wasser getauft; aber er wird euch mit dem Heiligen Geist* taufen.«

Auch Jesus von Nazareth kam zu Johannes und ließ sich von ihm taufen. Als er aus dem Wasser stieg, öffnete sich der Himmel und eine Taube flog herab. Da ertönte eine Stimme: »Du bist mein lieber Sohn*, an dir habe ich Wohlgefallen.«

Danach ging Jesus nach Galiläa* und sprach zu den Leuten:
»Die Zeit ist erfüllt, und das Reich Gottes* ist nahe herbeigekommen. Tut Buße* und glaubt an das Evangelium*!«

Jesus findet Begleiter (Markus 1,16-20 und 3,13-19)

Jesus ging zum See Genezareth*. Da sah er einige Fischer, die ihre Netze ins Wasser warfen. Es waren Simon* und sein Bruder Andreas. Jesus sagte zu ihnen: »Folgt mir nach; ich will euch zu Menschenfischern machen!« Sogleich verließen Simon* und Andreas ihre Netze und folgten ihm nach.

Auch die Brüder Jakobus und Johannes, die im Boot mit ihrem Vater Netze flickten, gingen mit Jesus. Jesus fand weitere Begleiter: Philippus, Bartholomäus, Matthäus, Thomas, Jakobus, Thaddäus, Simon Kananäus und Judas Iskariot. Die Zwölf wurden zu Jüngern* von Jesus und lernten von ihm.

Jesus heilt einen Aussätzigen *(Markus 1,40-45)*

»Jesus, wenn du es willst, dann werde ich gesund!«
Jesus blieb stehen. Ein aussätziger Mann* kniete vor ihm.
Jesus hatte Mitleid mit ihm. Er berührte den Mann und sagte:
»Ich will dich heilen.«

Sofort verschwand der Aussatz. Der Mann freute sich sehr.
Jesus befahl ihm: »Sage keinem, dass ich dich geheilt habe! Geh nur zum Priester* und danke Gott für deine Heilung.«

Der Mann ging zum Priester. Als dieser sah, dass er geheilt war, erlaubte er ihm, wieder in sein Dorf zurückzukehren. Doch der Mann hielt sich nicht an das, was Jesus ihm gesagt hatte. In seiner Freude erzählte er vielen Menschen, wer ihn geheilt hatte. So konnte Jesus in keine Stadt mehr gehen, ohne dass die Leute zu ihm strömten. Deshalb zog sich Jesus an einsame Orte zurück.

Jünger: wörtlich »Schüler«. Frauen und Männer, die ihrem Lehrer (Rabbi) folgten und von ihm lernen wollten.

aussätziger Mann: Aussatz ist das gleiche wie Lepra. Da diese damals unheilbare Hautkrankheit sehr ansteckend war, durfte der Erkrankte nicht mehr im Dorf leben. Er war also aus der Gemeinschaft ausgeschlossen.

Priester: musste bestätigen, dass ein Kranker wieder gesund geworden war, weil er dann auch wieder am Gottesdienst teilnehmen durfte.

Zur Vertiefung: Lies in der Bibel die Geschichte vom »Besessenen« (Mk 1,21-28).

Wundergeschichten

Warum werden Wundergeschichten erzählt?
Jesus heilte viele Menschen. So konnten sie
die Liebe Gottes an Körper und Seele spüren.
Diese Heilungen wurden von seinen Schülern
als Wundergeschichten weitererzählt.
Sie sollen zeigen:
◎ Gott gibt Jesus die Kraft, außergewöhn-
   liche Dinge zu tun.
◎ Gott will, dass es den Menschen gut geht.
   Er überwindet ihre Krankheiten und
   Schmerzen.
◎ In Gottes neuer Welt wird es kein Leid
   und keinen Tod mehr geben.

Wundergeschichten wurden damals über viele
Personen erzählt – selbst über die römischen
Kaiser. Meist sollten sie zeigen, dass der
Wundertäter eine außergewöhnliche
Persönlichkeit ist. Im Gegensatz dazu verbietet
Jesus den Geheilten jedoch ausdrücklich, über
seine Wunder zu sprechen. Sie sind also nicht
Selbstzweck, sondern ein Zeichen dafür, dass
mit Jesus Gottes Reich anbricht.

Jesu Wunder sind Ausdruck von Gottes Liebe
für die Menschen: Kranke werden geheilt und
Menschen von Dämonen befreit. Sogar der Tod
verliert seine Macht.
Viele der Wundertaten, die im Neuen Testament berichtet werden, erinnern an Erzählungen aus dem Alten Testament (siehe Elia,
S. 88–89). Sie werden als Ereignisse
verstanden, in denen Gott unmittelbar am Werk
ist und zugunsten des Volkes oder einzelner
Menschen wunderbar eingreift.

Im Neuen Testament gibt es **verschiedene
Arten von Wundern**:

◎ **Heilungswunder** (z. B. Der Hauptmann
   von Kapernaum, S. 190)
◎ **Auferweckungswunder**
   (z. B. Die Tochter von Jaïrus, S. 164)
◎ **Rettungswunder**
   (z. B. Jesus stillt den Sturm, S. 164)
◎ **Geschenkwunder** (z. B. Jesus gibt
   5000 Menschen zu essen, S. 165)

Duccio di Buoninsegna, Die Heilung eines Blindgeborenen, um 1310

Jesus heilt einen Gelähmten (Markus 2,1-12)

Jesus kam nach Kapernaum*. Schnell hatte es sich herumgesprochen, wo er sich aufhielt. Es kamen so viele Leute in das Haus, dass bald kein Platz mehr war.

Vier Männer näherten sich dem Haus. Sie brachten einen Gelähmten auf einer Trage. Auch sie wollten zu Jesus, aber sie kamen nicht durch die Menschenmenge hindurch.
Da hatte einer der Männer eine Idee: »Lasst uns auf das Dach* steigen, ein Loch hineinmachen und die Trage hinunterlassen.« Das taten sie.

Als Jesus den Gelähmten auf der Trage sah, ging er auf ihn zu und sagte: »Deine Sünden* sind dir vergeben.«
Einige Schriftgelehrte* schauten böse und dachten bei sich: »Wie kann Jesus so etwas zusagen? Nur Gott kann Sünden vergeben!«
Jesus erkannte, was sie dachten. Er sagte zu ihnen: »Was ist leichter? Zu sagen: ›Deine Sünden sind dir vergeben‹ oder: ›Steh auf und geh‹?« Und zum Gelähmten sprach er: »Du, steh auf! Nimm deine Trage und geh nach Hause.«
Da stand der Gelähmte auf und ging fort. Alle Leute staunten, dankten Gott und riefen: »So etwas haben wir noch nie gesehen!«

Kapernaum: siehe Karte S. 286.

Dach: bestand aus einem Zweiggeflecht, das durch eine Schicht aus Lehm und Stroh abgedichtet wurde. Eine Außentreppe führte hinauf. Deshalb war es leicht zugänglich und einfach zu öffnen.

Modell eines Hauses
aus der Zeit Jesu (von oben)

Sünde: Leben gegen die Gebote Gottes. Wenn Jesus einem Menschen seine Sünden vergibt, dann tut er etwas, das nach jüdischem Verständnis nur Gott kann.

Schriftgelehrte: Männer, die sich mit Gottes Geboten und Heiligen Schriften auskennen und sie lehren (siehe S. 160).

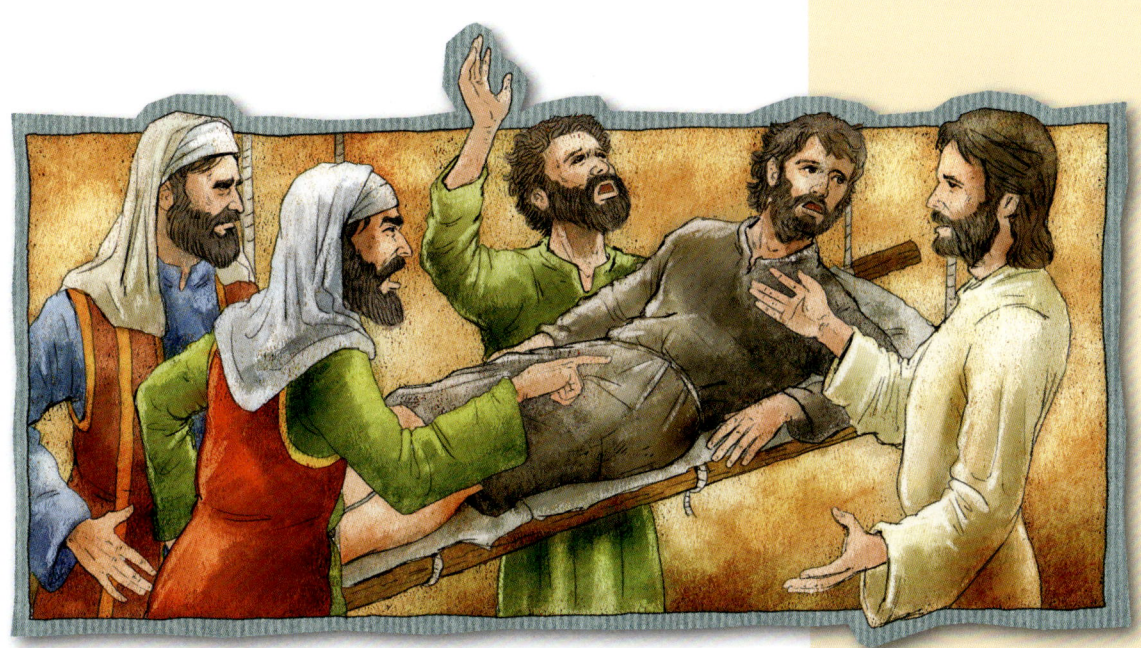

Jüdische Gruppen zur Zeit Jesu

Jesus musste sich immer wieder mit religiösen Gruppen im Judentum seiner Zeit auseinandersetzen. Dazu gehörten:

◎ **die Pharisäer:** Der Name bedeutet »die Abgesonderten«. Sie nahmen es mit der Befolgung der biblischen Gebote sehr ernst und wollten diese im Alltag möglichst genau beachten. Daher nahmen sie Anstoß am Umgang Jesu mit Sündern und seinem Verständnis der Gebote, obwohl viele ihrer Anliegen sich mit denen von Jesus deckten. Die Pharisäer waren keine Priester. Sie hatten viele Anhänger im Volk.

◎ **die Sadduzäer:** Der Name bedeutet »die Priesterlichen«, weil zu dieser Gruppe vor allem Priester und führende Leute im Land gehörten. Sie hatten die Mehrheit im Hohen Rat – der obersten Behörde im Judentum zu dieser Zeit. Die Sadduzäer lehnten alle Lehren ab, die über die fünf Bücher Mose (Tora) hinausgingen. Dazu gehört beispielsweise auch der Glaube an die Auferstehung der Toten.

◎ **die Schriftgelehrten:** Das waren jüdische Theologen, deren Aufgabe das Studium und die Auslegung der Bücher Mose war. Es gab sie in beiden oben genannten Gruppen. Die meisten gehörten jedoch den Pharisäern an. Die Menschen konnten sie um Rat fragen und nannten sie respektvoll »Rabbi« (Lehrer). Auch Jesus wurde von seinen Schülern (Jüngern) so angesprochen.

◎ **die Zeloten:** Der Name bedeutet »Eiferer«. Sie standen der Lehre der Pharisäer nahe, waren allerdings politisch aktiver. Im Untergrund kämpften sie gegen die Herrschaft der Römer. Ihr Wirken führte schließlich zum Aufstand der Juden gegen Rom, bei dem Jerusalem 70 n. Chr. von den Römern zerstört wurde.

Das Foto stammt aus der Siedlung »Qasrin« im Golan und zeigt die teilweise wieder aufgebaute Synagoge aus dem dritten Jahrhundert. Synagogen sind Versammlungsräume der Juden. Am Sabbat wird dort Gottesdienst gehalten.

Die Berufung des Levi *(Markus 2,13-17)*

Jesus ging wieder zum See Genezareth, wo er zu vielen Menschen redete. Dabei kam er an einer Zollstelle vorbei, wo ein Mann namens Levi saß. Er war ein Zöllner.*

»Folge mir nach!«, rief Jesus ihm zu. Da stand Levi auf und ging mit ihm. Daraufhin kamen viele Zöllner und Sünder zu Jesus. Er lud sie alle zu sich an seinen Tisch ein.

Als die Schriftgelehrten das sahen, fragten sie seine Jünger: »Isst Jesus etwa mit den Zöllnern und Sündern*?« Jesus hörte das und erwiderte: »Nicht die Starken bedürfen des Arztes, sondern die Kranken. Ich bin nicht gekommen, Gerechte* zu rufen, sondern Sünder.«

Jesus und der Sabbat *(Markus 2,23–3,6)*

Am Sabbat* gingen Jesus und seine Jünger durch ein Kornfeld. Die Jünger hatten Hunger und fingen an, die Körner aus den Ähren zu essen.

Einige Pharisäer* beobachteten das. Sie riefen: »Jesus, sieh doch, was deine Jünger tun. Es ist nicht erlaubt, am Ruhetag zu ernten!« Jesus antwortete ihnen: »Wisst ihr denn nicht? Sogar König David hat in der Not etwas getan hat, das nicht erlaubt war. Er war auf der Flucht und hat die Schaubrote* gegessen, die allein für die Priester bestimmt waren. Versteht doch: Der Sabbat ist um des Menschen willen gemacht und nicht der Mensch um des Sabbats willen. So ist der Menschensohn* Herr auch über den Sabbat.«

Dann ging Jesus in die Synagoge*. Dort traf er einen Mann, der eine verkrüppelte Hand hatte. Er rief ihn zu sich und fragte die Pharisäer:

»Was ist am Sabbat erlaubt: Gutes tun oder Böses tun, Leben retten oder töten?« Aber er bekam keine Antwort. Da wurde Jesus zornig, weil sie so hartherzig waren, und sagte zu dem Mann: »Strecke deine Hand aus!« Er tat es und seine Hand wurde gesund. Die Pharisäer hatten nur darauf gewartet, dass Jesus am Sabbat heilte*. Sie gingen hinaus und berieten, wie sie gegen Jesus könnten.

Zöllner: Im Römischen Reich gab es Zollstationen entlang der Handelsstraßen. Diese Zollstationen waren an Einheimische verpachtet. Neben der Pacht, die sie an Rom zahlten, mussten die Zöllner auch für den eigenen Unterhalt sorgen. Deshalb waren die Abgaben oft überhöht und die Zöllner bei der Bevölkerung verhasst.

Sünder: Menschen, die gegen die Gebote Gottes verstoßen.

Gerechte: Menschen, die nach Gottes Geboten leben (siehe S. 54–58).

Sabbat: Ruhetag am Ende der siebentägigen Woche, der Gott gewidmet ist. An ihm darf nach den jüdischen Geboten nicht gearbeitet werden (siehe S. 52).

Pharisäer: Angehörige einer jüdischen Glaubensgruppe, die die biblischen Vorschriften sehr ernst nahm (siehe S. 160).

Schaubrote: siehe S. 85.

Menschensohn: himmlische Gestalt. Der Begriff bringt die besondere Bedeutung von Jesus zum Ausdruck (siehe S. 220).

Synagoge: Versammlungsstätte jüdischer Gemeinden, wo am Sabbat Gottesdienst gehalten wird.

heilen: Ärztliche Behandlung ist am Sabbat nur bei Lebensgefahr erlaubt. Jesus richtet sich gegen die Einhaltung einer Vorschrift, wenn dabei ihr Sinn verloren geht und sie lebensfeindlich wird.

Jesus erzählt Gleichnisse (Markus 4)

Jesus war wieder einmal am See Genezareth und wollte zu den Menschen sprechen. Da versammelten sich so viele Leute um ihn, dass er in ein Boot steigen musste. Von dort redete er zu den Menschen, die am Ufer standen. Er erzählte ihnen ein Gleichnis[*]:
»Ein Sämann ging hinaus, um zu säen[*]. Einige Samenkörner fielen auf den Weg. Da kamen die Vögel und fraßen sie auf. Einige fielen auf felsigen Boden, wo nicht viel Erde war. Als die Sonne aufging, verwelkten die Pflänzchen. Sie hatten keine tiefen Wurzeln bilden können.
Einige Samen fielen unter die Dornen[*]. Die Dornen wuchsen und erstickten sie. Einige Samen fielen jedoch auf gutes Land. Sie gingen auf, wuchsen und brachten reiche Ernte hervor. Wer Ohren hat zu hören, der höre!

»Was bedeutet dieses Gleichnis?«, fragten die Jünger. Jesus antwortete: »Die Samenkörner stehen für die Botschaft, die ich den Menschen bringe. Einige nehmen sie gar nicht an – es ist wie bei den Samenkörnern, die von den Vögeln gefressen werden. Andere hören sie gerne, lassen sich dann aber auch schnell wieder davon abbringen – wie bei Samenkörnern, die keine Wurzeln schlagen. Wieder andere streben viel mehr nach Geld oder sonstigen Gütern, sodass meine Botschaft für sie unwichtig wird. Hier ist es so wie bei den Samenkörnern, die von den Dornen überwuchert werden. Aber es gibt auch Menschen, die meine Botschaft annehmen. Bei ihnen wird sie mehr als reichlich Frucht bringen.«

Jesus erzählte noch ein Gleichnis: »Wie kann ich euch erklären, was das Reich Gottes[*] ist? Womit kann ich es vergleichen? Das Reich Gottes ist wie ein Senfkorn[*]. Es ist das kleinste von allen Samenkörnern. Aber wenn es aufgeht, bekommt es riesige Zweige und wird größer als alle anderen Sträucher. Sogar die Vögel können in seinem Schatten ihr Nest bauen und finden darin Schutz.«

Nachbildung eines Bootes aus der Zeit Jesu und Fischer in der damaligen Kleidung

Gleichnis: Rede in Bildern und Vergleichen (siehe S. 163).

säen: Brot war damals das Hauptnahrungsmittel in Israel. Daher baute man vor allem Weizen und Gerste an.

Dornen: damit sind wahrscheinlich Disteln gemeint, deren Samen im Ackerboden liegen. Sie wachsen schneller als das Getreide und können dessen Pflänzchen überwuchern und ersticken.

Reich Gottes: neue Welt, die Gott für die Menschen schaffen wird. Mit Jesus hat sie bereits begonnen.

Senfkorn: sehr kleines Korn. Etwa 700 Körner wiegen ein Gramm.

Gleichnisse

Jesus erzählte den Menschen von Gottes neuer Welt, vom »Reich Gottes«. Dies tat er oft mithilfe von **Gleichnissen**. Darin verglich er das Reich Gottes mit alltäglichen Dingen oder Vorgängen – wie beispielsweise mit Saat und Ernte oder Szenen aus dem häuslichen Bereich, die Menschen aus ihrem Leben kannten. Obwohl die Wirklichkeit des Reiches Gottes eigentlich unvergleichbar ist, macht Jesus sie auf diese Weise anschaulich. Gerade weil diese Dinge so einfach sind, werden Menschen zum Nachdenken angeregt. Gleichnisse bewegen daher auch zum Umdenken und zum Handeln.

In den Gleichnissen geht es meist um die Fragen:

◉ **Wie sieht die zukünftige Welt, das »Reich Gottes«, aus?**
◉ **Welches Verhalten wird von den Menschen angesichts von Gottes Reich erwartet?**

Das **Reich Gottes** wird oft auch »Himmelreich« oder »Gottes neue Welt« genannt. Gemeint ist: Gott hält für die Menschen eine gute Zukunft bereit. Mit Jesus hat diese Zukunft bereits begonnen.

Vincent van Gogh, Sämann bei untergehender Sonne, 1888

Jesus stillt den Sturm (Markus 4,35-41)

Am Abend dieses Tages waren Jesus und seine Jünger noch immer am See Genezareth. Sie stiegen in ein Boot und wollten zum anderen Ufer hinüberfahren.
Jesus legte sich hin und schlief ein. Als sie mitten auf dem See waren, kam ein furchtbarer Sturm* auf. Die Wellen gingen hoch und das Boot drohte voll Wasser zu laufen. Da bekamen die Jünger große Angst. Sie schüttelten Jesus und riefen: »Jesus, hilf uns! Sonst kommen wir um!«
Jesus stand auf und rief dem Sturm und den Wellen zu: »Seid still!« Da ließ der Wind nach und das Wasser wurde ganz ruhig. »Warum seid ihr so ängstlich? Ich bin doch bei euch«, sagte er.
Die Jünger staunten und fragten sich: »Wer ist er bloß? Sogar der Wind und die Wellen gehorchen ihm!«

Die Tochter des Jaïrus (Markus 5,21-43)

Bald darauf war Jesus wieder am See und sprach zu den Menschen. Aufgeregt kam Jaïrus dazu, der Vorsteher* der dortigen Synagoge. »Meine Tochter ist todkrank! Bitte komm doch und hilf ihr!«, bat er Jesus.
Jesus ging mit ihm. Doch da kamen ihnen bereits Leute aus dem Haus von Jaïrus entgegen. Sie brachten ihm die Nachricht: »Deine Tochter ist gestorben. Du brauchst den Lehrer* nicht mehr mitzubringen«
Aber Jesus sagte zu Jaïrus: »Fürchte dich nicht, glaube nur!« Dann ging er mit Petrus, Jakobus und Johannes in das Haus. Dort hatten sich viele Leute versammelt. Sie weinten und klagten. Jesus sagte zu ihnen: »Warum macht ihr einen solchen Lärm*? Das Kind ist nicht gestorben. Es schläft nur!«
Er schickte alle aus dem Raum. Nur die Eltern des Kindes durften dableiben. Dann nahm er die Hand des Mädchens und sprach: »Talita kum*!«, das heißt »Mädchen, steh auf!« Da stand das Kind auf und ging umher.
Als die Eltern das sahen, erschraken sie. Aber Jesus sagte nur: »Sagt niemandem, was geschehen ist! Und gebt dem Mädchen etwas zu essen.«

Der See Genezareth

Sturm: Häufiges Wetterphänomen auf dem See Genezareth. Weil der See zwischen mehreren Bergen liegt, erzeugen Fallwinde eine Art Wirbelsturm.

Vorsteher der Synagoge: Er war für die Ordnung in der Synagoge und den richtigen Ablauf des Gottesdienstes verantwortlich.

Lehrer: Jesus wurde von den Leuten und seinen Jüngern »Rabbi« (»mein Lehrer« oder »Lehrmeister«) genannt (siehe S. 219).

Lärm: Wenn ein Mensch gestorben war, wurden die Angehörigen durch sogenannte Klageweiber in ihrer Trauer unterstützt. Sie beweinten und beklagten den Toten laut (siehe Totenklage und Bestattung in Israel, S. 80).

Talita kum: ist Aramäisch. Dies ist die Sprache, die Jesus gesprochen hat.

Jesus gibt vielen Menschen zu essen
(Markus 6,33-44)

Jesus hatte sich mit seinen Jüngern an einen abgelegenen Ort zurückgezogen. Aber die Leute wussten, wo er war, und kamen dorthin, um ihm zuzuhören. Jesus erfüllte ihren Wunsch und redete lange zu ihnen.

Als es Abend wurde, sagten die Jünger besorgt: »Jesus, die Leute haben nichts zu essen. Schicke sie in die Dörfer, damit sie sich Brot kaufen.«

»Es ist nicht nötig, dass sie fortgehen«, erwiderte Jesus. »Ihr könnt ihnen doch etwas zu essen geben.«

Die Jünger schauten sich an. »Wie soll das gehen? Wir haben nichts dabei außer zwei Fischen und fünf Broten.«

»Bringt alles her!«, forderte Jesus sie auf.

Als sie ihm die Speisen gegeben hatten, wies er die Menge an, sich zu setzen. Er nahm das Brot und die Fische, sah zum Himmel auf und sprach ein Dankgebet. Dann brach er die Brote in Stücke und ließ sie zusammen mit den Fischen herumreichen.

Die Menschen aßen und alle wurden satt. Am Schluss blieben sogar noch zwölf Körbe mit Resten übrig.

Brot und Fische: Altes christliches Bodenmosaik in Tabgha, wo die Speisung stattgefunden haben soll (siehe Karte S. 286).

Jesus kommt zu seinen Jüngern auf den See *(Markus 6,45-52)*

Jesus schickte seine Jünger zum See Genezareth. Sie sollten mit dem Boot nach Betsaida* hinüberfahren. Er selbst blieb allein am Ufer zurück und stieg auf einen Berg. Dort wollte er zu Gott beten.

Am Abend war das Boot mitten auf dem See. Vom Berg aus sah Jesus seine Jünger. Sie plagten sich beim Rudern, denn der Wind blies ihnen entgegen.

In der Nacht kam Jesus zu ihnen. Er lief über das Wasser auf das Boot zu. Als die Jünger ihn sahen, meinten sie, er wäre ein Gespenst. Sie schrien vor Angst, aber Jesus beruhigte sie und sagte: »Ich bin es. Fürchtet euch nicht!« Dann stieg er zu ihnen ins Boot.

Der Wind legte sich. Die Jünger waren sehr erschrocken. Sie verstanden nicht, was geschehen war.

Betsaida: lag am Nordufer des Sees Genezareth. Archäologen graben die Überreste des Ortes aus (siehe Karte S. 286).

Jesus heilt einen Blinden *(Markus 8,22-26)*

Als sie nach Betsaida kamen, brachten einige Leute einen blinden Mann zu Jesus. Jesus nahm den Blinden bei der Hand und führte ihn aus dem Dorf hinaus. Dann rieb er Speichel* auf die Augen des Mannes, legte ihm die Hände auf die Lider und fragte ihn: »Siehst du etwas?« Der Blinde sagte: »Ich sehe die Menschen umhergehen. Sie sehen aus wie Bäume.«
Da legte ihm Jesus noch einmal die Hände auf die Augen und der Blinde konnte alles ganz deutlich sehen. Jesus schickte ihn nach Hause und sagte: »Geh aber nicht in das Dorf zurück, um den Leuten alles zu erzählen.«

Das Bekenntnis des Petrus *(Markus 8,27-33)*

Als Jesus mit seinen Jüngern weiterging, fragte er sie: »Habt ihr gehört, was die Leute über mich reden? Was glauben sie, wer ich bin?«
Die Jünger antworteten: Sie sagen, du seiest Johannes der Täufer*; andere sagen, du seiest Elia*; wieder andere, du seiest einer der Propheten. Und er fragte sie: Ihr aber, wer, sagt ihr, dass ich sei? Da antwortete Petrus und sprach zu ihm: Du bist der Christus*!
Jesus schärfte ihnen ein, mit niemandem darüber zu reden. Dann sagte er zu ihnen: »Ich gehe jetzt nach Jerusalem. Dort wird man mich verhaften und zum Tod verurteilen. Sie werden mich hinrichten. Aber nach drei Tagen werde ich vom Tod auferstehen.«
Petrus wollte das nicht hören und rief: »Hör auf, von deinem Tod zu reden!« Da fuhr Jesus ihn an: »Geh weg von mir! Deine Gedanken sind menschlich und stammen nicht von Gott. Wer zu mir gehören will, muss sein Kreuz auf sich nehmen – so wie ich es tun werde – und er muss mir auf meinem Weg folgen.«

Wer ist Jesus? *(Markus 9,2-10)*

Sechs Tage später nahm Jesus Petrus, Jakobus und Johannes mit sich und führte sie auf einen Berg. Auf einmal veränderte sich sein Aussehen. Seine Kleider wurden ganz hell und weiß. Elia und Mose* erschienen vor den Jüngern und redeten mit Jesus.

Ausgrabungen des Fischerortes Betsaida

Speichel: war ein gebräuchliches Heilmittel. Man glaubte außerdem, dass Speichel böse Geister abwehrt.

Johannes der Täufer: siehe S. 156.

Elia: siehe S. 88–91.

Christus: heißt übersetzt »der Gesalbte«. Dies bezeichnet ursprünglich den von Gott eingesetzten König Israels. Das hebräische Wort dafür ist »Messias« (siehe S. 219).

Jesus weist hier darauf hin, dass die Nachfolge keine leichte Sache ist.

Elia und Mose: Die beiden Gestalten stehen für die Botschaft des Alten Testaments und für den alten Bund (siehe S. 19). Hier wird also gezeigt, dass Jesus in einer engen Beziehung zu diesem Bund steht.

Die Jünger wussten nicht, was das bedeuten sollte. Sie waren erschrocken und verwirrt. Zuletzt zog eine große Wolke über Elia, Mose und Jesus hinweg, und aus der Wolke erklang eine Stimme: »Das ist mein lieber Sohn; den sollt ihr hören!« Dann waren Jesus und die Jünger wieder allein.

Als sie wieder vom Berg hinunterstiegen, sagte Jesus zu ihnen: »Erzählt niemandem, was ihr gesehen habt, bis ich vom Tod auferstanden bin.«

Der Berg Tabor liegt etwa 10 Kilometer von Nazareth entfernt (siehe Karte S. 286) und ist 588 m hoch.

Jesus und die Kinder (Markus 10,13-16)

Jesus kam in ein Dorf. Die Menschen freuten sich sehr und wollten ihre Kinder zu ihm bringen. Jesus sollte sie berühren und segnen. Doch die Jünger stellten sich ihnen in den Weg und sagten: »Was wollt ihr hier? Ihr könnt Jesus jetzt nicht stören.«

Jesus merkte, was seine Jünger taten. Er ärgerte sich und sagte: »Was soll das? Lasst die Kinder zu mir kommen! Haltet sie nicht zurück. Sie sind etwas ganz Besonderes. Ihnen gehört das Reich Gottes*! Wahrlich, ich sage euch: Wer das Reich Gottes nicht empfängt wie ein Kind, der wird nicht hineinkommen.«

Reich Gottes: neue Welt, die Gott für die Menschen schaffen wird. Mit Jesus hat sie bereits begonnen (siehe S. 163).

segnete: mit dem Segen wird Gottes Kraft weitergegeben.

Beschämt schauten ihn die Jünger an. Jesus aber nahm die Kinder in die Arme und drückte sie an sich. Dann legte er seine Hände auf ihren Kopf und segnete* sie.

Jesus und der reiche Jüngling
(Markus 10,17-27)

Rabbi: bedeutet übersetzt
»mein Lehrer«.

Gottes Gebote: siehe S. 54–56.

Ein junger Mann kam zu Jesus. Er kniete vor ihm nieder und fragte: »Jesus, guter Rabbi*, was muss ich tun, damit ich das ewige Leben bekomme?« Jesus antwortete: »Du kennst doch Gottes Gebote*:
Du sollst nicht töten;
du sollst nicht ehebrechen;
du sollst nicht stehlen;
du sollst nicht falsch Zeugnis reden;
du sollst niemanden berauben;
du sollst deinen Vater und deine Mutter ehren.«

Der junge Mann sagte: »Rabbi, an all das habe ich mich seit meiner Jugend gehalten.« Jesus sah ihn freundlich an und erwiderte: »Eines fehlt dir noch. Verkaufe alles, was du hast, und gib das Geld den Armen. Du wirst dafür einen Schatz im Himmel haben. Dann komm wieder her und folge mir nach.«
Da wurde der junge Mann traurig und ging betreten davon, denn er war sehr reich.
Die Jünger waren erschrocken über das, was Jesus gesagt hatte. Doch Jesus sprach: »Es ist leichter, dass ein Kamel durch ein Nadelöhr* gehe, als dass ein Reicher ins Reich Gottes* komme.«

Nadelöhr: Damit ist eine kleine Pforte in einer Stadtmauer gemeint, durch die gerade mal ein Mensch passt.

Reich Gottes: siehe S. 163.

selig: bedeutet hier:
in Gottes neue Welt kommen.

Da regten sich die Jünger noch mehr auf und fragten: »Wer kann dann überhaupt noch selig* werden?« Jesus antwortete: »Ihr vergesst, dass wir Menschen dies nicht in der Hand haben. Denkt immer daran: Für Gott sind alle Dinge möglich.«

Bartimäus *(Markus 10,46-52)*

Blick auf das heutige Jericho

Jericho: siehe Karte S. 286.

Jesus und seine Jünger kamen in die Stadt Jericho*. Als sie zusammen mit einer großen Menge die Stadt wieder verlassen wollten, saß ein blinder Mann am Wegesrand und bettelte. Sein Name war Bartimäus. Als er hörte, dass Jesus näher kam, rief er laut: »Jesus, komm zu mir! Bitte hilf mir!«
»Sei still! Was schreist du so?«, ärgerten sich die Leute. Aber Bartimäus gab keine Ruhe und rief immer lauter: »Jesus, komm zu mir! Jesus hilf mir!«

Jesus blieb stehen und schaute sich um. »Ruft den Mann her!«, sagte er. Aufgeregt sagten die Leute zu Bartimäus: »Los, steh auf! Jesus ruft dich. Geh zu ihm.« Da stand Bartimäus auf und lief zu Jesus. Jesus schaute den Blinden an und fragte ihn: »Was kann ich für dich tun?« Bartimäus erwiderte: »Jesus, bitte hilf mir! Ich möchte sehen können.« »Du hast großes Vertrauen«, sprach Jesus. »Dein Glaube hat dir geholfen. Geh nun! Alles wird gut.«
Bartimäus öffnete die Augen: Er konnte sehen!
Da fasste er den Entschluss, bei Jesus zu bleiben, und zog mit ihm.

Jesus zieht in Jerusalem ein (Markus 11,1-11)

Auf dem Weg nach Jerusalem kamen Jesus und seine Jünger nach Betanien*. Da sagte Jesus zu zwei von ihnen: »Geht in das nächste Dorf. Dort findet ihr einen jungen Esel angebunden. Auf ihm ist noch nie ein Mensch geritten. Bindet ihn los und bringt ihn her. Und wenn euch jemand fragt, warum ihr das tut, so sagt ihm: ›Der Herr braucht ihn, und er schickt ihn euch bald wieder zurück.‹«
Die beiden Jünger gingen nach Betanien, fanden den Esel und banden ihn los. »Was macht ihr da!«, rief ein Mann, der sie beobachtete. »Ihr könnt doch nicht einfach den Esel losbinden!«

Betanien: siehe Karte S. 286.

Der Einzug Jesu auf einem Esel erinnert an Worte des Propheten Sacharja, die einen gerechten König verheißen, der Frieden bringt (siehe S. 140).

Zweige: waren vermutlich Palmzweige. Daher nennt man den Tag, der an dieses Ereignis erinnert, »Palmsonntag« (siehe S. 274).

Hosianna (auch Hosanna): ist hebräisch und bedeutet »Rette uns!«

»Der Herr braucht ihn, und er schickt ihn euch bald wieder zurück«, sagten die Jünger. Da ließ der Mann sie ziehen.
Sie brachten den Esel zu Jesus, und er setzte sich darauf und ritt nach Jerusalem.

Vor der Stadt breiteten viele Menschen ihre Kleider auf der Straße aus. Andere legten grüne Zweige* auf den Weg. Überall riefen die Menschen: »Hosianna*! Gelobt sei, der da kommt in dem Namen des Herrn! Hosianna in der Höhe!«
Am Abend kehrte er mit seinen Jüngern wieder nach Betanien zurück.

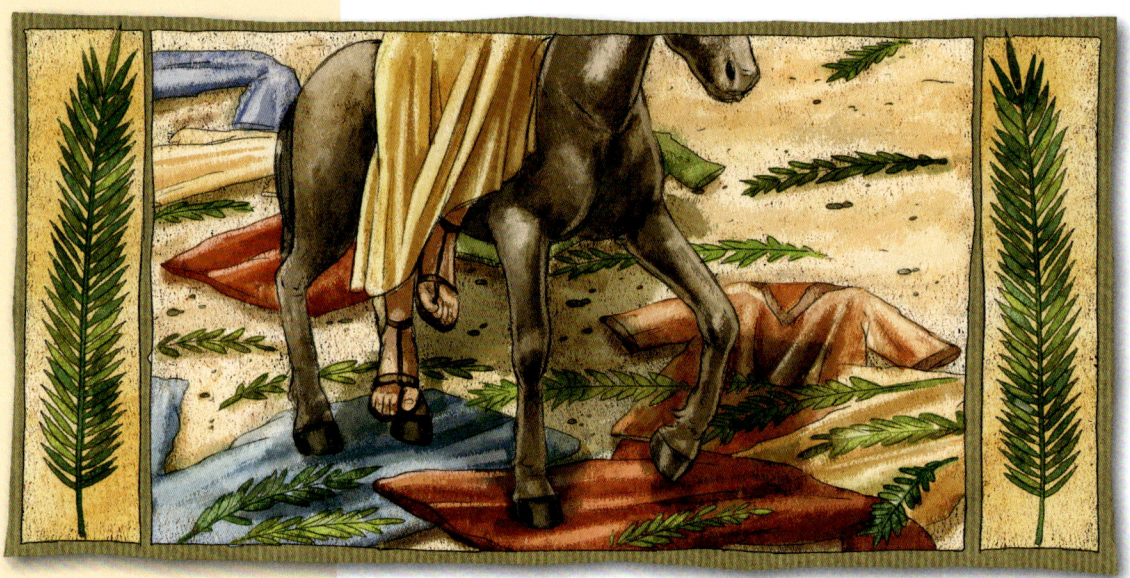

Im Tempel (Markus 11,15-18)

Tempel: siehe S. 85–86.

Geldwechsler: wechselten Geld der Besucher in eine besondere Währung, mit der die Tempelsteuer bezahlt wurde.

Taubenhändler: verkauften im Tempel Opfertiere.

Am nächsten Tag ging Jesus nach Jerusalem in den Tempel*. Dort sah er das bunte Treiben: die schreienden Verkäufer, die Tische der Geldwechsler* und die Stände der Taubenhändler*. Voller Zorn warf er die Tische und Stände um und rief: »Steht nicht geschrieben: »Mein Haus wird ein Bethaus heißen für alle Völker«? Ihr aber habt eine Räuberhöhle daraus gemacht.«
Die führenden Priester und Schriftgelehrten hörten den Lärm. Sie ärgerten sich sehr über Jesus und überlegten, wie sie ihn loswerden könnten, denn sie fürchteten seinen Einfluss auf die Leute.

Die Opfergabe der Witwe (Markus 12,41-44)

Wieder war Jesus im Tempel. Er saß gegenüber vom Gotteskasten*. So konnte er beobachten, wie die Leute Geld in die
Opferkästen legten. Viele wohlhabende Leute taten viel hinein.
Da kam eine arme Witwe, die zwei Scherflein* in den Kasten warf.
Jesus rief seine Jünger zu sich und sagte: »Diese arme Witwe hat
mehr in den Opferkasten gelegt als alle anderen. Die Reichen
haben etwas von ihrem Überfluss abgegeben. Diese Frau aber hat
ihren ganzen Besitz hineingelegt, alles, was sie zum Leben hatte.«

Salbung und Verrat (Markus 14,3-11)

Jesus und seine Jünger waren in Betanien* zum Essen eingeladen.
Da kam eine Frau mit einem Glasfläschchen voll mit kostbarem
Salböl*. Sie öffnete es und goss Jesus das Öl über den Kopf.
»Was für eine Vergeudung!«, regten sich die Jünger auf. »Überlegt
doch: Man hätte dieses Öl für mehr als dreihundert Silber-
groschen* verkaufen und das Geld den Armen geben können.«
Jesus erwiderte: »Lasst die Frau in Ruhe! Sie hat mir damit
etwas Gutes getan. Denn sie hat mich schon im Voraus für mein
Begräbnis gesalbt. Arme habt ihr immer bei euch, um die ihr euch
kümmern könnt. Aber ich werde nicht für immer bei euch sein.«

Danach ging Judas Iskariot, einer der zwölf Jünger, zu den
führenden Priestern. Er wollte ihnen verraten, wo Jesus sich
aufhält. Als sie das hörten, waren sie hoch erfreut und versprachen, ihm viel Geld dafür zu geben.

Jesu letztes Mahl mit den Jüngern
(Markus 14,12-25)

Am ersten Tag des Passafestes* fragten die Jünger Jesus, wo sie das
Passamahl miteinander essen sollten. Da nahm Jesus zwei der
Jünger beiseite und sagte: »Geht in die Stadt. Wenn ihr einen Mann
mit einem Krug auf dem Kopf seht, folgt ihm und sprecht mit
seinem Herrn. Er wird euch einen großen Raum zeigen, der mit
Polstern ausgestattet ist. Dort könnt ihr das Mahl vorbereiten.«

Gotteskasten: So heißt in der
Lutherbibel das Schatzhaus des
Tempels. Dort gab es öffentlich
zugängliche Opferkästen
für Geldspenden.

Scherflein: kleinste Kupfer-
münze, die es damals in Israel
gab.

Zwei Scherflein aus der Zeit des
Pontius Pilatus (siehe S. 175).

Betanien: siehe Karte S. 286.

Salböl: mit dem wertvollen Öl
wurden normalerweise Könige
gesalbt. Der Titel »Messias«
(= »der Gesalbte«) hängt damit
zusammen. Man rieb auch die
Toten mit Salböl ein, um ihnen so
eine letzte Ehrung zu erweisen.

300 Silbergroschen:
entsprechen dem Jahreslohn
eines Tagelöhners.

Salbölfläschchen (siehe S. 75)

Passafest: erinnert an den
Auszug aus Ägypten. Am ersten
Abend isst man miteinander ein
Lamm, das Passalamm
(siehe »Jüdische Feste«, S. 52).

Passateller

Blut des Bundes: Der Wein steht für das Blut, das Jesus mit seinem Tod für alle Menschen vergießen wird. Dadurch stiftet er einen neuen Bund, der den am Sinai geschlossenen Bund fortführt. Dieser Bund gilt nun allen Menschen (siehe S. 19).

Auferstehung: siehe S. 180.

Die Jünger gingen in die Stadt und fanden alles vor, wie Jesus es ihnen gesagt hatte. So bereiteten sie das Passalamm zu.

Am Abend kam Jesus mit den zwölf Jüngern. Sie setzten sich zu Tisch und aßen. Da sagte Jesus: »Wahrlich, ich sage euch: Einer unter euch, der mit mir isst, wird mich verraten.«

Erstaunt sahen die Jünger Jesus an. Einer nach dem anderen fragte ihn: »Bin ich es?« Jesus sagte: »Einer von meinen zwölf Jüngern, der heute mit mir zusammen isst – der wird es sein.«

Und als sie aßen, nahm er das Brot, dankte und brach's und gab's ihnen und sprach: »Nehmet; das ist mein Leib.

Und er nahm den Kelch, dankte und gab ihnen den; und sie tranken alle daraus. Und er sprach zu ihnen: Das ist mein Blut des Bundes*, das für viele vergossen wird.«

Sie feierten das Mahl und sangen die Lobgesänge, die an diesem Abend gesungen werden. Nach dem Essen gingen sie zum Ölberg, wo sie übernachten wollten. Jesus sagte: »Ihr werdet alle an mir zweifeln und mich nicht mehr verstehen. Denn mein Weg führt in den Tod. Aber nach meiner Auferstehung* werde ich nach Galiläa gehen. Dort werden wir uns wiedersehen.«

Petrus beteuerte: »Auch wenn alle anderen an dir zweifeln – ich bestimmt nicht!« Doch Jesus erwiderte: »Wahrlich, ich sage dir: Heute, in dieser Nacht, ehe denn der Hahn zweimal kräht, wirst du mich dreimal verleugnen.« »Das wird niemals geschehen!«, rief Petrus. »Selbst wenn ich mit dir sterben müsste, würde ich dich nicht verleugnen!« Das Gleiche sagten auch alle anderen Jünger.

Im Garten Gethsemane (Markus 14,32-42)

Sie kamen in einen Garten voller Olivenbäume, der hieß Gethsemane. Jesus sagte zu seinen Jüngern: »Setzt euch hier hin, bis ich gebetet habe. Dann nahm er Petrus, Jakobus und Johannes mit sich. Er fürchtete sich und bat sie: »Meine Seele ist betrübt bis an den Tod; bleibt hier und wachet!«

Jesus ging allein weiter, warf sich auf die Erde und betete: »Abba*, Vater, alles ist dir möglich; nimm diesen Kelch von mir; doch nicht, was ich will, sondern was du willst!«

Garten Gethsemane heute

Abba: aramäisches Wort, das die ganz persönliche Anrede an den eigenen Vater ausdrückt (wie »lieber Vater«).

Als Jesus zurückkam, sah er, dass seine Jünger schliefen. »Petrus, schläfst du etwa?«, fragte er enttäuscht. »Konntest du nicht eine einzige Stunde aufbleiben und mit mir beten? Der Geist ist willig; aber das Fleisch ist schwach.«

Jesus betete noch zweimal allein. Immer, wenn er zurückkam, waren die Jünger wieder eingeschlafen. Schließlich sagte Jesus: »Es ist Zeit. Steht auf und lasst uns gehen! Derjenige, der mich verrät, wird bald hier sein.«

Jesus wird gefangen genommen
(Markus 14,43-52)

Als Jesus noch redete, kam Judas mit einigen Dienern der führenden Priester*. Sie waren mit Schwertern und Stangen bewaffnet. Da sie Jesus nicht kannten, hatte Judas ihnen gesagt: »Der, den ich küssen* werde, das ist Jesus. Den könnt ihr gefangen nehmen.«

Judas ging zu Jesus und küsste ihn. Da packten ihn die Männer und nahmen ihn fest. Einer der Begleiter von Jesus zog sein Schwert und schlug einem der Diener ein Ohr ab. Jesus aber rief: »Bin ich denn ein Räuber, den ihr mit Schwertern festnehmen müsst? Jeden Tag war ich bei euch im Tempel und habe gelehrt.« Da verließen ihn alle, die bei ihm waren, und flohen. Jesus wurde abgeführt.

Diener der führenden Priester: bildeten die bewaffnete Tempelpolizei.

küssen: galt als Zeichen der Zuneigung oder auch des Respekts.

Verurteilt und verleugnet *(Markus 14,53-72)*

Hohepriester: geistliches Oberhaupt der Juden und Vorsitzender des Hohen Rates (siehe S. 178).

Hoher Rat (auch Sanhedrin genannt): Zur Zeit Jesu die oberste Behörde im Judentum, die für politische und religiöse Angelegenheiten sowie für die Rechtsprechung zuständig war. Sie bestand aus 70 Mitgliedern aus den Kreisen der Priesterschaft (siehe Sadduzäer, S. 160), der Schriftgelehrten (siehe S. 160) und der Ältesten des Volkes. Dazu kam der Hohepriester als Vorsitzender.

Christus: heißt übersetzt »der Gesalbte«. Dies bezeichnet ursprünglich den von Gott eingesetzten König Israels. Das hebräische Wort dafür ist Messias (siehe S. 219).

Zerreißen der Kleider: Dies war ursprünglich ein Ausdruck von Trauer und Schmerz. Hier soll es die Abscheu vor einer Gotteslästerung zeigen.

Galiläa: dort sprach man einen bestimmten Dialekt. An ihm haben die Leute Petrus wahrscheinlich erkannt.

Die Männer brachten Jesus zum Palast des Hohenpriesters*. Dort waren die führenden Priester und die Ältesten des Volkes versammelt, der gesamte Hohe Rat*. Sie suchten nach einem Grund, um Jesus zum Tod zu verurteilen. Doch sie konnten keinen finden.

Einige warfen Jesus vor: »Wir haben gehört, dass du gesagt hast: ›Ich will diesen Tempel abbrechen und in drei Tagen einen neuen bauen.‹« Doch sie widersprachen sich gegenseitig mit ihren Anschuldigungen. Jesus schwieg zu den Vorwürfen.

Schließlich fragte der Hohepriester: »Bist du der Christus*, der Sohn des Hochgelobten?« Jesus antwortete: »Ich bin es!« Da zerriss der Hohepriester seine Kleider* und rief: »Wozu brauchen wir noch weitere Zeugen, die gegen ihn aussagen? Ihr habt es eben selbst gehört. Er hat Gott gelästert. Sagt nun: Was ist euer Urteil?« Da erklärte der Hohe Rat einstimmig: »Er ist schuldig und muss sterben.«

Zur gleichen Zeit war Petrus ganz in der Nähe, ebenfalls im Palast des Hohenpriesters, denn er war den Männern gefolgt. Aber er hielt sich im Hintergrund, weil er nicht erkannt werden wollte. So setzte er sich im Hof ans Feuer, um sich zu wärmen. Eine Dienerin des Hohenpriesters schaute ihn lange an und sagte dann: »Ich kenne dich doch! Warst du nicht bei diesem Jesus von Nazareth?« Petrus widersprach: »Ich weiß nicht, was du meinst!«

Er ging hinaus in den Vorhof des Palastes. In dem Moment hörte er einen Hahn krähen. Doch die Dienerin war ihm nachgegangen. Sie fing noch einmal damit an und sagte zu den Leuten, die dabeistanden: »Ich bin sicher: Das ist einer von denen, die mit Jesus herumgezogen sind!« Petrus bestritt es noch einmal, aber alle starrten ihn nun an. Nach einer Weile sagten sie: »Es stimmt! Du bist wirklich einer von denen! Du kommst doch auch aus Galiläa*!«

Petrus fluchte und schwor: »So glaubt mir doch: Ich kenne diesen Menschen nicht, von dem ihr redet!«

Da krähte der Hahn erneut und Petrus dachte daran, was Jesus am Abend zu ihm gesagt hatte: »Bevor der Hahn zweimal kräht, wirst du dreimal gesagt haben, dass du mich nicht kennst.« Er rannte davon und fing an zu weinen.

Jesus vor Pilatus (Markus 15,1-20)

Am nächsten Morgen kam der Hohe Rat noch einmal zusammen.
Sie ließen Jesus fesseln und brachten ihn zu Pilatus, dem Statthalter* der Römer. Pilatus sah Jesus an und fragte ihn: »Bist du
der König der Juden*?« »Du sagst es!«, antwortete Jesus.
Die führenden Priester brachten viele Punkte gegen ihn vor,
aber Jesus verteidigte sich nicht. »Warum sagst du nichts?«,
fragte Pilatus erstaunt. Aber Jesus schwieg.

Zum Passafest ließ Pilatus gewöhnlich einen Gefangenen frei.
Auch jetzt kamen viele Menschen zu seinem Palast und riefen:
»Lass uns auch dieses Jahr wieder jemanden frei!« Außer Jesus gab
es noch einen anderen Gefangenen, der Barabbas hieß. Er war an
einem Aufruhr beteiligt gewesen, bei dem ein Mensch getötet
worden war. Auch er sollte hingerichtet werden. Der Statthalter
des Kaisers stellte sich vor die Menschenmenge und rief: »Soll ich
euch Jesus freigeben?« Er hatte nämlich gemerkt, dass dem Hohen
Rat Jesu Einfluss missfiel und er deshalb seinen Tod wollte. Doch
die Leute schrien: »Wir wollen Barabbas. Wir wollen Barabbas!«
»Und was soll mit dem geschehen, der König der Juden genannt
wird?«, rief Pilatus. Da schrie die Menge: »Kreuzige* ihn!« Pilatus
fragte sie: »Was hat er denn Böses getan?« Doch da schrien die
Leute noch viel lauter: »Kreuzige ihn! Kreuzige ihn!«
Pilatus wollte sich nicht gegen das Volk stellen. So gab er Barabbas
frei, und Jesus wurde abgeführt. Die Soldaten brachten Jesus in
den Innenhof des Palastes. Dort zogen sie ihm einen purpurroten
Mantel* an, flochten ihm eine Krone aus Dornen und setzten sie
ihm auf. Sie riefen: »Sei gegrüßt, du König der Juden!«
Dann schlugen sie ihn mit einem Stock und verspotteten ihn.

Steinquader mit Namensinschrift
von Pilatus

Statthalter: Vertreter des
römischen Kaisers. Er war der
höchste Richter und durfte allein
die Todesstrafe aussprechen
(siehe S. 178).

König der Juden: Anspielung
auf einen politischen Aufrührer.

Kreuzige: Die Kreuzigung war
eine grausame Hinrichtungsart,
die von den Römern an Sklaven,
Räubern und Aufrührern
vollstreckt wurde (siehe S. 178).

purpurroter Mantel: Gemeint ist
wohl der rote römische Soldaten-
mantel. Er spielt hier auf den
roten Mantel an, den Könige
trugen (siehe auch S. 238).

Dornenzweig

Golgatha: ist aus dem aramäischen Wort für »Schädel« abgeleitet. Der Name bezeichnete eine felsige Anhöhe bei Jerusalem, deren Form an einen Schädel erinnert.

Kyrene: Stadt in Nordafrika (siehe Karte S. 287).

Auf der »Via Dolorosa« in Jerusalem. Diesen Weg soll Jesus bis zu seiner Hinrichtungsstätte gegangen sein.

gewürzter Wein: hatte schmerzlindernde Wirkung.

Schild: trug die Aufschrift INRI – das ist die Abkürzung für »Jesus von Nazareth, König (rex) der Juden« auf Lateinisch.

Eli, Eli, lama asabtani?: Jesus spricht hier Worte aus Psalm 22 (siehe S. 113). In diesem Psalm steht am Ende die Hoffnung auf Rettung.

Prophet Elia: Er wurde von Gott in einem Feuerwagen in den Himmel aufgenommen (siehe S. 88). Im Judentum erwartet man seine Wiederkunft vor dem Anbruch der Endzeit. Außerdem galt er als Helfer in Not.

Essig: Das Wort bezeichnet einen billigen, sauren Wein, damals ein übliches Getränk, um den Durst zu löschen.

Vorhang im Tempel: trennte das Allerheiligste vom übrigen Tempel ab (siehe S. 85–86). Sein Zerreißen bedeutet für die frühen Christen: Alle Menschen können nun zu Gott kommen.

Schließlich zogen sie ihm den Mantel wieder aus, gaben ihm seine Kleider zurück und führten ihn aus der Stadt hinaus.

Gekreuzigt und gestorben *(Markus 15,21-41)*

Jesus wurde nach Golgatha* gebracht. Auf dem Weg durch die Stadt hielten die Soldaten einen Mann an. Es war Simon von Kyrene*. Sie befahlen ihm, das Kreuz für Jesus zu tragen.
Auf Golgatha gaben sie Jesus mit Myrrhe gewürzten Wein*, aber er wollte ihn nicht trinken. Dann kreuzigten sie ihn.
Die Soldaten würfelten, wer die Kleider von Jesus bekommen sollte. Über seinen Kopf hängten sie ein Schild*, auf dem stand: »Jesus von Nazareth, König der Juden«. Mit Jesus kreuzigten sie zwei Räuber – den einen rechts, den anderen links von ihm.

Viele Leute kamen vorbei und spotteten: »Wolltest du nicht den Tempel abreißen und in drei Tagen wieder aufbauen? Los, hilf dir selbst und steig vom Kreuz herab!«
Andere sagten: »Seht mal: Sich selbst kann er nicht helfen. Wenn er wirklich der Retter und König von Israel ist, dann soll er doch vom Kreuz heruntersteigen.« Auch die beiden Verbrecher, die mit Jesus gekreuzigt wurden, verspotteten ihn.

Ein paar Stunden später wurde es plötzlich finster, obwohl es mitten am Tag war. Jesus rief laut: »Eli, Eli, lama asabtani?*« Das heißt übersetzt: Mein Gott, mein Gott, warum hast du mich verlassen?
Da sagten die Leute: »Er ruft den Propheten Elia*!« Jemand füllte einen Schwamm mit Essig* und steckte ihn auf ein Rohr. Er gab Jesus davon zu trinken und sagte: »Jetzt lasst uns sehen, ob Elia kommt, um ihn vom Kreuz abzunehmen.« Aber Jesus schrie laut und starb. In diesem Augenblick zerriss der Vorhang im Tempel* in zwei Stücke. Der Hauptmann der Soldaten, der unter dem Kreuz stand, sagte: »Wahrlich, dieser Mensch ist Gottes Sohn gewesen!«

Aus der Ferne hatten auch einige Frauen das Geschehen beobachtet. Unter ihnen waren Maria von Magdala, Maria, die Mutter von Jakobus, und Salome. Sie waren Jesus bis nach Jerusalem gefolgt und wollten ihm auch jetzt noch nahe sein.
Als es Abend wurde, ging Josef von Arimathäa*, ein angesehener

Ratsherr, zu Pilatus. Er fragte ihn, ob er den Leichnam von Jesus beerdigen dürfe, denn es war der Tag vor dem Sabbat*. Pilatus ließ seinen Hauptmann holen und fragte, ob Jesus schon gestorben sei. Als er die Bestätigung bekam, gab er den Leichnam frei.
Josef kaufte ein Leinentuch, ließ Jesus vom Kreuz abnehmen und in das Tuch wickeln. Dann legte er ihn in ein Grab, das in einen Felsen gehauen war. Vor den Eingang des Felsengrabes wurde ein großer Stein* gerollt.

Jesus ist auferstanden (Markus 16,1-8)

Als der Sabbat vorbei war, kauften Maria von Magdala, Maria, die Mutter von Jakobus, und Salome wohlriechende Öle. Sie wollten Jesus salben*.
Vor Sonnenaufgang gingen sie zum Grab. Aber sie wussten nicht, wie sie hineinkommen sollten, weil der Eingang des Grabes durch den großen Stein verschlossen war. Doch als die Frauen zum Grab kamen, erschraken sie: Der Stein war weggewälzt!

»Was ist da geschehen?«, fragten sich die Frauen. Sie traten näher und gingen in das Grab hinein. Dort sahen sie einen jungen Mann* mit einem langen weißen* Gewand sitzen. Sie erschraken sehr, aber der Mann sagte zu ihnen:
»Ihr braucht nicht zu erschrecken! Sucht ihr Jesus von Nazareth, der gekreuzigt wurde? Er ist auferstanden, er ist nicht hier.
Seht, dort ist der Platz, wo sie ihn hingelegt hatten. Nun geht! Sagt seinen Jüngern, dass Jesus lebt. Er geht euch nach Galiläa voraus. Dort werdet ihr ihn wiedersehen, wie er es euch gesagt hat.«
Da flohen die Frauen aus dem Grab und liefen davon. Sie zitterten vor Angst und sagten niemandem etwas, so sehr fürchteten sie sich.

Josef von Arimathäa: Er war wahrscheinlich ein heimlicher Anhänger von Jesus im Hohen Rat (siehe S. 178).

Sabbat: jüdischer Ruhetag. Er endet am Samstagabend (siehe S. 52).

großer Stein: Das Grab war vermutlich eine Kammer in einem Felsen. Es wurde durch einen großen Rollstein verschlossen.

Rollsteingrab aus dem 1. Jahrhundert

salben: Damit erwies man einem Toten die letzte Ehre (siehe auch S. 171).

Mann: meint hier einen Engel Gottes.

weiß: deutet auf einen Engel, einen Boten Gottes, hin (siehe S. 148–149).

Eine weitere Begebenheit nach Jesu Auferstehung findet sich bei Lukas. Es ist die Begegnung von zwei Jüngern mit dem auferstandenen Jesus auf dem Weg nach Emmaus (siehe S. 213).

Jesus leidet und stirbt (Passion)

Warum musste Jesus sterben?

Durch sein Verhalten und seine Lehre geriet Jesus immer wieder in Konflikt mit den religiös und gesellschaftlich Führenden seiner Zeit. Er aß mit Zöllnern und Sündern, die von der Gesellschaft verachtet und ausgestoßen waren. Er legte das Sabbatgebot zu Gunsten der Menschen aus (siehe S. 161) und trat mit dem Anspruch auf, mit Gottes Vollmacht zu handeln.

In den Evangelien spiegelt sich dieser Konflikt in den Streitgesprächen mit den Pharisäern und Schriftgelehrten (siehe S. 160). Als Jesus zum Passafest nach Jerusalem kam, erreichten die Auseinandersetzungen ihren Höhepunkt. Jesus kritisierte die Geschäfte rund um den Tempel (siehe Tempelreinigung S. 170). Damit war für die führenden Mächte das Maß voll: Jesus wurde gefangen genommen und als politischer Aufrührer zum Tod am Kreuz verurteilt. An seiner Verurteilung waren nach dem Markus-Evangelium der Hohe Rat und Pontius Pilatus beteiligt.

- Der **Hohe Rat** war die oberste Behörde der Juden. Er bestand aus 70 Mitgliedern aus den Kreisen der Priesterschaft, der Schriftgelehrten und der Ältesten des Volkes. Hinzu kam der Hohepriester als Vorsitzender (siehe S. 174: Hoher Rat). Die Römer erkannten die Autorität des Hohen Rats in religiösen Fragen an. Seine weltliche Vollmacht hatten sie jedoch eingeschränkt. So durfte er keine Todesurteile fällen oder vollstrecken. Der Hohe Rat warf Jesus Gotteslästerung vor, worauf nach dem jüdischen Gesetz die Todesstrafe stand. Damit diese vollstreckt werden konnte, wurde Jesus an Pontius Pilatus ausgeliefert.

- **Pontius Pilatus** war der Stellvertreter des römischen Kaisers (Statthalter) und damit zur Zeit Jesu der mächtigste Mann in Judäa. Sein Hauptsitz war Cäsarea am Meer (siehe Karte S. 286). Er hatte aber auch eine Residenz auf der Burg Antonia am Tempel von Jerusalem (siehe Tempel S. 85–86). Dort wurde Jesus verurteilt. Pilatus kümmerte sich eigentlich nicht um Streitigkeiten unter den Juden. Doch er war um ein gutes Verhältnis zur jüdischen Oberschicht bemüht. So verurteilte er Jesus aufgrund des Verdachts, es handele sich hier um einen politischen Aufrührer, zum Tod (siehe S. 175). Die Kreuzigung war eine äußerst qualvolle und erniedrigende Art der Hinrichtung. Die Römer vollstreckten sie in der Regel an Aufständischen. Sie galt als so grausam, dass sie bei römischen Staatsbürgern nicht angewendet wurde.

Jesu letzte Worte

Die Geschichte von Jesu Tod wird in allen vier Evangelien erzählt. Bei aller Gemeinsamkeit in der Darstellung gibt es in den vier Evangelien jedoch auch Unterschiede. Dies zeigen besonders die letzten Worte Jesu am Kreuz:

- Bei **Markus** und **Matthäus** stirbt Jesus mit dem Ausruf:

  »Eli, Eli, lama asabtani?« – »Mein Gott, mein Gott, warum hast du mich verlassen?« Der Aufschrei, von Gott verlassen zu sein, stammt aus Psalm 22 (siehe S. 113). Er ist ein Ausdruck des tiefsten Leids. Doch indem Jesus sich mit dieser Frage an seinen Gott wendet, hält er an ihm fest. Wer den Psalm kennt, weiß, dass Gott das Leid des Beters schließlich überwindet. Dieses Gebet, das als Klage beginnt, endet im Lob Gottes.

- **Lukas** berichtet von drei Sätzen, die Jesus am Kreuz gesagt hat:

  »Vater, vergib ihnen; denn sie wissen nicht, was sie tun!«

  »Wahrlich, ich sage dir: Heute wirst du mit mir im Paradies sein.«

  »Vater, ich befehle meinen Geist in deine Hände!«

  Im ersten Satz bittet Jesus Gott um Vergebung für seine Mörder. Im zweiten verspricht er dem Verbrecher, der zur gleichen Zeit neben ihm gekreuzigt wurde und seine Taten bereute, das Paradies. Der dritte Satz ist ein Gebetsruf aus Psalm 31. Es ist das Abendgebet der frommen Juden.

  Den Händen der Menschen und damit dem Tod ausgeliefert, befiehlt Jesus seinen Geist (d. h. sein Leben) vertrauensvoll in Gottes Hände.

- Bei **Johannes** stirbt Jesus mit den Worten »Mich dürstet« und »Es ist vollbracht!« Beide Worte weisen weit über die Situation am Kreuz hinaus: Der Durst steht für das Verlangen Jesu, bis zuletzt den Willen Gottes zu erfüllen. Das zweite Wort ist die Bestätigung, dass dies geschehen ist. Sogar noch im Tod am Kreuz erweist Jesus sich als Herr dieses Geschehens und damit als Herr über den Tod. Damit setzt Johannes einen anderen Akzent als Matthäus, Markus und Lukas, die das Leiden Jesu betonen. Hier vollendet Jesus mit seinem Sterben den Auftrag, zu dem er als Sohn Gottes in die Welt gesandt wurde.

Matthias Grünewald, Kreuzigung Christi, 1512–1516

Karwoche und Karfreitag

Am Freitag vor Ostern gedenkt die Christenheit der Kreuzigung und des Todes Jesu. Der Name »Karfreitag« kommt von dem althochdeutschen Wort »kara«, das Trauer bedeutet. Von daher wird die gesamte Woche ab Palmsonntag bis zum Samstag vor Ostern »Karwoche« genannt. Sie bildet den Höhepunkt der Passionszeit. In dieser Woche, am Gründonnerstag, erinnern Christen sich auch an das letzte Abendmahl, das Jesus mit den Jüngern gehalten hat. Danach wurde er im Garten Gethsemane gefangen genommen (siehe S. 173). »Grün« kommt von dem alten deutschen Wort »greinen« (weinen).

Palmsonntag und Karfreitag zeigen einen großen Gegensatz: Beim Einzug in Jerusalem am Palmsonntag wurde Jesus jubelnd empfangen (siehe S. 169). Die Menschen verbanden mit ihm die Hoffnung auf den Messias, der das jüdische Volk von den verhassten römischen Besatzern befreit. Doch stattdessen müssen seine Anhänger erleben, wie Jesus verspottet

Dieses Bild des Malers Leonardo da Vinci ist eine der berühmtesten Darstellungen des letzten Abendmahls, 1495–1497

wird und schließlich elend den Tod eines Verbrechers stirbt. Nach der Auferstehung erkennen die ersten Christen, welcher tiefe Sinn in diesem Tod am Kreuz liegt: Jesus Christus litt **an** der Welt, die ihn und seine Botschaft nicht verstehen und annehmen wollte. Aber er litt auch **für** die Welt, in die er von Gott gesandt war, um sie zu erlösen.

Für die Christen ist der Karfreitag einer der höchsten Feiertage. Auch heute noch ist es in manchen Gegenden üblich, an diesem Tag in Trauerkleidung das Abendmahl zu empfangen. Im Gottesdienst schweigen Orgel und Glocken. Fasten, Besinnung und Stille bestimmen den Tag. Katholische Christen gehen am Todestag Jesu die vierzehn Stationen des Kreuzwegs. Damit wollen sie sich seinen Gang in den Tod vor Augen führen. Am Karfreitag ist in Kirchen an der Kanzel und auf dem Altar ein schwarzes Tuch zu sehen.

Jesu Auferstehung (Ostern)

Die Auferstehung selbst wird im Neuen Testament nicht geschildert. Es ist ein Geschehen, das jede menschliche Vorstellungskraft übersteigt. Die Bibel stellt die Auferstehung nur indirekt dar, indem sie von den Erfahrungen der Menschen erzählt, aus denen die Gewissheit erwuchs: Jesus lebt!

Am dritten Tag nach Jesu Tod finden die Frauen, die Jesus bis zu seinem Tod begleitet haben, das Grab leer und erfahren als Erste von der Auferstehung (siehe S. 177). Die Jünger, denen sie von ihrem Erlebnis berichten, glauben ihnen nicht. Im Lukas-Evangelium wird erzählt, dass zwei Jünger dem auferstandenen Jesus auf dem Weg nach Emmaus begegnen (siehe S. 213). Sie erkennen ihn aber erst, als er beim gemeinsamen Mahl das Brot bricht. In den folgenden Tagen begegnen auch die anderen Jünger dem Auferstandenen.

Das Osterfest

An Ostern feiern die Christen, dass Gott Jesus von den Toten auferweckt hat. Es ist das wichtigste Fest der Christen: Ohne die Auferstehung Jesu hätte es kein Christentum gegeben. Die ersten Christen erinnerten sich jeden Sonntag an die Auferstehung, also an den Tag, an dem die Frauen das leere Grab entdeckt hatten. Später feierte man Ostern nur noch einmal im Jahr. Als Termin wurde der Sonntag nach dem ersten Vollmond im Frühling festgelegt. Das bedeutet, dass man Ostern frühestens am 22. März, spätestens am 25. April feiert.

Wie wird Ostern gefeiert?

Früh am Morgen gingen die Frauen ans Grab. Auch heute noch finden auf Friedhöfen oder in Kirchen vor Sonnenaufgang Ostermorgengottesdienste statt. In den Gottesdiensten hängt man ein weißes Tuch an den Altar und vor die Kanzel. Weiß ist die Farbe für Jesus Christus. Um seine Freude auszudrücken, darf man in Italien am Ostersonntag im Gottesdienst laut lachen.

Überhaupt soll Ostern ein fröhliches Fest sein. Traditionell isst man an diesem Fest ein Osterlamm. Es erinnert an das Passalamm und ist ein Symbol für Jesus, der im Johannes-Evangelium auch »Lamm Gottes« genannt wird. Ostereier und Osterhasen haben eigentlich nichts mit dem Christentum zu tun. Doch beide ließen sich gut mit Ostern, dem Fest des Lebens, verbinden: So wurde der Hase möglicherweise mit Ostern in Verbindung gebracht, weil er ein sehr fruchtbares Tier ist. Das Ei birgt Leben in sich und ist ein uraltes Symbol für den Frühling. Nach christlichem Verständnis steht das Ei zugleich für das Grab Christi: Wie das Küken beim Schlüpfen die Eierschale aufbricht, so zerbricht Jesus bei seiner Auferstehung das Gefängnis des Todes.

Matthias Grünewald, Auferstehung, 1512–1516

Matthäus erzählt

Lucas Cranach, Matthäus, Luthers Neues Testament 1522

Matthäus verband die Geschichte von Jesus mit dem Alten Testament: Jesus ist der Retter, der Israel von den Propheten verheißen worden ist. Doch das Matthäus-Evangelium geht darüber hinaus: Jesus ist nicht nur der Retter Israels, sondern der gesamten Menschheit. Jesus wird im Matthäus-Evangelium als Rabbi, als weiser Lehrer, dargestellt. Seine Worte sind in fünf großen Reden zusammengefasst. Die bekannteste ist die Bergpredigt (siehe S. 185). Hier verkündet Jesus den Menschen, was Gott will. So erweist er sich als der Lehrer, den Gott mit besonderer Vollmacht ausgestattet hat.

Zentral für den Evangelisten Matthäus waren die Fragen:

- **Welche Bedeutung hat Jesus für Israel und die gesamte Menschheit?**
- **Wie legt Jesus Gottes Gebote aus?**

Wie das Markus-Evangelium hatte auch das Evangelium nach Matthäus ursprünglich keinen Namen. Die Leserinnen und Leser entdeckten aber, dass das **Matthäus-Evangelium** den Namen des Zöllners Levi aus Markus 2,13-17 (siehe S. 161) in »Matthäus« geändert hatte. Deshalb schrieb man das Werk dem Zöllner Matthäus zu. Er war einer der zwölf Apostel. Wer das Evangelium tatsächlich verfasst hat, wissen wir nicht. Wegen der vielen Zitate aus dem Alten Testament wird angenommen, dass der Schreiber zu einer Gemeinde gehörte, die aus dem Judentum hervorgegangen war.

Matthäus hat viele Geschichten aus dem Markus-Evangelium übernommen. Deshalb muss das Matthäus-Evangelium nach dem Markus-Evangelium geschrieben worden sein, wahrscheinlich um 80 n.Chr. in Syrien.

In der Bergpredigt fasst folgender Satz alle Anweisungen für ein Leben zusammen, das sich an Jesus orientiert: »Alles nun, was ihr wollt, dass euch die Leute tun sollen, das tut ihr ihnen auch!« (7,12). Dieser Satz wird auch »Die Goldene Regel« genannt.

Die besondere Aufgabe der Christen ist es, »Salz der Erde« und »Licht für die Welt« zu sein (5,13-16; siehe S. 187). Dazu muss man wachsam bleiben – das bedeutet, dass Jesus und das mit ihm angebrochene Reich Gottes das Leben ganz bestimmen.

In der Bibel steht Matthäus vor Markus am Anfang des Neuen Testaments. Als die Reihenfolge der Bücher in der Bibel festgelegt wurde, wurde Matthäus in der Kirche am meisten geschätzt.

Matthäus beginnt sein Evangelium

Dies ist das Buch der Geschichte Jesu Christi, des Sohnes Davids, des Sohnes Abrahams.

Jesu Geburt (Matthäus 1,18-25)

Maria und Josef lebten in Bethlehem*. Sie waren verlobt* und Maria erwartete ein Kind, obwohl sie noch nicht mit Josef zusammengewesen war. Deshalb wollte sich Josef heimlich von ihr trennen.
Da erschien ihm im Traum ein Engel. Er sagte:
»Josef, Sohn Davids*! Habe keine Angst, Maria zur Frau zu nehmen. Das Kind, das sie erwartet, kommt vom Heiligen Geist*. Maria wird einen Sohn gebären. Er soll Jesus* heißen. Er wird sein Volk retten. Damit erfüllt sich, was der Prophet* schon vor langer Zeit gesagt hat.« Als Josef aufwachte, ging er zu Maria und nahm sie bei sich auf. Als sie ihren Sohn zur Welt brachte, nannten sie ihn Jesus.

Die Sterndeuter (Matthäus 2,1-12)

Es war zu der Zeit, als König Herodes* das Land regierte. Da kamen Sterndeuter* aus dem Osten nach Jerusalem. Sie fragten: »Wo ist der neugeborene König der Juden? Wir haben seinen Stern am Himmel gesehen. Deshalb sind wir hierher gekommen. Wir wollen das Königskind anbeten!«

Bethlehem: Anders als bei Lukas kommen die Eltern von Jesus hier nicht aus Nazareth.

Die »Geburtsgrotte« in Bethlehem. Hier soll Jesus geboren worden sein. Schon die frühen Christen errichteten an dieser Stelle eine Kirche.

verlobt: Die jüdische Verlobung ist ein rechtsverbindliches Eheversprechen. Josef hätte Maria also wegen Ehebruchs anklagen können.

Sohn Davids: siehe S. 220.

Heiliger Geist: Geist Gottes, der im Menschen wohnt und wirkt.

Jesus: siehe S. 219.

Prophet: Damit ist Jesaja gemeint (siehe S. 128–129).

König Herodes: gemeint ist Herodes Antipas, der Sohn von Herodes dem Großen. Er regierte von 4. v.Chr. bis 39 n.Chr. in Galiläa und war somit Landesfürst von Jesus.

Sterndeuter: Sternenkunde und Astrologie waren geschätzte Wissenschaften im Alten Orient. Bei Matthäus gelten die Sterndeuter als Vertreter fremder Völker, die von weither kommen, um den neuen König zu ehren. Weil sie drei Geschenke bringen, wurden sie in der christlichen Tradition zu den »Heiligen drei Königen« (siehe S. 202–203).

Micha: siehe S. 140.

Haus: Bei Matthäus kommt Jesus in einem Haus zur Welt, nicht wie bei Lukas in einem Stall.

Gold, Weihrauch und Myrrhe: dies waren Geschenke für einen König. Weihrauch und Myrrhe sind aromatisch riechende Harze. Myrrhe wurde auch als Gewürz verwendet. Sie ist bekannt für ihre Heilwirkung (siehe S. 40).

umzubringen: Jesus droht das gleiche Schicksal wie damals dem kleinen Mose. Doch beide überleben, weil Gott eingreift (siehe S. 44).

Nazareth: siehe Karte S. 286.

Blick auf das heutige Nazareth

Als König Herodes das hörte, erschrak er. Sofort ließ er die Oberen Priester und Schriftgelehrten zu sich kommen. »Wo könnte dieser neugeborene König zur Welt gekommen sein?«, fragte er sie. Die Schriftgelehrten antworteten: »Bei dem Propheten Micha* steht geschrieben: Er wird aus Bethlehem kommen.« Da rief Herodes die Sterndeuter heimlich zu sich. Er wollte alles über den Stern wissen und bat sie: »Zieht nach Bethlehem und sucht nach dem Kind. Wenn ihr es gefunden habt, dann lasst es mich wissen. Auch ich will kommen und es anbeten.« Die weisen Männer zogen los. Sie folgten dem Stern, bis er über dem Ort stehen blieb, wo das Kind war. »Endlich sind wir angekommen!«, riefen sie voller Freude.

Sie gingen in das Haus* und fanden das Kind mit seiner Mutter Maria. Da fielen sie nieder und beteten es an.

Dann legten sie ihre Geschenke vor dem Kind nieder – Gold, Weihrauch und Myrrhe*.

In dieser Nacht befahl ihnen Gott im Traum: »Geht nicht zu Herodes zurück.« So zogen sie auf einem anderen Weg wieder in das Land, aus dem sie gekommen waren.

Flucht nach Ägypten (Matthäus 2,13-15.19-23)

In der Nacht erschien Josef ein Engel im Traum. Er sagte: »Fliehe mit deiner Familie nach Ägypten. Herodes hat vor, das Kind umzubringen*.«

Da zogen sie nach Ägypten und blieben dort. Einige Zeit später erschien Josef der Engel noch einmal im Traum. Diesmal sagte er: »Herodes ist tot. Ihr könnt wieder nach Israel zurückkehren.«

So zog die Familie nach Galiläa in die Stadt Nazareth*, wo Jesus aufwuchs.

Die Bergpredigt

Berge spielten in den Religionen damals eine wichtige Rolle. Bei vielen Völkern galten sie als Wohnsitz der Götter. Auch in der Bibel finden Begegnungen mit Gott häufig auf einem Berg statt. Auf dem Berg Sinai erhielt Mose die Zehn Gebote (siehe S. 54). Auch der Tempel in Jerusalem steht auf einem »Berg«.
Im Matthäus-Evangelium hält Jesus seine erste Rede auf einem Berg. Sie wird deshalb die »Bergpredigt« genannt und enthält so etwas wie das »Programm« für das Leben derer, die Jesus nachfolgen wollen.

Die Bergpredigt gibt Antwort auf die Fragen:

◎ **Wer ist alles in Gottes Reich eingeladen?**
◎ **Auf welche Weise sollen wir Jesus nachfolgen?**

Das Lebensprogramm der Bergpredigt zeigt, worum es auch im Alten Testament geht. Das Ziel ist die richtige Beziehung zwischen Gott und Mensch. Damit verbunden ist die richtige Beziehung der Menschen untereinander. Sie sollen so miteinander umgehen, wie es Gottes Willen entspricht – bis hin zu dem Gebot, auch seine Feinde zu lieben (siehe S. 187). Um dies auch in die Tat umzusetzen, können wir Gott um Hilfe bitten. Von ihm dürfen wir alles erwarten, angefangen bei dem, was wir Tag für Tag zum Leben brauchen. Deshalb lehrt Jesus hier auch das »Vaterunser«. Mit diesem Gebet darf man sich jederzeit vertrauensvoll an Gott wenden.

An dem Ort, an dem die Bergpredigt stattgefunden haben soll, steht heute eine Kirche. Sie liegt über dem See Genezareth, in der Nähe des Dorfes Kapernaum.

Julius Schnorr von Carolsfeld, Die Bergpredigt, 1860

Jesus redet zu den Menschen: Die Bergpredigt *(Matthäus 5–7)*

Viele Leute wollten hören, was Jesus zu sagen hatte. Nicht weit von Kapernaum am See Genezareth war ein Berg*. Dort stieg Jesus hinauf, damit ihn die Leute besser verstehen konnten. Auch seine Jünger waren dabei. Jesus setzte sich* und begann zu reden.

Die Bergpredigt: Die Seligpreisungen

Selig* sind, die da geistlich arm* sind;
denn ihrer ist das Himmelreich*.
Selig sind, die da Leid tragen;
denn sie sollen getröstet werden.
Selig sind die Sanftmütigen;
denn sie werden das Erdreich besitzen.
Selig sind, die da hungert und dürstet
nach der Gerechtigkeit;
denn sie sollen satt werden.
Selig sind die Barmherzigen;
denn sie werden Barmherzigkeit erlangen.
Selig sind, die reinen Herzens sind;
denn sie werden Gott schauen.
Selig sind, die Frieden stiften;
denn sie werden Gottes Kinder heißen.
Selig sind, die um der Gerechtigkeit willen
verfolgt werden;
denn ihrer ist das Himmelreich.
Selig seid ihr, wenn euch die Menschen
um meinetwillen schmähen und verfolgen
und allerlei Böses gegen euch reden und dabei lügen.
Seid fröhlich und jubelt;
es wird euch im Himmel reichlich belohnt werden.
(Matthäus 5,3-12a)

Berg: Gemeint ist das steile Ufer im Westen des Sees Genezareth. Im Matthäus-Evangelium steigt Jesus oft auf einen Berg, um zu lehren oder zu beten.

setzte sich: Zu sitzen war die typische Haltung eines Lehrers.

selig: Im Griechischen ist dies der Beginn einer Gratulation. So wird gesagt, wenn es jemand gut hat und sein Leben gelingt. In der Bibel ist damit immer ein Leben in der Beziehung zu Gott gemeint.

geistlich arm: bedeutet, alles von Gott zu erwarten und für das offen zu sein, was er den Menschen schenkt.

Himmelreich (= Reich Gottes): Gottes neue Welt, die mit Jesu Kommen anbricht (siehe S. 163).

Die 1937 erbaute »Kirche der Seligpreisungen« am vermuteten Ort der Bergpredigt, in der Nähe des Dorfes Kapernaum am See Genezareth

Die Bergpredigt:
Über die Nachfolge und die Gebote

Ihr seid das Salz* der Erde.
Wenn nun das Salz nicht mehr salzt,
womit soll man salzen?
Es ist zu nichts mehr zu gebrauchen.
Man kann es nur noch wegschütten.

Ihr seid das Licht der Welt.
Man zündet keine Öllampe* an und stellt sie unter einen Scheffel*,
sondern auf einen Leuchter.
Nur so kann sie für alle im Haus scheinen.
Lasst euer Licht vor den Menschen leuchten.
Seid ihnen ein leuchtendes Beispiel,
damit sie eure guten Werke sehen
und euren Vater im Himmel preisen.
(Matthäus 5,13-16)

Ihr habt gehört, dass gesagt ist*: »Auge um Auge, Zahn um Zahn.«
Ich aber sage euch:
Wenn dich jemand auf deine rechte Backe schlägt, dem halte auch
die andere hin. Und wenn jemand dir dein Kleid nehmen will, gib
ihm auch deinen Mantel. Und wenn dich jemand zwingt, eine
Meile* mitzugehen, dann geh zwei mit ihm.
Gib dem, der dich bittet, und wende dich nicht ab von dem,
der etwas von dir borgen will.
(Matthäus 5,38-42)

Ihr habt gehört, dass gesagt ist:
»Du sollst deinen Nächsten* lieben und deinen Feind hassen*.«
Ich aber sage euch: Liebt eure Feinde.
Bittet für die, die euch verfolgen.
Dann seid ihr Kinder eures Vaters im Himmel.
Gott lässt seine Sonne über Böse und Gute aufgehen.
Er lässt es regnen über Gerechte und Ungerechte.
Denn was ist, wenn ihr nur die liebt, die euch lieben?
Und wenn ihr nur zu euren Geschwistern freundlich seid, was tut
ihr Besonderes?
Darum sollt ihr vollkommen sein, wie euer himmlischer Vater
vollkommen ist.
(Matthäus 5,43-48)

Salz: benutzte man, um Fleisch und Fisch haltbar zu machen und zu würzen. Ohne Salz schmeckt vieles nicht.

Öllampe: Zur Zeit Jesu verwendete man hauptsächlich Öllampen als Lichtquelle.

Öllampe aus der Zeit des Königs Herodes

Scheffel: Tontopf, mit dem Getreide abgemessen wurde. Eine darunter gestellte Lampe würde schnell ausgehen.

gesagt ist: Diese Formulierung macht deutlich, dass es Gott war, der hier gesprochen hat.

Auge um Auge, Zahn um Zahn: Regel zur Vergeltung aus dem Alten Testament. Wenn jemand einem anderen Schaden zugefügt hat, dann soll ihm zur Strafe dasselbe geschehen.

Meile: etwa 1,5 Kilometer.

Nächster: die Menschen, die einem persönlich nahe stehen, sind Verwandte, Nachbarn und Menschen, die demselben Volk und Glauben angehören. Jesus beantwortet die Frage nach dem Nächsten auch mit dem Gleichnis vom barmherzigen Samariter (siehe S. 207).

den Feind hassen: Ein solches Gebot gibt es nirgends in der Bibel. Es geht hier eher um ein allgemein menschliches Verhalten: Man neigt dazu, das Liebesgebot nicht auf seine Feinde zu beziehen (siehe S. 62).

Die Bergpredigt: Das Vaterunser
(Matthäus 6)

Wenn ihr betet, dann sollt ihr das nicht tun,
damit andere euch sehen.
Auch im Verborgenen sieht euch euer Vater im Himmel.
Ihr sollt auch nicht plappern beim Beten.
Betet einfach so:
Unser Vater* im Himmel!
Dein Name werde geheiligt*.
Dein Reich komme.
Dein Wille geschehe
wie im Himmel so auf Erden.
Unser tägliches Brot gib uns heute.
Und vergib uns unsere Schuld*,
wie auch wir vergeben unsern Schuldigern.
Und führe uns nicht in Versuchung,
sondern erlöse uns von dem Bösen.

Denn dein ist das Reich
und die Kraft und die Herrlichkeit in Ewigkeit. Amen.
(Matthäus 6,9-13)

Die Bergpredigt: Vom Sorgen
(Matthäus 6,19-34)

Sammelt keine Schätze auf der Erde. Motten und Rost können sie fressen und Diebe sie stehlen. Sammelt besser Schätze im Himmel. Dort können weder Motten noch Rost sie fressen oder Diebe sie stehlen. Denn wo dein Schatz ist, da ist auch dein Herz.

Sorgt euch nicht um euer Leben.
Sorgt euch nicht darum, was ihr essen und trinken werdet.
Sorgt euch nicht darum, was ihr anziehen werdet.
Ist nicht das Leben mehr als die Nahrung und der Leib mehr als die Kleidung?
Seht die Vögel unter dem Himmel. Sie säen nicht, sie ernten nicht und sie sammeln keine Vorräte. Und doch ernährt sie euer himmlischer Vater. Seid ihr denn nicht viel mehr wert als sie?

Im griechischen Urtext des Neuen Testaments heißt
»Vater unser im Himmel«:

Πάτερ ἡμῶν ὁ ἐν τοῖς οὐρανοῖς·

Die ersten Übersetzungen waren Latein (ab etwa 150 n. Chr.):
Pater noster, qui es in caelis

Gotisch (etwa 400 n. Chr.):
Atta unsar þu in hininam

Das Vaterunser ist heute in über 2500 Sprachen übersetzt.

Englisch:
Our Father, who art in heaven

Französisch:
Notre Père qui es aux cieux

Russisch:
Отче наш, сущий на небесах!

Spanisch:
Padre nuestro, que estás en los cielos

Tschechisch:
Otče náš, jenž jsi na nebesích

Türkisch:
Göklerdeki Babamız

Chinesisch:
我们在天上的父、

Arabisch:
أبانا الذي في السماواتِ،

Vater: Mit dieser persönlichen Anrede wendet sich Jesus immer wieder an Gott. Indem Jesus die Jünger auffordert, Gott ebenfalls Vater zu nennen, nimmt er sie mit hinein in sein Verhältnis zu Gott. Das heißt, sie sind ebenfalls Gottes Kinder. Das aramäische Wort für Vater ist »Abba« (siehe S. 172; andere Bilder für Gott, siehe S. 103).

geheiligt: »Name« steht hier für Gott selbst. Gemeint ist: »Gott, verändere die Welt so, dass sie dich ehrt.«

Schuld: sich gegen Mitmenschen und gegen Gott wenden.

Warum sorgt ihr euch um eure Kleidung? Seht die Lilien* auf dem Feld an, wie sie wachsen. Sie arbeiten und spinnen nicht. Doch sogar König Salomo* war nicht so prächtig gekleidet wie eine von ihnen.
Sorgt euch nicht und fragt nicht andauernd: Was werden wir essen und trinken? Was sollen wir anziehen?
Euer himmlischer Vater weiß doch, was ihr zum Leben braucht.

Trachtet zuerst nach dem Reich Gottes* und nach seiner Gerechtigkeit*, so wird euch das alles zufallen. Darum sorgt nicht für morgen, denn der morgige Tag wird für das Seine sorgen. Es ist genug, dass jeder Tag seine eigene Plage hat.

Die Bergpredigt: Lebensregeln (Matthäus 7)

Richtet nicht, damit ihr nicht gerichtet werdet. Denn nach dem Maßstab, nach dem ihr andere beurteilt, werdet ihr auch selbst beurteilt werden.

Wieso siehst du den Splitter im Auge deines Bruders an und bist gleichzeitig blind für den Balken in deinem eigenen Auge? Zieh zuerst den Balken aus deinem Auge; danach kannst du dich daran machen, den Splitter aus dem Auge deines Bruders zu entfernen.

Was heilig* ist, sollt ihr nicht den Hunden* zum Fressen geben. Eure Perlen sollt ihr nicht vor die Säue* werfen.

Alles nun, was ihr wollt, dass euch die Leute tun sollen, das tut ihr ihnen auch!

Die Bergpredigt: Vom Hausbau
(Matthäus 7,24-28)

Am Ende seiner Rede sagte Jesus: »Wer sich an das hält, was ich gesagt habe, der ist wie ein kluger Mann, der sein Haus auf einem Fels baute. Als nun ein Platzregen kam und starke Winde an dem Haus rüttelten, stürzte es nicht ein.

Lilien: Martin Luther übersetzte »Lilien«. Wahrscheinlich ist aber eine Feldblume wie das Kronenwindröschen gemeint (siehe Foto).

Salomo: König Israels im Alten Testament (siehe S. 83). Unter seiner Herrschaft blühte das Reich. Er war als König prachtvoll gekleidet.

Reich Gottes: Gottes neue Welt, die mit Jesu Kommen anbricht. Nach dem Reich Gottes zu trachten bedeutet: Sein Leben ganz auf diese neue Welt auszurichten.

Gerechtigkeit: Gottes Gerechtigkeit meint hier die mit dem Reich Gottes verbundene Neuordnung der Welt. Darin ist der Mensch von Gott angenommen wie ein Kind. Dies wirkt sich auf das Handeln des Menschen aus.

Weitere Lebensregeln der Bibel finden sich auf S. 56–57.

heilig: Heilig ist in der Bibel alles, was zu Gott gehört und mit ihm in Verbindung steht.

Hunde: galten zu der Zeit als halbwilde Streuner und wurden verachtet.

Säue: gelten im Judentum als unreine Tiere.

Kapernaum: Heimatstadt von Petrus am See Genezareth. Die Einwohner lebten hauptsächlich vom Fischfang. In Kapernaum waren viele nichtjüdische Soldaten stationiert (siehe Karte S. 286).

Ausgrabungen in Kapernaum; es soll sich nach Meinung von Forschern um Reste des Hauses von Petrus handeln.

Hauptmann: befehligte etwa 80 Soldaten.

wert: Fromme Juden vermieden jeden Kontakt mit Nichtjuden. Deshalb wollte der Hauptmann Jesus nicht zumuten, zu ihm nach Hause zu kommen.

Von überall her: Das Reich Gottes ist für alle Völker bestimmt, nicht nur für die Juden. Dies zeigt Jesu Zuwendung zu dem römischen Hauptmann.

Abraham, Isaak und Jakob: Stammväter Israels (siehe ab S. 21).

Wer meine Rede hört und nicht danach handelt, der ist wie ein törichter Mann, der sein Haus auf Sand baute. Als ein Platzregen kam und starke Winde an dem Haus rüttelten, stürzte es ein und fiel völlig in sich zusammen.«

Der Hauptmann von Kapernaum
(Matthäus 8,5-13)

Jesus stieg vom Berg herab und zog weiter. Er kam nach Kapernaum*. Da kam ein römischer Hauptmann* zu ihm und bat ihn: »Herr, mein Knecht liegt bei mir zu Hause. Er ist gelähmt und leidet große Qualen.«
Jesus sagte: »Ich werde mit dir kommen und ihn gesund machen.« Dankbar antwortete der Hauptmann: »Herr, ich bin nicht wert*, dass du unter mein Dach gehst, sondern sprich nur ein Wort, so wird mein Knecht gesund.«
Als Jesus das hörte, war er sehr erstaunt. Er sagte zu den Leuten, die bei ihm standen: »Solch einen Glauben habe ich hier in Israel noch bei keinem gefunden. Ich sage euch: Von überall her* werden diejenigen kommen, die im Himmelreich mit Abraham, Isaak und Jakob* zu Tisch sitzen werden.«
Zu dem Hauptmann sagte er: »Geh wieder zu deinem Diener. Es wird geschehen, wie du geglaubt hast.«
In derselben Stunde wurde der Knecht des Hauptmanns wieder gesund.

Gleichnisse über Gottes neue Welt
(Matthäus 13)

Jesus war wieder am See Genezareth und die Leute strömten zusammen, um ihn zu hören. Da erzählte er ihnen Gleichnisse* vom Himmelreich*:

»Das Himmelreich ist wie ein Schatz*, der im Acker verborgen lag. Ein Mensch fand ihn, vergrub ihn aber gleich wieder. In seiner Freude ging er los und verkaufte alles, was er hatte. Für das Geld kaufte er den Acker mit dem Schatz.«

»Mit dem Himmelreich ist es auch wie mit einem Kaufmann, der gute Perlen suchte. Als er eine kostbare Perle fand, verkaufte er alles, was er hatte. Dann kaufte er die Perle.«

»Das Himmelreich ist auch wie ein Netz, das ins Meer geworfen wurde, um Fische zu fangen. Wenn es voll ist, zieht man es ans Ufer. Dann sortiert man die guten Fische aus und wirft die schlechten weg.
So wird es auch am Ende der Welt sein: Die Engel* werden umhergehen und die Bösen von den Gerechten* trennen. Da wird sein Heulen und Zähneklappern..«

Von den Arbeitern im Weinberg
(Matthäus 20,1-16)

Ein anderes Gleichnis erzählte Jesus seinen Jüngern:
»In Gottes neuer Welt ist es wie bei einem Weinbauer, der früh am Morgen hinausging, um Arbeiter für seinen Weinberg einzustellen. Auf dem Marktplatz standen Tagelöhner* herum und warteten auf Arbeit. Der Weinbauer einigte sich mit ihnen auf einen Silbergroschen* als Tageslohn.
Nach ein paar Stunden ging er wieder zum Marktplatz, denn er brauchte noch mehr Arbeiter. Auch dieses Mal traf er Männer, die niemand eingestellt hatte. Zu ihnen sagte er: ›Geht in meinen Weinberg. Ich werde euch einen angemessenen Lohn geben.‹
Am Mittag und am Nachmittag ging er wieder zum Markt und tat dasselbe. Am späten Nachmittag ging er ein letztes Mal. Er sah dort immer noch Leute herumstehen und fragte sie: ›Was steht ihr den ganzen Tag so herum?‹

Gleichnis: Rede in Bildern und Vergleichen (siehe S. 163).

Himmelreich (= Reich Gottes): Gottes neue Welt, die mit Jesu Kommen anbricht.

Schatz: Wollte man im Altertum einen Schatz sicher aufbewahren, musste man ihn an einer geheimen Stelle vergraben. Münzen legte man in einem Tongefäß in die Erde.

Bei Ausgrabungen entdeckter Keramikkrug mit Silbermünzen aus der Zeit um 300 v. Chr.

Engel: Boten Gottes (siehe S. 148–149).

Gerechte: Menschen, die nach Gottes Willen leben.

Tagelöhner: Menschen ohne feste Arbeit. Sie müssen sich jeden Tag neu eine Arbeit suchen.

Silbergroschen: römische Münze (Denar), die den Tagesbedarf einer Familie deckte (siehe S. 209).

Ein Weinberg mit niedrigen Weinstöcken. So sahen diese zu römischer Zeit aus.

Erste/Letzte: Jesus zeigt damit, dass kein Mensch Gottes Entscheidung vorwegnehmen kann. Gottes Gerechtigkeit ist anders, als wir denken.

redete: Diese letzte große Rede Jesu im Matthäus-Evangelium soll die Jünger auf ihre künftige Aufgabe vorbereiten. Sie ruft sie zur Wachsamkeit auf und ermahnt sie dazu, gute Verwalter dessen zu sein, was Jesus ihnen anvertraut hat. Und sie blickt auch auf Jesu Wiederkunft voraus.

Brautjungfern: Unverheiratete Freundinnen der Braut. Sie begleiteten die Braut zur Hochzeit und begrüßten den Bräutigam.

Mürrisch antworteten sie: ›Du hast gut reden! Keiner hat uns Arbeit angeboten.‹ Da sagte der Weinbauer zu ihnen: ›Auch ihr könnt in meinem Weinberg arbeiten!‹

Als es Abend wurde, sagte der Herr des Weinbergs zu seinem Verwalter: ›Rufe alle Arbeiter zusammen und gib ihnen ihren Lohn.‹ Diejenigen, die zuletzt eingestellt worden waren, erhielten einen Silbergroschen. Dann kamen die an die Reihe, die früher eingestellt worden waren. Sie meinten nun, dass sie mehr bekommen würden. Aber auch für sie gab es einen Silbergroschen. ›Das darf doch nicht wahr sein!‹, schimpften sie. ›Die Letzten haben nur eine Stunde gearbeitet. Wir aber haben den ganzen Tag geschuftet und die Hitze ertragen müssen. Trotzdem bekommen wir alle denselben Lohn. Das ist doch ungerecht!‹

Da sagte der Weinbergbesitzer zu einem von ihnen: ›Mein Freund, ich tue dir kein Unrecht. Hast du dich nicht mit mir auf einen Silbergroschen als Tageslohn geeinigt? Nimm also, was dir gehört, und geh! Kann ich nicht mit meinem Geld machen, was ich will? Oder bist du mir etwa böse, weil ich gütig bin?‹ So werden die Letzten* die Ersten* und die Ersten die Letzten sein.«

Das Gleichnis von den zehn Brautjungfern (Matthäus 25,1-13)

Kurz bevor Jesus verhaftet wurde, redete* er noch einmal zu seinen Jüngern. Auch dieses Mal erzählte er ihnen Gleichnisse. Er sagte: »Wenn das Himmelreich kommt, wird es zehn Brautjungfern* gleichen, die auf die Ankunft des Bräutigams warteten.

Mit ihren Fackeln* gingen sie dem Bräutigam entgegen. Aber nur fünf von ihnen waren so klug, genügend Öl für ihre Fackeln mitzunehmen.

Als sich der Bräutigam verspätete, schliefen alle ein. Gegen Mitternacht aber hörten sie plötzlich laute Stimmen: ›Der Bräutigam kommt! Lauft ihm entgegen!‹

Die Brautjungfern wollten ihre Fackeln fertig machen. Aber die fünf gedankenlosen Brautjungfern hatten kein Öl mehr, und so baten sie die klugen: ›Gebt uns von eurem Öl. Unsre Fackeln sind ausgegangen.‹ Die antworteten jedoch: ›Nein, es reicht nicht für uns alle. Geht zum Kaufmann und kauft euch welches.‹

Während die gedankenlosen Brautjungfern noch zum Kaufmann unterwegs waren, kam der Bräutigam. So waren nur die klugen Brautjungfern da, um ihn zur Hochzeit zu begleiten. Als die andern zurückkamen und noch zum Fest gehen wollten, war die Tür verschlossen. Sie riefen: ›Herr, mach uns doch auf!‹ Aber der Bräutigam sagte: ›Ich kenne euch nicht.‹

Darum wachet! Denn ihr wisst weder Tag noch Stunde.«

Das Gleichnis vom anvertrauten Geld

(Matthäus 25,14-30)

»Mit dem Himmelreich ist es wie bei einem Mann, der auf eine weite Reise gehen wollte. Zuvor rief er seine Knechte* und vertraute ihnen sein Vermögen an.

Dem ersten gab er fünf Talente*, dem zweiten zwei und dem dritten ein Talent – je nachdem, für wie tüchtig er seine Knechte hielt. Dann reiste er ab.

Sofort ging der erste mit seinen fünf Talenten los. Er wirtschaftete mit dem anvertrauten Geld und gewann fünf weitere Talente dazu. Dasselbe machte der Knecht mit den zwei Talenten. Auch er gewann zwei weitere Talente hinzu. Aber der Knecht, der nur ein Talent bekommen hatte, grub ein Loch in die Erde und versteckte das Geld dort.

Nach langer Zeit kam der Herr wieder zurück. Er rief die Knechte zu sich und fragte: ›Was habt ihr mit meinem Geld gemacht?‹ Da sagte der mit den fünf Talenten stolz: ›Herr, du hast mir fünf Talente anvertraut. Schau her, ich habe weitere fünf Talente dazugewonnen.‹

Fackel: Stange mit einem Gefäß, in dem ein in Öl getränkter Lappen brannte.

Darstellung einer Fackel aus römischer Zeit

Mit diesem Gleichnis zeigt Jesus: Gottes neue Welt kann auch überraschend kommen.

Knechte: Es war üblich, dass tüchtige Knechte mit Geldbeträgen ihres Herrn Geschäfte machten. Der Gewinn gehörte ihrem Herrn.

Talent: größte damalige Geldeinheit, etwa 36 kg Silber.

Sein Herr sagte: ›Recht so! Du bist ein tüchtiger Knecht. Du hast dich im Kleinen als zuverlässig erwiesen. Darum werde ich dir viel anvertrauen. Komm zu mir herein*.‹

Auch der Diener mit den zwei Talenten zeigte seinen Gewinn. Der Herr freute sich über ihn und sagte zu ihm: ›Gut gemacht! Komm herein*.‹

Dann kam der, der das eine Talent vergraben hatte.

Er sagte: ›Herr, ich wusste, dass du ein harter Mann bist. Ich habe mich gefürchtet. Also habe ich das Geld in der Erde vergraben. Schau her, da hast du es wieder.‹

Sein Herr aber blickte ihn streng an und antwortete: ›Du bist ein fauler Knecht! Du hättest mein Geld zu den Geldwechslern* bringen können. Da hätte ich wenigstens Zinsen dafür bekommen.‹ Dann ließ er den Knecht hinauswerfen.«

Wenn der Menschensohn kommt ...

Wenn aber der Menschensohn* kommen wird
in seiner Herrlichkeit und alle Engel mit ihm,
dann wird er sich setzen auf den Thron seiner Herrlichkeit,
und alle Völker werden vor ihm versammelt werden.
Und er wird sie voneinander scheiden,
wie ein Hirt die Schafe von den Böcken scheidet*,
und wird die Schafe zu seiner Rechten stellen
und die Böcke zur Linken.
Da wird dann der König* sagen zu denen zu seiner Rechten:
Kommt her, ihr Gesegneten meines Vaters, ererbt das Reich,
das euch bereitet ist von Anbeginn der Welt!
Denn ich bin hungrig gewesen
und ihr habt mir zu essen gegeben.
Ich bin durstig gewesen
und ihr habt mir zu trinken gegeben.
Ich bin ein Fremder gewesen
und ihr habt mich aufgenommen.
Ich bin nackt gewesen
und ihr habt mich gekleidet.
Ich bin krank gewesen
und ihr habt mich besucht.
Ich bin im Gefängnis gewesen
und ihr seid zu mir gekommen.

Dann werden ihm die Gerechten* antworten und sagen:
Herr, wann haben wir dich hungrig gesehen
und haben dir zu essen gegeben?
Oder durstig und haben dir zu trinken gegeben?
Wann haben wir dich als Fremden gesehen
und haben dich aufgenommen?
Oder nackt und haben dich gekleidet?
Wann haben wir dich krank oder im Gefängnis gesehen
und sind zu dir gekommen?
Und der König wird antworten und zu ihnen sagen:
Wahrlich, ich sage euch: Was ihr getan habt einem von diesen
meinen geringsten Brüdern*, das habt ihr mir getan.
(Matthäus 25,31-40)

Jesus sendet seine Jünger aus

Jesus wurde gekreuzigt* und starb. Doch Gott ließ ihn vom Tod
auferstehen*. Die Jünger gingen nach Galiläa auf den Berg, wie
Jesus es ihnen gesagt* hatte. Da kam Jesus zu ihnen und sprach:
»Mir ist gegeben alle Gewalt im Himmel und auf Erden.
Darum gehet hin und lehret alle Völker*:
Taufet* sie auf den Namen des Vaters und des Sohnes und des
Heiligen Geistes* und lehret sie halten alles,
was ich euch befohlen habe.
Und siehe, ich bin bei euch alle Tage bis an der Welt Ende.«
(Matthäus 28,18-20)

Gerechte: Menschen,
die nach Gottes Geboten leben.

Zur Vertiefung: Lies in der Bibel
den sogenannten »Heilandsruf«
(Mt 11,28–30)

Brüder: Das griechische Wort
für Brüder bezeichnet sowohl
männliche als auch weibliche
Personen. Gemeint ist hier:
»Brüder und Schwestern«.

gekreuzigt: zu Jesu Tod siehe
S. 175–180.

Auferstehen: zu Jesu
Auferstehung siehe S. 177.

gesagt: Jesus hatte seinen
Jüngern gesagt, dass sie ihn in
Galiläa wiedersehen werden.

lehret alle Völker: meint: »Ladet
alle Menschen zum Glauben an
mich ein und lehrt sie, so zu
leben, wie ich es euch vorgelebt
habe.«

Taufet: zu »Taufe« siehe S. 232
und 238. Dieser Satz aus der
Bibel wird heute bei einer Taufe
gesprochen.

Heiliger Geist: Gottes Geist, der
im Menschen wohnt und wirkt
(siehe S. 224).

Lukas erzählt

Lucas Cranach, Lukas, Luthers Neues Testament 1522

Wer das **Lukas-Evangelium** geschrieben hat, ist ungewiss. Manche vermuten, dass der Arzt Lukas der Verfasser gewesen sei, den Paulus in seinen Briefen als Begleiter erwähnt. Geschrieben wurde das Evangelium wahrscheinlich um 80 n.Chr. Wenig später ist die Apostelgeschichte entstanden, die vom gleichen Verfasser stammt (siehe S. 222). Beide Bücher sind eng miteinander verbunden. Für Lukas ist Jesus nicht nur der Retter, auf den das Volk Israel gewartet hat, sondern der Retter der ganzen Welt. Deshalb ordnet er seinen Bericht in die Ereignisse seiner Zeit ein.

Lukas nennt die römischen Kaiser, die zu Lebzeiten Jesu regierten. Dabei geht es ihm um die Frage:

> **Wer ist dieser Jesus, der in eine Welt kommt, in der mächtige Herrscher regieren und andere Götter verehrt werden?**

Für Lukas ist Jesus der wahre Herrscher der Welt. Entsprechend führt für ihn die Geschichte des Volkes Israel, die das Alte Testament beschreibt, zu Jesus hin. Und die Geschichte der Kirche und ihrer Verkündigung, die Lukas dann in der Apostelgeschichte darstellt, geht von Jesus aus.
Ein besonderer Schwerpunkt des Evangeliums liegt auf der ausführlichen Beschreibung des Weges, den Jesus von Galiläa nach Jerusalem zurücklegt. Dabei gibt Lukas Antwort auf die Frage:

> **Wem wendet sich Jesus während seines Wirkens in besonderer Weise zu?**

Die Antwort ist: Allen, die als »verloren« gelten. Das sind die Armen und Außenseiter der Gesellschaft, Kranke, Zöllner und Prostituierte. Auch Frauen gehörten damals zu den wenig beachteten Menschen. Deshalb kann man das Lukas-Evangelium als das »Evangelium der Verlorenen« bezeichnen.
Seine Erfüllung findet der Lebensweg Jesu in der Auferstehung und in seiner Aufnahme in den Himmel (Himmelfahrt), von der Lukas als Einziger berichtet. Sie bildet den feierlichen Abschluss seines Evangeliums (siehe S. 214). Von da an herrscht Jesus vom Himmel aus über die Welt. Für seine Jünger beginnt jetzt die Zeit, in der sie in seinem Auftrag das Evangelium zu allen Menschen bringen sollen.

Lukas schreibt an Theophilus

Da es nun schon viele* unternommen haben, Bericht zu geben
von den Geschichten, die sich unter uns erfüllt haben, wie uns das
überliefert haben, die es von Anfang an selbst gesehen haben und
Diener des Wortes gewesen sind, habe auch ich's für gut gehalten,
nachdem ich alles von Anfang an sorgfältig erkundet habe, es für
dich, hochgeehrter Theophilus*, in guter Ordnung aufzuschreiben,
auf dass du den sicheren Grund der Lehre erfährst, in der du
unterrichtet bist.
(Lukas 1,1-4)

Ankündigung der Geburt
von Johannes und Jesus *(Lukas 1)*

Zu der Zeit, als König Herodes* über Judäa herrschte, lebte dort
der Priester* Zacharias *. Er und seine Frau Elisabeth* hatten
keine Kinder, und sie waren schon sehr alt.

Eines Tages, als Zacharias im Tempel* von Jerusalem seinen
Dienst verrichtete, erschien ihm der Engel Gabriel*.
»Fürchte dich nicht!«, sagte der Engel. »Deine Frau wird einen
Sohn bekommen. Er soll Johannes heißen. Gott hat diesem Kind
eine wichtige Aufgabe zugedacht. Johannes wird viele Menschen
wieder zu Gott führen. Er wird dem kommenden Retter als Bote
vorausgehen.«
Zacharias fragte den Engel: »Wie ist das möglich? Meine Frau und
ich sind doch schon zu alt, um Kinder zu bekommen!«
Gabriel erwiderte: »Weil du mir nicht glaubst, wirst du von heute
an stumm werden – bis das eintrifft, was ich dir gesagt habe.«
Vor dem Tempel warteten viele Menschen bereits ungeduldig auf
Zacharias. Doch als er herauskam, konnte er nicht mehr sprechen.
Stumm vollendete er seinen Dienst im Tempel und ging nach
Hause. Kurze Zeit später wurde seine Frau Elisabeth schwanger.

Viele: Lukas weist darauf hin,
dass vor ihm schon andere die
Geschichte Jesu aufgeschrieben
haben. Er will sie allerdings an
Gründlichkeit und Ausführlichkeit
übertreffen. Ein solches Vorwort
war in der griechischen Literatur
damals üblich. Lukas wendet sich
damit an gebildete Leser, die sich
für Geschichtsdarstellungen
interessieren.

Theophilus: heißt wörtlich
übersetzt »Gottesfreund«.

Modell der Burg Masada

Herodes: Name verschiedener
Herrscher. Hier ist Herodes der
Große gemeint. Er regierte von
37 – 4 v. Chr. als von den Römern
eingesetzter Herrscher über das
Land der Bibel. Er ließ prächtige
Bauten errichten und auch den
Tempel in Jerusalem ausbauen.
Wegen seiner Zusammenarbeit
mit Rom und seiner Grausamkeit
war er bei seinen Untertanen
verhasst. Deshalb baute er die
Schutzburg Masada aus.

Priester: leiteten im Tempel den
Gottesdienst und brachten die
Opfer dar.

Zacharias: bedeutet
»Der Herr hat sich erinnert«.

Elisabeth: bedeutet
»Gott ist Fülle«.

Tempel: siehe S. 85–86.

Gabriel: bedeutet
»mächtiger Mann Gottes«
(zu Engel siehe S. 148–149).

Nazareth: siehe Karte S. 286.

David: Zur Zeit Jesu war man im Judentum der Auffassung, dass der Messias ein Nachkomme Davids sein werde. Wenn Jesus der Messias war, dann musste er also auch aus der Familie Davids kommen (siehe S. 220).

Sei gegrüßt: heißt im Lateinischen »Ave«. Daher kommt die Bezeichnung »Ave Maria« für den Gruß des Engels. In der katholischen Kirche heißt so ein wichtiges Gebet.

Sohn (Gottes): siehe S. 220.

Jesus: Der Name bedeutet »Gott hilft« (siehe S. 219).

alt: Wie schon Sara, die Mutter von Isaak, und Hanna, die Mutter von Samuel, war Elisabeth eigentlich zu alt, um noch ein Kind zu bekommen. (siehe S. 23 und S. 72).

Juda: liegt im Süden Israels.

Gepriesen ...: Dieser Vers ist Teil des Rosenkranzgebetes in der katholischen Kirche. Es wird gesprochen, um von Maria Hilfe zu erbitten.

Einige Zeit später sandte Gott seinen Engel Gabriel nach Nazareth* zu einer Frau, die hieß Maria. Sie war mit Josef verlobt, der ein Nachkomme von König David* war.

Der Engel sprach zu Maria: »Sei gegrüßt*, du Begnadete. Der Herr ist mit dir!«

Maria erschrak, aber der Engel sprach weiter: »Fürchte dich nicht! Du wirst schwanger werden und einen Sohn* bekommen. Den sollst du Jesus* nennen. Er wird der Sohn des Höchsten genannt werden und Gott wird ihm den Thron seines Vaters David geben. Seine Herrschaft wird niemals aufhören.«

Maria fragte: »Wie soll das gehen? Ich war noch mit keinem Mann zusammen!«

Da antwortete der Engel: »Gottes Geist wird über dich kommen. Darum wird man das Kind Gottes Sohn nennen. Auch deine Verwandte Elisabeth ist schwanger. Sie ist schon alt* und konnte bisher kein Kind bekommen. Aber für Gott ist nichts unmöglich.«

Maria schaute den Engel an und sagte: »Ich bin Gottes Dienerin. Es soll mit mir geschehen, wie du es gesagt hast.«

Noch am selben Tag ging Maria zu Elisabeth, die in einer Stadt in den Bergen von Juda* wohnte. Als die beiden Frauen sich begrüßten, spürte Elisabeth, wie das Kind in ihrem Leib hüpfte. Voller Freude rief sie:

»Gesegnet bist du unter den Frauen, und gesegnet ist die Frucht deines Leibes*!«

Da sang Maria ein Loblied:

»Meine Seele* lobt Gott und freut sich über ihn.
Denn er hat sich mir zugewendet,
obwohl ich nur seine unbedeutende Dienerin bin.
Von nun an werden alle davon sprechen,
wie glücklich er mich gemacht hat.
Er hat große Dinge an mir getan.
Er ist barmherzig zu denen,
die ihn ehren und ihm vertrauen.
Er stößt die Gewaltigen vom Thron
und erhebt die Niedrigen.
Die Hungrigen füllt er mit Gütern
und lässt die Reichen leer ausgehen.
Er gedenkt der Barmherzigkeit
und hilft seinem Diener Israel auf,
wie er geredet hat zu unsern Vätern,
Abraham und seinen Nachkommen in Ewigkeit.«

Maria blieb drei Monate bei Elisabeth. Dann ging sie nach Hause zurück.
Als Elisabeth schließlich ihren Sohn bekam, wollte man ihn nach seinem Vater nennen. Aber Zacharias schrieb auf eine Schreibtafel*: »Er heißt Johannes!«
Da konnte er plötzlich wieder sprechen. Voller Freude stimmte er einen Lobgesang an:
»Gelobt sei der Herr, der Gott Israels! Denn er hat besucht und erlöst sein Volk. Und du, Kindlein, wirst Prophet* des Höchsten heißen. Denn du wirst dem Herrn vorangehen, dass du seinen Weg bereitest.«

Johannes wuchs heran. Als er groß war, ging er in die Wüste, um dort zu leben.

Die Geburt Jesu *(Lukas 2,1-7)*

»Jeder soll dorthin gehen, wo seine Familie herstammt! Dort soll er sich zählen* lassen!«
Im ganzen Reich verkündeten Boten den Befehl des Kaisers Augustus*. So wollte der Herrscher erfahren, von wem er Steuern einnehmen konnte.
Auch Josef aus Nazareth* musste sich auf den Weg machen.

Meine Seele …: Dieses Lied wird »Magnifikat« genannt. Es findet sich auch in manchen Regionalteilen des Evangelischen Gesangbuchs.

Nachbildung einer Schreibtafel mit Griffeln aus frühchristlicher Zeit

Schreibtafel: Kleine, mit Wachs beschichtete Holztafel, die zur Zeit Jesu benutzt wurde, um kurze Notizen zu machen. Dazu wurden die Buchstaben in das Wachs geritzt, das später wieder geglättet werden konnte.

Prophet: verkündet Gottes Willen (siehe S. 126).

Statue des Kaisers Augustus in Rom

zählen: Dabei ging es um die Eintragung aller Einwohner der römischen Provinzen in die amtlichen Steuerlisten.

Augustus: römischer Kaiser, der von 31. v.Chr. bis 14 n.Chr. regierte.

Nazareth: siehe Karte S. 286.

Alte Karawanserei in Jordanien. An solchen Orten konnten seit Jahrtausenden Menschen und Tiere übernachten.

Bethlehem: siehe Karte S. 286.

Herberge: siehe S. 202.

Seine Familie stammte von König David ab – und der kam aus Bethlehem*. Also musste Josef dorthin ziehen.
Maria, seine Verlobte, ging mit ihm. Doch Maria war schwanger, und der Weg war weit.

Als sie endlich in Bethlehem ankamen, fanden sie keinen Platz in der Herberge*.
In der Nacht bekam Maria ihr Kind. Sie wickelte es in Windeln. Weil sonst nichts da war, legte Maria ihren Sohn in eine Futterkrippe.

Die Engel und die Hirten *(Lukas 2,8-20)*

Hirten: galten damals wenig bei den Leuten. Sie konnten vor Gericht nicht einmal als Zeugen aussagen. Aber hier werden sie zu Zeugen der Engelsbotschaft.

Engel: Boten Gottes (siehe S. 148–149).

Heiland: meint »Retter«. Schon die Propheten sagten die Ankunft eines solchen Retters für Israel – des Messias – voraus (zu Jesus als Heiland siehe S. 219).

Vor der Stadt waren Hirten* auf dem Feld. Sie hüteten in der Nacht ihre Herde. Plötzlich wurde es hell. Ein Engel* kam zu ihnen. Die Hirten fürchteten sich sehr, aber der Engel sprach:
»Fürchtet euch nicht!
Siehe, ich verkündige euch große Freude,
die allem Volk widerfahren wird;
denn euch ist heute der Heiland* geboren,
welcher ist Christus, der Herr,
in der Stadt Davids.
Ihr werdet das Kind in Windeln gewickelt
in einer Futterkrippe finden.
Daran werdet ihr es erkennen.«

Mit dem Engel kam ein ganzes Engelheer, das sang:
»Ehre sei Gott in der Höhe*
und Friede auf Erden
bei den Menschen seines Wohlgefallens.«

Dann waren die Engel wieder verschwunden. Die Hirten schauten
sich an und sagten zueinander: »Habt ihr das gehört? Los, gehen
wir! Auf nach Bethlehem!«
Eilig liefen sie in die Stadt. Dort fanden sie Maria, Josef und das
Kind, das in der Futterkrippe lag. Als sie das gesehen hatten,
gingen sie zu den anderen, die dort in der Herberge waren. Sie
erzählten ihnen, was sie über das Kind gehört hatten.
»Ein Kind in einer Futterkrippe? Der Retter der Welt?«
Die Leute wunderten sich. Aber die Hirten kehrten froh wieder zu
ihrer Herde zurück. Sie dankten Gott für alles, was sie gehört und
gesehen hatten.

Ehre sei Gott in der Höhe:
heißt auf Latein »Gloria in
excelsis Deo«. Dieser Vers
wird auch im Gottesdienst
gesprochen oder gesungen (siehe
Evangelisches Gesangbuch 54).

Bethlehem heute

Jesu Geburt (Weihnachten)

Wie erzählt die Bibel von Weihnachten?

Viele Menschen kennen die Weihnachtsgeschichte nur über die Krippe, die im Wohnzimmer steht. In der Bibel gibt es zwei Erzählungen von Weihnachten, die sich zum Teil deutlich unterscheiden. In der einen kommt die Krippe vor, in der anderen nicht:

Bei **Matthäus** kommt ein Engel zu Josef. Der Stern geht im Osten auf. Fremde Sterndeuter folgen ihm. Sie finden das Kind in einem Haus in Bethlehem und bringen ihm wertvolle Geschenke. Dann bedroht König Herodes das Leben des neugeborenen Kindes. Die Familie muss nach Ägypten fliehen und kommt erst nach dem Tod des Herodes nach Nazareth (siehe S. 183–184).

Bei **Lukas** kommt der Engel zu Maria und kündigt ihr die Geburt eines Sohnes an. Es ist eine Besonderheit des Lukas-Evangeliums, dass

der Engel einer Frau erscheint. Das ist ungewöhnlich, denn Frauen waren damals weniger geachtet als Männer. Maria besucht ihre Verwandte Elisabeth, die ebenfalls schwanger ist. Schließlich müssen Josef und Maria von Nazareth nach Bethlehem ziehen, wo das Kind in ärmlichen Verhältnissen zur Welt kommt und in eine Futterkrippe gelegt werden muss. Gleichzeitig erscheint Hirten auf dem Feld ein Engel, der ihnen die Geburt des Retters ankündigt. Hirten waren damals ebenfalls nicht sehr geachtet. Damit wird hier schon deutlich: Gott kommt zu den kleinen Leuten, zu den Außenseitern und Verachteten. Die Hirten sind auch die Ersten, die verbreiten, wer dieses neugeborene Kind ist.

Trotz dieser Unterschiede haben beide Weihnachtsgeschichten **Gemeinsamkeiten**: Ein Engel kündigt die Geburt an. Das Kind soll Jesus heißen. Maria wird schwanger, bevor sie mit ihrem Verlobten Josef zusammenlebt. Bethlehem ist der Geburtsort von Jesus. In beiden Evangelien wird mit dem Kind Jesus der Retter der Welt und der Sohn Gottes geboren.

Wo kam Jesus zur Welt?

Manche vermuten, dass Jesus in Nazareth zur Welt kam. Das zeigt sein Name: Jesus von Nazareth. Weil der Prophet Micha aber vorausgesagt hatte, dass der Messias aus Bethlehem kommen würde (Micha 5,1; siehe S. 140), haben Matthäus und Lukas betont: Jesus wurde in Bethlehem geboren.

Bei Matthäus kommt Jesus in einem Haus zur Welt. Lukas dagegen erzählt, dass Jesus in einer Herberge bei den Tieren geboren worden ist. Unter »Herberge« verstand man im Orient einen Ort, wo Reisende mit ihren Karawanen übernachten konnten (siehe Foto S. 203).

Fra Angelico, Die Verkündigung an Maria, 1455

An vielen Orten gab es solche Rastplätze für Durchreisende und Händler. Im oberen Stockwerk befanden sich oft nur wenige kleine Schlafräume. Die meisten Reisenden schliefen bei ihren Tieren im unteren Bereich. Dort war immer etwas los. So versteht man auch besser, dass die Hirten die Botschaft von Jesu Geburt sofort an andere weitergeben konnten.

Karawanserei in der Handelsstadt Akko am Mittelmeer

Sternsinger

Weihnachtsbräuche

Krippe und Sternsinger: Der Brauch, eine Krippe aufzustellen, geht auf einen Mönch namens Franziskus zurück. Er hat vor etwa 800 Jahren in Italien gelebt und wird in der katholischen Kirche als Heiliger verehrt. Eine Krippe hilft, sich die Weihnachtsgeschichten bildhaft vorzustellen.

Die weisen Sterndeuter aus dem Matthäus-Evangelium wurden bereits früh als Könige dargestellt. Weil Gold, Weihrauch und Myrrhe königliche Geschenke waren, glaubte man: Die Weisen sind Könige. Die Zahl Drei kommt von den drei Geschenken. Etwa 500 Jahre n. Chr. gab man diesen Königen Namen: Kaspar, Melchior und Balthasar.

Heute erinnern Sternsinger an die Weisen. Sternsinger sammeln um den »Dreikönigstag« (6. Januar) Geld für Kinder in aller Welt. So können auch Kinder in armen Ländern von der Weihnachtsfreude etwas spüren.

Simeon und Hanna *(Lukas 2,22-40)*

Acht Tage nach der Geburt feierte die Familie das Fest der Beschneidung*. Das Kind erhielt den Namen Jesus, wie der Engel es gesagt hatte. Dann gingen Maria und Josef mit ihrem Kind zum Tempel nach Jerusalem. Dort lebte ein Mann mit Namen Simeon. Einst hatte Gott zu ihm gesagt: »Du wirst erst sterben, wenn du dem Messias* begegnet bist.«

Jetzt führte ihn der Heilige Geist* in den Tempel – gerade, als die Eltern das Kind Jesus dorthin brachten. Simeon nahm das Kind in seine Arme, dankte Gott und sprach:

»Herr, nun lässt du deinen Diener in Frieden fahren, wie du gesagt hast; denn meine Augen haben deinen Heiland gesehen.«

Die Eltern von Jesus* wunderten sich über das, was Simeon über ihr Kind sagte.

Auch Hanna, eine alte Prophetin*, die im Tempel lebte, kam herbei. Als sie Jesus sah, pries sie Gott und dankte ihm für das Kind.

Maria und Josef gingen nach Nazareth zurück. Dort wuchs Jesus auf. Alle konnten sehen, dass Gott ihn mit Weisheit gesegnet hatte.

Der zwölfjährige Jesus im Tempel
(Lukas 2,41-52)

Wie jedes Jahr ging die Familie von Jesus zum Passafest* nach Jerusalem. Jesus war inzwischen zwölf Jahre alt.

Als die Feiertage vorbei waren, zog die Familie mit vielen anderen wieder nach Hause. Seine Eltern hatten ihn aus den Augen verloren und dachten, dass er bei den anderen Kindern in der Gruppe sei.

Am Abend suchten sie ihren Sohn. Als sie ihn nirgends finden konnten, machten sie sich große Sorgen. Sie gingen den ganzen Weg wieder zurück nach Jerusalem. Nach drei Tagen fanden sie ihn dort schließlich im Tempel*.

Jesus saß mitten unter den Lehrern. Alle wunderten sich über seine klugen Fragen und Antworten.

Aufgeregt kam seine Mutter auf ihn zu und sagte: »Mein Sohn, warum hast du uns das angetan? Dein Vater und ich haben verzweifelt nach dir gesucht und uns große Sorgen gemacht!«

Beschneidung: Das Abtrennen der Vorhaut am männlichen Glied ist für Juden das Zeichen des Bundes zwischen Gott und seinem Volk (siehe S. 19 und 23). Bei der Beschneidung bekommt ein Junge auch seinen Namen zugesprochen.

Messias: heißt übersetzt »der Gesalbte«. Das griechische Wort dafür ist »Christus«. Es bezeichnet ursprünglich den durch Salbung im Auftrag Gottes eingesetzten König Israels. Später ist damit der von Gott versprochene Retter gemeint.

Heiliger Geist: Gottes Geist, der im Menschen wirkt.

Jesus: bedeutet »Gott hilft«.

Prophetin: verkündet den Menschen, was Gottes Wille ist (siehe S. 126).

Passafest: jüdisches Wallfahrtsfest (siehe S. 52).

Tempel: siehe S. 85–86.

Doch Jesus entgegnete: »Warum habt ihr mich gesucht?
Wisst ihr nicht, dass ich da sein muss, wo mein Vater* ist?«
Aber seine Eltern verstanden nicht, was er meinte.
Dann kehrte die Familie nach Nazareth zurück. Maria hatte sich
die Worte ihres Sohnes gemerkt und dachte immer wieder
darüber nach.

Jesus und die Sünderin *(Lukas 7,36-50)*

Jesus war erwachsen geworden. Er war zu Besuch bei einem Mann
namens Simon. Der war ein Pharisäer*. Als sie sich zu Tisch
legten*, um gemeinsam zu essen, kam eine Frau herbei. Sie hatte
erfahren, dass Jesus bei Simon zu Gast war. Die Frau hatte einen
sehr schlechten Ruf, denn sie war eine Prostituierte. Sie brachte
ein wertvolles Gefäß aus Alabaster* mit, in dem wohlriechendes
Öl war. Weinend setze sie sich zu Jesus, und ihre Tränen tropften
auf seine Füße.
Die Frau trocknete Jesu Füße mit ihren Haaren und salbte sie mit
dem Öl.
Der Gastgeber dachte bei sich: »Ist Jesus wirklich ein Prophet*
Gottes? Dann müsste er doch merken, dass sie eine Sünderin ist!«
Da sah Jesus ihn an und sagte: »Simon, ich möchte dir eine
Geschichte erzählen:
Ein Geldverleiher hatte zwei Schuldner. Der eine schuldete ihm
500 Geldstücke, der andere 50. Beide waren in Not und beiden
erließ er ihre Schuld. Sag mir: Wer von den beiden wird den
Geldverleiher mehr lieben?«
»Vermutlich der, dem mehr erlassen wurde«, erwiderte Simon.
»Du hast recht!«, sagte Jesus. »Du hast mir kein Wasser für meine

Vater: Zum ersten Mal nennt Jesus hier Gott seinen Vater und bringt damit die enge Beziehung zu ihm zum Ausdruck (siehe auch S. 172 und 188).

Pharisäer: Menschen, die sich gut in den heiligen Schriften auskannten (siehe S. 160).

zu Tisch legten: Das Essen im Liegen einzunehmen, war eine römische Sitte. Viele wohlhabende Juden übernahmen diesen Brauch.

Alabaster: weicher, glänzender Stein, aus dem kleine Gefäße gemacht wurden.

Ägyptische Alabastervase aus vorchristlicher Zeit

Prophet: siehe S. 126.

Füße gegeben. Als diese Frau ins Haus kam, hat sie meine Füße mit ihren Tränen gewaschen. Sie hat sie mit ihren Haaren getrocknet und sie mit Öl gesalbt.

Ihre Sünden sind ihr vergeben. Deshalb hat sie so viel Liebe gezeigt*. Wem aber nur wenig vergeben wird, der zeigt auch wenig Liebe.«

Und zu der Frau sagte er: »Dein Glaube hat dir geholfen. Deine Sünden sind dir vergeben. Geh nun in Frieden!«

Jesus beruft Männer und Frauen
(Lukas 8,1-3; Lukas 10,1-9)

Jesus wanderte durch die Städte und Dörfer und erzählte den Menschen von Gottes Reich*. Seine zwölf Jünger begleiteten ihn und auch einige Frauen: Maria aus Magdala*, Johanna und Susanna. Jesus hatte ihre Krankheiten geheilt.

Neben ihnen gab es noch viele andere Männer und Frauen, die mit Jesus unterwegs waren und von ihm lernten. Jesus wählte zweiundsiebzig von ihnen aus und schickte sie jeweils zu zweit vor sich her in alle Städte und Orte, wohin er gehen wollte.

Er sagte zu ihnen: »Die Ernte ist groß, der Arbeiter aber sind wenige. Darum bittet den Herrn der Ernte, dass er Arbeiter aussende in seine Ernte.

Nehmt keinen Geldbeutel mit, keine Tasche und keine Schuhe. Wenn ihr in ein Haus kommt, dann sagt: ›Friede sei mit diesem Haus!‹ Bleibt dort, esst und trinkt, was man euch gibt. Heilt die Kranken und sagt ihnen: ›Das Reich Gottes ist ganz nah zu euch gekommen.‹«

Maria und Marta *(Lukas 10,38-42)*

Einmal besuchte Jesus die Schwestern Maria und Marta. Maria setzte sich zu Jesus und hörte zu, was er zu sagen hatte. Marta dagegen war die ganze Zeit damit beschäftigt, ein gutes Essen zuzubereiten und Jesus zu bewirten.

Als sie ihre Schwester sah, beklagte sie sich bei Jesus: »Herr, meine Schwester lässt mich alles alleine machen. Findest du das richtig? Sage ihr doch bitte, dass sie mir helfen soll!

Liebe gezeigt: bedeutet im Hebräischen auch »Dankbarkeit erweisen«.

Gottes Reich: Gottes neue Welt, die mit Jesu Kommen anbricht (siehe S. 163).

Magdala: liegt am See Genezareth (siehe Karte S. 286).

Westufer des Sees Genezareth. An dieser Stelle hat vermutlich die Stadt Magdala gelegen.

Aber Jesus erwiderte: »Marta, Marta! Du machst dir viele Sorgen und hast viel Mühe. Aber ich muss dir sagen: Maria hat besser verstanden als du, was wirklich wichtig ist.«

Das Gleichnis vom barmherzigen Samariter *(Lukas 10,25-37)*

Ein Schriftgelehrter* kam zu Jesus. Er wollte ihn auf die Probe stellen. So fragte er ihn: »Rabbi*, sage mir: Was muss ich tun, damit ich das ewige Leben bekomme?«
Da antwortete ihm Jesus: »Was findest du dazu in der Heiligen Schrift*?« Der Schriftgelehrte antwortete: »Da steht:
›Du sollst den Herrn, deinen Gott, lieben von ganzem Herzen, von ganzer Seele, und mit all deiner Kraft und deinem ganzen Gemüt, und deinen Nächsten wie dich selbst.‹«
»Du hast richtig geantwortet«, sprach Jesus. »Wenn du das tust, wirst du leben.«
Doch der Schriftgelehrte fragte weiter: »Wer ist denn mein Nächster*?« Da erzählte Jesus ihm ein Gleichnis*:
»Ein Mensch war unterwegs von Jerusalem nach Jericho* hinab. Der Weg führte durch ein steiniges Tal. Dort überfielen ihn Räuber. Sie zogen ihn aus, schlugen ihn zusammen und ließen ihn halb tot liegen.
Da kam ein Priester* denselben Weg herab. Als er den Verletzten dort liegen sah, ging er weiter. Wenig später lief ein Tempeldiener, ein Levit*, vorbei. Doch auch er kümmerte sich nicht um den verletzten Mann.

Lukas hebt hervor, dass auch Frauen Jesus begleiten und seine Botschaft verstehen.

Schriftgelehrter: Jüdischer Theologe, dessen Aufgabe das Studium und die Auslegung der fünf Bücher Mose (Tora) war (siehe S. 160).

Rabbi: hebräisches Wort für »Lehrer« (siehe S. 219).

Heilige Schrift: fünf Bücher Mose.

Nächster: Nächste sind Menschen, die einem persönlich nahe stehen – Verwandte, Nachbarn, in Israel auch alle diejenigen, die an den Gott der Bibel glauben.

Gleichnis: Rede in Bildern und Vergleichen (siehe S. 163).

Jericho: siehe Karte S. 286.

Priester: Die Priester leiteten im Tempel den Gottesdienst und brachten die Opfer dar.

Levit: Die Leviten waren Nachkommen von Jakobs Sohn Levi (siehe S. 32). Ursprünglich dienten sie als Priester im ganzen Land. Später wurden sie Helfer der Priester am Tempel in Jerusalem. Sie waren als Sänger, Torwachen, Schatzmeister oder Lehrer tätig.

Auf der alten Römerstraße
zwischen Jericho und Jerusalem

Samaria, Samariter:
Bewohner der Provinz Samaria
auf dem Gebiet des ehemaligen
Nordreichs Israel (siehe S. 91).
Von den Judäern wurden die
Samariter nicht als Israeliten
anerkannt. Sie hatten ein eigenes
Heiligtum auf dem Berg Garizim
und hielten sich nicht an den
Tempel in Jerusalem. Deshalb
wurden sie und ihr Land von
frommen Juden damals verachtet.

Öl und Wein: wurden als
Heilmittel für Wunden verwendet.

Denare: waren Silbermünzen.
Ein Denar war der Tageslohn eines
Arbeiters (siehe S. 191).

Selig: im Griechischen Beginn
einer Gratulation. Darin wird
gesagt, wer es gut hat und wessen
Leben gelingt. In der Bibel ist
damit immer ein Leben in der
Beziehung zu Gott gemeint.

Schließlich kam ein Mann aus Samaria*. Als er den Überfallenen
sah, hatte er Mitleid mit ihm. Er ging zu ihm, goss Öl und Wein*
auf seine Wunden und legte ihm einen Verband an. Dann hob er
den Verletzten auf sein Tier und brachte ihn in eine Herberge.
Dort pflegte er ihn.
Am nächsten Tag gab er dem Wirt zwei Denare* und sagte zu
ihm: ›Pflege ihn! Wenn du mehr Geld brauchst, gebe ich es dir,
wenn ich wiederkomme.‹«

Jesus fragte den Schriftgelehrten: »Was glaubst du nun: Wer von
den dreien ist für den Überfallenen der Nächste gewesen?«
Der Schriftgelehrte antwortete: »Der barmherzige Samariter. Er
hat sich um den Verletzten gekümmert.«
Da sagte Jesus zu ihm: »Mach es genauso wie er!«

Das große Gastmahl (Lukas 14,15-24)

Am Sabbat war Jesus zu einem Festessen eingeladen. Ein Mann,
der mit ihm am Tisch saß, sagte: »Selig* ist, der das Brot isst im
Reich Gottes!«
Jesus antwortete mit einem Gleichnis: »Ein Mann lud zu einem
großen Abendmahl ein. Er schickte seinen Diener los und ließ den
Eingeladenen sagen: ›Kommt, denn es ist alles bereit!‹

Aber einer nach dem anderen sagte ab. Der Erste ließ ausrichten: ›Ich habe einen Acker gekauft und muss ihn mir ansehen.‹ Der Zweite sprach: ›Ich habe Ochsen gekauft und muss prüfen, ob sie in Ordnung sind.‹ Der Dritte sagte: ›Ich habe gerade geheiratet. Darum kann ich nicht kommen.‹

Da wurde der Hausherr zornig und sagte zu seinem Diener: ›Geh auf die Straße und führe die Armen, Blinden und Lahmen herein.‹ Als der Diener dies getan hatte, war immer noch Platz. Da ließ der Herr alle, die zu finden waren, hereinbringen, bis das Haus voll war. So hatte keiner von denen, die zuerst eingeladen waren, mehr an der Festtafel Platz.«

Gleichnisse vom Verlorenen *(Lukas 15)*

Zu Jesus kamen viele Menschen, die in ihrem Leben etwas falsch gemacht hatten und die deshalb verachtet wurden. Den Pharisäern und Schriftgelehrten gefiel das nicht. Sie sagten: »Seht her, mit was für Leuten Jesus sich abgibt. Das sind Sünder* und er isst* sogar mit ihnen!«
Als Jesus das hörte, erzählte er ihnen ein Gleichnis: »Stellt euch vor, ihr hättet hundert Schafe, und eines davon wäre verloren gegangen. Wer von euch würde nicht die neunundneunzig Schafe zurücklassen und das verlorene suchen? Und wenn er es gefunden hat, legt er es freudig auf seine Schultern und trägt es nach Hause. Dann ruft er seine Freunde und Nachbarn zusammen und sagt zu ihnen: ›Freut euch mit mir; denn ich habe mein Schaf gefunden, das verloren war‹.
Ich sage euch: Genauso groß wird auch die Freude im Himmel sein über einen einzigen Sünder, der seine Fehler einsieht und sein Leben ändert.«

Dann erzählte Jesus ein weiteres Gleichnis:
»Eine Frau hatte zehn Silbergroschen*. Einer davon ging verloren. Da zündete sie ein Licht an und suchte ihn überall im Haus, bis sie ihn gefunden hatte. Dann rief sie ihre Freundinnen und Nachbarinnen und sagte: ›Freut euch mit mir; denn ich habe meinen Silbergroschen gefunden, den ich verloren hatte.‹
Ich sage euch: Genauso wird Gott sich über einen Sünder freuen, der Buße* tut.

Sünder: gemeint sind Menschen, die Gottes Gebote nicht beachten und gegen sie verstoßen.

isst: Mit Sündern zu essen war für Juden nicht erlaubt.

Der gute Hirte. Marmorfigur aus dem 4. Jahrhundert, die Jesus darstellen soll (siehe S. 221).

Silbergroschen: Ein Silbergroschen war der Tageslohn eines Arbeiters. Diese Münze zeigt Kaiser Tiberius auf der Vorderseite, seinen Sohn Drusus auf der Rückseite.

Buße: bedeutet, dass man sein Leben ändert, von einem falschen Weg umkehrt und zu Gott zurückkommt.

Jesus erzählte noch ein drittes Gleichnis:
»Ein Mann hatte zwei Söhne. Eines Tages sagte der jüngere von ihnen: ›Vater, gib mir das Erbe, das mir zusteht.‹
Der Vater teilte seinen Besitz unter den beiden Brüdern auf. Kurz darauf nahm der jüngere Sohn seinen Anteil und zog in ein fernes Land. Dort verprasste er das ganze Geld.

Dann kam eine große Hungersnot. Da er kein Geld mehr hatte, musste der jüngere Sohn hungern. Er suchte nach Arbeit. Schließlich hütete er Schweine*. Doch er durfte nicht einmal von dem Schweinefutter essen.
In seiner Not dachte der Sohn über all das nach, was geschehen war. Schließlich sagte er zu sich selbst: ›Mein Vater hat viele Tagelöhner. Sie alle haben gut zu essen. Ich aber muss hier Hunger leiden. Ich will zu meinem Vater zurückkehren und ihm sagen: Vater, ich habe gesündigt gegen den Himmel und vor dir. Ich bin hinfort nicht mehr wert, dass ich dein Sohn heiße; mache mich einem deiner Tagelöhner gleich!‹
So machte er sich auf den Weg nach Hause. Sein Vater sah ihn schon von Weitem. Er hatte großes Mitleid mit seinem Sohn, als er ihn so kommen sah. Er lief* auf ihn zu, nahm ihn in die Arme und küsste ihn.

Schweine: sind für Juden unreine Tiere, mit denen sie keinen Kontakt haben sollten. Dass der Sohn Schweine hüten muss, zeigt, wie tief er gesunken ist.

lief: Es war damals völlig unüblich, dass der Vater seinem Sohn entgegenlief. Es zeigt die überwältigende Freude des Vaters, dass er sich nicht um die herrschenden Sitten kümmert.

Der Sohn sagte: ›Vater, ich habe alles falsch gemacht. Ich bin es nicht mehr wert, dein Sohn zu sein.‹

Doch der Vater rief seinen Knechten zu: ›Bringt schnell das beste Gewand* und zieht es ihm an. Gebt ihm auch einen Ring* für seine Hand und Schuhe* für seine Füße.

Schlachtet das Mastkalb* und lasst uns essen und fröhlich sein! Mein Sohn war tot und ist wieder lebendig geworden. Er war verloren und ist wieder da.‹

Als der ältere Sohn vom Feld zurückkam, hörte er das Singen und Tanzen. Er rief einen der Knechte und fragte: ›Was ist denn hier los?‹

›Dein Bruder ist heimgekommen, und dein Vater hat das gemästete Kalb geschlachtet‹, antwortete der Knecht.

Da wurde der Bruder zornig und wollte nicht ins Haus gehen.

Sein Vater kam zu ihm heraus und fragte: ›Was ist los, mein Sohn? Komm und feiere mit uns!‹

›Vater, so viele Jahre diene ich dir schon‹, beklagte sich der Ältere. ›Ich habe immer auf dich gehört. Aber noch nie hast du mir auch nur einen Bock gegeben, um mit meinen Freunden zu feiern. Doch der da, mein jüngerer Bruder, hat dein Geld verprasst. Jetzt kommt er nach Hause und du lässt das gemästete Kalb für ihn schlachten!‹

›Mein Sohn, du bist immer bei mir gewesen‹, sagte der Vater. ›Alles, was mir gehört, gehört auch dir. Jetzt aber solltest du dich freuen. Denn dein Bruder war tot und ist wieder lebendig geworden. Er war verloren und ist wieder da.‹«

Der Pharisäer und der Zöllner
(Lukas 18,9-14)

Jesus begegnete Menschen, die sich für besonders fromm hielten. Sie sahen geringschätzig auf die anderen herab. Ihnen erzählte er ein Gleichnis:

»Zwei Menschen kamen nach Jerusalem in den Tempel, um zu beten. Der eine war ein frommer Mann, ein Pharisäer*. Er kannte sich gut mit den Gesetzen aus. Der andere aber war ein Zöllner*. Der Pharisäer schaute verächtlich zu dem Zöllner hinüber.

Er betete: ›Herr, ich danke dir, dass ich nicht so bin wie andere Leute. Ich danke dir, dass ich kein Räuber, kein Betrüger, kein Ehebrecher und kein Zöllner bin wie der da drüben. Ich faste zweimal in der Woche. Den zehnten Teil von meinen Einkünften gebe ich dir.‹

bestes Gewand: wahrscheinlich ein verziertes, langärmeliges Obergewand – die Kleidung wohlhabender Leute.

Ring: gemeint ist der Siegelring, der dem Träger Vollmacht über die Finanzgeschäfte gibt (siehe S. 38).

Schuhe (= Sandalen): Diener trugen keine Schuhe. Mit dem Gewand, dem Ring und den Schuhen wird der Sohn wieder voll und ganz in die Familie aufgenommen (siehe S. 46).

Römische Schuhe

Mastkalb: wurde nur zu besonderen Anlässen geschlachtet.

Im Gleichnis wird deutlich: Gottes Gerechtigkeit ist anders. Dies führt auch zu Unverständnis (siehe auch S. 191–192). Gerechtigkeit Gottes bedeutet: Gott nimmt sich der Menschen an.

Pharisäer: Angehöriger einer jüdischen Glaubensgruppe, die sich besonders um die Einhaltung von Gottes Geboten bemühte (siehe S. 160).

Zöllner: Im Römischen Reich gab es Zollstationen entlang der Handelsstraßen. Diese Zollstationen waren an Einheimische verpachtet. Neben der Pacht, die sie an Rom zahlten, mussten die Zöllner auch für den eigenen Unterhalt sorgen. Deshalb waren die Abgaben oft überhöht und die Zöllner bei der Bevölkerung entsprechend verhasst (siehe auch S. 161 und 212).

Der Zöllner wagte sich kaum herein. Er hatte ein schlechtes Gewissen und traute sich nicht, zum Himmel aufzusehen. Er schlug sich an seine Brust und betete: ›Herr, mein Gott! Vergib mir meine Schuld!‹«
Jesus sagte: »Ihr könnt sicher sein, dass Gott dem Zöllner seine Schuld vergibt – im Unterschied zu dem Pharisäer. Denn wer sich selbst erhöht, der wird erniedrigt werden; und wer sich selbst erniedrigt, der wird erhöht werden.«

Jesus und der Zöllner Zachäus
(Lukas 19,1-10)

Jesus kam mit seinen Jüngern in die Stadt Jericho*. Die Menschen auf den Straßen riefen: »Jesus kommt zu uns!«
Schnell versammelte sich eine große Menge und wartete auf ihn. Auch der Zöllner* Zachäus wollte zu Jesus. Weil er aber klein war und keiner ihn nach vorne ließ, konnte er nichts sehen. Deswegen kletterte er auf einen Maulbeerbaum*, der am Weg stand.
Als Jesus vorbeikam, sah er zu Zachäus hinauf. Er rief: »Zachäus, komm herunter! Ich würde heute gerne bei dir zu Gast sein und mit dir essen.«

Zachäus konnte kaum glauben, was er da gehört hatte. Voller Freude stieg er vom Baum herab und führte Jesus zu seinem Haus. Als die anderen Leute das sahen, schimpften sie: »Warum tut Jesus so etwas? Zachäus ist ein Sünder*! Jeder weiß doch: Er betrügt die Leute, wenn er den Zoll kassiert.«

Als Jesus und Zachäus zusammen aßen, sagte der Zöllner: »Herr, ich weiß, dass ich viele Leute betrogen habe. Das tut mir sehr leid. Ich verspreche: Einen Teil meines Vermögens spende ich den

Zur Vertiefung:
Lies in der Bibel die Geschichte vom reichen Kornbauern
(Lk 12,15–20)

Jericho: siehe Karte S. 286.

Zöllner: siehe S. 211.

Maulbeerbaum:
Ca. 10 – 15 m hoher Baum mit breiter Krone und dickem, knorrigem Stamm. Er trägt feigenähnliche Früchte, weswegen er auch Maulbeerfeigenbaum genannt wird.

Sünder: Mensch, der gegen Gottes Gebote verstößt.

Armen. Und wen ich um sein Geld betrogen habe, dem gebe ich das Vierfache zurück.«
Jesus lächelte Zachäus an und sagte:
»Heute ist diesem Hause Heil widerfahren.
Denn der Menschensohn* ist gekommen,
zu suchen und selig* zu machen,
was verloren ist.
Für dich und deine Familie wird alles gut werden. Gott freut sich über alle, die ihr Leben ändern. Er freut sich auch über dich.«

Auf dem Weg nach Emmaus *(Lukas 24,13-35)*

Jesus war gestorben. Doch die Frauen hatten gesehen, dass das Grab leer war. Zwei Engel hatten ihnen gesagt, dass Jesus auferstanden war. Die Frauen erzählten es den Jüngern, aber niemand wollte so recht daran glauben.
Am selben Tag waren zwei Jünger auf dem Weg in das Dorf Emmaus*. Es lag zwei Stunden Fußmarsch von Jerusalem entfernt. Was in Jerusalem geschehen war, ging den beiden nicht aus dem Kopf.
Plötzlich kam ein Fremder hinzu und ging mit ihnen. Es war Jesus. Aber die Jünger erkannten ihn nicht. Er fragte sie: »Was ist mit euch?«
Traurig schauten sie ihn an und sagten: »Bist du denn der Einzige, der nicht weiß, was in Jerusalem geschehen ist?« »Was denn?«, fragte Jesus. »Das mit Jesus von Nazareth«, antworteten sie.
»Er war ein Prophet* Gottes – das hat er dem ganzen Volk durch sein Wirken und mit seinen Worten gezeigt. Doch die Mächtigen verurteilten ihn zum Tode und ließen ihn kreuzigen. Wir hatten gehofft, dass Jesus unser Volk befreien* würde. Aber heute ist bereits der dritte Tag, seit Jesus gestorben ist.
Einige Frauen waren an seinem Grab. Doch sie konnten seinen Leichnam nicht finden. Sie haben Engel gesehen, die ihnen sagten: ›Jesus lebt!‹ Einige von uns sind gleich zum Grab gelaufen, und sie fanden es so vor, wie es die Frauen beschrieben haben. Aber Jesus selbst haben sie nicht gesehen.«
Der Fremde hatte ihnen zugehört. Nun sagte er:
»Versteht ihr denn nicht, dass die Propheten* dies alles angekündigt haben?« Und er erklärte ihnen, was in den Heiligen Schriften stand. So kamen sie nach Emmaus. Als der Fremde weitergehen wollte, baten ihn die Jünger: »Bleib doch bei uns! Denn es ist fast Abend

Menschensohn: Bezeichnung für Jesus selbst. Sie bringt seine besondere Bedeutung zum Ausdruck (siehe Namen für Jesus, S. 220).

selig: meint ein Leben, das gelingt. Für die Bibel ist damit immer ein Leben in der Beziehung zu Gott gemeint.

Emmaus: siehe Karte S. 286.

Der Weg nach Emmaus

Prophet: verkündet den Willen Gottes. Die Jünger sehen Jesus hier noch als einen Propheten (siehe Propheten, S. 126).

befreien: Viele waren Jesus gefolgt, weil sie glaubten, dass er das Volk von der Herrschaft der Römer befreien würde.

Propheten: Jesus verweist hier auf Ankündigungen bei den Propheten des Alten Testaments (siehe Jesaja S. 130–131).

und der Tag geht zu Ende.« Da blieb Jesus bei ihnen. Sie gingen ins Haus und setzten sich zu Tisch. Jesus nahm das Brot*, dankte, brach es und gab es den Jüngern. Da erkannten sie ihn und riefen: »Du bist doch Jesus!« In diesem Moment verschwand er. Sofort kehrten die beiden Jünger nach Jerusalem zurück. Aufgeregt riefen sie: »Wir haben Jesus gesehen. Der Herr* ist wirklich auferstanden!« Und sie erzählten den anderen Jüngern, was sie erlebt hatten.

Der auferstandene Jesus kommt zu seinen Jüngern *(Lukas 24,36-49)*

»Friede sei mit euch!« Die Stimme war den Jüngern vertraut. »Das ist doch Jesus!«, riefen sie. Plötzlich stand er mitten unter ihnen. Sie erschraken und meinten, ein Geist* sei ihnen erschienen. Doch Jesus beruhigte sie und sagte: »Warum seid ihr so erschrocken? Seht meine Hände und meine Füße* an. Ich bin es wirklich! Fasst mich ruhig an und überzeugt euch davon, dass ich kein Geist bin. Ein Geist hat weder Fleisch noch Knochen.« Er zeigte ihnen seine Hände und Füße und fragte sie: »Habt ihr etwas zu essen*?« Sie gaben ihm ein Stück gebratenen Fisch und er aß es. Dann erklärte er: »Das alles musste so geschehen, denn in den Heiligen Schriften steht geschrieben: Der Christus* wird leiden und sterben und am dritten Tage von den Toten auferstehen.
In meinem Namen sollt ihr zu allen Völkern gehen. Sagt ihnen, dass ihre Sünden vergeben sind, wenn sie zu Gott umkehren. Fangt in Jerusalem damit an. Bleibt dort, bis ihr mit dem Heiligen Geist* ausgerüstet werdet.«

Jesus wird in den Himmel aufgenommen *(Lukas 24,50-52)*

Danach führte Jesus die Jünger aus der Stadt hinaus und segnete sie. Während er das tat, entfernte er sich von ihnen und wurde zum Himmel emporgehoben. Die Jünger fielen auf die Knie. Dann kehrten sie nach Jerusalem zurück.

Dünnes Fladenbrot wird heute noch mit Olivenöl, Käse und Kräutern gegessen.

Brot: Mit dieser Geste erinnert Jesus seine Jünger an ihr letztes gemeinsames Mahl (siehe S. 171–172 und 179–180).

Herr: Anrede für Jesus (siehe S. 220).

Geist: Die Menschen dachten, manche Toten würden als Geister wiederkommen.

Hände/Füße: Hier hatte Jesus Wunden von der Kreuzigung. Daran konnten seine Jünger ihn erkennen.

essen: Damit zeigt Jesus, dass er kein Geist ist.

Christus: siehe S. 219. Lukas bezieht sich hier auf Worte des Propheten Jesaja (siehe S. 130–131).

Heiliger Geist: siehe Pfingsten S. 224.

Johannes erzählt

Lucas Cranach, Johannes, Luthers Neues Testament 1522

Das **Johannes-Evangelium** entstand vermutlich etwa in den Jahren zwischen 90 und 100 n. Chr. in Syrien oder in der Stadt Ephesus. In diesem Evangelium spielt der »Lieblingsjünger Jesu« eine große Rolle. Sein Name wird im Evangelium nicht genannt. Später hat man ihn jedoch mit dem Apostel Johannes verbunden. Da man früher dachte, der Lieblingsjünger habe die Geschichte von Jesus aufgeschrieben, wurde das Evangelium nach ihm benannt. Das Johannes-Evangelium unterscheidet sich deutlich von den anderen drei Evangelien. Das zeigt sich schon am Anfang. Es beginnt mit einem Loblied, das die Bedeutung und Würde Jesu beschreibt: Von Anfang an war er bei Gott – noch bevor die Welt erschaffen wurde. Von Gott kommt er in diese Welt und zu Gott kehrt er am Ende wieder zurück.

Daher beschäftigt sich das Johannes-Evangelium ausführlich mit der Frage:

◎ Wie kann man die Beziehung von Jesus zu Gott beschreiben?

Nach Johannes ist es eine Beziehung wie die eines Sohnes zu seinem Vater. Man kann sogar sagen: Gott und Jesus sind eins. Wer Jesus sieht und an ihn glaubt, der sieht deshalb Gott selbst.
Eng damit verbunden ist die zweite Frage:

◎ Warum kam Jesus in die Welt?

Gott hat Jesus in die Welt geschickt. Er soll den Menschen zeigen, wer Gott ist, und ihnen so den Weg zu ihm öffnen.
Für Johannes ist deshalb die Entscheidung für Jesus wichtig: Der Glaube an Jesus ist für ihn der einzige Weg, um zu Gott zu kommen. Und wer sein Evangelium liest, der kann Jesus auch heute noch begegnen und an ihn glauben.

Johannes berichtet von wunderbaren Zeichen, durch die Jesus sich als der Sohn Gottes und Retter der Welt zu erkennen gibt. Das erste ist die Verwandlung von Wasser in Wein (siehe S. 216). Aber das größte Zeichen, das alle anderen übertrifft, ist seine Auferstehung vom Tod. Mit ihr kehrte Jesus zurück zu Gott, von wo aus er im Glauben der Christen als wahrer König und Herrscher die Welt regiert.

Johannes beginnt sein Evangelium
(Johannes 1,1-18)

Wort: ist hier eine Bezeichnung für Christus.

Licht: ist hier eine Bezeichnung für Christus.

Am Anfang des Evangeliums steht dieses Lied, das Jesus in eine enge Verbindung zu Gott stellt.

Im Anfang war das Wort*, und das Wort war bei Gott,
und Gott war das Wort. Dasselbe war im Anfang bei Gott.
Alles ist durch dieses Wort gemacht worden.
Nichts ist ohne dieses Wort entstanden.
Das Wort kam in die Welt.
Es war das Licht* für die Menschen.
Das Licht leuchtet in der Finsternis,
und die Finsternis konnte es nicht auslöschen.
Ein Mensch namens Johannes kam,
um über das Licht zu berichten.
Und das Wort ward Fleisch und wohnte unter uns,
und wir sahen seine Herrlichkeit,
eine Herrlichkeit als des eingeborenen Sohnes vom Vater,
voller Gnade und Wahrheit.

Die Hochzeit in Kana *(Johannes 2,1-10)*

Hochzeit: Eine Hochzeit dauerte sieben Tage. Es wurde reichlich gegessen und getrunken. Musik und Tanz sorgten für Unterhaltung. In der Bibel kann das Hochzeitsfest zugleich ein Bild für die Freude im kommenden Reich Gottes sein.

Meine Zeit: Gemeint ist der Zeitpunkt, zu dem Jesus eingreift. Damit zeigt er, wer er in Wahrheit ist. Diesen Zeitpunkt bestimmt allein Gott.

Reinigungsvorschriften: Juden mussten sich vor einer Mahlzeit aus religiösen Gründen die Hände und das Gesicht waschen.

In Kana wurde eine Hochzeit* gefeiert. Auch Jesus, seine Mutter Maria und die Jünger waren eingeladen.
Viel zu früh ging der Wein aus, und die Gäste hatten nichts mehr zu trinken. »Sie haben keinen Wein mehr«, sagte Maria zu Jesus und schaute ihn erwartungsvoll an.
»Lass mich in Ruhe!«, fuhr Jesus sie an. »Meine Zeit* ist noch nicht gekommen.«
Maria ging zu den Dienern und sprach: »Tut alles, was Jesus euch sagt!«
Sechs steinerne Wasserkrüge waren im Haus. Das Wasser wurde wegen der Reinigungsvorschriften* der Juden benötigt. In jeden Krug passten fast vierzig Liter. Jesus befahl: »Füllt die Krüge mit Wasser!«
Als die Diener die Krüge bis zum Rand gefüllt hatten, sagte er: »Bringt dem Küchenmeister davon.« Das taten sie.
Der Küchenmeister kostete von der Flüssigkeit. Es war Wein!
Da rief er den Bräutigam zu sich und schimpfte: »Was ist denn hier los? Man schenkt doch zuerst den guten Wein aus. Später, wenn die Gäste betrunken sind, bringt man den schlechten. Warum hast du den guten Wein bis jetzt aufgehoben?«

Große Vorratskrüge aus biblischer Zeit

Das war das erste wunderbare Zeichen*, das Jesus vollbrachte. Es geschah in Kana in Galiläa. Jesus zeigte dadurch, wer er war, und seine Jünger glaubten an ihn.

Jesus und die Ehebrecherin *(Johannes 8,1-11)*

Jesus war in Jerusalem. Frühmorgens ging er in den Tempel* und lehrte die Menschen.

Da kamen einige Schriftgelehrte und Pharisäer. Sie brachten eine Frau, die gerade beim Ehebruch ertappt worden war. Aufgebracht stellten sie die Frau in die Mitte.

Die Männer fragten Jesus: »Rabbi*, diese Frau ist gerade auf frischer Tat beim Ehebruch ergriffen worden. Im Gesetz* schreibt Mose vor, solche Frauen zu steinigen*. Was meinst du dazu?«

Damit wollten sie ihm eine Falle stellen. Aber Jesus blieb ruhig und malte mit seinen Fingern auf die Erde.

Ungeduldig fragten sie wieder: »Was meinst du dazu?«

Da richtete Jesus sich auf, sah in die Menge und sagte:

»Wer unter euch ohne Sünde* ist, der werfe den ersten Stein auf sie.«

Dann setzte er sich wieder und schrieb weiter in den Sand.

Einer nach dem anderen ging betreten fort. Jesus blieb mit der Frau allein zurück.

Er stand auf, schaute die Frau an und fragte sie: »Wo sind die Männer, die dich angeklagt haben? Verurteilt dich keiner mehr?«

Die Frau antwortete: »Niemand, Herr!«

Da sagte Jesus: »Ich klage dich auch nicht an.

Geh und sündige von nun an nicht mehr.«

wunderbares Zeichen: Ereignis, in dem Menschen unmittelbar Gott am Werk sehen (siehe S. 158).

Tempel: siehe S. 85–86.

Rabbi: heißt »mein Lehrer« oder »mein Lehrmeister« (siehe S. 219).

Gesetz: Im 3. Mosebuch findet sich eine solche Anweisung.

steinigen: Die Steinigung war eine Form der Todesstrafe, die bei besonders schweren Vergehen angewendet wurde.

Sünde: Verstoß gegen Gottes Gebote.

Jesus wäscht seinen Jüngern die Füße
(Johannes 13,1–20 und 34–35)

Es war der letzte Abend, den Jesus mit seinen Jüngern verbrachte. Jesus wusste, dass jetzt die Zeit gekommen war, seinen Auftrag in der Welt zu Ende zu führen und zu Gott zurückzukehren. Er liebte die Menschen, die zu ihm gehörten, sehr. Da stand er vom Mahl auf und legte sein Obergewand ab. Dann goss er Wasser in ein Becken und rief die Jünger zu sich.

Einem nach dem anderen wusch er die Füße*. Mit dem Tuch, das er sich umgebunden hatte, trocknete er sie ab.

Als Simon Petrus an der Reihe war, fragte der: »Herr,* willst du mir etwa die Füße waschen? Wieso tust du das?«

»Was ich jetzt für dich tue, wirst du erst später verstehen«, gab Jesus zur Antwort.

Als er nun allen die Füße gewaschen hatte, zog er seine Kleider wieder an, setzte sich zu ihnen und erklärte:

»Wisst ihr, was ich euch getan habe? Ihr nennt mich Meister und Herr und sagt es mit Recht, denn ich bin's auch.

Wenn nun ich, euer Herr und Meister, euch die Füße gewaschen habe, so sollt auch ihr euch untereinander die Füße waschen.

Denn ein Beispiel habe ich euch gegeben, damit ihr tut, wie ich euch getan habe.

Wahrlich, wahrlich, ich sage euch: Der Knecht ist nicht größer als sein Herr und der Gesandte* nicht größer als der, der ihn gesandt hat.

Ein neues Gebot gebe ich euch, dass ihr euch untereinander liebt, wie ich euch geliebt habe, damit auch ihr einander lieb habt. Daran wird jedermann erkennen, dass ihr meine Jünger seid, wenn ihr Liebe untereinander habt.«

wusch er die Füße: Jemandem die Füße zu waschen war damals die Aufgabe von Sklaven.

Herr: Titel für Jesus (siehe S. 220).

Gesandter: damit ist ein »Apostel« gemeint (siehe S. 222).

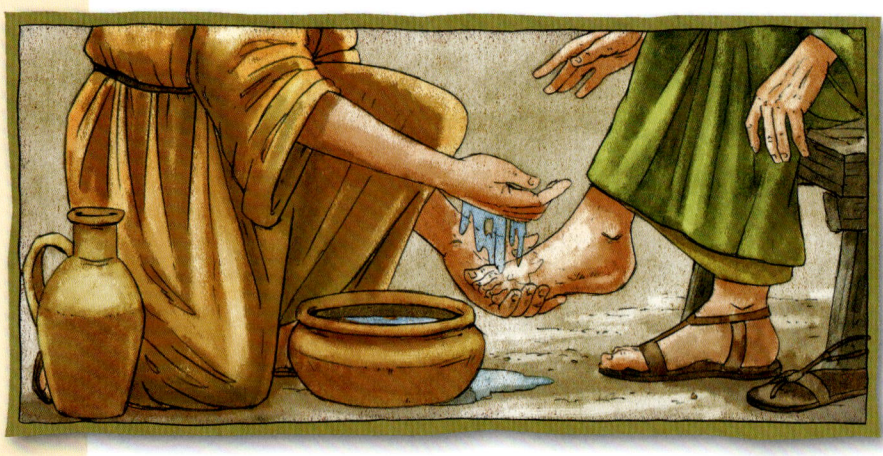

Jesus Christus

Ikone aus dem Katharinenkloster am Sinai,
Christus als Weltenrichter

Wer war Jesus von Nazareth?

Jesus wurde um das Jahr 4 v. Chr. nach
Aussage der Evangelisten Matthäus und Lukas
in Bethlehem geboren und wuchs im galilä-
ischen Dorf Nazareth auf. Er hatte jüdische
Eltern, den Handwerker Josef und dessen Frau
Maria. Über seine Kindheit wissen wir wenig.
Mit etwa 30 Jahren begann Jesus öffentlich
aufzutreten. Ein Zentrum seines Wirkens war
das Haus des Petrus in Kapernaum. Mit etwa
32 Jahren wurde Jesus als Aufrührer angeklagt
und von den Römern am Kreuz hingerichtet.
Der **Name Jesus** wird in der Geburtsgeschichte
(Lukas 1; Matthäus 1) durch einen Engel

festgelegt. Jesus oder Jeschua (Josua) bedeutet
»Gott hilft« und erinnert an Josua, den Nachfolger von Mose (siehe S. 53). Dies war damals
ein sehr gebräuchlicher Name.

Die Evangelien erzählen, dass die Begegnung
mit Jesus das Leben vieler Menschen
veränderte. Die Leute und seine Jünger nannten
ihn meist **Rabbi** (»mein Lehrer«). Jesus verstand es, Hoffnung zu geben, zu hinterfragen,
was als normal galt und innere und äußere
Verletzungen zu heilen. Durch ihn spürten die
Menschen Gottes Nähe.

Die Frage, wer Jesus war, wird im Neuen
Testament von der Auferstehung Jesu, also
von Ostern her beantwortet. Es gibt eine
Reihe von Namen, in denen seine besondere
Bedeutung zum Ausdruck kommt:

⊚ **Christus** ist kein Beiname von Jesus,
sondern ein Ehrentitel, der seine Würde
zum Ausdruck bringt. Christus bedeutet
»der Gesalbte.« Es ist die Übersetzung des
hebräischen Wortes **Messias**. Im Alten
Testament ist dies der Titel für den israelitischen König. Er wurde gesalbt und damit
von Gott in sein Amt eingesetzt (siehe
S. 74–75). Später bezeichnete das Wort
den von Gott versprochenen Retter für die
Menschen. Zur Zeit Jesu glaubten viele
Menschen, dass der Messias die Römer mit
Gewalt vertreiben und Gottes Herrschaft
aufrichten würde. Im Rückblick auf den Tod
und die Auferstehung Jesu gaben die
Christen dem Titel dann einen neuen Sinn:
Christen sehen im Leiden, Sterben und der
Auferstehung Jesu, dass Gott die Menschen
vom Tod rettet. Daher ist der Gekreuzigte
für sie der Messias, der Christus.

◉ **Menschensohn**: Wenn Jesus im Neuen Testament als Menschensohn bezeichnet wird, knüpft dies an die Vorstellung vom Weltgericht aus dem Buch Daniel an. Der Menschensohn ist hier eine himmlische Gestalt, die am Ende der Tage über die Welt herrschen wird. Auch Jesus hat von einem Menschensohn gesprochen (siehe S. 194). Für die Christen ist nach Ostern klar, dass Jesus selbst dieser Menschensohn ist. Das Neue Testament berichtet vom Wirken des Menschensohns, wenn Jesus Schuld vergibt, über den Sabbat bestimmt oder gekommen ist, um die Verlorenen zu suchen (siehe S. 213). Zum Auftrag des Menschensohns gehört es aber auch, dass er leiden und sterben wird.

◉ **Sohn Davids**: weist darauf hin, dass Jesus aus der Familie von David stammt (siehe S. 183). Die Menschen zur Zeit Jesu erwarteten, dass der Messias aus der alten Königsfamilie Davids kommt. So hatten es die Propheten des Alten Testaments angekündigt (siehe S. 128–129).

◉ **Sohn Gottes**: Im Alten Testament gilt das ganze Volk Israel als »Kind Gottes«. In besonderer Weise wurde dieser Titel auf den israelitischen König bezogen. Wenn Jesus im Neuen Testament als Sohn Gottes bezeichnet wird, dann drückt das seine einzigartige Verbindung mit Gott aus. Bereits vor seiner Geburt war er bei Gott (siehe S. 216). Auch die Geburtsgeschichten (siehe S. 183ff. und S. 199ff.) und die Taufe Jesu (siehe S. 156) zeigen diese Verbindung. Am Kreuz erkennt sogar ein römischer Hauptmann, dass Jesus Gottes Sohn ist (siehe S. 176). Jesus selbst nennt Gott »Vater« (aramäisch: »Abba«, das heißt »lieber Vater«; siehe S. 188).

◉ **Herr** (griechisch »Kyrios«): »Herr« war die übliche Anrede für eine höher gestellte Person. Deshalb nennen die ersten Christen Jesus »Herr«. Diese Anrede ist auch ein Bekenntnis, denn im Alten Testament wird nur Gott »Herr« genannt. Die ersten Christen erkannten, dass in Jesus Gott den Menschen nahe gekommen ist. Sie erwarteten, dass er bald wiederkommt und das Reich Gottes auf Erden vollendet. Daher grüßten sich die ersten Christen mit »Maranata!«, das heißt »Unser Herr kommt bald!« Auch die Griechen und Römer redeten ihre Götter als »Herren« an. Die Kaiser in Rom beanspruchten diesen Titel für sich und wollten als Gott verehrt werden. Wenn die Christen Jesus ihren Herrn nannten, bekannten sie: Er ist allen heidnischen Göttern und allen weltlichen Herrschern überlegen – er ist der »Herr aller Herren«.

Im Johannes-Evangelium gibt es zusätzlich zu diesen Namen noch eine Reihe von **Bildern**. Sie zeigen die besondere Aufgabe von Jesus und beginnen mit den Worten »Ich bin«. Deshalb nennt man sie die »Ich-bin-Worte« Jesu:
• Ich bin das Brot des Lebens. (Johannes 6,35)
• Ich bin das Licht der Welt. Wer mir nachfolgt, der wird nicht wandeln in der Finsternis, sondern wird das Licht des Lebens haben. (Johannes 8,12)
• Ich bin die Tür. (Johannes 10,7.9)
• Ich bin der gute Hirte. Der gute Hirte lässt sein Leben für die Schafe. (Johannes 10,11)
• Ich bin die Auferstehung und das Leben. (Johannes 11,25)
• Ich bin der Weg und die Wahrheit und das Leben; niemand kommt zum Vater denn durch mich. (Johannes 14,6)
• Ich bin der wahre Weinstock und mein Vater der Weingärtner. (Johannes 15,1)

Wie sah Jesus aus?

Wie Jesus aussah, wird in den Evangelien nicht berichtet. Für die Verfasser war diese Frage unwichtig. In der Kunst wurde Jesus aber oft und auf sehr unterschiedliche Weise dargestellt.

Die älteste Abbildung aus einer römischen Katakombe (Grabanlage, um 250) zeigt Jesus als einen Jüngling, der ein Schaf auf dem Rücken trägt. Er ist der gute Hirte, von dem im Johannes-Evangelium die Rede ist (siehe S. 220, Johannes 10,11).

Später wurde Jesus oft als strenger Weltenrichter (siehe S. 219), als Schmerzensmann (siehe S. 179) oder auch als mitfühlender Mensch mit langen Haaren und edlen Gesichtszügen dargestellt (siehe S. 185).

Heute gibt es rund um die Welt viele Darstellungen von Jesus. Sie lassen die Gesichtszüge der in den verschiedenen Ländern lebenden Menschen erkennen. Damit zeigen diese Christen: Jesus ist einer von uns.

Afrikanische Darstellung von Jesus mit Maria und Marta

Christus am Kreuz aus Bolivien

Christus als »Guter Hirte«, Wandmalerei aus den Katakomben in Rom. Vermutlich ist dies die älteste bekannte Darstellung Jesu.

Darstellung der Kreuzigung Christi aus Korea

Die Apostelgeschichte

Lukas erzählt, wie es weitergeht

Nach dem Lukas-Evangelium ist die **Apostelgeschichte** das zweite Buch von Lukas. Sie stellt eine Fortsetzung des Evangeliums dar und ist demselben Mann, Theophilus, gewidmet. Das Wort »Apostel« bedeutet »von Gott Gesandter«. Es bezeichnet die zwölf Jünger, die Jesus zu seinen Lebzeiten begleitet hatten und die jetzt sein Werk fortführen: Petrus, Andreas, Jakobus der Ältere, Jakobus der Jüngere, Johannes, Philippus, Bartholomäus, Matthäus, Thomas, Thaddäus und Simon. Für Judas kam noch Matthias dazu (siehe Apg 1). Auch Paulus verstand sich als Apostel.

Die Apostelgeschichte schildert die Entstehung der frühen christlichen Kirche. Es wird dargestellt, wie sich die Botschaft von Jesus immer weiter ausbreitete: von Jerusalem bis nach Rom, in die Mitte der heidnischen Welt. Jesus hatte den Jüngern versprochen, ihnen den Heiligen Geist zu senden. Er sollte ihnen Mut und Kraft geben, die Botschaft von Jesus überall zu verkünden und in seinem Namen Menschen zu taufen. Und so geschieht es: An Pfingsten kommt der Heilige Geist zu den Jüngern und setzt die Ausbreitung der Botschaft Jesu in Gang.

Zunächst bildet sich in Jerusalem unter Führung der Apostel die erste christliche Gemeinde. Sie wird auch die »Urgemeinde« genannt. Von ihren Mitgliedern wird gesagt, dass sie »ein Herz und eine Seele« waren und ihren ganzen Besitz miteinander teilten (siehe S. 226 und 228). Diese Urgemeinde wurde zum Vorbild des christlichen Gemeindelebens. Die Apostelgeschichte erzählt auch, wie erste Konflikte gelöst werden. Und sie berichtet, wie sich nach und nach erste Dienste in der Gemeinde herausbilden, die für bestimmte Aufgaben zuständig sind (siehe S. 228–229). Indem Lukas dies so ausführlich darstellt, gibt er Antwort auf die Fragen:

◉ **Was macht eine gute christliche Gemeinde aus?**
◉ **Was gibt es über die Anfänge der christlichen Gemeinschaft zu berichten?**

Zwei Apostel spielen in der Apostelgeschichte eine herausragende Rolle: Der eine ist Petrus, der schon zu Jesu Lebzeiten eine besondere Stellung unter den Jüngern eingenommen hatte. Er wurde jetzt der führende Mann der Jerusalemer Urgemeinde. Der andere ist Paulus, der die Botschaft von Jesus Christus zu den Nichtjuden und schließlich bis nach Rom brachte (zu Petrus und Paulus siehe S. 236). Hier endet der Bericht des Lukas.

Giotto di Bondone, Die Ausgießung des Heiligen Geistes, 1305

Lukas schreibt wieder an Theophilus

Den ersten Bericht* habe ich gegeben, lieber Theophilus*,
von all dem, was Jesus von Anfang an tat und lehrte
bis zu dem Tag, an dem er aufgenommen wurde, nachdem er den
Aposteln, die er erwählt hatte, durch den Heiligen Geist Weisung
gegeben hatte. (Apostelgeschichte 1,1-2)

Jesus geht zu seinem Vater (Apostelgeschichte 1)

Als Jesus auferstanden war, blieb er vierzig Tage bei seinen
Jüngern. Dann ging er mit ihnen zum Ölberg*. Sie unterhielten
sich über das Reich Gottes* und fragten Jesus aufgeregt. »Sag uns:
Wirst du jetzt bald die Macht im Land übernehmen? Wirst du
Israel wieder stark machen?«
Jesus antwortete ihnen: »Gott allein weiß, wann die Zeit dafür
kommt. Das ist nicht eure Sache. Habt Geduld! Aber mein Vater
wird euch seinen Geist* senden. Ihr werdet spüren, dass er bei
euch ist. Er gibt euch die Kraft, den Menschen auf der ganzen Welt
von mir zu erzählen – angefangen von hier in Jerusalem über das
ganze jüdische Land bis zu den fernsten Ländern der Erde.«

Als Jesus das gesagt hatte, kam eine Wolke und hüllte ihn ein.
Die Jünger konnten ihn nicht mehr sehen. Die Wolke verschwand
in den Himmel*. Plötzlich standen zwei Männer in weißen
Gewändern bei den Jüngern. Es waren Boten Gottes*. Sie sagten:
»Was steht ihr hier und seht nach oben? Jesus ist jetzt bei seinem

Erster Bericht: Damit ist das Lukas-Evangelium gemeint.

Theophilus: heißt wörtlich übersetzt »Gottesfreund«.

Auch in Lukas 24 findet sich ein Bericht von der Begegnung der Jünger mit dem auferstandenen Jesus und seiner Aufnahme in den Himmel (siehe S. 214).

Ölberg: Wie bei der Bergpredigt und den Zehn Geboten ist auch hier ein Berg der Ort, an dem die Nähe Gottes spürbar wird.

Reich Gottes: neue Welt, die Gott für die Menschen schaffen wird. Mit Jesus hat sie bereits begonnen.

Geist Gottes: siehe S. 224.

Himmel: zum Fest Himmelfahrt siehe S. 274.

Boten Gottes: siehe Engel S. 148–149.

Vater im Himmel. Von dort wird er eines Tages wieder zurück-
kommen.«
Verwirrt schauten sich die Jünger an. Sie gingen zurück nach
Jerusalem und warteten, was geschehen würde.

Pfingsten *(Apostelgeschichte 2)*

Jüdisches Pfingstfest:
Gemeint ist das Wochenfest
(siehe S. 52). Es wird fünfzig
Tage nach dem Passafest gefeiert.
Christen feiern an Pfingsten, dass
Gott den Heiligen Geist sendet
(siehe S. 274).

Feuerzungen: Feuer zeigt in der
Bibel häufig die Gegenwart
Gottes an (siehe Mose und der
brennende Dornbusch, S. 46–47).

Gottes Geist: Gottes Kraft, die
Leben und eine Verbindung
zwischen Gott und den Menschen
sowie zwischen den Menschen
ermöglicht.

Fünfzig Tage waren vergangen, seit Jesus auferstanden war. Zum
jüdischen Pfingstfest* waren Menschen aus vielen verschiedenen
Ländern nach Jerusalem gekommen. Die Jünger waren alle in
einem Haus versammelt.
Auf einmal ertönte vom Himmel her ein Rauschen wie von einem
starken Wind. Über den Köpfen der Jünger erschienen Feuerzungen*. Die Jünger verstanden: Jetzt geschieht etwas ganz Besonderes! Sie spürten, dass eine große Kraft und Begeisterung sie
erfüllte. Gottes Geist* war auf sie herabgekommen, so wie Jesus es
versprochen hatte. Die Jünger fingen an, in vielen verschiedenen
Sprachen von Jesus zu erzählen.

in seiner eigenen Sprache:
Jeder versteht die Botschaft.
Die Gemeinde der Christen steht
nun Menschen aus der
ganzen Welt offen.

Viele Menschen liefen herbei, weil sie das Rauschen hörten. Sie
staunten, denn jeder hörte die Jünger in seiner eigenen Sprache*
reden! Manche wunderten sich und fragten: »Was ist denn hier
los? Was erzählen diese Leute da? Sind sie vielleicht betrunken?«
Doch Petrus rief ihnen zu:

»Liebe Brüder und Schwestern. Wir sind nicht betrunken.
Wir sind voller Freude! Lasst euch erklären, was hier geschieht:
Gottes Geist ist bei uns. Er gibt uns Kraft und Mut. Wir sollen
euch von Jesus erzählen. Erinnert ihr euch an ihn? Viele von euch
haben gesehen, wie er Menschen geheilt hat. Er hat euch von Gott
erzählt. Und dann hat man ihn umgebracht. Aber Jesus ist nicht
tot! Er ist auferstanden! Er lebt! Wir alle haben es gesehen.
Daher glauben wir: Jesus ist der Retter der Welt. Auf ihn dürfen
alle Menschen vertrauen. Er wird uns vom Tod erlösen.«

Die Worte von Petrus trafen die Zuhörer ins Herz. Sie fragten:
»Was müssen wir tun, wenn auch wir Jesus nachfolgen wollen?«
»Fangt ein neues Leben an«, antwortete Petrus. »Vertraut auf Gott!
Lasst euch taufen! Dann schenkt Gott auch euch seinen Geist.«
Daraufhin ließen sich viele taufen. Von nun an lebten sie mitein-
ander und teilten alles, was sie hatten.

Eine Straße in der Altstadt
von Jerusalem

Die Heilung eines Gelähmten
(Apostelgeschichte 3 und 4)

Eines Tages gingen Petrus und Johannes in den Tempel.
Am Eingang saß ein Mann, der gelähmt war. Er bettelte die
Apostel* an. Petrus sprach: »Ich habe kein Geld, aber ich kann dir
helfen. Im Namen von Jesus Christus sage ich dir: Steh auf und
geh umher!«
Petrus fasste den Mann bei der Hand und zog ihn hoch. Da kam
er auf die Füße und machte ein paar Schritte. Er folgte Petrus und
Johannes in den Tempel und dankte Gott. Als die Menschen
sahen, dass der gelähmte Mann plötzlich wieder gehen konnte,
staunten sie sehr. Petrus aber sagte: »Ihr lieben Leute von Jerusalem, warum staunt ihr so? Ihr wisst doch genau, dass nicht ich den
Lahmen geheilt* habe. Das hat Gott getan. Wie Jesus durch die
Kraft Gottes Menschen geheilt hat, so habe auch ich im Namen
Gottes diesen Mann geheilt.«

Auf einmal kamen Sadduzäer* mit der Tempelwache dazu. Sie
wollten verhindern, dass Petrus den Leuten in Jerusalem von Jesus
erzählte. Sie ließen ihn und Johannes verhaften. Am nächsten
Morgen wurden sie vor den Hohen Rat* geführt und verhört. Der
Hohe Rat wollte ihnen verbieten, weiter von Jesus zu erzählen.

Apostel: Wie das Wort »Post«
kommt der Begriff aus der
griechischen Sprache und meint
»geschickt werden«. Apostel sind
also die Boten, die Jesus
aussendet (siehe S. 222).

geheilt: siehe »Heilungswunder«
S. 158.

Sadduzäer: religiöse Gruppie-
rung im Judentum (siehe auch
S. 160). Zu ihr gehörten vor
allem Priester und führende
Leute im Land. Sie hatten die
Mehrheit im Hohen Rat
(siehe S. 178).

Hoher Rat: siehe S. 178.

Aber Petrus und Johannes sagten: »Gott hat es uns befohlen. Und wir müssen ihm gehorchen.« Da ließ man die beiden wieder frei.

Die ganze Gemeinde war ein Herz und eine Seele. Sie teilten ihren Besitz miteinander. Wer etwas besaß, gab das Geld den Aposteln. Die verteilten es unter den Notleidenden. So waren alle gut versorgt.

Neben dem idealen Bild der Urgemeinde sind in den Briefen des Paulus auch Streitfragen der ersten Christen überliefert (siehe Paulus, S. 249).

Die ersten Verfolgungen (Apostelgeschichte 5–7)

Hohepriester: siehe S. 178.

Sadduzäer: siehe S. 160.

Der Hohepriester* und die Sadduzäer* beobachteten misstrauisch, wie die christliche Gemeinde immer größer wurde. Schließlich beschlossen sie einzugreifen und ließen die Apostel ins Gefängnis werfen. Doch in der Nacht kam ein Engel Gottes und befreite sie. Er gab ihnen den Auftrag: »Geht in den Tempel und verkündigt dem Volk die Botschaft von dem Leben, das Jesus gebracht hat.« Das taten die Apostel.

Hoher Rat: siehe S. 178.

Als die Sadduzäer und der Hohe Rat* davon erfuhren, ließen sie die Apostel zu sich holen und riefen: »Haben wir euch nicht verboten, eure Lehren über Jesus zu verbreiten?«
Da sagte Petrus: »Wir werden nicht aufhören, den Menschen von Gott zu erzählen. Man muss Gott mehr gehorchen als den Menschen.«
Bei diesen Worten wurden ihre Ankläger sehr zornig und wollten sie töten. Da erhob sich der Ratsherr Gamaliel*, der im ganzen Volk geachtet war. Er sagte:

Gamaliel: war ein bekannter Schriftgelehrter.

»Ihr Männer von Israel. Es gab schon viele, die einen Aufruhr angezettelt und viele Anhänger gesammelt haben. Heute redet niemand mehr von ihnen. Lasst diese Männer gehen! Wenn das, was sie tun, nur ein Werk von Menschen ist, dann wird es schnell untergehen. Wenn es aber von Gott kommt, dann wird es bestehen und ihr könnt nichts dagegen unternehmen. Oder wollt ihr gegen Gott kämpfen?«
Das überzeugte den Hohen Rat. Die Apostel durften gehen.
Sie erzählten den Menschen weiterhin von Jesus und von Gottes neuer Welt.

Die Zahl der Anhänger Jesu wurde immer größer. Bald kam es in der christlichen Gemeinde zu einem Streit. Die griechischen Gemeindeglieder* warfen den einheimischen vor, ihre Witwen bei der täglichen Verteilung der Lebensmittel zu übergehen. Die Apostel riefen die Gemeinde zusammen und sagten: »Wir selbst können uns nicht auch noch um die Verteilung der Lebensmittel kümmern. Wählt sieben Männer* aus eurer Gemeinde. Die sollen dafür sorgen, dass in Zukunft die Lebensmittel gerecht zugeteilt werden.« So geschah es.

Einer der Gewählten war Stephanus. Gott war mit ihm, sodass er sogar Kranke heilen und viele Menschen für den Glauben an Jesus gewinnen konnte. Aber Stephanus hatte auch Feinde. Die verbreiteten böse Gerüchte über ihn und sorgten dafür, dass er verhaftet und vor den Hohen Rat geschleppt wurde. Falsche Zeugen* beschuldigten ihn und sagten: »Er hat gegen den Tempel und das Gesetz geredet!«
Da erzählte Stephanus ihnen von seinem Glauben an Jesus und sagte: »Wurden nicht auch die Propheten verfolgt? Genau wie sie wurde Jesus verfolgt und umgebracht.«
Als die Ratsmitglieder das hörten, gerieten sie außer sich vor Zorn. Stephanus aber schaute nach oben und rief: »Siehe, ich sehe den Himmel offen und den Menschensohn* zur Rechten Gottes stehen.«
Da stürzten sie sich auf Stephanus, führten ihn aus der Stadt hinaus und steinigten ihn. Bevor er starb, betete Stephanus: »Herr, rechne ihnen diese Sünde nicht an!«
Ein junger Mann namens Saulus stand dabei und passte auf die Kleider der Leute auf, die Stephanus steinigten. Er war einverstanden mit dem, was da geschah.

griechische Gemeindeglieder: ursprünglich griechisch sprechende Juden, die zu Christen geworden waren.

sieben Männer: Durch die Aufgabenteilung in der ersten christlichen Gemeinde entsteht hier das Amt des Diakons (von griechisch »diakonein« = »dienen«). Sie sollten für die Bedürftigen der Gemeinde sorgen und die materiellen Güter der Gemeinde verwalten.

Falsche Zeugen: siehe S. 56, den Sinn des 9./8. Gebots. Damit ein Mensch nicht zum Tode verurteilt wird, soll man keine falsche Zeugenaussage machen.

Menschensohn: siehe S. 220.

Die Anfänge der Kirche

Nach Jesu Tod und seiner Auferstehung entstanden kleine Gemeinden an verschiedenen Orten. Jesu Anhänger versammelten sich in Privathäusern. Dort beteten sie gemeinsam, feierten das Abendmahl und lasen aus den Heiligen Schriften vor. Gestärkt vom Heiligen Geist erzählten sie die »Frohe Botschaft« – das Evangelium von Jesus – weiter. So wuchsen diese Gemeinden beständig. Die neuen Mitglieder wurden durch Taufe in die Gemeinde aufgenommen.

Noch verstanden sich viele Anhänger Jesu als Juden. Sie hielten sich an die Gesetze des Mose und gingen zum Beten in den Tempel von Jerusalem. Sie hatten jedoch unter Anfeindungen zu leiden. In der Apostelgeschichte wird davon berichtet, dass die Apostel Petrus und Johannes vom jüdischen Hohen Rat angeklagt wurden. Stephanus war der erste, der für sein Bekenntnis zu Jesus sterben musste. Er wurde zum »Märtyrer«, das heißt »(Blut-)Zeugen« (siehe S. 227). Nach dem Tod Jesu nahm die Verfolgung seiner Anhänger weiter zu. So flohen viele von ihnen und gründeten neue Gemeinden – in Judäa, Samarien und bald auch darüber hinaus.
Die einflussreichste christliche Gemeinde neben Jerusalem bildete sich in Antiochia (siehe Karte S. 287). Hier wurden die Nachfolger Jesu auch zum ersten Mal Christen genannt, weil sie glaubten, dass Jesus der Messias (Christus) ist (siehe S. 219).

Anfangs erzählten die Christen nur Juden die Botschaft von Jesus weiter. Später richteten sie sich auch an Nichtjuden (»Heiden«). Als die Zahl der »Heidenchristen« zunahm, kam die Frage auf: Müssen sich ehemalige Heiden wie Juden beschneiden lassen und sich an die jüdischen Vorschriften, z.B. die Speisegebote, halten? Darüber kam es zu Auseinandersetzungen unter den frühen Christen. Nach Lukas klärten die Apostel diese Frage auf einer Versammlung in Jerusalem. Dort wurde beschlossen: Die »Heidenchristen« müssen sich weder beschneiden lassen noch die jüdischen Gesetze befolgen (siehe S. 237).
Damit wurde die Aufnahme von Heiden in die christliche Gemeinde erleichtert und der Weg für die Mission unter Heiden freigemacht, für die sich insbesondere der Apostel Paulus einsetzte (siehe S. 236)

Dienste und Aufgaben in der Gemeinde

Als in Jerusalem die erste christliche Gemeinde entstand, wurde sie zunächst von dem Kreis der **zwölf Jünger** geleitet, die Jesus begleitet hatten. Als die Gemeinde wuchs und sich auch an anderen Orten ausbreitete, entstanden weitere Formen der Gemeindeleitung. Von den Juden übernahmen die christlichen Gemeinden die Einrichtung der leitenden **Ältesten** (griechisch »Presbyter«. Diesen Namen tragen in manchen Kirchen die Kirchengemeinderäte, zum Beispiel in den Presbyterianischen Kirchen. Auch das deutsche Wort »Priester« leitet sich von diesem Wort ab). Die Ältesten vertraten die Gemeinschaft nach außen.

Andere Gemeinden lehnten sich eher an griechische Vorbilder an. In den griechischen Organisationen gab es **Gemeindeleiter** (griechisch »Episkopos« – daraus entstand unser Begriff »Bischof«). Vermutlich hatten die Ältesten und die Gemeindeleiter ursprünglich die gleiche Aufgabe.

Die Gemeindeleiter nahmen ihre Aufgabe zunächst gemeinsam wahr. Ebenfalls aus dem griechischen Bereich kommen die **Diakone/Diakoninnen**. Das Wort bedeutet ursprünglich »Dienst« an den Tischen, d.h. die Fürsorge für die Bedürftigen der Gemeinde. Dabei ging es wahrscheinlich von Anfang an um die Verantwortung für die Finanzen und die materiellen Güter der Gemeinde (siehe S. 227).

Im 2. Jahrhundert n.Chr. bildete sich dann allmählich eine dreistufige Leitungsstruktur heraus: ein Gemeindeleiter, unter ihm die Gemeindeältesten und die Diakone und Diakoninnen.

Sieger Köder, Pfingsten, 1992. Aus dem Evangelium wächst das Haus der Kirchen

Christliche Symbole

Schon früh wurden bestimmte Symbole mit den Christen in Verbindung gebracht.

◎ **Fisch**: Die Buchstaben des griechischen Wortes für Fisch, ICHTYS, stellen ein kleines Glaubensbekenntnis dar. Sie stehen als Abkürzung für einen griechischen Satz, dessen Übersetzung lautet: »Jesus Christus ist Gottes Sohn, der Retter«. Der Fisch erinnert auch daran, dass Jesus seine ersten Jünger zu »Menschenfischern« gemacht hat (siehe S. 156).

◎ **Taube**: Sie wurde im Christentum vor allem zum Symbol für den Heiligen Geist und damit für die Nähe Gottes (siehe Jesu Taufe S. 156). Ausgehend von der Noah-Geschichte im Alten Testament (siehe S. 18) symbolisiert die Taube auch den umfassenden Frieden in der Schöpfung.

◎ Das **Schiff** verkörpert die Kirche, die durch die Wogen der Welt dem himmlischen Ziel entgegenfährt. Heute steht das Symbol vor allem für die Verbundenheit der unterschiedlichen Kirchen weltweit, die Ökumene.

◎ Die griechischen Buchstaben **Chi Rho (XP)** sind die Anfangsbuchstaben des griechischen Wortes »Christus«. Die Buchstaben sind oft von einem Kreis oder Siegeskranz umgeben und stehen dann für die Herrschaft Gottes über die Welt.

◎ Da Jesus am **Kreuz** gestorben ist, entwickelte sich das Kreuz zum zentralen Symbol für den christlichen Glauben. Es steht jedoch nicht nur für den Tod Jesu, sondern auch für seine Auferstehung. Jesus hat den Tod überwunden. Das gibt Christen die Hoffnung, dass der Tod auch in ihrem Leben nicht das letzte Wort hat.

Der Kämmerer aus Äthiopien

(Apostelgeschichte 8,26-39)

Philippus gehörte zu den Männern, die von der Gemeinde gewählt worden waren, um die Güter gerecht zu verteilen. Eines Tages sagte ein Engel* zu ihm: »Gehe nach Süden in die Wüste. Dort kommst du auf die Straße, die von Jerusalem nach Gaza* führt!«
Sogleich machte Philippus sich auf den Weg. Auf der Straße, die ihm der Engel beschrieben hatte, traf er einen Afrikaner. Es war der Kämmerer* der Königin von Äthiopien*. Er war nach Jerusalem gekommen, um im Tempel zu Gott zu beten. Nun kehrte er wieder nach Hause zurück. Er saß in seinem Wagen und las laut* im Buch des Propheten Jesaja*.
Als Philippus hörte, was der Mann gerade las, fragte er ihn: »Verstehst du eigentlich, was du da liest?«
»Wie soll das gehen, wenn mir keiner hilft?«, erwiderte der Afrikaner. Philippus nickte verständnisvoll. »Steig auf und setze dich zu mir«, bat der Kämmerer.

Philippus stieg zu ihm in den Wagen und erklärte ihm: »Bei dem, was du liest, geht es um Jesus.« Dann erzählte er dem Mann von Jesu Worten und Taten und was es mit seinem Tod und seiner Auferstehung auf sich hatte.

Engel: Bote Gottes (siehe S. 148–149).

Gaza: siehe Karte S. 286.

Kämmerer: Finanzverwalter.

Äthiopien: gehörte damals zu Ägypten.

laut: Es war damals üblich, laut zu lesen.

Jesaja: siehe S. 127–131. Die frühen Christen sahen die Visionen des Jesaja durch das Kommen Jesu erfüllt (siehe S. 156 und 181).

taufen: Mit der Taufe wird der Kämmerer in die christliche Gemeinschaft aufgenommen.

Tarsus: Stadt am Mittelmeer (siehe Karte S. 287).

Paulus: Der jüdische Name des Apostels Paulus war Saul – mit lateinischer Endung Saulus. Paulus ist sein zweiter Name, den er als römischer Bürger trug. Er bedeutet: »Der Kleine«.

Damaskus: war damals eine bedeutende Handelsstadt (siehe Karte S. 287).

Blick auf das heutige Damaskus

neuer Weg: eine der ältesten Bezeichnungen für die christliche Lehre.

Kurz darauf kamen sie an eine Wasserstelle. Der Kämmerer sagte: »Was du erzählt hast, gefällt mir gut. Hier gibt es Wasser. Würdest du mich taufen? Ich möchte zu Jesus gehören.« Sie stiegen aus dem Wagen und Philippus taufte* den Kämmerer.

Kaum waren sie aus dem Wasser gestiegen, da wurde Philippus von Gott wieder zu einem anderen Ort geschickt. Der Kämmerer aber zog fröhlich weiter auf seinem Weg.

Paulus begegnet Jesus (Apostelgeschichte 9)

Saulus aus Tarsus*, der auch Paulus* genannt wurde, war ein Feind der Christen. Er verfolgte sie, wo er sie finden konnte. Eines Tages war er auf dem Weg nach Damaskus*. Dort wollte er die Anhänger des neuen Weges* festnehmen und nach Jerusalem bringen.
Als er mit seinen Leuten schon ganz in der Nähe von Damaskus war, sah er plötzlich ein helles Licht. Er fiel zu Boden und hörte eine Stimme, die sagte: »Saulus, warum verfolgst du mich?«
»Herr, wer bist du?«, fragte Saulus ängstlich.
»Ich bin Jesus, den du verfolgst«, antwortete die Stimme. »Steh auf und gehe in die Stadt! Dort wird man dir sagen, was du tun sollst.«

Die Männer, die Saulus begleiteten, standen sprachlos da. Auch sie hörten die Stimme, aber sie erblickten niemanden.
Als Saulus seine Augen aufschlug, konnte er nichts mehr sehen. Da nahmen ihn seine Begleiter bei der Hand und führten ihn nach Damaskus.

Drei Tage lang war Saulus blind. Er aß und trank nichts.
In Damaskus lebte Hananias, ein Jünger Jesu. Er fürchtete sich vor Saulus, denn er hatte viele schlimme Dinge über ihn gehört.
Doch dann sagte eine Stimme zu ihm: »Geh zu Saulus! Er ist mein auserwähltes Werkzeug und soll den Heiden* von mir erzählen.«
Es war Jesus, der zu ihm gesprochen hatte.
So ging Hananias zu Saulus und legte ihm die Hände auf. Dann sprach er: »Lieber Bruder Saulus, du sollst wieder sehen können. Jesus hat mich zu dir geschickt. Er ist dir unterwegs erschienen, und er wird dir den Heiligen Geist* senden.«
Sofort konnte Saulus wieder sehen. Er ließ sich taufen und blieb viele Tage bei den Anhängern Jesu in Damaskus. Er fing sogar an, den Menschen in den Synagogen von Jesus zu erzählen. Doch die Leute waren empört und riefen: »Wollte der nicht alle Christen festnehmen und nach Jerusalem bringen?«
Es wurde gefährlich für Saulus. Noch in der Nacht musste er fliehen und kehrte nach Jerusalem zurück. Die Jünger dort fürchteten sich vor ihm. Sie konnten nicht glauben, dass er sie nicht mehr verfolgte. Schließlich brachte Barnabas Saulus zu den Aposteln und sagte zu ihnen: »Saulus ist Jesus begegnet. Er ist jetzt einer von uns!«
Von da an setzte sich Saulus zusammen mit den Aposteln* für Jesus ein. Doch auch in Jerusalem wurde es bald zu gefährlich für ihn. So floh er in seine Heimatstadt Tarsus.
Die Gemeinde der Anhänger Jesu wuchs in diesen Tagen immer mehr und Gott war durch seinen Geist bei ihnen.

Heiden: Menschen aus den Völkern, die nicht an den Gott Israels glauben.

Heiliger Geist: Kraft, die von Gott kommt (siehe S. 224).

Gepflasterte Straße in Tarsus

Apostel: bedeutet wörtlich »Abgesandter« oder »Bote«. Hier sind die Jünger gemeint, die Jesus zu seinen Lebzeiten begleitet hatten und jetzt sein Werk fortführen.

Der enge Pass, die Zilizische Pforte, die das Taurusgebirge nördlich von Tarsus durchschneidet, war eine viel bereiste, aber gefährliche Route

Petrus predigt und heilt

(Apostelgeschichte 9 und 11)

Petrus zog überall im Land umher und besuchte die christlichen Gemeinden. So kam er auch nach Lydda*. Dort traf er einen Mann namens Äneas, der seit acht Jahren gelähmt war und im Bett liegen musste.

Petrus sagte zu ihm: »Jesus Christus hat dich geheilt*. Steh auf und mach dir dein Bett.« Da stand der Mann auf. Als die Leute das sahen, waren sie begeistert und glaubten an Jesus.

In Joppe* lebte eine Jüngerin namens Tabita. Sie tat viel Gutes und gab reichlich Almosen für die Armen. Doch dann wurde Tabita krank und starb. Die Frauen wuschen sie und bahrten sie in ihrem Haus auf.

Lydda war nicht weit von Joppe entfernt. Als die Menschen erfuhren, dass Petrus in der Nähe war, ließen sie ihn holen. Petrus kam sofort in das Haus von Tabita. Die Witwen* standen um die Tote herum und weinten laut. Petrus schickte sie alle hinaus, kniete nieder und betete zu Jesus. Dann sagte er: »Tabita, steh auf!« Da öffnete sie die Augen und setzte sich auf. Die Nachricht von ihrer Auferweckung verbreitete sich schnell im ganzen Ort. Viele kamen zum Glauben an Jesus.

Später kehrte Petrus nach Jerusalem zurück. Da hielten ihm einige Gemeindeglieder, die früher Juden gewesen waren, vor: »Du warst in den Häusern der Unbeschnittenen*!« Petrus erwiderte: »Gerade bei ihnen habe ich einen starken Glauben vorgefunden.«
Als die Anhänger Jesu in Jerusalem schließlich hörten, dass in Antiochia viele gläubige Griechen lebten, schickten sie Barnabas und Paulus dorthin. In Antiochia* nannten sich die Anhänger Jesu zum ersten Mal Christen*. Sie beschlossen, die Brüder und Schwestern in Judäa zu unterstützen.

Lydda: siehe Karte S. 286.

geheilt: Wie Jesus konnten auch die Jünger durch die Kraft Gottes Kranke heilen.

Joppe (= Jaffa/Jafo): Hafenstadt am Mittelmeer (siehe Karte S. 287).

Turm der Peterskirche im heutigen Jaffa

Witwen: Klageweiber, die die Tote mit lautem Schreien und Klagen beweinten (siehe S. 80).

Unbeschnittene: Nichtjuden, also Heiden, die vorher andere Götter verehrt hatten.

Antiochia: Hafenstadt am Mittelmeer (siehe Karte S. 287).

Christen: heißt »zu Christus gehörig«.

234

Ein Engel befreit Petrus (Apostelgeschichte 12)

König Herodes* verfolgte die Gemeinde und tötete Jakobus, den
Bruder von Johannes. Dann ließ er Petrus gefangen nehmen.
Da gerade das Passafest* gefeiert wurde, wollte er noch warten,
bis er Petrus anklagte.
Petrus war mit Ketten gefesselt und musste zwischen zwei Soldaten schlafen. Mitten in der Nacht erfüllte plötzlich helles Licht den
Raum. Ein Engel* stieß Petrus in die Seite und weckte ihn. Er
sagte: »Schnell, steh auf!« Die Ketten fielen von seinen Händen ab
und Petrus verließ mit dem Engel das Gefängnis. Er glaubte zu
träumen. Bald erreichte er das Haus, in dem sich seine Freunde
aufhielten. Er klopfte an die Tür und rief der Dienerin am Tor zu:
»Ich bin es, Petrus. Mach auf!«
Voller Freude lief die Dienerin in das Haus und rief: »Petrus steht
vor der Tür!« Doch die Freunde von Petrus erwiderten: »Bist du
verrückt geworden? Das kann doch nicht sein – Petrus ist im
Gefängnis! Das ist bestimmt sein Engel*.« Doch Petrus klopfte
weiter, bis sie ihm schließlich die Tür öffneten.

Als sie ihn sahen, waren sie außer sich vor Freude. Petrus erzählte
ihnen, wie ihn der Engel aus dem Gefängnis befreit hatte. Dann
verabschiedete er sich und verließ die Stadt.

König Herodes: Gemeint ist
Herodes Agrippa I. Er regierte
von 37 bis 44. n. Chr. als König
von Judäa.

Passafest: siehe S. 52.

Engel: Bote Gottes
(siehe S. 148–149).

Reste einer römischen Straße
mit Wagenspuren

sein Engel: Damals glaubte man,
jeder Mensch habe einen
Schutzengel, der genauso
aussieht wie der Mensch selbst.

Die Apostel Petrus und Paulus

Antike Darstellung von Petrus und Paulus

»**Petrus**« war der Beiname von Simon, einem Fischer aus Kapernaum am See Genezareth. Simon war einer der ersten Jünger (siehe S. 156). Jesus selbst nannte ihn »Kephas« (d. h. »Fels«). Dieser Name lautet auf Griechisch »Petros« und auf Lateinisch »Petrus«. Petrus hat unter den Jüngern eine besondere Stellung. Immer wieder ist er ihr Wortführer und der Gesprächspartner von Jesus. Doch Petrus verleugnet Jesus, kurz bevor dieser gekreuzigt wird (siehe S. 174). An Pfingsten ist Petrus der Erste, der Außenstehenden die Auferstehung von Jesus verkündet. Er wird auch zum ersten Leiter der Urgemeinde in Jerusalem.

Petrus zog durch das Land, erzählte den Menschen von Jesus und heilte in seinem Namen viele Kranke (siehe S. 233). Bei der großen Versammlung in Jerusalem stellten sich die Apostel die Frage, was die christliche Gemeinde von Menschen verlangen sollte, die vorher Heiden gewesen waren (siehe S. 237). Petrus war, neben Paulus, wohl der wichtigste Befürworter des Beschlusses, dass Heidenchristen die jüdischen Vorschriften nicht befolgen müssen. Petrus soll im Jahre 64 in Rom am Kreuz gestorben sein.

Die zweite herausragende Gestalt in der frühen christlichen Kirche war **Paulus**. Sein hebräischer Name war Saulus (benannt nach König Saul). Anders als Petrus gehörte er nicht zum Kreis der Jünger, die Jesus begleiteten.
Saulus kam aus Tarsus, einer römischen Stadt in der heutigen Türkei (siehe Karte S. 287). Seine Familie besaß das römische Bürgerrecht, auf das er sich immer wieder berufen konnte. Sein römischer Name war Paulus.
Das bedeutet wörtlich übersetzt »der Kleine«. Nach der Apostelgeschichte war Paulus Augenzeuge bei der Steinigung von Stephanus; er verfolgte die Christen. Auf dem Weg nach Damaskus erschien ihm jedoch der auferstandene Jesus (siehe S. 232). Dieses Erlebnis veränderte Paulus von Grund auf. Er ließ sich in Damaskus taufen und verstand sich von da an als Apostel. Paulus sah die Verkündigung unter den Heiden als seine Lebensaufgabe. Im Zentrum seiner Lehre stand: Jesus ist am Kreuz gestorben, wurde von Gott auferweckt und hat so die Menschen von Schuld und Tod erlöst. Um den Menschen diese Botschaft zu bringen, unternahm Paulus drei ausgedehnte Reisen (Missionsreisen, siehe Karte S. 287). Sie führten ihn in viele Städte Kleinasiens und Griechenlands. Auf seinen Reisen geriet Paulus auch in schwierige Situationen. Häufig wurde er angefeindet und sogar ins Gefängnis geworfen. Mit den Gemeinden, die er gegründet hatte, hielt er durch Briefe Kontakt (siehe S. 245). Darin beantwortet er ihre Fragen zum Glauben und zum Leben als Christ. Er ermahnt, ermutigt und tröstet die ersten Christen. Nach seiner dritten Reise wurde Paulus in Jerusalem verhaftet und als Gefangener nach Rom gebracht. Dort soll er 64 n. Chr. bei Christenverfolgungen getötet worden sein.

Die Apostelversammlung in Jerusalem
(Apostelgeschichte 15)

Eines Tages kamen einige Leute aus der Gemeinde in Judäa nach Antiochia*. Sie erklärten den dortigen Anhängern von Jesus, die früher keine Juden gewesen waren: »Ihr könnt nur dann gerettet werden, wenn ihr euch beschneiden* lasst.«
Paulus und Barnabas, die sich gerade in Antiochia aufhielten, waren damit überhaupt nicht einverstanden. Deshalb gerieten sie mit den Judäern in heftigen Streit. Schließlich wurde beschlossen, Paulus und Barnabas mit einigen anderen aus Antiochia nach Jerusalem zu schicken. Dort sollten sie das Problem den Aposteln und Ältesten* vortragen.

Als die beiden in Jerusalem eintrafen, wurden sie von der Gemeinde, den Aposteln und den Ältesten freundlich empfangen. Paulus und Barnabas berichteten, wie viele Menschen in Antiochia bereits an Jesus glaubten, die vorher keine Juden gewesen waren. Da riefen einige: »Diese neuen Christen sollen sich beschneiden lassen und sich an das Gesetz des Mose* halten.«

Sie überlegten lange und diskutierten heftig. Schließlich ergriff Petrus das Wort: »Liebe Brüder! Gott will, dass auch die Heiden* das Evangelium hören.
Gott, der die Herzen kennt, hat es bezeugt und ihnen den Heiligen Geist gegeben wie auch uns. Er macht keinen Unterschied zwischen ihnen und uns. Denn durch den Glauben an Jesus hat er ihre Herzen von aller Schuld gereinigt.
Warum wollt ihr den neuen Anhängern von Jesus eine solche Last auferlegen? Sie glauben wie wir: Allein durch die Gnade unseres Herrn Jesus werden wir gerettet.«

Nach langen Diskussionen wurde die Frage schließlich so entschieden, wie Paulus und Barnabas es vorgeschlagen hatten. Von den Heidenchristen sollte nicht verlangt werden, die Gesetze des Mose zu halten und sich beschneiden zu lassen. Doch vom Götzenopfer* sollten die Christen sich fernhalten. Und sie sollten ein Leben führen, das keinen Anstoß erregte.
Der Gemeinde in Antiochia wurde dieses Ergebnis in einem Brief mitgeteilt.

Antiochia: siehe Karte S. 287.

Die Grottenkirche St. Peter in Antiochia, dem heutigen Antakya. Die Fassade der Kirche ist aus dem 13. Jahrhundert, doch schon die frühen Christen haben sich hier versammelt. Der Überlieferung nach soll Petrus an dieser Stelle gepredigt haben.

beschneiden: Das Abtrennen der Vorhaut am männlichen Glied ist für Israel das Zeichen des Bundes zwischen Gott und seinem Volk. Deshalb muss jeder Jude beschnitten werden (siehe S. 23).

Älteste: übernahmen in einer Gemeinde Verantwortung. Die griechische Bezeichnung dafür ist Presbyter (siehe S. 228–229).

Gesetz des Mose: Damit sind die Lebensregeln in den fünf Büchern Mose gemeint.

Heiden: Menschen aus den Völkern, die nicht an den Gott Israels glauben.

Götzenopfer: Sie sollten keine anderen Götter verehren und kein Fleisch essen, das diesen zuvor geopfert worden war.

Paulus kommt nach Griechenland
(Apostelgeschichte 16,9-15)

Troas: Hafenstadt an der Westküste von Kleinasien in der Nähe des antiken Troja (siehe Karte S. 287).

Reste eines Torbogens aus römischer Zeit in Troas. Die Stadt wurde bei einem Erdbeben zerstört.

Philippi: Stadt in Griechenland (siehe S. 254 und Karte S. 287). Es war die erste Stadt in Europa, in die Paulus kam.

Lydia: erste Europäerin, die den christlichen Glauben annahm.

Purpurhändlerin: Purpur war ein roter Farbstoff aus zerriebenen Purpurschnecken, den sich nur reiche Leute leisten konnten. Nur die Herrschenden im Römischen Reich durften diese Farbe tragen. Lydia muss also eine wohlhabende und unabhängige Frau gewesen sein.

Schale einer Purpurschnecke

sich selbst töten: Der Gefängnis-wärter erwartete, selbst hingerichtet zu werden, weil seine Gefangenen entkommen waren.

Auf seiner Reise kamen Paulus und sein Begleiter Silas in die Stadt Troas,* die am Meer liegt. In der Nacht sah Paulus im Traum einen Mann aus Griechenland vor ihm stehen, der ihn bat: »Komm herüber zu uns und hilf uns.« Paulus wusste, dass Gott ihm diesen Traum geschickt hatte. So bestiegen Paulus und Silas ein Schiff und setzten nach Griechenland über. Dort zogen sie in die Stadt Philippi*, wo sie einige Zeit blieben.

Am Sabbat ging Paulus zu einem Fluss, wo die Juden zum Gebet zusammenkamen. Paulus erzählte ihnen von Jesus. Unter seinen Zuhörern war auch eine Frau namens Lydia*, eine Purpurhändle-rin*. Gott öffnete ihr das Herz, sodass sie an Jesus glaubte. Sie ließ sich taufen, zusammen mit allen, die in ihrem Haus lebten.

Paulus und Silas im Gefängnis
(Apostelgeschichte 16)

Einmal begegneten Paulus und Silas in der Stadt einer Dienerin, die wahrsagen konnte. Ein böser Geist hatte sie ergriffen und ihr diese Fähigkeit gegeben. Paulus befahl dem Geist: »Im Namen von Jesus Christus sage ich dir: Gib diese Frau frei.« Der Geist gab sie frei. Aber ihr Herr war damit überhaupt nicht einverstanden, weil sie ihm jetzt kein Geld mehr einbrachte. So verklagte er Paulus und Silas vor den Oberen der Stadt und behauptete, sie hätten Aufruhr gestiftet. Die beiden wurden verhaftet, ausgepeitscht und ins Gefängnis geworfen. Dort wurden sie in der hintersten Zelle angekettet.

Gegen Mitternacht hörten die anderen Gefangenen, wie Paulus und Silas beteten und Gott Loblieder sangen. Plötzlich bebte die Erde und die Mauern des Gefängnisses schwankten. Alle Türen öffneten sich, und die Fesseln der Gefangenen fielen ab. Der Gefängnisaufseher war verzweifelt und zog sein Schwert. Er wollte sich selbst töten*, weil er dachte, dass alle geflohen seien. Doch Paulus rief ihm zu: »Tu dir nichts an. Wir sind noch hier!« Der Aufseher dankte Paulus und Silas und führte die beiden aus dem Gefängnis. Er fragte sie: »Ihr Herren, was muss ich tun, dass

ich gerettet* werde?« Sie sprachen: »Glaube an den Herrn Jesus, so wirst du und dein Haus selig*!«

Der Aufseher nahm Paulus und Silas bei sich auf und pflegte ihre Wunden. Die beiden erzählten ihm und allen, die in seinem Haus lebten, von Jesus. Da ließen sich alle im Haus taufen. Am nächsten Tag beschlossen die Richter der Stadt: »Die Männer sollen freige-lassen werden. Sie können gehen, wohin sie wollen.« Doch Paulus erwiderte: »Wir wurden geschlagen und gefangen gehalten, obwohl wir römische Bürger* sind. Sollen wir uns nun einfach heimlich davonschleichen? Sie sollen selbst herkommen und uns freilassen.«

Als die Richter erfuhren, dass Paulus und Silas römische Bürger waren, hatten sie Angst. Sie kamen und entschuldigten sich. Paulus und Silas verabschiedeten sich noch von Lydia. Dann setzten sie ihre Reise durch Griechenland fort.

Paulus in Athen (Apostelgeschichte 17)

Paulus und Silas kamen nach Athen*. Dort gab es viele Götzenbil-der*. Paulus ging in die Synagoge und zum Marktplatz. Überall erzählte er den Leuten von Jesus, seinem Tod am Kreuz und seiner Auferstehung.

gerettet: meint, das ewige Leben zu bekommen.

selig: steht hier für »gerettet werden« (s.o.).

römische Bürger: Paulus und Silas besaßen das römische Bürgerrecht (S. 236). Ein römischer Bürger durfte ohne Gerichtsverhandlung nicht öffentlich geschlagen werden.

Die Via egnatia ist die Römer-straße durch Griechenland

Athen: Hauptstadt Griechenlands, die damals ein wichtiges Zentrum der Philosophie war. Philosophie bedeutet wörtlich übersetzt »Liebe zur Weisheit« (siehe Karte S. 287).

Götzenbilder: Statuen von Göttern, die sich überall in der Stadt an den Tempeln und Altären fanden.

Philosophen: Menschen. die nach Wahrheit suchen.

Blick auf den Akropolis-Felsen in Athen mit dem Parthenon, einem Tempel für die Göttin Athene.

Blick auf den Areopag

Areopag: Platz in Athen, auf dem früher Rat gehalten und Gericht gesprochen wurde. Hier durfte man frei sprechen.

Auf dem Marktplatz trafen sich täglich einige Philosophen*. Sie fingen an, mit Paulus zu streiten.

»Was will dieser Schwätzer eigentlich?«, fragten die einen. Andere sagten: »Er will uns wohl zu fremden Göttern bekehren!«

Sie führten Paulus auf den Areopag* und riefen: »Lass uns hören, was für eine neue Lehre du verbreitest!«

Paulus sprach: »Ihr Männer von Athen! Ich sehe, dass ihr die Götter verehrt. Ich bin durch die Stadt gegangen und habe mir eure Heiligtümer angesehen. Darunter fand ich einen Altar, auf dem geschrieben stand: ›Dem unbekannten Gott‹. Von diesem Gott möchte ich euch nun berichten. Ihr verehrt ihn nämlich, ohne es zu wissen.

Gott, der die Welt gemacht hat, wohnt nicht in Tempeln, die von Menschen gebaut sind. Er ist nicht wie die goldenen oder steinernen Bilder, die durch menschliche Kunst gemacht sind. Und er hat es auch nicht nötig, dass er von ihnen versorgt wird. Vielmehr versorgt er die Menschen und gibt ihnen alles, was sie zum Leben brauchen. Er hat sie geschaffen, damit sie ihn suchen. Gott ist jedem Menschen nahe. Er möchte, dass wir uns an ihn halten und unser Leben ändern.«

Paulus erzählte ihnen auch von der Auferstehung Jesu. Er sagte: »Alle Menschen dürfen hoffen, denn die Toten werden auferstehen wie Jesus.« Als die Leute von der Auferstehung der Toten hörten, begannen einige zu spotten. Andere aber sagten: »Wir

wollen mehr davon hören!« So ging Paulus mit ihnen, und einige von ihnen schlossen sich der Gemeinde an.

Paulus in Ephesus *(Apostelgeschichte 19–20)*

Nachdem Paulus aus Griechenland zurückgekehrt war, machte er sich schon bald wieder auf die Reise. Überall stärkte er diejenigen, die durch ihn zum Glauben an Jesus gekommen waren. So kam er auch nach Ephesus*, wo es bereits eine christliche Gemeinde gab. Dort blieb Paulus zwei Jahre und verkündigte die Botschaft von Jesus. Er heilte auch viele Menschen durch die Kraft, die Jesus ihm gab.

Eines Tages kam es zu schweren Unruhen. In Ephesus wohnte nämlich ein Silberschmied, der Demetrius hieß. Er stellte kleine Nachbildungen des Tempels der Diana* her und verkaufte sie an die Besucher des Tempels. Demetrius versammelte alle, die demselben Handwerk nachgingen, und rief: »Liebe Männer! Bisher konnten wir gut von unserem Handwerk leben. Aber nun sagt dieser Paulus: ›Was mit Händen gemacht ist, das sind keine Götter.‹ Er bringt unser Gewerbe in Verruf. Und er verachtet den Tempel und unsere Göttin Diana!«
Da riefen die Leute empört: »Groß ist die Göttin Diana!«
Die ganze Stadt geriet in Aufruhr und die Gefährten von Paulus wurden angegriffen. Als Paulus zu der wütenden Menge gehen wollte, um mit ihnen zu sprechen, ließen seine Freunde es nicht zu. Sie hatten Angst um ihn. Erst der oberste Stadtverwalter konnte die aufgebrachten Menschen beruhigen.

Paulus zog später noch einmal nach Griechenland. Als er in der Nähe von Ephesus war, ließ er die Ältesten der Gemeinde zu sich rufen. Er sagte zu ihnen: »Gebt Acht auf euch selbst und die Herde! Ihr seid von reißenden Wölfen umgeben. Auch aus eurer Mitte werden einige aufstehen und falsche Lehren verbreiten. Seid wachsam! Kümmert euch besonders um die Schwachen und denkt an das Wort, das Jesus gesagt hat: ›Geben ist seliger* als nehmen.‹« Dann verabschiedete er sich von ihnen.

Ephesus: siehe Karte S. 287.

Tempel der Diana: galt als eines der sieben Weltwunder der antiken Welt. In seinem Zentrum stand eine Statue der Göttin Diana, die der Legende nach vom Himmel gefallen war. Diana wurde als Göttin der Fruchtbarkeit verehrt.

Statue der Göttin Diana im Museum von Ephesus

selig: meint ein Leben, das gelingt. Für die Bibel ist damit immer ein Leben in der Beziehung zu Gott gemeint.

Provinz Asia: Diese römische Provinz lag im Gebiet der heutigen Türkei (siehe Karte S. 287).

entweiht: Menschen, die keine Juden waren, durften nur den äußeren Vorhof des Tempels betreten (siehe S. 86).

Warnschilder verboten bei Todesstrafe den Zutritt zu den inneren Bereichen des Tempels.

Burg Antonia: lag direkt neben dem Tempel. Dort war die römische Garnison stationiert.

Modell der Burg Antonia

Cäsarea: Stadt am Mittelmeer, die Sitz des römischen Statthalters war (siehe Karte S. 287). Von Cäsarea brach Paulus als Gefangener zu seiner letzten Reise nach Rom auf.

Felix: regierte von 52–60 n. Chr. als römischer Statthalter. Er galt als bestechlich.

Kaiser: Zu dieser Zeit war Nero römischer Kaiser. Er regierte von 54–68 n. Chr. Er ließ die Christen verfolgen.

Paulus wird verhaftet (Apostelgeschichte 21–25)

Paulus kehrte wieder zurück nach Jerusalem. Als er in den Tempel ging, sahen ihn dort einige Juden aus der Provinz Asia*. Sie packten Paulus und schrien: »Ihr Männer von Israel! Dieser Mensch bringt mit seinen Lehren alle gegen unser Volk und gegen den Tempel auf. Jetzt hat er sogar einen Griechen hierher in den Tempel gebracht und so diese heilige Stätte entweiht*.« Sie hatten nämlich einen Mann namens Trophimus aus Ephesus zusammen mit Paulus in der Stadt gesehen und glaubten nun, er hätte ihn auch in den Tempel mitgenommen.

Die Menge zerrte Paulus vor den Tempel und wollte ihn töten. Da kamen römische Soldaten von der Burg Antonia* herab. Sie dachten, es gäbe einen Volksaufstand. Als sie feststellten, dass Paulus die Ursache des Aufruhrs war, nahmen sie ihn fest. Paulus rief den Soldaten zu: »Ich bin ein jüdischer Mann aus Tarsus, ein römischer Bürger. Erlaubt mir, zum Volk zu sprechen!« Der Hauptmann war einverstanden. Da fing Paulus an, seine Geschichte zu erzählen – wie er zuerst die Gemeinde verfolgt hatte, dann aber auf dem Weg nach Damaskus selbst Jesus begegnet war. Als Paulus berichtete, dass Jesus ihn zu den Heiden gesandt hatte, wurde die Menge noch wütender. Schließlich ließ der Hauptmann Paulus in die Burg Antonia bringen. Dort wollte er herausfinden, warum sich das Volk so über Paulus empörte. Doch sie durften ihn nicht verhören, weil Paulus das römische Bürgerrecht besaß.
Am nächsten Tag brachte man Paulus vor den Hohen Rat. Dort kam es zu einer heftigen Auseinandersetzung über seine Lehre, sodass die Soldaten Paulus schließlich wieder abführten.

Nun ließ der Hauptmann Paulus nach Cäsarea* bringen. Dort regierte der römische Statthalter Felix*. Der Hohepriester zog mit einem Anwalt nach Cäsarea und klagte Paulus an, überall Aufruhr zu stiften. Doch Felix zögerte die Verhandlung zwei Jahre hinaus, bis sein Nachfolger im Amt war. Auch bei dem neuen Statthalter wurde Paulus angeklagt. Doch er sagte hartnäckig: »Ich bin römischer Bürger. Ich stelle mich gerne dem Gericht des Kaisers*, denn ich habe nichts Unrechtes getan.« So entschloss sich der Statthalter schließlich, Paulus zum Kaiser nach Rom zu schicken.

Paulus auf der Fahrt nach Rom
(Apostelgeschichte 27–28)

Paulus wurde einem römischen Hauptmann namens Julius übergeben. Sie bestiegen ein Schiff, das nach Westen fuhr. Julius war freundlich zu Paulus und erlaubte ihm, unterwegs Freunde aufzusuchen und sich von ihnen mit allem Nötigen versorgen zu lassen. Das Schiff fuhr an Zypern* vorbei nach Myra*. Dort fanden sie ein Schiff, das nach Italien fuhr. Da es auf den Winter zuging, riet Paulus: »Lasst uns hierbleiben! Die Fahrt wird zu gefährlich.« Doch der Hauptmann wollte weiter. So fuhren sie nach Kreta. Dort brach ein Sturm los. Das Schiff wurde aufs offene Meer hinausgetrieben. Die Seeleute warfen die Ladung und die Schiffsausrüstung ins Meer, um das Schiff vor dem Kentern zu bewahren, doch es gelang nicht. Alle waren verzweifelt. Da rief Paulus: »Ihr hättet auf mich hören sollen. Aber beruhigt euch! Keiner wird umkommen! Nur das Schiff wird untergehen. So hat es mir ein Engel* Gottes letzte Nacht im Traum gesagt.«

Bald darauf kamen sie in die Nähe von Land. Die Seeleute entdeckten eine Bucht mit einem flachen Strand. Dort setzten sie das Schiff auf Grund, und alle konnten sich ans Ufer retten. Sie erfuhren, dass sie auf der Insel Malta* gelandet waren. Einige Inselbewohner kamen herbei und entzündeten ein Feuer für die Gestrandeten. Als Paulus trockenes Holz aufs Feuer legte, fuhr eine Schlange heraus und biss ihn. Da dachten die Bewohner: »Dieser Mensch muss ein Mörder sein! Nun wird er für seine Verbrechen bestraft.« Doch als nichts geschah, staunten sie und sagten: »Dieser Mann muss ein Gott sein!«
Publius, der angesehenste Mann der Insel, nahm die Schiffbrüchigen bei sich auf. Als der Vater von Publius krank wurde, betete Paulus und legte ihm die Hände auf. Da wurde der Kranke wieder gesund. Daraufhin kamen auch andere Kranke und ließen sich von Paulus heilen.

Zypern: siehe Karte S. 287.

Myra: siehe Karte S. 287.
Aus Myra stammte der Bischof Nikolaus.

Felsengräber und Reste eines antiken Theaters in Myra

Engel: Bote Gottes,
siehe S. 148–149.

Malta: siehe Karte S. 287.

Die Paulusinseln vor Malta.
An dieser Küste soll Paulus nach seinem Schiffbruch gelandet sein.

Paulus in Rom (Apostelgeschichte 28)

Das Forum Romanum in Rom.
Hier war das Zentrum
des römischen Weltreiches.

Rom: siehe Karte S. 287.

Nachdem Paulus und seine Reisegefährten drei Monate auf Malta verbracht hatten, konnten sie ihre Reise mit einem Schiff fortsetzen, das auf Malta überwintert hatte. Über Sizilien gelangten sie nach Rom*. Die Christen dort hatten bereits gehört, dass Paulus in Rom eintreffen sollte, und kamen ihm entgegen. Paulus freute sich sehr. Er dankte Gott und schöpfte neuen Mut für das, was nun vor ihm lag. In Rom wurde ihm sogar erlaubt, eine eigene Wohnung zu nehmen. Nur ein Soldat blieb als Wache bei ihm.

Nach drei Tagen rief Paulus die angesehensten Juden der Stadt zu sich und sprach: »Liebe Brüder! Ich habe nichts gegen unser Volk und die Überlieferungen unserer Väter getan. Und doch bin ich hier als Gefangener. Ich muss mich nun vor dem Kaiser verteidigen. Daher wollte ich zuvor mit euch sprechen.«
Sie sagten zu ihm: »Wir haben nichts von alldem gehört. Kannst du uns etwas über diese neue Sekte* erzählen, die überall soviel Anstoß erregt?«
Da erklärte Paulus ihnen, was es mit Jesus und dem Reich Gottes auf sich hatte. Am Ende waren sich die Juden der Stadt uneins über das, was Paulus gesagt hatte. Einige fanden die neue Lehre gut, andere wollten nichts davon wissen.

Sekte: gemeint ist hier das Christentum, das als Abspaltung (lat. »secare« = »abtrennen«) des Judentums wahrgenommen wurde.

Paulus blieb zwei Jahre in seiner Wohnung in Rom und nahm die Besucher auf, die zu ihm kamen. Er lehrte sie alles über Jesus. Freimütig trat er auf und konnte ungehindert wirken.

Paulus starb vermutlich während der Christenverfolgung unter Nero (54 bis 68 n. Chr.) in Rom.

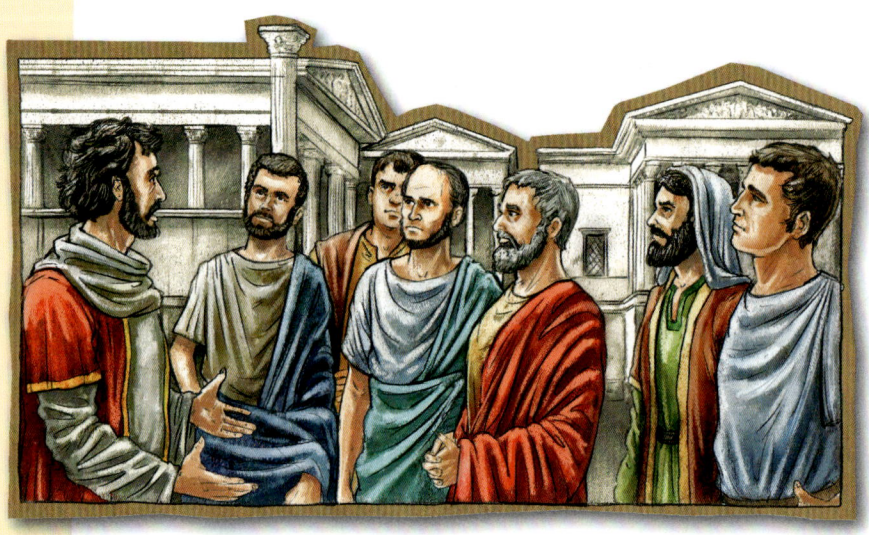

Die Briefe des Neuen Testaments

Welche Briefe gibt es?

Unter den 21 Briefen des Neuen Testaments befinden sich die ältesten christlichen Zeugnisse. Sie entstanden vor den Evangelien und der Apostelgeschichte.

13 Briefe tragen den Namen des Apostels Paulus: der Römer-, der 1. und 2. Korinther-, der Galater-, der Epheser-, der Philipper-, der Kolosser- sowie der 1. und 2. Thessalonicherbrief sind an eine Gemeinde geschrieben, der Philemon-, der 1. und 2. Timotheus- und der Titusbrief an eine Person. Die Paulusbriefe wurden etwa zwischen 50 und 56 n.Chr. verfasst. Der älteste ist der 1. Thessalonicherbrief. Die Briefe richten sich oft an Gemeinden, die der Apostel gegründet hat. Einige Briefe

schreibt Paulus aus der Gefangenschaft (Kolosser, Epheser, Philipper und Philemon). Manche richten sich an die Gemeindeleiter, die »Pastores« (= Hirten; Timotheusbriefe und Titusbrief). Diese werden »Pastoralbriefe« genannt.

Die weiteren Briefe geben uns nur wenige Hinweise auf den Verfasser. Der erste Petrusbrief wird dem Apostel Petrus zugeschrieben. Bei den anderen Briefen (die Johannesbriefe, der Jakobus-, Judas- und Hebräerbrief) ist man sich unsicher, wer sie geschrieben hat und wann sie entstanden. Spätestens um 140 nach Christus waren sie vollendet.

Warum wurden Briefe geschrieben?

Besonders die Paulusbriefe enthalten leidenschaftliche Botschaften. Paulus schreibt wie ein Vater, der sich um seine Kinder sorgt. Dabei verrät er viel über sich selbst. Paulus und die anderen Schreiber erklären den christlichen Glauben. Oft stehen hinter den Erklärungen Fragen, die in den Gemeinden aufgekommen sind. Manchmal tauchen dort Irrlehren auf. Die Menschen fragen verunsichert: Was gilt? Die Briefe warnen davor, das Wesentliche aus dem Blick zu verlieren. Darum antworten sie auf Fragen wie:

- ◉ **Wie sollen wir als Christen leben?**
- ◉ **Was muss man tun, um von Gott angenommen zu werden?**
- ◉ **Wer ist Jesus Christus für uns und für die Welt?**
- ◉ **Wann kommt Gottes neue Welt?**
- ◉ **Worauf dürfen wir hoffen?**

Paulus als Briefeschreiber (St. Gallen, 9. Jh.)

Paulus schreibt den Römerbrief

Paulus schreibt an die Christen in Rom. Er kündigt an, dass er sie besuchen möchte. In Rom gibt es schon eine kleine Gemeinde, die er noch nicht kennt.

Paulus verfasst den Brief um das Jahr 56. Er ist der längste seiner Briefe; in ihm werden einige grundlegende Glaubensfragen angesprochen. Paulus erklärt, wer Jesus Christus war und was er für jeden einzelnen Menschen bedeutet: Christus stellt für die Menschen die richtige Beziehung zu Gott wieder her. Der Mensch kann sich nicht selbst retten. Das heißt: Er kann die zerstörte Beziehung zu Gott nicht von sich aus wieder herstellen. Das kann alleine Gott durch seinen Sohn. Daher nutzen keine guten Werke, sondern allein der Glaube an Jesus Christus.

Dann klärt Paulus: Mit Jesus ist der alte Bund (siehe S.19) nicht überholt. Vielmehr sind das Alte Testament und das Judentum die Wurzel, aus der alles hervorgeht, woran Christen glauben. Schließlich klärt Paulus Fragen zum Umgang mit den Mächtigen. Die staatliche Ordnung soll nicht in Frage gestellt werden. Verehrt werden soll aber allein Gott.

Allein der Glaube zählt

selig:
Selig ist ein Mensch, dessen Leben gelingt, weil es ein Leben in der Beziehung zu Gott ist (siehe Seligpreisungen S.186).

Gerechtigkeit Gottes:
bedeutet, dass Gott den Menschen annimmt.

Gerechter/ gerecht:
meint: ein von Gott angenommener Mensch.

Glaube:
Vertrauen zu Gott und zu Jesus.

Ruhm:
Dass Gott einen Menschen annimmt, ist keine Leistung, auf die der Mensch stolz sein kann.

Sünder:
Ein Mensch, der durch sein Verhalten von Gott getrennt ist.

Tora:
Die fünf Bücher Mose, in denen die Regeln für das menschliche Verhalten festgelegt sind.

Für das Evangelium, die frohe Botschaft von Jesus,
muss man sich nicht schämen.
Es ist eine Kraft, die von Gott ausgeht.
Sie macht alle selig*, die an ihn glauben.
Im Evangelium zeigt sich die Gerechtigkeit Gottes*,
die aus dem Glauben kommt.
Schon in der Heiligen Schrift, beim Propheten Habakuk steht
geschrieben: »Der Gerechte* wird aus Glauben* leben« (Hab 2,4)
Römer 1,16-17

Dass Gott einen Menschen annimmt,
das kommt allein durch den Glauben an Jesus Christus.
Kein Mensch kann Ruhm* für sich beanspruchen.
Alle Menschen sind Sünder*.
Es nützt nichts, wenn man sich allein an die Vorschriften der
Tora* hält. Allein durch den Glauben wird der Mensch gerecht*.
Römer 3,21-28

Da Gott uns nun durch den Glauben annimmt,
haben wir Frieden mit Gott.
Durch Jesus Christus dürfen wir auf eine gute Zukunft hoffen.
Gott wird sie uns schenken.
Römer 5,1-3

Nichts kann uns von der Liebe Jesu trennen *(Römer 8,31-39)*

Wenn Gott für uns ist, wer kann gegen uns sein?
Er hat seinen eigenen Sohn für uns alle dahingegeben*.
Jesus Christus ist gestorben. Aber er wurde vom Tod auferweckt
und sitzt nun zur Rechten Gottes*. Dort tritt er für uns ein.
Wer will uns von seiner Liebe trennen?
Trübsal, Hunger oder Gefahr vermögen das nicht.
Das alles können wir durch Jesus überwinden.
Denn ich bin gewiss*,
dass weder Tod noch Leben,
weder Engel* noch Mächte noch Gewalten,
weder Gegenwärtiges noch Zukünftiges,
weder Hohes noch Tiefes
noch irgendeine andere Kreatur
uns scheiden kann von der Liebe Gottes,
die in Christus Jesus ist, unserm Herrn.

dahingegeben:
dahinter steht der Glaube, dass Jesus für die Menschen gestorben ist, damit sie gerettet werden.

zur Rechten Gottes:
Der Platz rechts neben einem Herrscher ist für seinen Stellvertreter bestimmt.

gewiss:
bedeutet »ganz sicher«.

Engel:
Boten Gottes (siehe S. 148-149).

Forum Romanum, das Zentrum des alten Rom

Warnung vor Überheblichkeit *(Römer 11,17-18)*

Warum rühmt* ihr euch?
Denkt an einen Olivenbaum, an dem Zweige abgebrochen
wurden. Ihr seid neue Zweige, die auf den Baum aufgepfropft sind.
Ihr bekommt über die Wurzel eure Nahrung,
so rühme dich nicht gegenüber den Zweigen.
Rühmst du dich aber, so sollst du wissen:
Nicht du trägst die Wurzel*, sondern die Wurzel trägt dich.

rühmen:
meint hier wohl, dass einige Christen sich dem Judentum überlegen fühlten.

Wurzel:
damit ist das Judentum und der alte Bund (siehe S. 19) gemeint.

Die Stellung zur Obrigkeit *(Römer 13,1-7)*

Obrigkeit:
Regierung oder staatliche Behörden, die für die Einhaltung der Gesetze und die Aufrechterhaltung der Ordnung zu sorgen haben.

Schwert:
Symbol des Richtens.

Ehre:
Da die römischen Kaiser als Gott verehrt wurden, bedeutet diese Aussage: Christen sollen der Obrigkeit zwar geben, was ihr zusteht, doch »Ehre« gebührt allein Gott. Dies entspricht einer Aussage in Apg 5, wo es heißt: »Man muss Gott mehr gehorchen als den Menschen« (siehe S. 226).

Seit 54 nach Chr. regierte Kaiser Nero das römische Reich, also in der Zeit, in der Paulus den Römerbrief schrieb.

Jedermann sei untertan der Obrigkeit*,
die Gewalt über ihn hat.
Denn es ist keine Obrigkeit außer von Gott.
Gott selbst hat es so eingerichtet, dass es Obere gibt,
die Ordnung schaffen.
Darum: Wer sich der Obrigkeit widersetzt,
der widerstrebt Gottes Anordnung.
Wenn du Gutes tust, brauchst du dich nicht vor den Oberen
zu fürchten.
Deshalb achte darauf, dass du nichts Schlimmes tust!
Wenn du Gutes tust, werden Obere dich loben.
Wenn du jedoch schlimme Dinge tust, musst du dich fürchten!
Die Obrigkeit trägt ihr Schwert* nicht umsonst.
Als Gottes Dienerin straft sie den, der Schlimmes tut.

Doch ordnet euch der Obrigkeit nicht nur wegen der drohenden
Strafe unter. Denkt auch an euer Gewissen!
Gebt jedem, was ihr schuldig seid:
Steuer, dem die Steuer gebührt;
Zoll, dem der Zoll gebührt;
Furcht, dem die Furcht gebührt;
Ehre*, dem die Ehre gebührt.
Römer 13,1-7

»Ein Herz und eine Seele?«
Auseinandersetzungen unter den ersten Christen

Die ersten Christen werden in der Apostelgeschichte als eine harmonische Gemeinschaft dargestellt (S.226: Sie waren »ein Herz und eine Seele«). Doch die Briefe zeigen auch ein anderes Bild. So schreibt Paulus: »Ich ermahne euch aber..., dass ihr alle mit einer Stimme redet und lasst keine Spaltungen unter euch sein, sondern haltet aneinander fest in einem Sinn und in einer Meinung. Denn es ist mir bekannt geworden über euch ..., dass Streit unter euch ist«. (1.Kor 1,10-11).

Paulus hatte viele Gemeinden gegründet. Doch es kamen andere Christen, die Unruhe stifteten. So auch in der griechischen Hafenstadt Korinth. Worum es ging? Zunächst ging es um die Person des Paulus. Er galt als schwach und wurde als unbegabter Redner dargestellt. Und er musste erklären, warum er trotz dieser »Mängel« ein von Gott gesandter Apostel sei. Paulus nannte seine Gegner spöttisch »Überapostel« und erwiderte: Im Unterschied zu ihnen »rühmt« er nicht sich selbst, sondern allein Jesus. Er nennt sich sogar einen Narren (2. Korinther 11) und er betont, dass er niemandem zur Last fällt – im Unterschied zu seinen Gegnern, die sich ihren Lebensunterhalt von den Gemeinden bezahlen lassen (2. Korinther 10-12).
Dann war die Frage: Sollten Christen, die vorher keine Juden waren, sich an jüdische Vorschriften halten? Die Gegner des Paulus meinten, ja. Sie lehnten es deshalb ab, mit den nichtjüdischen Christen zusammen zu essen. In diesem Streit musste Paulus sogar Petrus »widerstehen« (Galater 2,11). Die Freiheit der neuen Christen von diesen Vorschriften zählt für Paulus zum Kern des christlichen Glaubens

(siehe die Apostelversammlung in Jerusalem, S. 237 und S. 253).
Im ersten Brief an die Korinther werden weitere Streitfragen behandelt:

◉ **Sollen Christen gegeneinander einen Rechtsstreit führen? (1. Korinther 6)**
◉ **Wie sollen sich Christen in Ehe und Sexualität verhalten? (1. Korinther 5-7)**
◉ **Soll man Fleisch essen, das von Tieren stammt, die fremden Göttern geopfert wurden? (1. Korinther 8)**
◉ **Wie ist das mit der Auferstehung der Toten? (1. Korinther 15)**
◉ **Wann kommt Gottes neue Welt? (1. Korinther 15)**

Paulus hält fest: Auch wenn Streit und Auseinandersetzungen unvermeidbar sind – am Ende kommt es darauf an, dass jeder Glaube, Liebe und Hoffnung in seinem Herzen trägt (siehe S. 252).

Paulus wird in früher Zeit als Kämpfer für das Christentum dargestellt

Paulus schreibt den 1. Korintherbrief

Wahrscheinlich kam Paulus um 50 n.Chr. auf seinen Reisen auch nach Korinth und gründete dort eine Gemeinde. Einige Jahre später schrieb er ihr von Ephesus aus einen Brief. Er hatte von Missständen gehört, die sich dort eingeschlichen hatten. So gab es beispielsweise Streit zwischen verschiedenen Gruppen. Es herrschte Unsicherheit über Fragen der Ehe, und die Auferstehung der Toten wurde geleugnet.

Paulus kritisiert in seinem Brief diese Missstände und betont die Verantwortung der Gemeindemitglieder füreinander. Nicht das eigene Ich soll im Vordergrund stehen. Die Gemeindemitglieder besitzen unterschiedliche Gaben, die der Heilige Geist ihnen gibt. Diese sollen zum Aufbau der Gemeinde eingesetzt werden. Die unterschiedlichen Begabungen sind alle gleich viel wert. Sie wirken zusammen wie die verschiedenen Teile eines Körpers. Die Gemeinde ist der Leib Christi und ihre Mitglieder sind die Glieder an diesem Leib. Mit diesem Bild verdeutlicht Paulus das Hauptanliegen seines Briefes: die Einheit der Gemeinde.

Wichtiger als alle Begabungen ist deshalb die Liebe. Ohne sie sind alle Fähigkeiten und Gaben wertlos. Sie muss die Grundlage sein für alles, was Christen tun.

Viele Gaben – ein Geist *(1. Korinther 12,1.4-11)*

Gaben des Geistes: besondere Fähigkeiten, die Gott durch seinen Geist einzelnen Menschen gibt. Sie sind allesamt wichtig für den Aufbau und das Funktionieren der christlichen Gemeinde (zu Gottes Geist siehe auch S. 224).

Über die Gaben des Geistes* aber will ich euch, Brüder und Schwestern, nicht in Unwissenheit lassen.

Es sind verschiedene Gaben; aber es ist ein Geist.
Und es sind verschiedene Ämter; aber es ist ein Herr.
Und es sind verschiedene Kräfte; aber es ist ein Gott, der da wirkt alles in allen.
Durch einen jeden offenbart sich der Geist zum Nutzen aller.
Dem einen wird durch den Geist ein Wort der Weisheit gegeben;
dem andern ein Wort der Erkenntnis durch denselben Geist;
einem andern Glaube, in demselben Geist;
einem andern die Gabe, gesund zu machen, in dem einen Geist;
einem andern die Kraft, Wunder zu tun;
einem andern prophetische Rede;
einem andern die Gabe, die Geister zu unterscheiden;
einem andern mancherlei Zungenrede;
einem andern die Gabe, sie auszulegen.
Dies alles aber wirkt derselbe eine Geist,
der einem jeden das Seine zuteilt, wie er will.

Überreste einer Straße
im antiken Korinth

Viele Glieder – ein Leib (aus 1. Korinther 12,12-28)

Denn wie der Leib* einer ist und hat doch viele Glieder,
alle Glieder des Leibes aber, obwohl sie viele sind,
doch ein Leib sind: so auch Christus.

Denn wir sind durch einen Geist alle zu einem Leib getauft,
wir seien Juden oder Griechen, Sklaven oder Freie,
und sind alle mit einem Geist getränkt.

Denn auch der Leib ist nicht ein Glied, sondern viele.
Wenn nun der Fuß spräche: Ich bin keine Hand,
darum gehöre ich nicht zum Leib!,
gehört er deshalb etwa nicht zum Leib?
Und wenn das Ohr spräche: Ich bin kein Auge,
darum gehöre ich nicht zum Leib!,
gehört es deshalb etwa nicht zum Leib?
Wenn der ganze Leib Auge wäre, wo bliebe das Gehör?
Wenn er ganz Gehör wäre, wo bliebe der Geruch?
Nun aber hat Gott die Glieder eingesetzt,
ein jedes von ihnen im Leib, so wie er gewollt hat.
Wenn aber alle Glieder ein Glied wären, wo bliebe der Leib?
Nun aber sind es viele Glieder, aber der Leib ist einer.

Das Auge kann nicht sagen zu der
Hand: Ich brauche dich nicht;
oder wiederum das Haupt zu den
Füßen: Ich brauche euch nicht.
Vielmehr sind die Glieder des
Leibes, die uns schwächer
erscheinen, die nötigsten.
Und wenn ein Glied leidet, so
leiden alle Glieder mit, und wenn
ein Glied geehrt wird, so freuen
sich alle Glieder mit.

Ihr aber seid der Leib Christi und
jeder Einzelne ein Glied.

Leib: Paulus vergleicht Christus und die christliche Gemeinde mit dem menschlichen Körper. Jedes Körperteil ist wichtig, auch das kleinste und schwächste. Nur im Zusammenspiel aller seiner Teile kann der Körper funktionieren. So ist es auch bei der christlichen Gemeinde. Zu ihr gehören alle, die getauft sind.

Liebe: Ohne sie sind alle anderen Begabungen nichts wert. Sie muss die Grundlage für alles sein, was Menschen im Namen Jesu tun. In Jesus Christus hat Gott den Menschen die Liebe gezeigt, von der Paulus hier spricht.

Darstellung von Glaube, Liebe und Hoffnung im Berliner Dom

dunkles Bild: Zur damaligen Zeit benutzte man Metallspiegel, die oft nur ein dunkles, schlecht erkennbares Spiegelbild wiedergaben. Paulus will hier sagen: Wir können Gott jetzt noch nicht ganz erkennen und begreifen. Das wird erst am Ende der Welt der Fall sein. Doch Gott kennt uns schon jetzt besser als wir uns selbst.

Spiegel aus römischer Zeit

Glaube, Hoffnung, Liebe: Diese drei Begriffe sind für Paulus das Wesentliche des christlichen Lebens und Glaubens.

Das Hohelied der Liebe *(aus 1. Korinther 13)*

Wenn ich mit Menschen- und mit Engelzungen redete
und hätte der Liebe* nicht,
so wäre ich ein tönendes Erz
oder eine klingende Schelle.
Und wenn ich prophetisch reden könnte
und wüsste alle Geheimnisse und alle Erkenntnis
und hätte allen Glauben,
sodass ich Berge versetzen könnte,
und hätte der Liebe nicht, so wäre ich nichts.
Und wenn ich alle meine Habe den Armen gäbe
und meinen Leib dahingäbe, mich zu rühmen,
und hätte der Liebe nicht,
so wäre mir's nichts nütze.

Die Liebe ist langmütig und freundlich,
die Liebe eifert nicht,
die Liebe treibt nicht Mutwillen,
sie bläht sich nicht auf,
sie verhält sich nicht ungehörig,
sie sucht nicht das Ihre,
sie lässt sich nicht erbittern,
sie rechnet das Böse nicht zu,
sie freut sich nicht über die Ungerechtigkeit,
sie freut sich aber an der Wahrheit;
sie erträgt alles, sie glaubt alles,
sie hofft alles, sie duldet alles.

Als ich ein Kind war, da redete ich wie ein Kind
und dachte wie ein Kind und war klug wie ein Kind;
als ich aber ein Mann wurde, tat ich ab, was kindlich war.
Wir sehen jetzt durch einen Spiegel in einem dunklen Bild*;
dann aber von Angesicht zu Angesicht.
Jetzt erkenne ich stückweise;
dann aber werde ich erkennen, gleichwie ich erkannt bin.

Nun aber bleiben Glaube, Hoffnung, Liebe*, diese drei; aber die Liebe ist die größte unter ihnen.

Paulus schreibt den Brief an die Galater

Der Brief wurde um das Jahr 55 an Gemeinden in der Landschaft Galatien geschrieben, die heute inmitten der Türkei liegt. Paulus hatte diese bei seiner zweiten Missionsreise (siehe Karte S. 287) gegründet. Als er den Brief schreibt, macht er sich große Sorgen um sie. Andere christliche Lehrer haben die Gemeinden besucht. Sie haben gefordert, dass Christen die jüdischen Gesetze beachten sollten.

Paulus beruft sich auf die Apostelversammlung in Jerusalem (siehe S. 237) und pocht auf die Freiheit, die Christus den Menschen gebracht hat. Er selbst gibt den Christen eine einfache Regel für ihr Miteinander mit auf den Weg.

Die Freiheit der Christen und der tätige Glaube

Nun wisst ihr, dass allein der Glaube wichtig ist.
Wir stehen nun also nicht mehr unter der Herrschaft des Zuchtmeisters*.
Im Glauben an Jesus Christus seid ihr alle Gottes Kinder.
Hier ist nicht Jude noch Grieche,
hier ist nicht Sklave noch Freier,
hier ist nicht Mann noch Frau;
denn ihr seid allesamt einer* in Christus Jesus.
Galater 3,25-28

Jesus Christus hat uns befreit.
Lasst euch nicht wieder das Joch* der Knechtschaft* auflegen!
Bei Jesus Christus gilt weder Beschneidung* noch Unbeschnitten-sein. Allein der Glaube zählt, der durch die Liebe tätig ist.
Galater 5,1-6

Wenn ein Mensch Fehler begeht, helft ihm.
Begegnet ihm mit Sanftmut.
Schaut auf euch, dass ihr selbst keine Fehler begeht.
Einer trage des andern Last,
so werdet ihr das Gesetz Christi erfüllen.
Galater 6,1-2

Zuchtmeister/ Knechtschaft:
Damit sind Vorschriften wie die jüdischen Speisegebote oder die Pflicht zur Beschneidung gemeint.

einer:
Christen können unterschiedlich sein, doch der Glaube an Jesus vereint sie.

Joch:
Holzbalken auf Zugtieren. Zeichen der Unterdrückung (siehe S. 128 und 133).

Beschneidung:
Jeder jüdische Junge muss an der Vorhaut beschnitten sein (siehe S. 23).

Dieser Satz dient häufig als Trauspruch.

Paulus schreibt den Brief an die Philipper

Philippi liegt in Griechenland und ist nach Apostelgeschichte 16 (siehe S. 238) die erste Gemeinde, die Paulus in Europa gegründet hat. Er blieb dieser Gemeinde stets herzlich verbunden. Als Paulus längere Zeit gefangen gehalten wird (vermutlich in Ephesus, um das Jahr 54 oder 55), schreibt er den Philippern vom Gefängnis aus einen Brief. In ihm drückt er seine Freude über ihren Glauben aus. Dabei zitiert er ein altes christliches Lied, den sogenannten »Philipper-Hymnus«.

Hymnus:
ein feierliches Lied, das als Lobgesang dient.

gesinnt:
meint, man soll sein Leben an Jesus ausrichten.

Raub:
bedeutet: »er hielt nicht daran fest«.

entäußerte sich/ Knechtsgestalt:
Damit beschreibt das Lied: Jesus Christus wurde ein richtiger Mensch.

Das Forum (öffentlicher Markt) von Philippi

Weitere Christuslieder finden sich in
Johannes 1,1-18
1.Timotheus 3,16
Kolosser 1,15-20
Epheser 1,3-14
Hebräer 1,3

Philipper-Hymnus: Leben in Gemeinschaft mit Christus* (Philipper 2, 5-11)

Seid so unter euch gesinnt*,
wie es der Gemeinschaft
in Christus Jesus entspricht:
Er, der in göttlicher Gestalt war,
hielt es nicht für einen Raub*,
Gott gleich zu sein,
sondern entäußerte* sich selbst
und nahm Knechtsgestalt* an,
ward den Menschen gleich
und der Erscheinung nach
als Mensch erkannt.
Er erniedrigte sich selbst
und ward gehorsam bis zum Tode,
ja zum Tode am Kreuz.
Darum hat ihn auch Gott erhöht
und hat ihm den Namen gegeben,
der über alle Namen ist,
dass in dem Namen Jesu
sich beugen sollen aller derer Knie,
die im Himmel und auf Erden
und unter der Erde sind,
und alle Zungen bekennen sollen,
dass Jesus Christus der Herr ist,
zur Ehre Gottes, des Vaters.

Paulus schreibt den Brief an Philemon

Dies ist der kürzeste Brief des Apostels. Aus dem Gefängnis schreibt Paulus an Philemon. Dieser ist Christ und Besitzer eines Sklaven namens Onesimus. Der ist seinem Herrn entlaufen. Auf seiner Flucht hatte Onesimus Paulus kennen gelernt und ist durch ihn Christ geworden. Paulus schickt ihn zu seinem Herrn zurück und bittet diesen, Onesimus nicht zu bestrafen. Vielmehr soll er ihn wie einen Bruder aufnehmen. Paulus fordert nicht die Abschaffung der Sklaverei. Aber er macht deutlich: In der christlichen Gemeinschaft ändert sich das Verhältnis der Menschen zueinander.

Paulus, Gefangener Christi Jesu*, und Timotheus, der Bruder, an den lieben Philemon, unsern Mitarbeiter, und an Aphia, die Schwester, und Archippus, unsern Mitstreiter, und an die Gemeinde in deinem Hause:
Gnade sei mit euch und Friede von Gott, unserm Vater, und dem Herrn Jesus Christus!
Ich danke meinem Gott allezeit, wenn ich deiner gedenke in meinen Gebeten – denn ich höre von der Liebe und dem Glauben, die du hast an den Herrn Jesus und zu allen Heiligen –, dass dein Glaube, den wir miteinander haben, kräftig werde in Erkenntnis all des Guten bei uns, auf Christus hin. Denn ich hatte große Freude und Trost durch deine Liebe, weil die Herzen der Heiligen erquickt* sind durch dich, lieber Bruder.
Darum, obwohl ich in Christus alle Freiheit habe, dir zu gebieten, was zu tun ist, will ich um der Liebe willen eher bitten, so wie ich bin: Paulus, ein alter Mann, nun aber auch ein Gefangener Christi Jesu.
So bitte ich dich wegen meines Kindes Onesimus*, den ich gezeugt* habe in der Gefangenschaft, der dir früher unnütz war, jetzt aber dir und mir sehr nützlich ist.
Den sende ich dir wieder zurück und damit mein eigenes Herz. Ich wollte ihn gern bei mir behalten, damit er mir an deiner statt diene in der Gefangenschaft um des Evangeliums willen. Aber ohne deinen Willen wollte ich nichts tun, damit das Gute dir nicht abgenötigt wäre, sondern freiwillig geschehe. Denn vielleicht war er darum eine Zeit lang von dir getrennt, damit du ihn auf ewig wiederhast, nicht mehr als einen Sklaven, sondern als einen, der mehr ist als ein Sklave: ein lieber Bruder, besonders für mich, wie viel mehr aber für dich, sowohl im leiblichen Leben wie auch im Herrn.

Gefangener Christi Jesu:
Wegen seines Glaubens an Jesus ist Paulus im Gefängnis.

erquicken:
froh gemacht.

Onesimus:
Der Name bedeutet:
»der Nützliche«.

gezeugt: Paulus hat ihn zum Christen gemacht.

Sklavenketten

In römischen Häusern waren Sklaven für die verschiedensten Arbeiten zuständig. Das reichte von einfachen Hausarbeiten bis hin zum Unterrichten der Kinder.

bezahlen: vermutlich will Paulus für den Ausfall der Sklavenarbeit aufkommen.

erquicke mein Herz: bedeutet »belebe meine Lebenskraft« oder »muntere mich auf«.

Wenn du mich nun für deinen Freund hältst, so nimm ihn auf wie mich selbst.

Wenn er aber dir geschadet hat oder etwas schuldig ist, das rechne mir an.

Ich, Paulus, schreibe es mit eigener Hand: Ich will's bezahlen*; ich schweige davon, dass du dich selbst mir schuldest.

Ja, mein Bruder, gönne mir, dass ich mich an dir erfreue in dem Herrn; erquicke mein Herz* in Christus.

Im Vertrauen auf deinen Gehorsam schreibe ich dir; denn ich weiß, du wirst mehr tun, als ich sage.

Zugleich bereite mir eine Herberge; denn ich hoffe, dass ich durch eure Gebete euch geschenkt werde.

Es grüßt dich Epaphras, mein Mitgefangener in Christus Jesus, Markus, Aristarch, Demas, Lukas, meine Mitarbeiter.

Die Gnade des Herrn Jesus Christus sei mit eurem Geist!

Absender:	Paulus, Gefangener Christi Jesu, und Timotheus, der Bruder
Adressat:	an den lieben Philemon, unsern Mitarbeiter, und an Aphia, die Schwester, und Archippus, unsern Mitstreiter, und an die Gemeinde in deinem Hause
Gruß:	Gnade sei mit euch und Friede von Gott, unserm Vater, und dem Herrn Jesus Christus!
Danksagung:	Ich danke meinem Gott allezeit, wenn ich deiner gedenke.
Briefende: (mit Gruß und Schlusswunsch)	Es grüßt dich Epaphras, mein Mitgefangener in Christus Jesus, Markus, Aristarch, Demas, Lukas, meine Mitarbeiter. Die Gnade des Herrn Jesus Christus sei mit eurem Geist!

Am Philemonbrief kann man gut erkennen, wie ein typischer Brief des Paulus aufgebaut ist. Er folgt dabei einem Muster, wie ein Brief zu dieser Zeit auszusehen hatte.

Die Petrusbriefe

Zwei Briefe im Neuen Testament werden dem Apostel Petrus (siehe S. 236) zugeschrieben. Beide sind jedoch erst nach dem Tod des Apostels verfasst worden – der zweite Petrusbrief sogar erst im 2. Jahrhundert.

Die Petrusbriefe beschreiben das Leben der Christen in einer Welt, die ihnen mit Misstrauen und Anfeindungen begegnet. Noch gibt es keine systematische Christenverfolgung durch die Staatsmacht. Aber es kommt zu Tätlichkeiten.

Wie soll man sich da verhalten? Die Petrusbriefe machen den Christen Mut.

Auf keinen Fall sollen sie Böses mit Bösem vergelten. Eher soll man alle Verdächtigungen durch vorbildliches Verhalten entkräften und als Mensch überzeugen. Die Kraft dazu können Christen aus der Hoffnung auf die neue Welt Gottes schöpfen.

Liebe Brüder*,
ihr seid Fremde und Pilger in dieser Welt.
Enthaltet euch von allem, was eurer Seele schaden kann.
Führt ein rechtschaffenes Leben unter den Heiden*.
Wer euch verleumdet, soll eure guten Taten sehen.
Ordnet euch der menschlichen Ordnung* unter. Tut dies für die Sache des Herrn. Die menschliche Ordnung kann ein König sein, ein Statthalter* oder einer sein, der von ihm gesandt wurde. Ihre Aufgabe ist es, Übeltäter zu bestrafen und die, die Gutes tun, zu belohnen.
Gott will, dass ihr mit guten Taten überzeugt.
Also: Ehrt jedermann, habt die Brüder lieb, fürchtet Gott, ehrt den König!
1 Petrus 2,11-17

Und dienet einander,
ein jeder mit der Gabe, die er empfangen hat,
als die guten Haushalter der mancherlei Gnade Gottes*.
1. Petrus 4,10

Alle eure Sorge werft auf ihn;
denn er sorgt für euch.
1. Petrus 5,7

Brüder: war die Anrede an die Gemeinde. Damit waren auch Frauen gemeint.

Heiden: Menschen, die nicht an den Gott Israels glauben.

menschliche Ordnung: damit sind die Gesetze des Kaisers gemeint.

Statthalter: Vertreter des römischen Kaisers (siehe S.178).

Römischer Soldat

Gnade Gottes
Die unterschiedlichen Stärken der Menschen, die alle der Gemeinde zugute kommen, gelten als Geschenk Gottes (siehe 1. Korinther 12; S. 250–251).

Wann kommt das Ende der Zeit?

Die frühen Christen glaubten an ein baldiges Ende der Welt. Sie erwarteten den »Tag des Herrn«, an dem Christus wiederkommt, um die Welt vollständig zu erlösen. Dann soll Gottes neue Welt, sein »Reich«, anbrechen (siehe S. 163). Bis heute beten Christen im Vaterunser »Dein Reich komme«.

In seinem ältesten Brief schreibt Paulus: Durch die Auferstehung Jesu hat Gott gezeigt, dass er die, die an ihn glauben, auferwecken wird (1. Thessalonicher 4). Über den Zeitpunkt schreibt er:

»Von den Zeiten aber und Stunden, Brüder und Schwestern, ist es nicht nötig, euch zu schreiben; denn ihr selbst wisst genau, dass der Tag des Herrn kommt wie ein Dieb in der Nacht (…). Ihr aber seid nicht in der Finsternis, dass der Tag wie ein Dieb über euch komme. Denn ihr alle seid Kinder des Lichtes und Kinder des Tages.« (1. Thessalonicher 5,1–5)

Der zweite Petrusbrief ist die jüngste Schrift des Neuen Testamentes. Die Erwartung, dass der letzte Tag unmittelbar bevorsteht, ist nun nicht mehr so aktuell wie bei Paulus mehr als 50 Jahre zuvor. »Eins aber sei euch nicht verborgen, ihr Lieben, dass ein Tag vor dem Herrn wie tausend Jahre ist und tausend Jahre wie ein Tag. Der Herr verzögert nicht die Verheißung, wie es einige für eine Verzögerung halten; sondern er hat Geduld mit euch und will nicht, dass jemand verloren werde, sondern dass jedermann zur Buße finde. Es wird aber des Herrn Tag kommen wie ein Dieb; dann werden die Himmel zergehen mit großem Krachen; die Elemente aber werden vor Hitze schmelzen, und die Erde und die Werke, die darauf sind, werden nicht mehr zu finden sein

(…). Wir warten aber auf einen neuen Himmel und eine neue Erde nach seiner Verheißung, in denen Gerechtigkeit wohnt.«
(2. Petrus 3,8-10.13)

Die älteste und die jüngste Schrift des Neuen Testamentes stimmen darin überein: Das Ende der Zeit kommt, ohne dass wir genau sagen können, wann. Christen sollen damit rechnen, dass dies zu jeder Zeit geschehen kann. Der »Tag des Herrn«, an dem Jesus wiederkommt, wird zugleich ein Tag der Freude und des Gerichts sein. Es entspricht der Bedeutung dieses Tages, dass in der Kunstgeschichte Christus oft als der Weltenrichter dargestellt wird (siehe die Abbildung unten). Die Christen sollen als »Kinder des Lichts« diesen Tag freudig erwarten. Bis dahin soll ihr Leben gekennzeichnet sein durch den Glauben, die Liebe und die Hoffnung (siehe S. 252, 1. Korinther 13,13).

Aus der »Weltchronik« des Hartmann Schedel, 1493

Die Johannesbriefe

Drei Briefe im Neuen Testament werden einem Verfasser namens Johannes zugeschrieben. Von der Sprache und den Aussagen her gibt es eine Verbindung dieser Briefe zum Evangelium nach Johannes. Anlass für den Brief ist die Irrlehre, dass Jesus kein wirklicher Mensch aus Fleisch und Blut gewesen sei. Dagegen betont der 1. Johannesbrief, dass der Mensch Jesus die Liebe Gottes verkörpert: Gott selbst ist Liebe. In Jesus hat er uns diese Liebe geschenkt. Daher ist die Liebe zueinander auch das Merkmal, an dem die Christen erkannt werden können.

Die Liebe Gottes und die geschwisterliche Liebe (aus 1. Johannes 4)

Ihr Lieben, lasst uns einander lieb haben;
denn die Liebe ist von Gott,
und wer liebt, der ist aus Gott geboren und kennt Gott.
Wer nicht liebt, der kennt Gott nicht; denn Gott ist Liebe.
Darin ist erschienen die Liebe Gottes unter uns,
dass Gott seinen eingebornen Sohn* gesandt hat
in die Welt, damit wir durch ihn leben sollen.
Darin besteht die Liebe: nicht dass wir Gott geliebt haben,
sondern dass er uns geliebt hat und gesandt seinen Sohn
zur Versöhnung für unsre Sünden*.
Ihr Lieben, hat uns Gott so geliebt,
so sollen wir uns auch untereinander lieben.
Niemand hat Gott jemals gesehen.
Wenn wir uns untereinander lieben, so bleibt Gott in uns,
und seine Liebe ist in uns vollkommen.
Daran erkennen wir, dass wir in ihm bleiben und er in uns,
dass er uns von seinem Geist gegeben hat.
Wer nun bekennt, dass Jesus Gottes Sohn ist,
in dem bleibt Gott und er in Gott.
Gott ist Liebe; und wer in der Liebe bleibt,
der bleibt in Gott und Gott in ihm.

Lasst uns lieben, denn er hat uns zuerst geliebt. Wenn jemand spricht: Ich liebe Gott, und hasst seinen Bruder, der ist ein Lügner. Denn wer seinen Bruder nicht liebt, den er sieht, der kann nicht Gott lieben, den er nicht sieht. Und dies Gebot haben wir von ihm, dass, wer Gott liebt, dass der auch seinen Bruder liebe.

eingeborener Sohn:
einzig geborener Sohn.

Versöhnung der Sünden:
Weil Jesus für die Menschen gestorben ist, sind ihre Sünden vergeben.

Sonnenuntergang am See Genezareth

Der Jakobusbrief

Der unbekannte Verfasser dieses Briefes beruft sich auf Jakobus, den Bruder Jesu. Dieser war einer der führenden Männer der Jerusalemer Urgemeinde. Seine Autorität schien besonders geeignet zu sein, eine Gemeinde aufzurütteln, die Paulus missverstanden hatte. Dieser hatte betont, dass die guten Werke des Menschen nichts zu seiner Rettung beitragen können; allein der Glaube zähle. Viele schlossen wohl daraus, dass es gleichgültig ist, was der Mensch tut, und haben es sich bequem mit ihrem Christsein gemacht. Gegen eine solche Haltung wendet sich der Jakobusbrief. Er mahnt: der Glaube muss sich auch im Handeln bewähren, denn Glaube ohne tätige Nächstenliebe ist tot.

Martin Luther ging diese Auffassung zu weit. Er hat die Gefahr gesehen, dass durch den Jakobusbrief nun doch wieder die Werke des Menschen als entscheidend für seine Rettung gelten könnten. Er nannte den Brief deshalb eine »stroherne Epistel«, dessen Bedeutung weit hinter den Briefen des Paulus zurückbleibt.

Ein Glaube ohne Werke ist tot

Täter des Worts:
Jemand, der nach der Verkündigung Jesu und der Apostel handelt.

Selig:
Selig ist ein Mensch, dessen Leben gelingt. Die Bibel macht deutlich: ein gelingendes Leben hat als Basis eine Beziehung zu Gott (siehe S.186, »Seligpreisungen«.)

Seid aber Täter des Worts* und nicht Hörer allein;
sonst betrügt ihr euch selbst.
Wer nicht nur ein Hörer, sondern ein Täter des Gehörten ist,
der wird selig* sein durch das, was er tut.
Jemand kann meinen, dass er Gott dient.
Doch wenn er seine Zunge nicht im Zaum hält, betrügt er mit dieser Auffassung sein Herz. Sein ganzer Dienst für Gott zählt dann nichts mehr.
Jakobus 1,22-27

Was hilft es aber, wenn einer glaubt, aber nichts tut.
Kann denn der Glaube ihn selig* machen?
Was ist, wenn es einem Bruder oder einer Schwester an Kleidung oder an täglicher Nahrung fehlt? Stellt euch vor, einer würde nur sagen: »Geht hin in Frieden!«, tut sonst aber nichts.
Was könnte es denen helfen?
So ist auch der Glaube,
wenn er nicht Werke hat,
tot in sich selber.
Jakobus 2,14-17

Tätiger Glaube – Glasfenster der Gedächtniskirche Speyer

Die Offenbarung des Johannes

Die Evangelien und die Apostelgeschichte handeln von Ereignissen, die schon geschehen sind. Das letzte Buch der Bibel erzählt von Dingen, die erst noch kommen werden. Der Verfasser der Offenbarung, Johannes, versteht sich als Seher, als Prophet, dem Gott Bilder von der Zukunft gezeigt hat. Diese Bilder gibt er in einem Brief an sieben Gemeinden weiter (siehe S. 263).

Die Offenbarung entstand am Ende des 1. Jahrhunderts. Damals befanden sich die Christen im Römischen Reich in einer schwierigen Situation. Die Apostel Petrus und Paulus waren bereits Jahre zuvor hingerichtet worden. Zur Zeit des Johannes hatte sich die Lage der Christen noch einmal verschärft. Kaiser Domitian (81–96 n.Chr.) ließ an vielen Orten im Reich Statuen von sich errichten. An denen sollten seine Untertanen ihn wie einen Gott verehren. Als erster römischer Kaiser ließ er sich offiziell als »Herr und Gott« anreden. Als die Christen sich weigerten, solche Befehle zu befolgen, begann für sie ein Weg in Verfolgung und Leid.

Johannes schreibt sein Werk vermutlich auf der Insel Patmos (siehe Karte S. 287), wohin er von den römischen Behörden verbannt worden war. Angesichts der schrecklichen Erfahrungen, die viele Christen machen mussten, versuchte er Erklärungen zu geben und ihnen neue Hoffnung zu machen. Er fragte sich:

- ◎ **Wie kann ich die Christen in dem Leid trösten, das sie erleben müssen?**
- ◎ **Auf welche Weise kann ich ihren Glauben stärken, damit sie den Mut nicht verlieren?**

Seine Antwort ist: Bald wird das Ende der Zeit kommen. Dann wird auch das Leid der Christen ein Ende haben. Gott wird über diese Welt Gericht halten. Er wird das Böse verurteilen und das Gute belohnen. Johannes kleidet seine Botschaft in eine Reihe von Bildern. Unter anderem spricht er von einem Drachen und zwei bösen Tieren. Diese werden alle verfolgen, die sich zu Christus bekennen. Aber Christus ist der »König der Könige«. In Wahrheit ist er es, der die Welt regiert. Er wird das Böse besiegen und für seine Anhänger alles zum Guten wenden.

Die Offenbarung wird auch **Apokalypse**, griechisch »Enthüllung«, genannt. Vieles ist schwierig zu verstehen – besonders die Bilder vom Untergang der Welt. Johannes benutzt Symbole und Zahlen, die wir heute nur schwer entschlüsseln können. Häufig kommt die Zahl sieben vor – sie steht für Vollkommenheit, weil

Münze mit Abbildung des Kaisers Domitian

die Erschaffung der Welt am siebten Tag vollendet wurde. Sechs hingegen wird als Zahl der Unvollkommenheit betrachtet. So wird der Name des bösen Tieres mit der Zahl 666 verschlüsselt. Diese Zahl kann nach dem hebräischen Alphabet »Kaiser Nero« bedeuten. Unter diesem römischen Kaiser wurden die Christen schwer verfolgt (Offenbarung 13, siehe S. 265). Ebenso wird die Stadt Babylon als ein Deckname für die Stadt Rom gebraucht (siehe S. 20 und 93–94). Nach der Vision des Johannes ist bei Gott der Untergang »Babylons« bereits beschlossen. Die verdeckte Botschaft ist also: Die Macht des Römischen Reiches wird bald vergehen.

Am Ende seines Buches spricht Johannes aber versöhnliche Worte. Gott wird einen neuen Himmel und eine neue Erde schaffen. Dann haben Leid und Schmerz ein Ende und Gott ist denen ganz nah, die zu ihm gehören.
Die Bilder in der Offenbarung haben zu allen Zeiten Menschen in ihren Bann gezogen. Deshalb gibt es viele Kunstwerke, die sie darstellen. Als Martin Luther die Bibel übersetzte, glaubten viele Menschen, dass das Ende der Welt noch zu ihren Lebzeiten kommt. Daher waren für sie die Bilder der Offenbarung von besonderer Bedeutung. Aus der ersten Bibel in der Übersetzung Martin Luthers stammt auch das Bild unten.

Lukas Cranach, Bibelillustration zur Offenbarung aus der ersten Lutherbibel von 1534

Johannes schreibt *(Offenbarung 1–3)*

Dies ist die Offenbarung, die Jesus Christus von Gott empfangen hat. Darin zeigt er seinen treuen Anhängern, was bald geschehen wird. Jesus Christus hat seinem Diener Johannes einen Engel geschickt, der ihm alle diese Pläne und Geheimnisse mitteilte. Johannes bezeugt, was Gott gesagt und Christus bestätigt hat. Freuen darf sich, wer diese Worte vorliest* und wer sie hört und sich zu Herzen nimmt. Denn was hier angekündigt wird, das geschieht bald.

Johannes schreibt an die sieben Gemeinden in der Provinz Asien:
Gnade sei mit euch und Friede von dem, der da ist und der da war und der da kommt.
Jesus Christus kommt mit den Wolken! Alle werden ihn sehen, auch diejenigen, die ihn gekreuzigt haben.
Ich bin das A und das O*, spricht Gott der Herr, der da ist und der da war und der da kommt, der Allmächtige.

Ich, Johannes, euer Bruder, befand mich auf der Insel Patmos*. Dorthin war ich verbannt worden, weil ich Gottes Botschaft verkündete. An einem Sonntag wurde ich vom Geist Gottes* ergriffen. Ich hörte eine laute Stimme, die wie eine Posaune klang: »Schreibe alles, was du siehst, in ein Buch und schicke es an die sieben Gemeinden* in Ephesus, Smyrna, Pergamon, Thyatira, Sardes, Philadelphia und Laodizea.«
Weil ich wissen wollte, wer da zu mir sprach, drehte ich mich um. Da sah ich Jesus Christus. Er trug ein prächtiges Gewand und ein breites goldenes Band um die Brust. Sein Kopf und seine Haare strahlten hell wie Schnee.

Schreckensvisionen des Johannes
(Offenbarung 4–13)

Dann sah ich Gott auf seinem Thron sitzen. Blitz und Donner gingen von dem Thron aus und sieben Fackeln brannten vor ihm. Um den Thron herum sah ich vier himmlische Gestalten*: Die erste war wie ein Löwe, die zweite wie ein Stier, die dritte wie ein Mensch und die vierte wie ein Adler. Jede Gestalt hatte sechs

vorliest: Die Offenbarung ist in der Form eines Briefes geschrieben. Er sollte in den Gemeinden im Gottesdienst vorgelesen werden.

das A und das O: bezeichnen den ersten und den letzten Buchstaben des griechischen Alphabets (Alpha und Omega). Gott wird also »Erster und Letzter«, »Anfang und Ende«, genannt. Er umfasst die ganze Welt und bringt alles zum Ziel.

Patmos: griechische Insel. Sie war zur Zeit der Römer eine Sträflingsinsel (siehe Karte S. 287).

Die Westküste von Patmos

Geist Gottes: siehe S. 224.

sieben Gemeinden: siehe Karte S. 287.

vier himmlische Gestalten: Sie werden später mit den vier Evangelisten in Verbindung gebracht (siehe S. 153–154).

Buch mit sieben Siegeln:
Das Buch hat die Form einer versiegelten Schriftrolle. Sie enthält die von Gott vorherbestimmten Ereignisse der Endzeit. Nur das Lamm (s.u.) darf die Siegel öffnen und damit diese Ereignisse in Gang setzen.

Lamm: Bezeichnung für Christus, weil er wie ein Opferlamm für die Menschen den Tod auf sich genommen hat.

Reiter: Die vier Reiter werden die »Apokalyptischen Reiter« genannt. Gemeinsam bringen sie Unglück über die Erde. Der erste Reiter steht für Krieg unter den Völkern, der zweite für Bürgerkrieg, der dritte für Teuerung und Hungersnot, der vierte für Tod durch Krieg und seine Folgen – Hunger, Seuchen, wilde Tiere.

Die Apokalyptischen Reiter. Holzschnitt aus der »Grüninger Bibel« von 1485

schwangere Frau: symbolisiert das Volk Gottes, aus dem der Messias geboren wird. Alle, die an Christus glauben, sind ebenfalls mitgemeint.

Drache: war häufig ein Symbol für das Böse, das auch Teufel genannt wird.

Die **sieben Köpfe** erinnern an die Stadt, die auf sieben Hügeln erbaut ist: Rom.

Der Engel **Michael** (siehe S. 148–149) gilt als Kämpfer gegen das Böse.

Das erste **Tier** ist der Gegner Jesu, der »Antichrist«.

Das zweite **Tier** wird auch als der »falsche Prophet« bezeichnet.

Flügel und war voller Augen. Sie bewegten sich unaufhörlich und priesen Gott.

In der rechten Hand hielt Gott ein Buch mit sieben Siegeln*. »Wer ist würdig, die Siegel aufzubrechen und das Buch zu öffnen?«, rief ein Engel. Da erblickte ich neben Gottes Thron ein Lamm*. Es hatte sieben Augen und sieben Hörner und sah aus, als ob man es geschlachtet hätte. Das Lamm nahm das Buch. Alle, die bei Gott waren und ihm zuhörten, fielen vor dem Lamm nieder und sangen: »Nur du bist würdig, die Siegel aufzutun. Denn du bist geschlachtet worden und hast durch dein Blut die Menschen erlöst.«

Da öffnete das Lamm die Siegel. Aus dem ersten Siegel kam ein Reiter* auf einem weißen Pferd. Dieser hatte einen Bogen und bekam eine Krone. Er zog aus, um zu siegen.

Aus dem zweiten kam ein feuerrotes Pferd. Sein Reiter hatte die Macht, den Frieden von der Erde wegzunehmen, und erhielt dazu ein Schwert.

Aus dem dritten Siegel kam ein schwarzes Pferd mit einem Mann, der eine Waage in der Hand hielt. Dazu verkündete eine Stimme: »Weizen und Gerste werden teuer auf der Erde.«

Aus dem vierten kam ein leichenfarbenes Pferd und auf ihm saß der Tod. Ihm wurde die Macht gegeben, mit Schwert, Hunger, Pest und wilden Tieren den Tod zu bringen. (Offenbarung 4-6)

Johannes berichtet weiter: Dann sah ich eine große Erscheinung am Himmel: eine schwangere Frau*. Ein feuerroter Drache* mit sieben Köpfen* und zehn Hörnern tauchte auf. Er wollte das Kind der Frau verschlingen. Doch als die Frau das Kind zur Welt brachte, nahm Gott es zu sich und versteckte die Frau in der Wüste.

Darauf brach ein Krieg im Himmel aus. Michael* und seine Engel kämpften gegen den Drachen. Schließlich wurde der große Drache aus dem Himmel hinabgestürzt. Er fiel auf die Erde und griff dort alle Menschen an, die den Geboten Gottes gehorchten. Dann trat der Drache an den Strand. Da stieg aus dem Meer ein Tier* mit zehn Hörnern und sieben Köpfen. Es sah aus wie ein Panther, aber mit Füßen wie Bärentatzen und einem Rachen wie ein Löwe. Der Drache übergab dem Tier seine Macht und die Menschen auf der Erde beteten das Tier an.

Ein zweites Tier* stieg aus der Erde, das zwei Hörner hatte wie ein Lamm, aber wie ein Drache redete. Es übte alle Macht des ersten

Tieres aus und sorgte dafür, dass die Menschen das erste Tier anbeteten. Es tat große Wunder und täuschte dadurch die Menschen.

Dann brachte es sie sogar dazu, dem ersten Tier ein Standbild zu errichten. Alle, die dieses Bild nicht anbeteten, wurden getötet. Hier ist Weisheit! Wer Verstand hat, der überlege die Zahl des Tieres; denn es ist die Zahl eines Menschen, und seine Zahl ist sechshundertsechsundsechzig.* (Offenbarung 12-13)

Der Reiter auf dem weißen Pferd
(Offenbarung 19)

Dann sah ich ein weißes Pferd aus dem Himmel kommen. Der Reiter, der darauf saß, hieß: Treue und Wahrhaftigkeit. Hinter ihm kam das ganze himmlische Heer in weißen Gewändern und auf weißen Pferden. Der Reiter bekämpfte die Feinde Gottes durch sein Wort, das wie ein scharfes Schwert aus seinem Mund kommt. Auf dem Gewand, das der Reiter trug, stand: König aller Könige und Herr aller Herren.

Und der Reiter besiegte die beiden Tiere und alle, die auf ihrer Seite kämpften. Und zuletzt wurde auch der Drache besiegt.

Das neue Jerusalem *(Offenbarung 21–22)*

Und ich sah einen neuen Himmel und eine neue Erde*;
denn der erste Himmel und die erste Erde sind vergangen,
und das Meer ist nicht mehr.
Und ich sah die heilige Stadt, das neue Jerusalem*,
von Gott aus dem Himmel herabkommen,
bereitet wie eine geschmückte Braut für ihren Mann.
Und ich hörte eine große Stimme von dem Thron her, die sprach:
Siehe da, die Hütte Gottes bei den Menschen!
Und er wird bei ihnen wohnen,
und sie werden seine Völker sein und er selbst,
Gott mit ihnen, wird ihr Gott sein;
und Gott wird abwischen alle Tränen von ihren Augen,
und der Tod wird nicht mehr sein,
noch Leid noch Geschrei noch Schmerz wird mehr sein,
denn das Erste ist vergangen.

666: steht für Nero. Gemeint ist der römische Kaiser, der die Christen verfolgt hat. Er lebte von 37 bis 68 n. Chr. und war von 54 n. Chr. bis zu seinem Tod Kaiser in Rom. Die Schreckensherrschaft der Endzeit wird also die Züge des auf die Erde zurückgekehrten Kaisers Nero tragen.

Zeichnung des Kopfes einer Statue von Nero

neuer Himmel/neue Erde: siehe Jesaja 65, S. 131.

neues Jerusalem: Johannes bleibt nicht bei den negativen Bildern stehen. Am Ende der alten Welt steht die Stadt Jerusalem als Symbol für Gottes neue Welt.

Und der auf dem Thron saß, sprach:
Siehe, ich mache alles neu!
Ich bin das A und das O*, der Anfang und das Ende.
Ich will dem Durstigen geben von der Quelle des lebendigen Wassers umsonst.

Dann führte mich ein Engel auf einen hohen Berg und zeigte mir die heilige Stadt Jerusalem. Die funkelte wie Edelsteine.
Sie hatte zwölf Tore. Die Mauer der Stadt hatte zwölf Grundsteine, auf denen die Namen der zwölf Apostel standen.
Die zwölf Tore waren Perlen und der Marktplatz der Stadt war aus reinem Gold. Und die Stadt brauchte keine Sonne, denn die Herrlichkeit Gottes erleuchtete sie.
Und der Engel zeigte mir einen funkelnden Strom mit dem Wasser des Lebens. Er geht von dem Thron Gottes und des Lammes aus und fließt mitten durch die Stadt. An seinen Ufern wachsen Bäume des Lebens*, deren Blätter heilen können.

Der Thron Gottes und des Lammes wird in der Stadt stehen.
Und alle, die dort sind, werden Gott dienen und ihn sehen.
Gott der Herr und das Lamm* werden in alle Ewigkeit als Könige herrschen.
Und Jesus Christus spricht: Siehe, ich komme bald.
Selig* ist, der die Worte der Weissagung in diesem Buch ernst nimmt.
Ich, Johannes, bin es, der dies alles gehört und gesehen hat.
Jesus spricht: Ja, ich komme bald. – Amen, komm, Herr Jesus!
Die Gnade des Herrn Jesus sei mit euch allen!

das A und das O: bezeichnen den ersten und den letzten Buchstaben des griechischen Alphabets (Alpha und Omega). Gott wird also »Erster und Letzter«, »Anfang und Ende« genannt. Er umfasst die ganze Welt und bringt alles zum Ziel.

Alpha und Omega an der Außenfassade einer Kirche

Wasser und Bäume des Lebens: Mit dem himmlischen Jerusalem ist das Paradies zurückgekehrt. Zum Paradies gehören der Paradiesstrom und der Baum des Lebens, von dessen Früchten die Menschen in der Schöpfungsgeschichte nicht essen durften (siehe S. 13–15).

Lamm: meint Jesus (siehe S. 264; siehe auch Jesaja 52, S. 131).

Selig: heißt hier »gerettet wird sein«.

Anhang

»Die Bibel ist für mich wie ein täglich Brot.
Mit der Bibel an meiner Seite, das heißt mit Gott in meiner Nähe,
bin ich getröstet und gestärkt. Die Bibel ist mehr als ein Buch.«
Hanns Dieter Hüsch

Der Anhang bietet verschiedene Hilfen, wie man mit der Bibel und ihren Geschichten umgehen kann:

◉ Einführungen in den Aufbau und die Geschichte der Bibel
- Mit der Bibel in der Hand
- Die biblische Bücherei
- Der lange Weg der Bibel

◉ Informationen über die Bibel und »christliche Feste im Jahreskreis«

◉ Hilfen zum Umgang mit der Bibel:
- Wie nähere ich mich einem Bibeltext an?
- Textgattungen der Bibel
- Wie kann ich einen Bibeltext erschließen?
- Wie kann ich mit Kunstwerken zur Bibel umgehen?
- Wie war das noch ...? – Hilfen zum Wiederholen und Vertiefen
- Stichwortverzeichnis
- Landkarten

Mit der Bibel in der Hand

Wie finde ich eine Bibelstelle?

In der »Bibel elementar« sind die Namen der biblischen Bücher ausgeschrieben. In einer »Vollbibel« werden Abkürzungen verwendet, um eine bestimmte Bibelstelle anzugeben; zum Beispiel: **Mt 6,9b–13**.

Mit dieser Angabe kann man die betreffende Stelle leicht finden. Dazu muss man die einzelnen Bestandteile der Stellenangabe aufschlüsseln:

- ◉ In jeder Bibel gibt es ein Verzeichnis mit den Abkürzungen aller biblischen Bücher. Ein solches Verzeichnis zeigt, dass **Mt** die Abkürzung für das »Matthäus-Evangelium« ist.

- ◉ Die Zahl hinter dem Namen bezeichnet das Kapitel: **Mt 6** ist also Kapitel 6 des Matthäusevangeliums.
- ◉ Die Zahl hinter einem Komma bedeutet »Vers«: **Mt 6,9** = Matthäus, Kapitel 6, Vers 9.
- ◉ Ein Buchstabe hinter dem Vers zeigt an, welcher Teil des Verses gemeint ist: Mt **6,9b** meint: Matthäus, Kapitel 6, zweiter Teil (= b) von Vers 9.
- ◉ Der Bindestrich in **Mt 6,9b–13** bedeutet »bis« und die Zahl dahinter »Vers«, also: Matthäus-Evangelium, Kapitel 6, zweiter Teil von Vers 9 bis Vers 13.

Es gibt noch **weitere Abkürzungsmöglichkeiten**:

- ◉ **Mt 6,10.13**: Ein Punkt bedeutet **»und«**: Also Vers 10 und Vers 13.
- ◉ **Mt 6; 26**: Ein Strichpunkt bedeutet ebenfalls **»und«**. Aber er zeigt an, dass es um **Kapitel** geht. Also Matthäus-Evangelium, Kapitel 6 und Kapitel 26.

Darüber hinaus findet man in einer Bibel noch weitere Hilfen:

- ◉ **Überschriften** über den Texten.
- ◉ **Vergleichsstellen und Verweisstellen** zeigen, wo etwas Ähnliches gesagt wird.
- ◉ **Fußnoten/ Anmerkungen** unten auf einer Seite geben Hinweise über den Hintergrund eines Textes.

In vielen Bibeln gibt es – meistens am Ende – Informationen über Maße, Gewichte und Münzen, die in den biblischen Geschichten vorkommen, außerdem Sach- und Worterklärungen, Zeittafeln und ein Stichwortverzeichnis (»Wo finde ich was?«).

MATTHÄUS 5.6   8

VOM VERGELTEN

38 Ihr habt gehört, dass gesagt ist (2. Mose 21,24): »Auge um Auge, Zahn um Zahn.« 39 Ich aber sage euch, dass ihr nicht widerstreben sollt dem Bösen, sondern: Wenn dich jemand auf deine rechte Backe schlägt, dem biete die andere auch dar.* 40 Und *wenn jemand mit dir rechten will und dir deinen Rock nehmen, dem lass auch den Mantel.b 41 Und wenn dich jemand eine Meile nötigt*, so geh mit ihm zwei. 42 Gib dem, der dich bittet, und wende dich nicht ab von dem, der etwas von dir borgen will.*

VON DER FEINDESLIEBE

43 Ihr habt gehört, dass gesagt ist: a»Du sollst deinen Nächsten lieben« (3. Mose 19,18) und deinen Feind hassen.* 44 Ich aber sage euch: Liebt eure Feinde und *bittet für die, die euch verfolgen,* 45 auf dass ihr aKinder seid eures Vaters im Himmel. Denn er lässt seine Sonne aufgehen über Böse und Gute und lässt regnen über Gerechte und Ungerechte. 46 Denn wenn ihr liebt, die euch lieben, was werdet ihr für Lohn haben? Tun nicht dasselbe auch die Zöllner? 47 Und wenn ihr nur zu euren Brüdern freundlich seid, was tut ihr Besonderes? Tun nicht dasselbe auch die Heiden? 48 Darum sollt ihr avollkommen sein, wie euer himmlischer Vater vollkommen ist.

VOM ALMOSENGEBEN

6 Habt aber acht, dass ihr eure Gerechtigkeit nicht übt vor den Leuten, aum von ihnen gesehen zu werden; ihr habt sonst keinen Lohn bei eurem Vater im Himmel.

2 Wenn du nun Almosen gibst, sollst du es nicht vor dir ausposaunen, wie es die Heuchler tun in den Synagogen und auf den Gassen, damit sie von den Leuten gepriesen werden. Wahrlich, ich sage euch: Sie haben ihren Lohn schon gehabt. 3 Wenn du aber Almosen gibst, so lass deine linke Hand nicht wissen, was die rechte tut,a auf dass dein Almosen verborgen bleibe; und dein Vater, der in das Verborgene sieht, wird dir's vergelten.

VOM BETEN. DAS VATERUNSER

5 Und wenn ihr betet, sollt ihr nicht sein wie die Heuchler, die gern in den Synagogen und an den Straßenecken stehen und beten, um sich vor den Leuten zu zeigen. Wahrlich, ich sage euch: Sie haben ihren Lohn schon gehabt. 6 Wenn du aber betest, so geh in dein Kämmerlein und schließ die Tür zu und bete zu deinem Vater, der im Verborgenen ist; und dein Vater, der in das Verborgene sieht, wird dir's vergelten.

7 Und wenn ihr betet, sollt ihr nicht viel plappern wie die Heiden; denn asie meinen, sie werden erhört, wenn sie viele Worte machen. 8 Darum sollt ihr ihnen nicht gleichen. Denn euer Vater weiß, was ihr bedürft, bevor ihr ihn bittet. 9 aDarum sollt ihr so beten:

Unser Vater im Himmel!
Dein Name werde geheiligt.b
10 Dein Reich komme.
Dein Wille geschehe
wie im Himmel so auf Erden.a
11 Unser tägliches Brot* gib uns heute.a
12 Und vergib uns unsere Schuld,
wie auch wir vergeben unsern
Schuldigern.* a
13 Und führe uns nicht in Versuchung,
sondern erlöse uns von dem Bösen.a
[Denn dein ist das Reich und die Kraft
und die Herrlichkeit in Ewigkeit.
Amen.]*

14 Denn wenn ihr den Menschen ihre Verfehlungen vergebt, so wird euch euer himmlischer Vater auch vergeben. 15 Wenn ihr aber den Menschen nicht ver-

* **5,41** Das bedeutet: zum Dienst zwingt. **5,43** Den Feind zu hassen, wird im Alten Testament nirgends geboten. **5,44** In der späteren Überlieferung wird der Text nach Lk 6,27-28 erweitert. **6,11** Wörtlich: »das Brot für morgen«. **6,12** Wörtlich: »Und erlass uns unsere Schulden, wie auch wir vergeben haben unsern Schuldigern«. **6,13** Dieser Abschluss ist in den ältesten Handschriften nicht enthalten.

5,39 a Klgl 3,30; Joh 18,22; Röm 12,14-21; 1. Petr 2,20-23 **5,40** a 1. Kor 6,7 b Hebr 10,34 **5,42** a 5. Mose 15,7-8 **5,43** a Kap 22,39 **5,44** a Lk 23,34; Apg 7,60 **5,45** a Eph 5,1 **5,48** a 3. Mose 19,2 4. Mose 23,5 **6,3** a Röm 12,8 **6,7** a Jes 1,15 **6,9** a (9-13) Lk 11,2-4 b Kap 23,9; Jes 29,23; Hes 36,23 **6,10** a Kap 26,39; Ps 135,6 **6,11** a 2. Mose 16,4; Ps 145,15 **6,12** a Kap 18,21-35; Sir 28,2 **6,13** a 1. Kor 10,13 **6,14** a Mk 11,25

Die biblische Bücherei

Das Wort **Biblia** kommt aus der griechischen Sprache und bedeutet **Bücher**. So umfasst die Bibel 66 (mit Apokryphen 72) einzelne Bücher – ein ganzes Bücherregal!

Folgendes Gedicht hilft bereits seit Jahrhunderten, die Namen der biblischen Bücher auswendig zu lernen. Man kann es mit Melodien wie »Auf der Schwäb´schen Eisenbahne ...« singen oder als Sprechgesang umsetzen.

In des Alten Bundes Schriften –
merke dir an erster Stell:
Mose, Josua und Richter –
Ruth und zwei von Samuel.
Zwei der König, Chronik, Esra –
Nehemia, Esther mit,
Hiob, Psalter, dann die Sprüche –
Prediger und Hoheslied.
Jesaja, Jeremia –
Ezechiel und Daniel,
dann Hosea, Joel, Amos –
Obadja und Jona´s Fehl.

Micha, welchem Nahum folget –
Habakuk, Zephania,
nebst Haggai, Sacharja –
und zuletzt Maleachia.

In dem Neuen steht Matthäus –
Markus, Lukas und Johann,
samt den Taten der Apostel –
unter allen vorne an.
Dann der Römer, zwei Korinther –
Galater und Epheser,
die Philipper und Kolosser –
beide Thessalonicher.
An Timotheus und Titus –
Philemon und Petrus zwei,
drei Johannes, der Hebräer –
Jakob, Judas Brief dabei.
Endlich schließt die Offenbarung –
das gesamte Bibelbuch,
Mensch, bewahre was du liesest –
dir zum Segen, nicht zum Fluch.

Der lange Weg der Bibel

Die Bibel ist nicht einfach vom Himmel gefallen. Sie hat eine lange Entstehungsgeschichte hinter sich:

Erleben

Die Geschichten der Bibel erzählen von Erlebnissen – davon, wie Menschen Gott begegnet sind. Die meisten dieser Geschichten handeln von historischen Personen, die vor langer Zeit gelebt haben. In anderen Texten geht es um ganz grundsätzliche Fragen, die Menschen heute genauso betreffen wie damals. Dies gilt z.B. für die Urgeschichte (siehe S. 9). Doch auch Erlebnisse wie die Befreiung der Israeliten aus Ägypten werden so erzählt, dass darin Gottes Handeln für die Menschen sichtbar wird.

Weitererzählen

Die Erlebnisse wurden weitererzählt. Die ersten Erzähler der Geschichten waren Nomaden vor über 3000 Jahren. Nur wenige Menschen konnten damals lesen und schreiben. So spiegelt sich in den Erzählungen der Väter und Mütter Israels auch deren Welt wider. Noch zur Zeit der Könige und sogar zur Zeit Jesu wurden viele Geschichten zunächst erzählt, bevor sie aufgeschrieben wurden.

Aufschreiben

Schließlich wurden die Geschichten aufgeschrieben. Die Menschen wollten die Erlebnisse und Erzählungen bewahren. So hielten Schreiber sie auf Papyrus oder auf Pergament (Tierhaut) fest. Die Sprache, in der das Alte Testament geschrieben wurde, war Hebräisch – die Sprache der Israeliten. Das Neue Testament ist in Griechisch verfasst – der Sprache der Gebildeten jener Zeit.

Sammeln und Zusammenstellen

Die aufgeschriebenen Geschichten wurden in Büchern gesammelt und die Bücher zu den Teilen der Bibel zusammengestellt. Nicht alle Schriften über biblische Themen, die es damals gab, wurden als »Heilige Schriften« anerkannt und in die Bibel aufgenommen. Die Auswahl und Zusammenstellung der biblischen Bücher nennt man »Kanon«. Bereits vor Jesu Geburt wurden Schriften des Alten Testaments von jüdischen Gelehrten zu einem Buch zusammengefügt. Im 1. Jahrhundert nach Christus wurde die Auswahl der Heiligen Schriften des Judentums dann endgültig festgelegt. Etwa 400 Jahre nach Jesu Geburt lag die Bibel schließlich so vor, wie man sie heute kennt. Seit die ersten Geschichten aufgeschrieben wurden, waren über tausend Jahre vergangen.

Bewahren

Papier wurde erst um 1350, der moderne Buchdruck um 1450 erfunden. So mussten die biblischen Schriften zunächst von Hand auf Pergament geschrieben werden. Pergament wurde aus Tierhäuten hergestellt und war sehr wertvoll. Im Mittelalter übernahmen das zunächst Klöster, später Schreibwerkstätten in den Städten. Dabei diktierte einer den biblischen Text und andere schrieben ihn nieder.

Übersetzen

Die Menschen wollten die biblischen Schriften verstehen. Weil aber die einfachen Leute im Römischen Reich weder Hebräisch noch Griechisch sprachen, übersetzte man Teile der Bibel zunächst in die damalige Alltagssprache Latein. Als der Kanon der Bibel vorlag, übersetzte der Gelehrte Hieronymus um 400 die Bibel vollständig ins Lateinische. Diese Sprache wurde im Mittelalter von den Gelehrten gesprochen und im Gottesdienst verwendet. Doch das Volk konnte kein Latein. Deshalb wünschten sich die Menschen eine Bibel in ihrer Sprache. Martin Luther übersetzte vor etwa 500 Jahren die Bibel ins Deutsche. So konnten die Menschen im deutschen Sprachraum die biblischen Texte besser verstehen.

Weitergeben

Auch heute wird die Bibel immer wieder neu aus den Originalsprachen übersetzt und weitergegeben. Denn die Sprache der Menschen verändert sich mit der Zeit.
Und es gibt immer noch sehr viele Sprachen in der Welt, in denen es noch keine Bibel gibt. Immerhin: Die Bibel ist das am meisten übersetzte Buch der Welt. In über 2500 Sprachen liegen Bibeln oder Bibelteile vor. Bibelgesellschaften sorgen weltweit dafür, dass die Bibel weiter übersetzt wird. Sie stellen Bibeln her und sorgen dafür, dass sie möglichst weit verbreitet werden.

Der lange Weg der Bibel – wichtige Daten

Mose
um 1300 v. Chr.

Josua und
die Einnahme
des Landes Kanaan
um 1200 v. Chr.

König David
um 1000 v. Chr.

Abraham, Isaak, Jakob,
Zeit der Nomaden
**zwischen 1900 und
1400 v. Chr.**

Ältester
erhaltener Textfund
aus dem Neuen Testament
um 125

Der
Kanon, d.h. der Inhalt
der Bibel, steht fest.
um 380

Hieronymus,
Übersetzer der Bibel
ins Lateinische
um 400

Ulfilas übersetzt
die Bibel ins Gotische
um 400

Kapitel-
zählung der Bibel
um 1200

Gutenberg-
Bibel, die erste
gedruckte Bibel
1455

Luthers Übersetzung
des Neuen Testaments
ins Deutsche
1522

König
Salomo
um 950 v. Chr.

Prophet
Amos
um 750 v. Chr.

Babylonische
Gefangenschaft
587 bis 538 v. Chr.

Ältester
erhaltener Textfund aus
dem Alten Testament
um 220 v. Chr.

Jesus von
Nazareth
**um etwa 4 v. Chr.
bis um 33 n. Chr.**

Erste vollständige
Bibel in deutscher Sprache
von Huldrych Zwingli
1530

Erste Bibel
mit Verszählung
1551

Die
erste Bibel-
gesellschaft ermöglicht
preiswerte Bibeln.
1710

Teile der Bibel sind in
über 2500 Sprachen
übersetzt. **2012**

Christliche Feste im Jahreskreis

Im Jahreskreis feiern Christen viele Feste. Einige davon sind »bewegliche« Feiertage, deren Datum sich jedes Jahr verändert. Andere haben einen festen Termin im Kalender. Manche christlichen Feste haben ihre Wurzel im Alten Testament. Daher werden sie zu ähnlichen Zeiten gefeiert wie die jüdischen Feste (siehe S. 52), auch wenn sich ihr Sinn verändert hat.

Palmsonntag erinnert daran, wie Jesus vor seinem Tod in Jerusalem einzog (siehe S. 169–170). Weil die Menschen vor ihm (Palm-)Zweige auf den Weg gelegt haben, trägt der Tag den Namen Palmsonntag.

Gründonnerstag erinnert an den Abend, an dem Jesus mit den Jüngern das letzte Abendmahl gehalten hat. Dann wurde er im Garten Gethsemane gefangen genommen (siehe S. 173). »Grün« kommt von dem alten deutschen Wort »greinen« (weinen).

Karfreitag war der Todestag Jesu (siehe S. 176). Das Wort »Kar« kommt von einem alten deutschen Wort, das Kummer bedeutet. Es ist ein Tag, an dem man trauert. In den Kirchen hängen an diesem Tag schwarze Kanzel- und Altartücher.

Ostern feiern Christen am Sonntag nach Karfreitag (siehe S. 177). Juden begehen zu dieser Zeit das Passafest (siehe S. 52). Ostern war für die ersten Christen das wichtigste Fest. An Ostern erinnern sich die Christen daran, dass Jesus von den Toten auferstanden ist (siehe S. 180). Sie hoffen darauf, dass Gott auch sie vom Tod auferweckt.

Himmelfahrt wird 40 Tage nach Ostern gefeiert. So lange war Jesus nach seiner Auferstehung noch bei den Jüngern. Dann ging er zu seinem Vater im Himmel (siehe S. 214 und 223).

Pfingsten ist 50 Tage nach Ostern. An diesem Tag wurde im Judentum das Wochenfest (siehe S. 52) gefeiert. Dieses wurde mit dem griechischen Wort »Pentekoste« (»fünfzig«) bezeichnet. Davon leitet sich unser Name »Pfingsten« ab. Christen feiern, dass Gott den Jüngern damals und uns heute seinen Geist gibt. Die Gabe des Heiligen Geistes gilt zugleich als die »Geburtstunde« der Kirche (siehe S. 224).

Erntedank ist ein biblisches Fest. Das Alte Testament erwähnt mehrere Erntefeste, die im Judentum gefeiert werden (siehe S. 52). In vielen Bibeltexten wie der Schöpfungsgeschichte und den Psalmen drücken Menschen ihre Dankbarkeit über Gottes Schöpfung aus.

Buß- und Bettag: Der Buß- und Bettag im November regt zum Nachdenken über das eigene Leben an. Bereits in biblischer Zeit bekannte das Volk seine Sünden und bat Gott am Versöhnungstag (Jom Kippur, siehe S. 52) um Vergebung.

Advent und Weihnachten spielte für die ersten Christen kaum eine Rolle. Erst als das Christentum im vierten Jahrhundert zur Staatsreligion im Römischen Reich wurde, übernahm man einen alten Feiertag und gab ihm einen neuen Inhalt. Am 25. Dezember hatte man zuvor das Fest des Sonnengottes begangen. Weil Jesus für die Christen das »Licht der Welt« ist, lag es nahe, sein Kommen in die Welt an diesem Tag zu feiern. Advent ist die Zeit der Vorbereitung auf Weihnachten (siehe S. 202–203).

Wie nähere ich mich einem Bibeltext?

Um einen biblischen Text eigenständig lesen zu können, muss man bestimmte Fähigkeiten entwickeln. Folgende Schritte können dabei helfen:

Wie (vor)lesen?

Überlege, wie man den biblischen Text liest oder vorliest. Es macht einen Unterschied, ob man eine Geschichte von Josef oder Rut vorliest, einen Lob- oder Klagepsalm, das Vaterunser oder die Zehn Gebote.

Erste Eindrücke

Wenn du den Text liest, notiere dir:
- Was spricht dich an, was nicht?
- Was ist dir nicht klar? Was schon?
- Welchen Teil des Textes findest du am schönsten?
- Wo regt sich bei dir Widerstand?
- Wo ging dir ein Licht auf?

Du kannst dafür **Symbole** entwickeln, z.B.:

☺ = im Text spricht mich an
☹ = das spricht mich nicht an
! = das verstehe ich
? = das ist mir nicht klar
⇔ = dem widerspreche ich
🕯 = mir ging ein Licht auf

Was steht da?

Man muss genau hinschauen lernen, um einen Text zu erfassen.
- Wie ist der Text aufgebaut?
- Ist ein Spannungsbogen erkennbar?
- Welcher Textgattung gehört er an (S. 276–S. 277)?
- Welche Zielgruppe will er ansprechen?
- Was ist das Wichtigste im Text – in einem Satz auf den Punkt gebracht?

Tiefere Bedeutung
- Welche menschlichen Erfahrungen spiegeln sich im Text?
- Was erfährt man über Gott, die Welt und das Leben?
- Sind der Glaube und die Hoffnung der Menschen von damals erkennbar?

Hintergründe
- Was erfährst du über die Welt und das Leben der Menschen in der damaligen Zeit?
- Worin gleicht, worin unterscheidet sich ihr Leben von deinem Leben heute?

Assoziationen
- Was fällt dir alles zu dem Text ein?
- Gibt es andere Texte aus der Bibel, an die der Text dich erinnert?
- Welche weiteren Geschichten kommen dir dazu in den Sinn – aus deinem Alltag, aus der Literatur, aus der Bibel selbst?

Lebensbezug
- Was sagt und bedeutet der Text für dich?
- Kannst du dich an manchen Stellen wiederfinden?
- Was findest du hilfreich?
- Gibt es Gedanken in dem Text, die dir Mut machen, dich trösten …?
- Motiviert dich der Text zu einem bestimmten Handeln?

Textgattungen der Bibel

Die Bibel enthält ganz unterschiedliche Arten von Texten. Man nennt sie auch Textgattungen. Beispiele hierfür sind:

◎ **Geschichtsberichte:** geben Ereignisse aus der Geschichte Israels, dem Leben Jesu oder der frühen Christen wieder. Sie werden oft, wie damals üblich, durch zum Teil symbolhafte Einzelheiten ergänzt (z.B. die Mosegeschichte oder Paulus in der Apostelgeschichte).

◎ **Sagen:** sind volkstümliche Erzählungen, in denen die Bedeutung eines Ortes oder einer Person durch eine Begebenheit erklärt wird. Sie haben in der Regel einen wahren Kern, auch wenn nicht jedes Detail historisch ist (z.B. die Eroberung Jerichos, S. 65).

◎ **Lieder:** bringen Lob, Dank, Klage oder Bitten in poetischer Form zum Ausdruck (z.B. das Schöpfungslied oder Psalm 104, S. 10f. und 108). Die Psalmen enthalten sogar Hinweise für die musikalische Umsetzung. Ein Lied im Neuen Testament ist beispielsweise der Philipper-Hymnus (siehe S. 254).

◎ **Sprüche:** bringen in kurzen Sätzen eine allgemeingültige Weisheit auf den Punkt (siehe S. 122–123).

◎ **Stammbäume:** sind Listen von Namen, die zeigen, wie Personen oder Gruppen ihrer Herkunft nach zusammengehören. In biblischer Zeit sind sie zugleich ein Mittel, um den Verlauf der Geschichte über einen längeren Zeitraum darzustellen.

◎ **Fabeln:** erzählen eine kurze Geschichte, in der menschliche Erfahrungen oder Eigenschaften auf die Tier- oder Pflanzenwelt übertragen werden. Dabei geht es um eine unterhaltsame Belehrung.

◎ **Prophetische Worte:** sagen die Kritik Gottes am Fehlverhalten der Menschen weiter. Oft ist damit die Ankündigung des göttlichen Gerichts verbunden. Das Ziel ist aber, dass die Menschen ihr Verhalten ändern und Gott sein Urteil in eine Begnadigung verwandeln kann (z.B. bei Amos, S. 136).

◎ **Gebete:** wenden sich direkt an Gott und bringen vor ihn, was die Menschen bewegt: Lob, Dank, Klage oder Bitten (z.B. das Vaterunser, S. 188).

◎ **Liebesgedichte** malen in poetischer Form die Liebe zu einem Menschen aus. In der Bibel kann ein Liebesgedicht zugleich auch die Liebe zu Gott beschreiben (z.B. das Hohelied, S. 125).

◎ **Bekenntnisse:** sind feierliche Erklärungen, die das wunderbare Handeln Gottes bzw. Jesu Christi preisen und die Zugehörigkeit zu ihm öffentlich bekannt machen (vgl. das Schma Israel, S. 63).

◎ **Evangelien:** überliefern Worte und Taten Jesu als »gute Botschaft« für die Menschen (siehe S. 153). Sie wollen zum Glauben an Jesus Christus einladen.

◎ **Streitgespräche:** schildern eine Auseinandersetzung, bei der wichtige Glaubensfragen diskutiert und auf den Punkt gebracht werden (z.B. Ährenausraufen und Heilung am Sabbat, S. 161).

◎ **Gleichnisse:** sind eindrückliche Bilder oder kleine Geschichten. In ihnen werden alltägliche Dinge wie Saat und Ernte oder das Backen von Brot verwendet, um die eigentlich unvergleichliche Wirklichkeit Gottes zu schildern (z. B. das Gleichnis vom Sämann, S. 162).

◎ **Wunderberichte:** erzählen von Ereignissen, in denen Menschen unmittelbar Gott am Werk sehen und die seine Liebe zu den Menschen zeigen. Oft geht es dabei um Heilung oder Rettung aus höchster Gefahr (z.B. die Heilung des Gelähmten, S. 159).

◎ **Briefe:** sind Schreiben eines Apostels an eine Person oder eine Gemeinde. Sie geben Ratschläge oder Antworten auf Glaubens- und Streitfragen (siehe S. 245–260).

◎ **Offenbarung:** ist eine Enthüllung von etwas Verborgenem. Das Buch der Offenbarung will den verfolgten Christen Mut machen. Es verwendet dazu Bilder und Symbole, die sich auf Prophetenworte aus dem Alten Testament beziehen. Obwohl sie für uns heute zum Teil schwer verständlich sind, ist die Botschaft klar: Am Ende werden Gott und Christus ihre Herrschaft über diese Welt aufrichten (siehe S. 194 und 261–262).

Wie kann ich einen Bibeltext erschließen?

◎ **Perspektiven finden:** Wenn du mit anderen eine Bibelgeschichte oder eine größere Erzählung (z. B. die Erzählung von Mose) gelesen hast, könnt ihr eine Talkshow, ein Interview o.ä. zu dem Text machen. Jemand von euch ist dann Mose, Mirjam, Aaron, der Pharao. Ihr könnt auch unbenannte Personen einbeziehen: Ein Kind, das ohne die Rettung ein Leben in Sklaverei vor sich hatte; die Frau eines ägyptischen Soldaten, der ertrunken ist, etc.

◎ **Den Text in Szene setzen:** Wie kann man einen Bibeltext darstellen? Versuche dies in Form eines Standbildes (nur ein Bild für die Geschichte stellen und »einfrieren«) oder einer Pantomime. Überlegt für ein Rollenspiel, welche Rollen benötigt werden, um die Geschichte umzusetzen. Spielt dann gemeinsam.

◎ **Einen Bibeltext umformen:** Übersetze ihn z.B. in deinen Dialekt, in einen Sprechgesang, in heutige Sprachbilder etc. Präsentiere die Ergebnisse anderen.

⊚ Überlege, wie man **den Bibeltext anderen erzählen** kann. Eine Hilfe dazu ist der sogenannte **POZEK-Schlüssel**:

P = Personen:

- Stelle dir beim Erzählen echte Personen vor: Einen alten Mann, ein junges Mädchen, je nachdem, um wen es in der Geschichte geht. Beschreibe Gesichtszüge oder die Haltung.
- Kläre für dich, welche Rolle eine Person spielt.
- Welche besonderen Handlungen werden mit den Personen in Verbindung gebracht? Beschreibe, was sie tun, was mit ihnen geschieht, wie sie sich geben.
- Was denken und fühlen die Menschen? Ein inneres Zwiegespräch oder typische Reaktionen der Personen können in die Erzählung eingebaut werden.

O = Ort:

- Stelle dir den Ort vor. Schaue dir dazu die Fotos in der Randspalte bei den Bibeltexten an, z. B. vom See Genezareth. Präge dir vielleicht auch typische Pflanzen oder die Farben der Landschaft ein.
- Baue Geräusche ein, z. B. das Plätschern von Wasser oder Wind, der über ein Kornfeld weht. Auch Gerüche gehören zur Atmosphäre eines Ortes.

Z = Zeit:

- Eine historische Zeitepoche ist schwer fassbar. Man kann daher z. B. gemeinsam darüber nachdenken, was es heißt, dass es in der Zeit der Bibel keine Autos, kein fließendes Wasser und keinen Strom gab.
- Bestimmte Tages- oder Jahreszeiten lösen Stimmungen aus. Wie die Sonne am Himmel steht, ob Abenddämmerung herrscht, ob Nebel über den Feldern hängt – all dies kann eine Geschichte anschaulich und farbig machen.

E = Ereignis:

- Eine Geschichte lebt von ihrem Höhepunkt. Baue die Geschichte um ihn herum auf. Ist der Höhepunkt ein Geschehen, eine Tat oder ein Ausspruch?
- Auf den Höhepunkt läuft ein Spannungsbogen zu, der meist schon in der Geschichte angelegt ist. Achte darauf, dass die einzelnen Szenen auch gute Übergänge haben.

K = Kern:

- Was ist der Kerngedanke einer Geschichte? Was will sie uns sagen?
- Der Kern der Geschichte sollte in eigenen Worten kurz auf den Punkt gebracht werden können. Wer nicht klar sagen kann, worum es geht, erzählt meist eine Geschichte langatmig und langweilig.

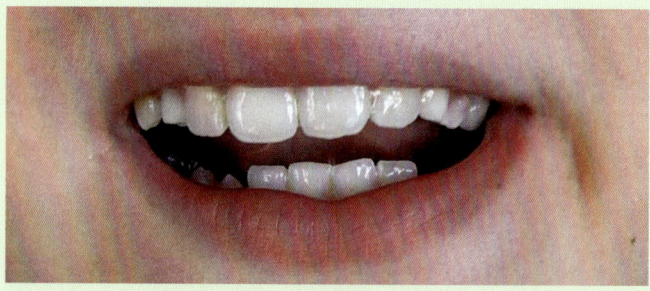

Wie kann ich mit Kunstwerken zur Bibel umgehen?

In der »Bibel *elementar*« findet man Kunstwerke zu den biblischen Geschichten. Das lateinische Wort »illustrare« bedeutet »erleuchten, erklären, preisen«. Bilder aus der Kunst können eine Botschaft in sich tragen, auf ihre Weise Gott preisen und erreichen, dass einem ein Licht aufgeht. Dazu müssen sie aber in der Regel länger betrachtet und gedeutet werden. Formen und Farben können menschliche Erfahrungen zum Ausdruck bringen.

Im Umgang mit den Bildern kannst du dir folgende Fragen stellen:
- Wie wirkt das Bild auf mich? Welche Gefühle löst es aus?
- Was kann ich erkennen? Was ist mir fremd?
- Wie ist das Bild aufgebaut? Was drücken Farben und Formen aus?
- Wie verstehe ich das Bild? Welche Fragen habe ich an den Künstler?
- Gibt es für mich einen Platz im Bild?

Wie war das noch...?

Manchmal fallen einem biblische Geschichten wieder ein oder man begegnet ihnen. Dann überlegt man: Wie war das noch ... ? Vervollständige die folgenden Satzanfänge. Versuche sie so auf den Punkt zu bringen, wie du die Sache einem Freund oder einer Freundin erklären würdest.

Das Alte Testament

Geschichten vom Anfang
- Der erste Satz der Bibel lautet ... (S. 10)
- Mithilfe der beiden Schöpfungsgeschichten wollten die Menschen ausdrücken ... (S. 12)
- »Gleiches soll mit Gleichem vergolten werden.« Bei Kain und Abel hätte dies geheißen ... (S. 16)
- Der Regenbogen ist ein Zeichen für ...(S. 18)
- Mit der Geschichte vom Turmbau erklärten die Menschen damals ... (S. 20)

Väter und Mütter Israels
- Abraham und Saras Vertrauen zu Gott finde ich ... (S. 22)

- Vielen bereitet die Geschichte von der Bindung Isaaks Bauchschmerzen, weil ... (S. 24–25)
- Jakob ist für mich ... (S. 27–30)
- Wenn ich Josefs Lebensweg als Kurve male, fällt mir auf ... (S. 34–42)

Mose und der Auszug aus Ägypten
- Der Name Mose bedeutet ... (S. 45)
- Gott begegnete Mose ...(S. 46–47)
- An die Geschichte vom Auszug und die Zeit in der Wüste erinnern folgende jüdische Feste: ... (S. 52)
- Die Zehn Gebote lauten ... (S. 54–56)

Anfänge Israels
- Philister waren ... (S. 68)
- Die ersten drei Könige Israels hießen ... (S.73; 81; 83)
- Rut sagte zu ihrer Schwiegermutter: »Wo du ...« (S. 70)

Könige und Propheten

- Israel zerfiel nach König Salomo in zwei Teile: … (S. 87)
- Die Propheten klagten an, dass die Herrscher und viele im Volk … (S.87; 126)
- Die »Babylonische Gefangenschaft« war … (S. 93)
- An Esters Geschichte wird heute noch erinnert am Fest … (S. 52; 98)

Lehrbücher, Propheten und Apokryphen

- Die wichtigsten Fragen Hiobs sind … (S. 99)
- Eine Klage, eine Bitte und ein Lob im Stil des Psalmschreibers lauten bei mir … (S. 104)
- Das biblische Liebeslied heißt … S. 125)
- Der Prophet Jeremia trägt ein Joch, um zu zeigen … (S. 133)
- Amos kämpft gegen … (S. 135)
- Als Jona von Gott einen Auftrag erhält, … (S. 137)
- Gott rettet Daniel aus einer Grube voller … (S. 143)
- Engel sind … (S. 148–149)

Das Neue Testament

Evangelien

- Evangelium heißt …(S. 153)
- Wundergeschichten werden erzählt, um … (S. 158)
- Jesus führte Streitgespräche mit … (S. 160)
- Ein Gleichnis ist … (S. 163)
- Wenn Jesus vom Reich Gottes erzählt, meint er … (S. 162)
- Der Garten Gethsemane war der Ort, an dem … (S. 172)
- Jesu letzte Worte waren … (S. 178–179)
- Vergleicht man die Weihnachtsgeschichten von Matthäus und Lukas … (S. 202–203)

- Wenn sich alle Menschen nach der Bergpredigt richten würden, dann … (S. 185)
- Die »goldene Regel« Jesu lautet … (S. 182; 189)
- Das Gleichnis von den Arbeitern im Weinberg finde ich … (S. 191–192)
- Jesus gibt seinen Nachfolgern einen letzten Auftrag: … (S. 195)
- Lukas stellt besonders Arme, Verlorene und Ausgestoßene in den Mittelpunkt. Dazu fallen mir folgende Geschichten ein … (S. 200; 205; 209; 211)
- Johannes beginnt sein Evangelium mit den Worten … (S. 216)
- Als die Leute eine Ehebrecherin verurteilen wollen, sagt Jesus: »Wer … « (S. 217)
- Jesus wäscht seinen Jüngern die Füße, um zu zeigen … (S. 218)
- In den »Ich bin Worten« wird Jesus verglichen mit … (S. 220)
- Wenn Jesus als Messias/Christus und Sohn Gottes bezeichnet wird, bedeutet das … (S. 219)

Apostelgeschichte, Paulusbriefe und Offenbarung

- Das Pfingstfest erinnert daran, dass … (S.224)
- Petrus und Paulus waren jeweils zuständig für … (S. 236)
- Paulus geriet mehrfach in Gefahr, nämlich … (S. 238–244)
- Unter »Gerechtigkeit Gottes« versteht Paulus … (S. 246)
- Das Wichtigste in der Gemeinschaft ist für Paulus … (S. 252)
- Die Schreckensvisionen des Johannes sind zu verstehen vor dem Hintergrund, dass … (S. 261–262)
- Das Bild vom »neuen Jerusalem« besagt … (S. 265–266)

Stichwortverzeichnis – Wo finde ich etwas zu …

Auf den fett gedruckten Seiten finden sich nähere Informationen. Sehr häufig vorkommende Wörter wie »Gott« und »Jesus« wurden nicht in dieses Verzeichnis aufgenommen.

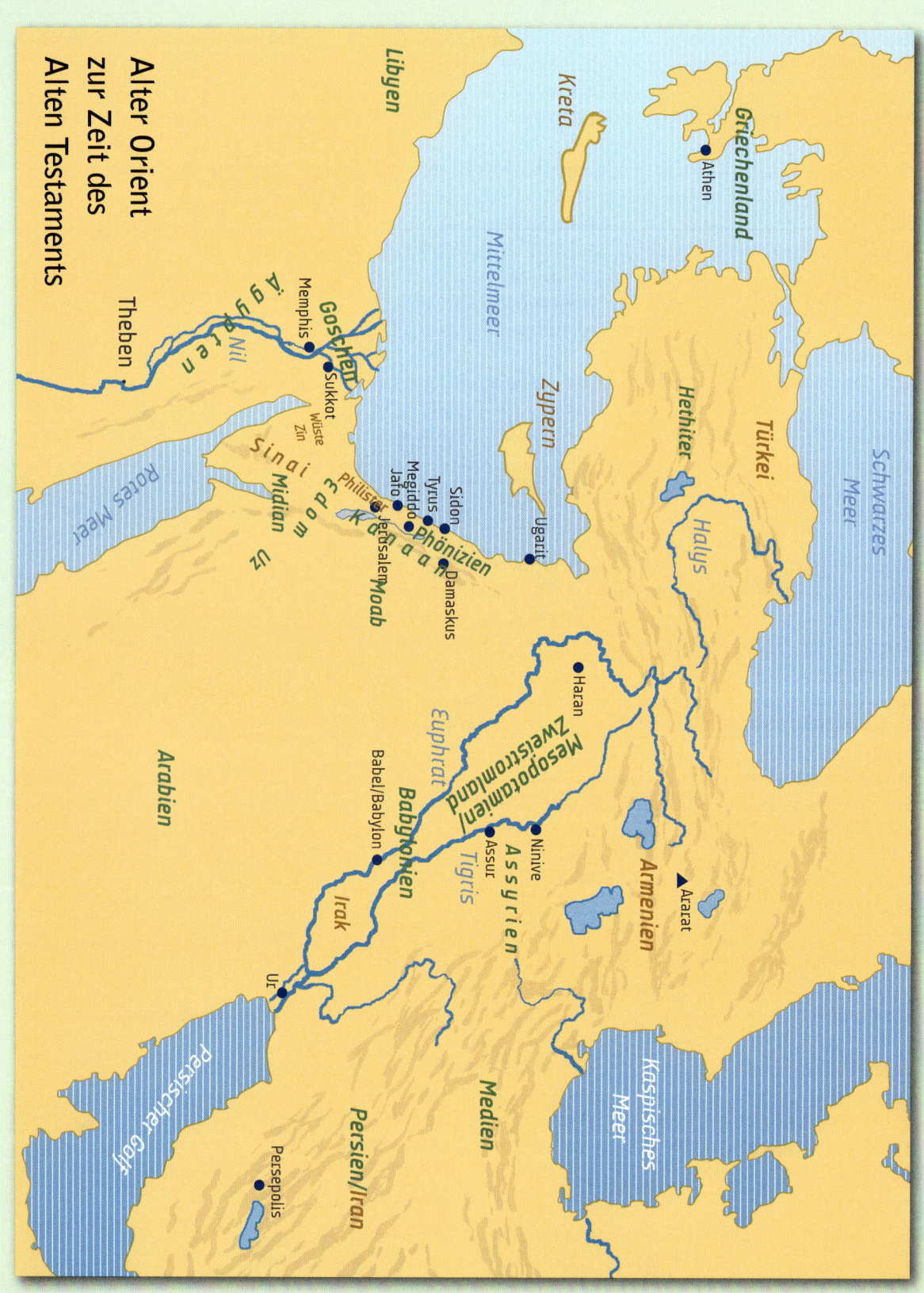

Alter Orient
zur Zeit des
Alten Testaments

Libyen

Kreta

Griechenland

Athen

Mittelmeer

Theben

Ägypten

Memphis

Goschen

Nil

Sukkot

Wüste
Zin

Sinai

Midian

Edom

Philister

Megiddo

Jafo

Jerusalem

Tyrus

Sidon

Phönizien

Kanaan

Moab

Damaskus

Uz

Zypern

Ugarit

Hethiter

Türkei

Halys

Schwarzes
Meer

Rotes Meer

Arabien

Euphrat

Babylonien

Babel/Babylon

Irak

Ur

Mesopotamien/
Zweistromland

Haran

Tigris

Assyrien

Assur

Ninive

Armenien

▲Ararat

Kaspisches
Meer

Persischer Golf

Persepolis

Persien/Iran

Medien

Israel zur Zeit des
Alten Testaments

Israel zur Zeit des
Neuen Testaments

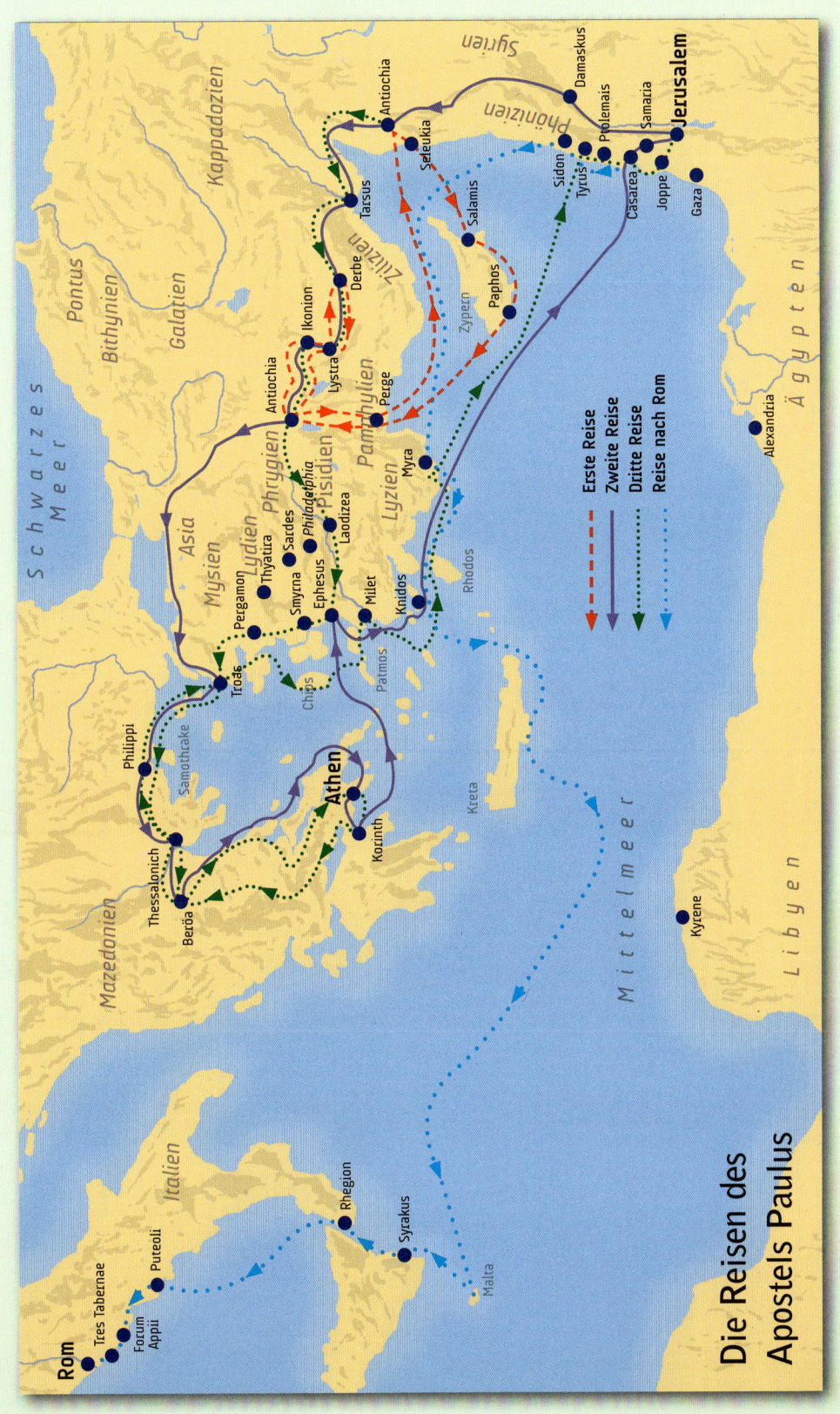

Die Reisen des Apostels Paulus

Bildnachweis

7 (Torarolle) © Landgraf. **9** (Schöpfung) Faksimile aus der Lutherbibel von 1534. **11** (Sterne) Archiv. **12** (Erschaffung Evas) © Bibelmuseum Neustadt. **13** (Karte) © Bibelmuseum Neustadt. **14** (Paradiesbrunnen) © Landgraf. **15** (Michelangelo, Vertreibung aus dem Paradies) akg-images. **17** (Keilschrifttafel) © Archäologische Museum Ankara. **19** (Abraham) © Sieger Köder. **20** (Modell des Etemenanki-Heiligtums von Babylon mit dem „Turmbau zu Babel" zur Zeit des Nebukadnezar II., 604-562 v. Chr.) bpk / Vorderasiatisches Museum, SMB / Jürgen Liepe; (Breughel, Der Turmbau zu Babel) Kunsthistorisches Museum Wien. **21** (Ägyptische Grabmalerei) Ronja Kratz. **22** (Altar) Calwer Bibellexikon, Bd. 1, Stuttgart 2003, S. 68. **24** (Nomadenzelt) © Russische Bibelgesellschaft, 2004; (Felsendom) © W. Zwickel. **25** (Schofar-Horn) © Landgraf. **26** (Brunnen) www.HolyLandPhotos.org. **27** Kamel) © Thomas Adelsberger; (Frau mit Schleier) Bildarchiv Jörg Zink, © Evangelisches Medienhaus GmbH Stuttgart. **29** (Beduine beim Teekochen) © Deutsche Bibelgesellschaft, Stuttgart; (Nomadenzelt) © Landgraf. **30** (Esel unter dem Joch) Bildarchiv Jörg Zink,© Evangelisches Medienhaus GmbH Stuttgart. **31** (Steinmauer) Bildarchiv Jörg Zink, © Evangelisches Medienhaus GmbH Stuttgart. **32** (Nomadenzelt und Musikant) © Landgraf. **33** (Jabbokk) © W. Zwickel. **34** (Garben) Museum of Modern Art, New York, Foto: Archiv. **35** (Grube) Calwer Bibellexikon, Stuttgart 2003, Bd. 2, S. 1504. **36** (Pharao) Aus: A. Eggebrecht (Hg.), Sennefer. Die Grabkammer des Bürgermeisters von Theben, Verlag Philipp von Zabern, Mainz 1986, S. 59 (Ausschnitt). **37** (Mundschenk) 1000-Bilder-Bibel, © 2002 Deutsche Bibelgesellschaft, Stuttgart. **38** (Siegelring) Israel Museum, Jerusalem; (Getreidespeicheranlage) Aus: Ägypten. Die Welt der Pharaonen, hg. von R. Schulz und M. Seidel, Köln 1997, S. 375. **39** (Ausgrabung Getreidespeicher) © Landgraf. **40** (Balsam) Aus: Michael Zohary, Pflanzen der Bibel, Calwer Verlag, Stuttgart ^{3}1995, S. 199; (Myrrhe) Deutsche Bibelgesellschaft. **41** (Krug und Becher) 1000-Bilder-Bibel, © 2002 Deutsche Bibelgesellschaft, Stuttgart **42** (Nildelta) Bildarchiv Jörg Zink, © Evangelisches Medienhaus GmbH Stuttgart. **43** Calwer Bibellexikon, Stuttgart 2003, Bd. 1, S. 160. **44** (Lehmziegelherstellung) © Russische Bibelgesellschaft, 2004. **45** (Ägyptische Säulen) Nermo Torek / pixelio.de. **46** (Mosebrunnen) © Russische Bibelgesellschaft; (Sandalen) 1000-Bilder-Bibel, © 2002 Deutsche Bibelgesellschaft, Stuttgart. **47** (Wüste) © Landgraf. **48** (Pharao) Archiv. **49** (Matzen) © Landgraf. **50** (Moderne Laubhütte) © Landgraf; (Windhose) www.istock.com; (Ägyptischer Streitwagen) www.pixelio.de. **51** (Figur) Calwer Bibellexikon, Stuttgart 2003, Bd. 2, S. 939. **53** (Wachtel) www.istock.de; (Hammada-Strauch) www.wellsbiblesdtudy.com. **54** (Sinai) © Russische Bibelgesellschaft, 2004. **57** (Mose empfängt die Tafeln mit den Geboten) Landgraf. **58** (Stier u. Bundeslade) © Wolfgang Zwickel. **59** (Kanaan) © Landgraf. **60** (Moab) © Landgraf. **61** (Baal) Bildarchiv Jörg Zink, © Evangelisches Medienhaus GmbH Stuttgart. **62** (Blick vom Nebo nach Israel) © Landgraf. **63** (Jude beim Gebet) © Russische Bibelgesellschaft; (Mesusa) © Landgraf. **64** (Die Eroberung Jerichos) © akg-images. **65** (Jericho Turm) © Landgraf; (Schofar) © Landgraf; (Hazor)© Russische Bibelgesellschaft, 2004. **66** (Wüste Midian) © Landgraf. **68** (Philisterkopf) 1000-Bilder-Bibel, © 2002 Deutsche Bibelgesellschaft, Stuttgart; (Stadttor Dan) © Landgraf. **69** (Ölmühle) © DBG. **71** (Worfeln) 1000-Bilder-Bibel, © 2002 Deutsche Bibelgesellschaft, Stuttgart; (Stadttor Dan) © Dinu Mendrea. **73** (Olivenzweige) © Landgraf. **75** (Salbölfläschchen) 1000-Bilder-Bibel, © 2002 Deutsche Bibelgesellschaft, Stuttgart. **76** (Kämpfer mit Steinschleuder) 1000-Bilder-Bibel, © 2002 Deutsche Bibelgesellschaft, Stuttgart. **79** (En Gedi) © Russische Bibelgesellschaft, 2004; (Gilboa) © DBG. **80** (Grabkammer) 1000-Bilder-Bibel, © 2002 Deutsche Bibelgesellschaft, Stuttgart; (Ossuar) © W. Zwickel. **81** (Berg Zion heute) © Landgraf. **83** (Speerspitze) © Landgraf; (Absaloms Grab) © Landgraf. **84** (Tyrus) © Russische Bibelgesellschaft, 2004. **85** (Tempelmodell) Foto: J. Willbarth. Aus: Merian 12 (1995), S. 50f.; (Innenraum des Tempels) Zeichnung: Cora Fischer nach Entwurf W. Zwickel, © Calwer Verlag. **86** (Klagemauer) © DBG; (Modell des Herodianischen Tempels) © W. Zwickel. **88** (Bach Krit) © Landgraf. **89** (Aschera) © W. Zwickel; (Karmel) © Sebastian Wickel. **90** (Wacholder) wikipedia, Foto: Luis Fernández García; (Keltermodell) © Bibelmuseum Neustadt. **91** (Assurbanipal auf Löwenjagd) Archiv. **92** (Anhänger mit Assur) Archiv; (rekonstruierte Prozessionsstraße) Bildarchiv Jörg Zink, © Evangelisches Medienhaus GmbH Stuttgart. **93** (Nachbildung des Ischtar-Tores) W. Andrae. **94** (Doré, Esra) © akg-images. **95** (Kyrosgrab) Aus: 7000 Jahre persische Kultur, S. 57, Foto: Ch. Hölzl, Wien. **96** (Persepolis) Archiv; (Persischer Diener) Bible Lands Museum Jerusalem. **98** (Purim) Dinu Mendrea; (Schriftrolle) © Landgraf. **99** (Chagall, Hohes Lied) Foto: akg-images, © VG Bild-Kunst, Bonn 2008. **102** (Wolken) © Landgraf; (Segensgeste) © Landgraf. **103** (Der gute Hirte) Bischöfliches Priesterseminar Würzburg. **104** (König David) Evangelische Kirchenpflege Friedrichshafen. **105** (Hand Gottes) © Landgraf. **106** (Aue und „Finsteres Tal") © Landgraf. **107** (Steilküste und Blume) © Landgraf. **108** (Erntedank) Archiv. **109** (Wüstenlandschaft) © Landgraf. **110** (Ägypt. Königin mit Sistrum) wikipedia. **111** (Mauer) © Landgraf. **112** (Sonnenaufgang) © Landgraf. **113** (Garben) © Knoch. **114** (Nevel) © Bibelmuseum Neustadt. **115** (Wasser) © Landgraf. **116** (Grube) © Landgraf. **117** (Psalter) s. S. 21. **118** (Baum) © Landgraf. **119** (Berglandschaft) © Landgraf. **120** (Zimbel) © Bibelmuseum Neustadt. **121** (Berge) © Landgraf. **122** (Jabboktal) © Wolfgang Zwickel. **123** (Brot herstellen) © Bibelmuseum Neustadt. **124** (Dali) Foto: akg-images; © VG Bild-Kunst, Bonn 2010. **125** (Granatapfel) www.istock.com. **127** (Serafim) © Landgraf. **128** (Pflugschar) 1000-Bilder-Bibel, © 2002 Deutsche Bibelgesellschaft, Stuttgart. **129** (Esel) Bildarchiv Jörg Zink, © Evangelisches Medienhaus GmbH Stuttgart. **130** (Tal-Landschaft) © Landgraf. **133** (Tempel) s. S. 85. **134** (Schreiber) Louvre, Paris, Foto: Archiv; **135** (Löwe) Archiv. **136** (Säule) C. Fischer, © Calwer Verlag. **137** (Bucht von Jaffa) Bildarchiv Jörg Zink, © Evangelisches Medienhaus GmbH, Stuttgart. **139** (Ninive) Bildarchiv Jörg Zink, © Evangelisches Medienhaus GmbH, Stuttgart; (Rizinus) © DBG. **140** (Skulptur vor UN-Gebäude) © dpa/picture-alliance; (Esel) © Sebastian Wickel. **141** (Königspalast) Bildarchiv Jörg Zink, © Evangelisches Medienhaus GmbH Stuttgart **143** (Nachbildung des Ischtar-Tores der Prozessionsstraße von Babylon) bpk / Vorderasiatisches Museum, SMB / Jürgen Liepe. **146** (Tigris) wikipedia, Foto: Gerry Lynch. **149** (Francesco Botticini, Drei Engel und der junge Tobias), © akg-images. **151** (Nachbildung Paulusbrief) Foto: © Landgraf. **152** (P 52) Archiv. **154** (Die vier Evangelisten). Aus: Spätmittelalter am Oberrhein. Maler und Werkstätten 1450 –1525, Jan Thorbeke Verlag, Stuttgart 2001, S. 380. **155** (Evangelist Markus) Aus: Bernhard Bach, Das Bild in der Bibel, München 1995. **156** (Taufstelle) © Landgraf. **158** (Duccio, Heilung eines Blindgeborenen) London National Gallery. **159** (Hausmodell) © Landgraf. **160** (Synagoge Qasrin) © Landgraf. **161** (Ähren) Jürgen Reitböck/pixelio.de. **162** (Fischerboot) © Landgraf; (Senfkörner) Foto: picture-alliance. **163** (van Gogh, Sämann) Archiv. **164** (Genezareth) © Landgraf. **165** (Brot und Fische) Archiv; (Betsaida) © Bethsaida Excavations Project. **166** (Ausgrabungen Betsaida) © Landgraf. **167** (Tabor) © Deutsche Bibelgesellschaft, Stuttgart. **168** (Jericho) Bildarchiv Jörg Zink, © Evangelisches Medienhaus GmbH Stuttgart **171** (Scherflein und Salbölfläschchen) 1000-Bilder-Bibel, © 2002 Deutsche Bibelgesellschaft, Stuttgart. **172** (Gethsemane) © Landgraf; (Passateller) © Landgraf. **174** (Kirchturmhahn) © Hans Jörg Gabler. **175** (Inschrift des Pontius Pilatus aus dem Theater von Caesarea) Bibelhaus Erlebnismuseum, Frankfurt/Main; (Dornen) © Thomas Adelsberger. **176** (Via Dolorosa) © Deutsche Bibelgesellschaft, Stuttgart. **177** (Rollsteingrab) www.HolyLandPhotos.org. **179** (Grünewald, Kreuzigung Christi) Archiv. **180** (Leonardo, Abendmahl) akg-images. **181** (Grünewald, Auferstehung) Archiv. **182** (Evangelist Matthäus) Aus: Bernhard Bach. Das Bild in der Bibel, München 1995. **183** (Geburtsgrotte) www.HolyLandPhotos.org. **184** (Nazareth) Bildarchiv Jörg Zink, © Evangelisches Medienhaus GmbH Stuttgart **185** (Julius Schnorr von Carolsfeld, Bergpredigt) © Landgraf. **186** (Kirche der Seligpreisungen) Bildarchiv Jörg Zink, © Evangelisches Medienhaus GmbH Stuttgart. **187** (Herodianische Öllampe) Wolfgang Zwickel. **189** (Kronenwindröschen). Aus: Michael Zohary, Pflanzen der Bibel, Calwer Verlag, Stuttgart ^{3}1995. **190** (Kapernaum) Bildarchiv Jörg Zink, © Evangelisches Medienhaus GmbH Stuttgart **191** (Krug und Münzen) Israel Museum, Jerusalem. **192** (Weinberg) Foto: © Landgraf. **193** (Fackelträgerin) © Landgraf. **194** (Fettschwanzschaf) © Wolfgang Zwickel. **196** (Evangelist Lukas) Aus: Bernhard Bach. Das Bild in der Bibel, München 1995. **197** (Masada) © Bibelhaus Erlebnismuseum, Frankfurt am Main. **199** (Schreibtafel) © Landgraf; (Augustus) © akg-images. **200** (Karawanserei) © Landgraf. **201** (Bethlehem) Bildarchiv Jörg Zink; © Evangelisches Medienhaus GmbH Stuttgart. **202** (Frau Angelico) © akg-images. **203** (Karawanserei) © Landgraf; (Sternsinger) © Werner Kuhnle, 71691 Freiberg. **204** (Tempel) © W. Zwickel. **205** (Alabastergefäß) picture-alliance / KPA/TopFoto. **206** (See Genezareth) picture-alliance/akg-images/Erich Lessing. **208** (Weg von Jericho nach Jerusalem) Aus: Peter Walker, Unterwegs im Heiligen Land, Verlag Katholisches Bibelwerk, Stuttgart 2008, S. 60. **209** (Guter Hirte) Aus: Die Bibel, erschlossen und kommentiert von Hubertus Halbfas, Patmos Verlag, Düsseldorf, 2001, S. 554; (Silbergroschen) 1000-Bilder-Bibel, © 2002 Deutsche Bibelgesellschaft, Stuttgart. **211** (Sandalen) 1000-Bilder-Bibel, © 2002 Deutsche Bibelgesellschaft, Stuttgart. **212** (Maulbeerbaum) Aus: Michael Zohary, Pflanzen der Bibel, Calwer Verlag, Stuttgart ^{3}1995. **213** (Weg nach Emmaus) Aus: Peter Walker, Unterwegs im Heiligen Land, Verlag Katholisches Bibelwerk, Stuttgart 2008, S. 201. **214** (Brot, Öl und Käse) © Landgraf. **215** (Evangelist Johannes) Aus: Bernhard Bach. Das Bild in der Bibel, München 1995. **216** (Vorratskrüge) © Landgraf. **219** (Christus-Ikone) Archiv. **221** (Christusbilder) li. u.: agk-images; alle Bilder rechts: © Landgraf. **222** (Giotto, Ausgießung des Hl. Geistes) akg-images **225** (Jerusalem) © Landgraf. **227** (Steine) © Landgraf. **229** (Sieger Köder, Pfingsten) © Sieger Köder, Pfingsten. **232** (Damaskus) Bildarchiv Jörg Zink, © Evangelische Medienhaus GmbH Stuttgart. **233** (Zilizische Pforte) www.HolyLandPhotos.org. **234** (Jaffa) Bildarchiv Jörg Zink, © Evangelisches Medienhaus GmbH Stuttgart. **235** (Römerstraße) © Landgraf. **236** (Petrus und Paulus) © Landgraf. **237** (Grottenkirche St. Peter) © Russische Bibelgesellschaft, 2004. **238** (Torbogen bei Troas) © Russische Bibelgesellschaft, 2004 ; (Purpurschnecke) W. Zwickel. **239** (Via egnatia) © Landgraf. **240** (Akropolis und Areopag) www.HolyLandPhotos.org. **241** (Diana) Archiv. **242** (Warntafel) Bibelhaus Erlebnismuseum, Frankfurt am Main; (Modell Burg Antonia) Foto: W. Zwickel. **243** (Felsengräber in Myra) © Russische Bibelgesellschaft, 2004; (Paulusbucht) © Welt und Umwelt der Bibel, 2/2001, Katholisches Bibelwerk e. V., Stuttgart. **244** (Forum Romanum) © Russische Bibelgesellschaft, 2004. **245** (Paulus als Briefschreiber) Landgraf. **247** (Forum Romanum) © Russische Bibelgesellschaft, 2004. **249** (Paulus mit Schwert) Landgraf. **250** (Korinth) © akg-images. **251** (Collage) © Wolfgang Ilg unter Verwendung eines Fotos von Jiri Bohdal, www.naturfoto.cz. **252** (Glaube, Liebe, Hoffnung) akg-images. (Spiegel) Bibelmuseum Neustadt. **254** (Philippi) © Landgraf. **255** (Sklavenketten) © Landgraf. **256** (Reste eines römischen Hauses) © Landgraf. **257** (Römischer Soldat) © Landgraf. **258** (Weltenrichter) Archiv Landgraf. **259** (Sonnenuntergang) © Landgraf. **260** (Glasfenster) © Landgraf. **261** (Domitian) Aus: Judäa und Jerusalem. Leben in römischer Zeit, hg. von Jürgen Schefzyk und Wolfgang Zwickel, © Katholisches Bibelwerk e.V., Stuttgart 2010, S. 41. **262** (Cranach, Offenbarung) © Bibelmuseum Neustadt. **263** (Patmos) www.HolyLandPhotos.org. **264** (Apokalyptische Reiter) © Bibelmuseum Neustadt. **265** (Nero) 1000-Bilder-Bibel, © 2002 Deutsche Bibelgesellschaft, Stuttgart. **266** (Alpha und Omega) © Landgraf. **267** (Bibelregal) © Landgraf. **268** (aufgeschlagene Bibel) © Landgraf. **269** (Bibelregal) Aus: Das Kursbuch Religion 1, Calwer Verlag/Verlag Moritz Diesterweg, Stuttgart/Braunschweig 2006, S. 140. **278** (Mund) © Landgraf. **Hintergrundbild Umschlag** (Buchseiten) © Rainer Sturm/pixelio.de.